《故宫珍本丛刊》精选整理本丛书·术数

河洛理数

明崇祯壬申刻本

[宋]华山希夷先生陈抟　著
[宋]康节尧夫先生邵雍　述
[明]覃怀史应选念冲甫　重订
李峰　注解

图书在版编目（CIP）数据

河洛理数 /（宋）陈抟著；（宋）邵雍述；李峰整理．
—海口：海南出版社，2007．1（2025．5 重印）．
（《故宫珍本丛刊》精选整理本丛书）
ISBN 978-7-5443-1915-7

Ⅰ．河… Ⅱ．①陈… ②邵… ③李… Ⅲ．周易—
研究 Ⅳ．B221.5

中国版本图书馆 CIP 数据核字（2006）第 140011 号

河洛理数

HELUOLISHU

海南出版社出版发行
总社地址：海口市金盘开发区建设三横路 2 号
北京地址：北京市朝阳区黄厂路 3 号院 7 号楼 101 室
邮　　编：570216
网　　址：http：//www.hncbs.cn
电　　话：0898-66812392　010-87336670
读者服务：张西贝佳
责任编辑：张　雪
经　　销：全国新华书店
印刷装订：河北盛世彩捷印刷有限公司
出版日期：2007 年 2 月第 1 版第 1 次印刷　　2025 年 5 月第 11 次印刷
开　　本：880 mm × 1 230 mm　1/32
印　　张：20
字　　数：480 千字
书　　号：ISBN 978-7-5443-1915-7
定　　价：68.00 元

目　录

卷　一

卷二上 上经三十卦

卷二下 下经三十四卦

卷三　六十四卦诗诀

卷四　流年（年卦）

卷五　月卦

卷六

卷七

《故宫珍本丛刊》
术数类精选整理本丛书序

《书经》尝有国之大事，必谋及卿士，谋及庶人，断之龟筮之说，是龟筮亦古之一大决策之学，今殷墟发掘大量甲骨文卜辞足以为证。《周礼》有大卜之职官，掌卜筮以稽疑，虽三王不同龟，四夷各异卜，然各以决吉凶。道家之学本出于史官，据《礼记·月令》，天子于立冬之月，"命太史衅龟策，占兆，审卦吉凶"。古时太史有如后世之辅相，有燮理阴阳、交通天人之职责，故必精通卜筮之学。而后龟筮决策之术，由象卜而数卜，由龟而筮，由《连山》《归藏》《周易》而八卦象数，而梦占，而太乙九宫，而六壬遁甲，而看相推命，遂成一博大精深之中国术数学。要之，术数学亦史官之学，为中华道学文化的一大支柱。

老子《道德经》云："前识者，道之华而愚之始。"老子所云"愚"，为"纯朴"之意，故谓"俗人察察，我独闷闷"，"我愚人之心也哉！""其政闷闷，其民淳淳"，"古之善为道者，非以明民，将以愚之"。"华"通"花"。这句话的意思是说，前识是道学智慧的花朵，是返璞归真的开端。实际上，道学本质上乃是一种前识的学说，它在任何时代都是一种超前意识。道学的智慧不仅能反观人类乃至宇宙创生之初的过去，而且能预见和创造整个宇宙的未来。《道德经》35章云："执大象，天下往。往而不害，安平泰。"何谓大象？《易·系辞》云："是故易者，象也"，"象也者，像此者也"。"圣人有以见天下之赜，而拟诸其形容，象其物宜，是故谓之象。”“圣人设卦观象，系辞焉而明吉凶，刚柔相推而生变化。是故吉凶者，得失之象也。悔吝者，忧虞之象也。变化者，进退之象也。刚柔者，昼夜之象也。六爻之动，三极之道也。”“圣人立象以尽意，设卦以尽情伪，系辞焉以尽其言，变而通之以尽利，鼓之舞之以尽神。”“知变化之道者，其知神之所为乎！”“《易》有圣人之道四焉：以言者尚其辞，以动者尚其变．以制器者尚其象，以卜筮者尚其占。”《左传》载“韩宣子适鲁，见《易象》与《春秋》”，足见所谓“象”，乃八卦之象，“八卦以象告”。实际上，以道家看来，天地山川之形势，国家政治之局面，地球生态之环境，列国军备之争斗，无不是一大的卦象，无不各现其吉凶之征兆。《道德经》云：“大象无形”，“其安易持，其未兆易谋”，“为之于未有，治之于未乱”。有道者善观天地、国事、人事之大象，不待卜筮而见其吉凶之兆，不待其祸发乱始而预谋之，故能往来于天下而趋吉避凶，而得以“安平泰”。又《道德经》50章云：“出生入死。生之徒，十有三；死之徒，十有三；人之生，动之死地，亦十有三。”“盖闻善摄生者，陆行不遇兕虎，入军不被甲兵；兕无所投其角，虎无所用其爪，兵无所容其刃。夫何故？以其无死地。”这段经文和上段经文一样，古今注家多百思而不得其解，故强为之错解。其实文中提到三次“十有三”，恰合九宫之数，分生门、死户，可以伏藏，乃古代趋吉避凶的术数，即周代之“阴符”，后世谓之“奇门遁甲”。依此术推算，大至整个地球、国家，小至一城一室，皆有生地、死地，有道者急难之时而入生地，故可不遇兕虎不被刀兵而无死地。老子的道家之学，亦是一种地理生态之学，史称诸葛亮依此“推演兵法，作八阵图，咸得其要”。据传诸葛亮入川时在鱼腹浦以巨石排成“八阵图”于江滩之上，其威力可比十万精兵，后东吴大都督陆逊入此石阵而受困。道学之术，玄妙莫测，如依我国山川形势调整城市布局战守要塞，自可以处处有生地，有如美国国家导弹防御系统（NMD）。因此，我将新道学文化依八卦分属八大支柱，即“人行道哲学”（乾卦）、“政治管理学”（兑卦）、“文艺审美学”、（离卦）、“医药养生学”（震卦）、“宗教伦理学”（巽卦）、“自然生态学”（坎卦）、“丹道性命学”（艮卦）、“方技术数学”（坤卦）。其中，在道学的八大支柱中，我将道家哲学和术数学放在乾卦和坤卦的位置，而乾、坤二卦是父母卦，由此衍生出长男、长女、中男、中女、少男、少女六卦。这就是说，哲学和术数学分别是道学的两条腿，由它们分布开道学文化的八大支柱，二者在道学中有如哲学和数学在西方文化中的位置一样。在中国历史上，术数学是历朝历代政治家、军事家、谋略家的必修课，为帝王师的姜子牙、张良、诸葛亮、李靖、李淳风、李泌、刘伯温等都是精通术数学的。古代术数家运筹帷幄，辅助明主争霸天下，在中国的历次政治斗争中起过举足轻重的作用。

中国术数学源于原始社会先民的巫史文化，是由周易象数学发展起来的学科。它最初奠基于战国时期以驺衍为首的阴阳家学派，汉代兴盛一时，汉末流入道教，为道教占验派所宗。占验派道士精研易理，推崇象数易学，并用之于社会、人事中未知事物的预测，创造出许多丰富多彩的占验术数。在一定意义上说，术数学乃是一种杂有迷信成分的社会、人生预测学。无论是生产力低下的古代社会，还是科学昌明的现代社会，都没有消除人们对个人命运的困惑和对所受伤害的恐惧。人们对于复杂纷纭的社会前景和变幻不定的人生命运，在自力难以掌握的时候，便本能地依靠他力趋吉避凶，寻求预测未来的方法。这种渴望预知的心理，无论是文明未开的古代初民还是受过高等教育的现代人，实际上没有什么不同。我们知道，整个宇宙、整个地球、人类社会的群体乃至个体的人生命运，皆是一种开放的超巨系统，其进化的动力学机制受多种要素的制约，其瞬息万变的具体情节引发人们的困惑，其发展前进的大趋势又启发人们预测的智慧。自然生态、社会政治、人生命运的大系统虽受多种要素制约，但都可分解出一些基本的动力学要素。当大系统中的这些基本的动力学要素被系统中其他因素变化的积累效应达到其难以承受的程度时，整个大系统就会进入一种无序的混沌状态，例如一个国家的社会政治系统如果贫富差距过分拉开、贪官污吏横行、豪强盗贼得势，这些因素积累到整个社会难以承受的程度，就会出现天下大乱的混沌状态。一个人在社会活动中如果八方树敌积怨过多，违法乱纪横行无忌，最终也必将进入穷于应付、惶惶不可终日的混沌状态。人的身体系统也是一样，如违背生活规律穷奢极欲丧失精气，必然也会导致百病丛生医家束手的混沌状态。根据系统论的非线性混沌动力学理论，这种混沌状态是不稳定的。当系统中出现“灾难性的分歧点”（catastrophic bifurcation）时，系统变得异常敏感，一次偶然事件就会诱发整个系统的巨变（Macroshift）。在刚刚跨入21世纪之门时，美国发生了震惊世界的“9·11”事件，美国系统科学家欧文·拉兹洛在2001年出版了他的新作《巨变》（中译本于2002年2月由中信出版社出版）。拉兹洛是罗马俱乐部成员、布达佩斯俱乐部主席，他在书中说地球已成为一个整体化的具有网络结构的复杂巨系统。全世界的全球化趋势，实际上是全球美国化，是以欧美为中心的西方文化统治全球、征服世界的大趋势。这种全球化是以工业化、城市化、信息化为标志的所谓现代化浪潮，西方的主流文化以其唯物主义机械论的世界观，以其聚敛钱财、贪得无厌的物质主义价值观，以其相互竞争、弱肉强食的个人利己主义人生观，导致了环境污染、人口爆炸、资源匮乏等地球生态危机。拉兹洛在书中大胆预测，现代西方以工具理性为主导的文明所造成的恶果，十年间如果不能发动一场彻底改变这种旧价值观的意识革命，世界的政治、经济结构便会彻底瓦解。拉兹洛预言这一巨变过程共分为四个阶段，即启动阶段、转型阶段、混沌阶段、瓦解阶段或突破阶段。自 1860 年至 1960 年，科技发明极大地提高了人类的社会生产力，人类靠掠夺自然界创造了大量财富，人类以自我为中心的生产方式和生活方式构成对自然界的威胁，启动了这次巨变。自 1960 年至 2001 年，人类靠高科技极大地提高了生产效率和消耗自然资源的速度，人口急剧增加，以工业化、城市化、信息化为标志的现代化浪潮遍及全球，这就是巨变的转型阶段。在这一全球化的转型阶段，美国人穷奢极欲的高消费生活成为全世界向往的样板，贫穷国家的一些人也不择手段地捞取"票子、房子、车子"，争取"先富起来"。人类掠夺大自然的活动造成空前的生态危机，地球的面貌被人类的力量所改变。自 2001 年至 2010 年，随着人口猛增及现代化的加速使人类对地球各类资源的需求日益膨胀，而地球的自然资源在人类多年持续掠夺下临近枯竭，生态环境急剧恶化。在这十年间，人类需求上升的曲线和地球资源、自然生态下降的曲线终于会相交，全球社会进入不安定的混沌阶段。拉兹洛写道："到了 21 世纪第一个十年时，由政治范畴的冲突、经济范畴的脆弱性和金融范畴的不稳定，以及气候和环境恶化的种种问题所引发的高度紧张，会使得社会进入巨变的'混沌跃进'期。""21 世纪初期的混沌，不是趋向于可维持的全球平衡，就是导致地方与全球性的危机和随之而来的瓦解。"(《巨变》) 地球上人类的命运受自然环境、社会历史和文化传统的制约，同时又需要人类自己创造。2010年以后，人类社会真正的巨变就会到来，人类要是一直沿着西方文化的主流价值观走下去，就会进入瓦解阶段；如果在西方价值观上发生一场新的意识革命，就会进入突破阶段。目前全球人口已达到60亿，而且还在增长。水、空气、土壤等资源被污染、破坏并不断减少，城市的各种废弃物在不断增加，每年失去500万到700万公顷的农业用地，预计到2025年全球三分之二的人口将处在无法生活的状态。这种趋势不但会助长各国社会的无政府状态，出现凶杀、传染病、饥荒等惨绝人寰的悲剧，还会加剧国家、民族之间的重大冲突，甚至发生核大战，或者兴起移民风潮，打破国界，造成全球的无序状态。拉兹洛认为挽救这场劫难的唯一途径，就是对西方文化的主流价值观进行意识革命，提倡全球伦理以完成文化转型。拉兹洛所倡导的新型文化，实际上就是我近几年努力开创的新道学文化。魏源早就论定老子的《道德经》是"救世书"，它不但能救中国，而且能救世界。新道学文化是人类21世纪唯一可行的文化战略。

年前海南出版社已将北京故宫博物院珍藏的数千种图书资料影印出版了《故宫珍本丛刊》；为了方便阅读，又将其中不少道家珍籍和术数类秘本藏书整理成简体横排本出版。由于考虑到故宫珍藏的这些术数秘本多为初次面世及其可能产生的社会影响，该丛刊及该整理本丛书的责任编辑李升召先生来京邀我作序予以介绍。我本是研究自然科学的学者，由于对内丹学的兴趣遂接受钱学森教授的建议改行到中国社会科学院来研究道家和道教，至今不觉过去二十余年。方技术数学和丹道性命学都是新道学文化的重要支柱，对它们的研究是我学术专业范围之内的本职工作。二十多年来，我不仅在全国调查和求得南北各派秘传的丹道法诀，并且对道教占验派流行的各类方技术数都进行过演算和验证。鲁迅先生曾断言“中国根底全在道教”(《鲁迅全集》第九卷)，李约瑟博士也说过：“中国如果没有道家思想，就会像是一棵某些深根已经烂掉了的大树。”(《中国科学技术史》第2卷)道学文化是中国诸子百家之学的总汇和源头。内丹学和术数学是中国传统文化中交通天人的巫史之学，它是中国哲学和科学得以产生的文化背景。在学术研究上，不研究内丹学和术数学，就没法真正理解和体验道教；而不懂道教，就无法真正了解道家；不懂道家，更无法达到中国传统文化的高境界。据我所知，道教文化的研究大致可以划分为三个层面。其一是将道教资料从史学和文献学的角度通过考据、训诂等方法厘清史实。其二是从哲学、宗教学、文化人类学、医学、化学、民俗学、文学艺术诸学科对道教资料进行既分析又综合的研究。除此之外，道教文化还有比一般学术研究难度更大的第三个层面，也是道教核心部位的硬壳，其中包括斋醮、法术；奇门遁甲等占验术数；外丹黄白术与内丹学。占验术数的研究需付出超常精力并具备天文律历知识，还要激发出交通天人的灵性，非等闲之辈所能胜任。前辈学者赵元任教授深知术数学研究的维度，他称占验术数“说有易，说无难”，是一种可研而不可究的学问。我国自“文革”以来崇尚西方18世纪启蒙思想家早已落伍的“科学主义”，将道教文化斥为“封建迷信”，将术数学斥为“伪科学”，术数学的研究一变而为“说无易，说有难”！美国精神病学家斯坦尼斯拉夫·格罗夫教授痛斥这种“科学主义”思潮说：“唯物主义科学家们认为，任何灵性概念的产生都是由于知识的缺乏、迷信、痴心妄想、原始的奇怪思维、幼稚的想象以及彻头彻尾的精神病。”“如果我们观察一下西方文明的世界观，并把它与古代和土著文化的世界观加以比较，我们就会发现有一种深刻的差异。”“经过40年对意识的研究，我有一种强烈的感觉。即这种差异的真正原因是西方工业文明对意识的非正常状态的幼稚和无知。”“科学有崇高的威望，人们所说的科学指的是唯物主义一元论主导的牛顿——笛卡儿范式的科学。这种思维方式不论从个人的角度还是集体的角度都会导致可怕的后果。这就是为什么我们必须把深刻的内心转变和对过时的科学世界观的彻底修正结合起来的原因。”(《意识革命》，中译本由社会科学文献出版社 2001 年出版）西方自然科学只研究物质运动，忽视人的心灵、意识等精神的层面，缺少直觉、灵感、超感官知觉等非正常状态心理学的研究，而这恰是布达佩斯俱乐部成员“意识革命”的主要内容。拉兹洛等学者认为，通过人类心灵的修炼和生命体验，将促使人类发生“意识革命”，使人类变得更宽容，更有爱心，“以让其他众生也能生活的方式来生活”，从而早日实现新的“文化转型”，避免地球生态的大劫难。由此看来，中国的道学文化，特别是其中富有天人交通灵性的丹道和术数，恰是中华文明的智慧之花，是中华民族免除生态劫难的福音。海南出版社为保存这些故宫珍藏秘本尽力，应是功德无量。

在中国社会科学出版社 1995 年出版的《中华道教大辞典》中，我已将“内丹学”和“符箓、法术及占验术数”列入其中。在萧克将军主编的《中华文化通志》中，我亦将内丹学和占验术数收入《道教志》，此书经过中央有关部门多次审查及国家认定（上海人民出版社 1998 年出版）。在社会科学文献出版社 1999 年 1 月出版的《道学通论》中，我特别撰有“中国术数学”一章，作为对术数学进行专门学术研究的著作在全国尚属首次，对术数学的评价及其学术价值在书中全部讲明，读者可以参看。《四库全书总目提要》云：“术数之兴，多在秦汉以后，要其旨，不出乎阴阳五行、生克制化，实皆易之支派，傅以杂说耳。物生有象，象生有数，乘除推阐，务穷造化之源者，是为数学。星云土物，见于经典，流传妖妄，寖失其真，然不可谓古无其说，是为占候。自是以外，末流猥杂，不可殚名，《史》、《志》总概以‘五行’。”“中唯数学一家为易外别传，不切事而犹近理，其余则百伪一真，递相煽动。必谓古无是说，亦无是理，固儒者之迂谈；必谓今之术士能得其传，亦世俗之惑志。徒以冀福畏祸，今古同情；趋避之念一萌，方技者流各乘其隙以中之，故悠谬之谈，弥变弥夥耳。然众志所趋，虽圣人有所弗能禁。其可通者存其理，其不可通者姑存其说可也。”盖丹道与术数，呼应人类求长生和趋吉避凶的心理，在社会民众中有广泛的市场。江湖术士递相煽惑、敛财骗人，既无法禁断，不如将其提升到学术的殿堂加以研究。读者须明白，治术数学亦非容易，江湖术士百伪一真，少有能激发出灵性者，其志在敛财辈更等而下之，不可轻信。然术数学既为中华民族之传统文化，亦需珍惜。保护了中国的古代文化，也就保护了中华民族的未来。故余反复斟酌而强为之序。

中国社会科学院研究员博士生导师

胡孚琛

2002 年 9 月 11 日于中国社会科学院哲学研究所

序：术数及其与八卦和《易经》的关系

“术数”一词有两个既有联系而又略有区别的意思。

第一，“术数”指一类活动，1979年版《辞海》释作：“‘术’指方术，‘数’是气数。即以种种方术观察自然界可注意的现象，来推测人和国家的气数和命运。……后世称术数者，一般专指各种迷信，如星占、卜筮、六壬、奇门遁甲、命相、拆字、起课、堪舆、占候等。”应当指出，1999年版《辞海》的释文在文字上稍有变动，特别是在列举各种迷信时删去了“占候”。

第二，“术数”是我国一类古籍书的“类”名。按照《四库全书》分类法，我国古籍可分为“经、史、子、集”四“部”，每部之下分若干“类”，每类之下再分若干“属”；“术数”是“子部”之下一类书的“类”名。“术数类”之下包括七“属”，其属名与其所收书的范围如下：

一、数学之属。此处的“数学”不是现在“数学物理”中的“数学”的意思，《左传·僖公十五年》：“龟，象也；筮，数也。物生而后有象，象而后有滋，滋而后有数。”古代把研究“筮”时数的变化，务究造化之源的学问，叫“数学”（参见后面对“卜筮”的介绍）。讲述这种数学的书，归入本属。

二、占候之属。凡观察研究天象（泛指日月星辰土地云气）和动植物的异常变化，并以此推知国事人事等吉凶的书，均归入本属。

三、相宅相墓之属。凡研究建房（阳宅）和造墓（阴宅）的朝向地势等的选择与吉凶之间关系的书，均归入本属。

四、占卜之属。凡用龟、蓍、牌等按某种规则确定一组数，再根据这一组数确定一个卦，即所谓“随物取数，随数取卦”，然后依托《易经》判断吉凶的书，均归入本属。

五、命书相书之属。根据一个人出生的年月日时来推知其命运吉凶的书叫命书；根据一个人的形状气色来推知其命运吉凶的书叫相书。这两种书均归入本属。

六、阴阳五行之属。凡根据阴阳衰旺五行休咎的易理来预测吉凶，以使人们能早为趋避的书，如遁甲、六壬、择日、占星等，均归入本属。

七、杂技术之属。凡不便归入以上诸属，而又是讲述如何分辨贵贱吉凶之术的书，如占梦、拆字、太素脉法等，均归入本属。

由以上可看出，术数的支派旁门十分庞杂，但翻开这些书，无一不直接地说明或在叙述中体现出自己的理论基础是八卦和《易经》。这倒确实不是拉大旗作虎皮，《四库全书总目提要》曾指出："术数之兴，多在秦汉以后，要其旨，不出乎阴阳五行、生克制化。实皆易之支派，傅以杂说耳。"而本文想提出的命题正是：术数就是八卦和《易经》在预测未来方面的一种应用。因此，为了说明此命题，必须首先大略地介绍一下八卦和易经的基本内容。

《易传·系辞下》："古者包牺氏（即伏羲氏）之王天下也，仰则观象于天，俯则观法于地，观鸟兽之文与地之宜，近取诸身，远取诸物，于是始作八卦，以通神明之德，以类万物之情。"这里记载的就是相传伏羲氏始作八卦的事。

八卦的形式只有两个基本符号，即"阳爻—,'和"阴爻--"；将阳爻和阴爻组成三层结构，共能得到也只能得到八种形式（卦体）：☰、☷、☳、☴、☵、☲、☶、☱。八卦的内容也只有两点：卦名，按以上顺序分别为"乾、坤、震、巽、坎、离、艮、兑"；意义，它们分别象征"天、地、雷、风、水、火、山、泽"等自然事物和"父、母、长男、长女、中男、中女、少男、少女”等人类家庭。以上就是八卦本身的全部形式和内容。

《汉书·艺文志》:“至于殷周之际，纣在上位，逆天暴物，文王以诸侯顺命而行道，天人之占可得而效，于是重易六爻，作上下篇。”这里记载的就是相传周文王创造周易六十四卦的事。所谓“重易六爻”，就是说伏羲氏创造的八卦每卦（卦体）只有三爻，重叠即为六爻；将八卦两两重叠变化，共能得到也只能得到六十四卦；前三十卦为上篇，后三十四卦为下篇。

相传，周文王不仅将八卦演变成了有先后固定顺序的六十四卦，还给每个卦命了名，并且分别为每个卦及每个卦中的每一爻都附上了一句简短的说明，即“卦辞”和“爻辞”。

例如第十五卦的卦体是“䷎”。卦名为：“谦”。卦辞为：“亨，君子有终。”从下至上共六爻，每一爻的爻辞分别为：“初六，谦谦君子，用涉大川，吉。六二，鸣谦，贞，吉。九三，劳谦，君子有终，吉。六四，无不利，㧑谦六五，不富以其邻，利用侵伐，无不利。上六，鸣谦，利用行师征邑国。”

严格意义上的《周易》或《易经》的全部形式和内容就是如上例介绍的每个卦的卦体图形、卦名、卦辞和爻辞，共六十四段，约五千字。相传后来孔子又作了十篇解释性的文章：《彖》上下、《象》上下、《文言》、《系辞》上下、《说卦》、《序卦》、《杂卦》。古代把对“经”的解释文章称作“传（读去声）”，因此这十篇文章就统称作《易传》，也叫《十翼》。按照广义的或不严格的说法，《易经》也可以包括《易传》。

在古代，《易经》被认为是群经之首，儒家经典之一，连秦始皇焚书也不焚易书，可见《易经》在我国历史上享有多么崇高的地位。

现当代对《易经》则评价不一，多把它主要当作一部讲算卦的书看待，如《辞源》“周易”条：“也叫易经，我国古代有哲学思想的占卜书，是儒家的重要经典。”1979年版《辞海》的解释也与此相似，甚至在进行肯定性评价时也只是说：“在宗教迷信的外衣下，保存了古代人的某些朴素辩证法的观点。”幸喜1999年版《辞海》删去了这一句话，而代之以一段较为公允客观的叙述。

那么，《易经》究竟是一部什么书呢？或者说，古人创造八卦和《易经》究竟是出于什么动机，为了什么目的呢？前面引文中说：“……于是始作八卦，以通神明之德，以类万物之情。”这句话译成现代汉语，我以为大意应当是：于是最先创造了八卦，为的是用来表明自然界的根本规律（神明之德），并根据万事万物的特征（万物之情）对其进行分类。如果这样理解没有错的话，这实际上就明明白白地说出了古人创造八卦，当然也包括创造《易经》六十四卦的动机和目的。这个动机和目的用现代术语说，就是为了建立一个能解释宇宙世界的统一理论和模型。

产生这种动机和目的是人的本性。人与动物的区别就是人有思维，会思考问题。人类思考的问题，除了那些为了生存发展要解决的各种具体问题（首要的当然是求温饱的问题）外，还包括一些抽象的问题，如这纷繁复杂的世界到底是由什么组成的，是怎么组成的？它们过去是什么样子，未来又会是什么样子？这些问题哲学上当属宇宙观或世界观的问题。这些问题的解决就要求建立一个能解释现存世界的统一理论，然后还能用它来进一步解释这个现存世界的过去并预测其未来。如果这个理论能用图形表示，这个图形就叫作“宇宙模型”。

我认为，八卦和易经就是古人所建立的这种宇宙模型和统一理论，二者的区别仅仅在于，前者较为简略，后者较为细致。它们的要点概括起来就是：宇宙中万事万物都是由两种最基本的东西组成的；这两种东西性质相反，叫作“阴”和“阳”，可以分别用符号“--”和“—”表示；这两种东西不同的结构比例或不同的结构位置就形成了宇宙中性质各异的万事万物；把这些万事万物粗一点分类，可分成八类，其模型就是三层结构的八卦形式，细一点分类，可分成六十四类，其模型就是《易经》中六层结构的六十四卦的形式。

很明显，古人的上述认识，除了最后一点三层结构和六层结构我们至今还难于理解其中的奥妙外（当然也可以附会一些含义：地球有地壳、生物圈、大气圈——天、地、人——三层结构；较稳定的原子最多只有六层电子，等等），其余的认识与现代科学对物质世界的分析是毫无矛盾的。

不仅如此，《易经》的内容至今已得到现代自然科学越来越多的说明或证明。《中国大百科全书·哲学》“象数学”（易学的一个分支）条写道：“二十世纪七八十年代以来，许多中国学者运用数理科学方法对象数学重新进行研究，例如：以等差级数（算术级数）解释阳奇阴偶和天地之数；以等比级数（几何级数）解释‘一分为二’的宇宙生成论；以数学排列组合解释八卦成列；以二项式系数解释太极—两仪—四象—八卦—六十四卦的‘周易三角’，并发现比法国数学家B. 巴斯加尔早500年的‘贾宪—杨辉三角’来源于‘周易三角’；以方圆九宫算术解释河图洛书；以函数关系解释太极曲线与阴阳消长变化；以二进位制数学说明邵雍的先天卦位卦序图，认为此图经得起电子计算机的测试和检验；以同余式定理解释揲蓍的方法；以概率论统计解释断占中的吉凶休咎。所有这些研究，都力图揭破笼罩在《周易》上面的神秘外衣。”

更令人称奇的是《易经》关于宇宙起源的独特的叙述，《易传·系辞上》：“是故易有太极，是生两仪，两仪生四象，四象生八卦，八卦定吉凶，吉凶生大业。”这句话中的术语各家解释不同，但对这句话的总体意思的理解却是一致的：现在宇宙中的万事万物产生于一个本源——太极。三国时徐整著《三五历纪》(收入《太平御览》)的叙述更生动具体："天地浑沌如鸡子，盘古生其中。万八千岁，天地开辟，阳清为天，阴浊为地，盘古在其中。一日九变，神于天，圣于地。天日高一丈，地日厚一丈，盘古日长一丈。"至清代《幼学琼林》则更剔除了其中的神话部分，叙述也更简明："混沌初开，乾坤始奠。气之轻清上浮者为天，气之重浊下凝者为地。"

上述以易经理论为基础的我国古人对宇宙起源的描写与现代自然科学最新的研究成果是完全一致的。《中国大百科全书·天文学》"大爆炸宇宙学"条写道：大爆炸宇宙学是"现代宇宙学中最有影响的一种学说。……大爆炸的整个过程是：早期的宇宙，温度极高，在100亿度以上，物质密度也相当大，整个宇宙体系达到平衡("混沌"阶段——引者注)。……但是因为整个体系在不断膨胀，结果温度很快下降……当温度降到几千度时，辐射减退，宇宙间主要是气态物质，气体逐渐凝聚成气云，再进一步形成各种各样的恒星体系，成为我们今天看到的宇宙。"同一书"地球"条中关于地球的起源和演化也有类似的叙述："现在流行的看法是：地球作为一个行星，远在46亿年以前起源于原始太阳星云。……并无分层结构("混沌"阶段——引者注)……在重力作用下物质分异开始，地球外部较重的物质逐渐下沉，地球内部较轻的物质逐渐上升，一些重的元素(如液态铁)沉到地球中心，形成一个密度较大的地核(地震波的观测表明，地球外核是液态的)。"

从以上两段引文中可清楚看出，不管宇宙和地球从起源到形成目前这个状态各个阶段的演化细节如何，都经历了两个大阶段，开始是内部平衡的不分层的原始"混沌"阶段，然后是

“气之轻清上浮”和“气之重浊下凝”的分化定型阶段。

前面引用了不少古今文献，目的就是要说明，古人为了“通神明之德”“类万物之情”而创作的八卦和《易经》，确实可以作为一个统一理论来解释和说明已知现存世界的现在和过去；可是古人的期望远不止此，他们甚至更希望有一个统一理论能预测未来。这就应当讨论术数了；笔者以为，术数就是八卦和《易经》在预测未来方面的一种应用。

术数预测未来，主要是预测人类活动的未来，而前面谈到的《易经》作为一个统一理论，所解释的都是自然世界，而没有涉及人类社会；因此，在讨论术数预测未来之前，还应当介绍一下《易经》在社会科学方面的应用。

应当指出，现在人们一般都把人类的知识分成自然科学和社会科学两大类，并且二者是截然分开的，之间至今没有多少实质性的联系；但在八卦和《易经》那里，我们却看不到这种区别。本文说八卦和《易经》是一个能解释世界的统一理论，“统一理论”这个词是从爱因斯坦那里借来的。爱因斯坦毕生追求的就是不断提高他的理论的“统一”程度，因为他相信世界应当是统一的，“上帝讨厌麻烦”。不过，他理想中的“统一理论”也仅仅是针对物质世界的，并不涉及人类社会。然而，八卦和易经作为一个统一理论，却不但企图解释自然世界（如前所述），同时还企图解释人类社会，指导人们为人处世，修身齐家治国平天下。

例如，前面所引《易经》第十五卦谦卦，从卦体和卦象上看，艮卦在下，坤卦在上；艮对应山，坤对应地，因此，此卦象征山处在地之下，是一个屈己自谦的形象，所以卦名为“谦”。卦辞是：“亨，君子有终。”其大意当是：谦虚就能亨通，只有君子才能始终彻底做到，最终成功。其最下爻（初六）的爻辞是：“初六，谦谦君子，用涉大川，吉。”此爻辞大意当是：第一爻是阴爻（初表示最下爻，即第一爻；六表示阴，九表示阳），君子谦而又谦，用这种态度来过大河，克服困难，总是吉利的，能成功。中间四爻的爻辞也很有意思，限于篇幅，恕不释。其最上爻（上六）的爻辞是："上六，鸣谦，利用行师征邑国。"此爻辞大意当是：第六爻是阴爻（上表示最上爻，即第六爻），谦虚到了顶，名声在外，利于用兵征伐邻国。可以说，易经每一卦中都包含这些修齐治平的道理，此文不多说了。

术数依托易经、易理、易义预测未来，应用范围十分广泛，大到一个国家的兴衰，一场战争的胜负，小到一个人的命运好坏，甚至某人某天出门办事是否适宜等，术数均予考虑。正因为如此，就形成了如前所述的众多的术数支派旁门。为了对术数是怎样预测未来的有一个总的粗略的了解，以下介绍其中一种最古老、最基本的方法——占卜。

古时占卜有两种方式，用龟甲或兽骨叫"卜"，用蓍草叫"筮"，合称"卜筮"。"卜"的具体操作程序已不大清楚了，大概是先在龟甲（多用腹甲）或兽骨（多用牛羊肩胛骨）上钻、凿，再用火灼，然后根据爆裂纹理来确定吉凶。《说文解字》认为"卜"字"象灸龟之形"，其实更进一步，"卜"字的读音恐怕也"象灸龟"爆裂之声。

"筮"的具体操作程序现在还比较清楚：备50根蓍草；先取出一根不用，象征太极；将剩下的49根任意分成两束，一束置于上，一束置于下，象征天地两分；任意从上束或下束中取一根置于中间，象征人立于天地之间。以下的操作程序说起来较烦琐，此文不必详述，其大致过程是，将上中下三束蓍草按固定的四个步骤取分置放，称为一变；三变之后上下两束蓍草之和将为某一个数字，根据这个数字即可确定一爻的阴阳；如此共经过十八变，即可从下至上确定六爻的阴阳；于是也就得到了一个完整的卦体。最后再根据《易经》上的卦名、卦辞、爻辞来判断欲预测的人或事的吉凶。“术数”中所说的“数学”主要就是研究以上过程中数字的变化及其意义。

先人之所以用龟和蓍来占卜，是因为他们相信龟和蓍是神物，能通神，有灵气；因此在先人看来，卜筮所取得的卦，并不是随机的，而是神的指点。当然，后人改用铜钱、牙牌、棋子等物来占卜，即所谓随物取数，随数取卦，那层通神的含义恐怕就没剩下多少了。

以现代科学的眼光来看，占卜的整个过程实质上可看作两个连续分类的过程：首先将欲预测的具有千差万别的人或事根据某种规则归入六十四类中的某一类，即取得某一卦的卦体；然后再进一步根据易理分成两类，“吉”或“凶”。从思辨逻辑上看，这倒是无可挑剔的。不过必须强调，不管取得卦体的程序多么神秘复杂，其实无非就是从《易经》六十四个卦中任取一个；这个过程本质上就像抽签一样，应当完全是一个随机的过程。这种随机过程的结果，我们今天恐怕只能承认它仅有统计学方面的意义，而很难说它具有别的什么决定论方面的因果关系。对于用其他术数方式来预测未来，大致也可取这种基本态度。

十分有趣的是，占卜等各种术数活动从古到今绵延不断，而对其反对之声也一直绵延不断。韩非子写过一篇文章《饰邪》，其中举了不少史实证明占卜占星等皆不可信，然后他总结写道：“龟策（策指蓍草——引者注）鬼神不足举胜，左右背乡（指星辰在天空的位置，乡同向——引者注）不足以专战。然而恃之，愚莫大焉。”王充在《论衡·卜筮》中更写道：“周武王伐纣，卜筮之逆，占曰大凶，太公推蓍蹈龟而曰：枯骨死草，何知而凶？”

应当特别指出一点，我国古籍中类似上述反对或非难占卜等各种术数活动的记载很多，但似乎全都是批判“枯骨死草”

的，至少我至今没发现一处是批判《易经》本身的。确实，用今天的话说，我国历来都是把《易经》和《易经》的应用分别看待的。如《四库全书》的处理：凡解说《易经》本身的书入经部易类，居经部之首，亦全书之首；凡用易理教人修齐治平的书入子部儒家类，为子部之首；凡用易理推知吉凶的书入子部术数类。荀子在《大略篇》中更说“善为易者不占”，意思当是精通《易经》的人是不用来占卜算卦的。

既然数千年来我国一直有这么多大学者都态度坚决地反对占卜等各种术数活动，那么，为什么它们数千年来又能一直绵延不断呢？我想，至少有三个基本原因。

第一，术数并非全都是迷信的，反科学的，其中肯定有不少科学性的精华还等待我们去发掘。例如，相宅相墓看风水的堪舆家，他们的经验在保证人们居住的健康安全方面就是有很多科学道理的；至于在利用墓穴保存人的尸体方面取得的成就甚至我们今天也无法解释，难于做到，如长沙马王堆出土的基本保存完好的两千年前的女尸就是最有力的物证。

第二，有些批判文章，用今天的眼光来看，其论述未必是无懈可击的。例如，宋代费衮在其《梁溪漫志》中有一篇证明算八字不可信的文章。他首先按算八字的方法计算，一天只有12个时辰，一年只有4320种命运，再分男女，一个甲子60年也不过51.84万种命运，然后他驳斥道：“今一郡户口不下数百万，则同年同月同日同时多矣，又何贵贱贫富之不同哉？”从证伪的角度来看，上述驳斥理由并不很严格、充分，因为要用统计学原理证明算八字不可信，应当统计符合算八字结果的人所占的百分比，若接近50%，那么统计结果就不支持算八字的方法。其道理很简单，根据统计学概率论的基本原理，要判断一个人命运的好坏，多次掷硬币的正确率也必然是50%左右。

第三，大概也是最重要的原因，就是科学的未来学（也叫预测学）太不发达。人们希望能预知未来，这个愿望和要求是绝对合理的，也是很有必要的。令人十分遗憾甚至难堪的是，现在已发展到了信息时代、知识时代，但人类在预测未来方面的能力却非常有限。例如，现在人们对日食、月食的发生，彗星的出没等天体的运行规律能很精确地计算预测；对风雨冷热等天气变化也能基本准确预知；可是对地震、洪水等自然灾害的发生就没有多大把握进行预报了。至于对人类社会未来的预测（长期的或短期的，群体的或个体的），则基本上是空白。当然人们也一直在努力，半个世纪前更创立了未来学从事这个领域的研究，但是真正可供实用的可靠的研究成果还不多。

这里我们想特别强调马克思主义的一个观点：唯心主义是利用人类知识的空白点而存在的。确实，如果科学真能满足人们某一领域的需要，那么骗人的迷信在这一领域也就难于立足了。如现在人们想知道未来的天气怎样，肯定会去问气象台，而不会去找占家了；因为现在气象台的天气预报基本上是准确可靠的。

虽然各种术数活动数千年来绵延不断，但历史地看，其影响力与活动范围都在逐渐缩小。我国发现的最古老的成系统的文字甲骨文，几乎全部都是占卜的记载，因此，甲骨文也叫“卜辞”。春秋战国时期，每个国家都有专门掌管占卜的官员，他们的政治地位和学术地位都是很高的；这种官制后来逐渐消亡，未考是何时完全废止的。历史上很多大术数家，如先秦鬼谷子、邹衍，三国诸葛武侯，晋郭璞、葛洪，宋陈抟、邵雍（康节）、司马光，明刘基（伯温）、黄道周等，他们同时也是大学问家，都是治中国思想文化史时不能不提到的人物。民间的各种术数活动至少在半个多世纪前都还是正当合法的职业；当然今天从事这种职业的人也仍然还有，但都不是合法的职业了。

关于术数与八卦的关系，最后还有一点应稍加说明，即它们的产生时间孰先孰后的问题。这个问题无非有三个答案：八卦在先；术数（占卜）在先；二者难分先后，是互相促进共同发展的。根据古代文献，“人更三圣（分别指伏羲氏、周文王和孔子），世历三古（分别指上古、中古、下古）”（《汉书·艺文志》），没有比伏羲氏始作八卦更古老的传说了。然而，出土的甲骨文却不能支持这一传说，当然也不足以否定这一传说；相反，甲骨文似乎更有利于证明“占卜在先”。看来，究竟何者在先，只能靠今后进一步的考古发掘和科学研究了。不过，不管何者在先，都与本文“术数是八卦和《易经》在预测未来方面的一种应用”的说法不矛盾。

本文是一篇命题作文，题目是李升召先生提出的，他是故宫术数整理本丛书的责任编辑，希望我能为该丛书写一篇总序，谈谈“八卦和《易经》与术数之间的关系以及它们在我国传统文化中的地位”。我不知天高地厚，欣然领命。于是闭门半月，搜索枯肠，总算勉强为它们之间的“关系”提出了一个看法，并做了一些解释和说明；但一看字数，已近一万，远不是一篇序的通常篇幅了，即请示李先生，获得同意，这篇序就不评价它们在我国传统文化中的地位了。

其实，这篇序在“关系”处打住而不评价它们的“地位”，就笔者而言，篇幅大了只是次要原因，更主要的原因是八卦和《易经》对我国传统文化的影响实在太广泛深远了，就像人体的血液，渗透了每一个细胞，就像人体的基因，代代相传。平常聊聊天，似乎还觉得能应付自如，真要提笔立论为文，就深感学力处处不支了。仅仅是那么博大精深的思想认识，竟会产生于三四千年前的殷商时代，就简直令人不敢相信，难于理解；然而，经受了几千年实践检验的经络学说的实例又使我们绝对不敢低估古人具有超乎我们想象的高超智慧；我们至今仍没找到令人信服的解剖学证据，二三千年前的古人怎么能那么清楚地知道人体经络的分布呢？每当想到类似的事实，再看到记载古人微言大义深邃思想的古文献，就不禁油然而生出一种对古人的莫名的敬畏心情，使人不敢轻言为八卦和《易经》以及术数在我国传统文化中的地位立论。非不为也，是不能也。这个题目只能留待笔者今后努力了，当然更希望能早日看到大家的高论。

易潇

2001年11月28日于长沙

2003年5月修订

2006年12月订正

附注：海南出版社即将出版《日讲易经解义》，亦委托笔者写了一篇序——《〈周易〉是什么书》，其中谈到了《周易》在我国传统文化中的地位问题，有兴趣的读者可参阅。

易潇

2010年10月

原书序与凡例

序

【原文】《易》，逆数也，数尽之矣。注《易》家纷纷，此谓数，此谓理；此谓理先于数，此谓理数合一，何舛乎！夫当期之数，凡天理之数，当万物之数，不闻又有期之理，天地之理，万物之理反对也。天一、地二、天三、地四、天五、地六、天七、地八、天九、地十，如是而已矣。不闻又有自天一至地十之理，为成变化，行鬼神之枢纽也。数起天地，天地之数起参两，参两之人极起《易》。《易》者何？即元堂、元气云。故图书中五，五即数也。建用皇极，建之者人耳。然则数何为而逆？理何为而顺？极数知来，不逆恶乎顺也，不数恶乎理也。今天下非无理之患，而无数之患，何也？天尊地卑，内健外顺，理如故也，数非其数矣。奉无数之理则不尊，阳畏其有理，阴欺其无数，乱是用长理者，数而已矣，奚遁焉。

史大夫念翁为刻希夷书也，尧夫注希夷，二程心折矣。程言理，邵言数，得无分道角乎？惜未有以数合并之者，虽然相见在午正，难求在子中，惟反复道乎！道有变动，故曰爻列贵贱齐小大，变易之妙，推移即大数。乾元之为上、中、下元也，阳爻阴爻之定于有生也，诸卦之随时更换也，可定理执耶？岁月日时，爻各禀承，可私智淆乱耶？所贵乎先天者，为其超然屈伸之外，惟变所适也，此天地之数异于谶纬之数也。是故得中数，当爻位，应时合节，吉莫大焉。数与时偕行，不以意益损，而有援得势必因之矣。黄龙晦堂曰："人托阴阳以生，岂有逃其数者？予虽学出世法，能免形累乎？"富郑公书本身卦，戒子弟曰："予今年爻象不吉，汝等切勿生事。"夫世外之人与世法同其谨畏，士大夫之身与士大夫子弟同其修省，庶几无咎哉！范文正公得大有之九二，以天下为己任。温公曰："图南此数，大有益于吾辈，可谓存心养性之书。"知言哉！念翁清贞持己，教训正俗，思与吴民共臻寡过，而约以俭、以柔、以养三言。三者，数而已矣。《易》以定吉凶而大，书以衍忒而信，乾坤以易简而贞一，皇极以好德而锡福。生天下，生万世，生我吴中父老子弟，不出此书，以卜筮小吾《易》者，谁敢哉！

皇明崇祯壬申年春朔日

通家治生陈仁锡书于介石居

【注解】天一地二：语出《系辞传》"天一、地二、天三、地四、天五、地六、天七、地八、天九、地十"。其中奇数是天之象征数，偶数是地之象征数，即《易》天数五、地数五之意。其中天数共合二十五，地数共合三十，二数总合五十五数，术家称为"大衍之数"。其中天数、地数，正是本书取数立卦的理论依据。

参两：语出《说卦传》"参天两地而倚数"。参即三，参天即采取天三之数，即奇数。两地指采取地二之数，即偶数。"参天两地"旧说不一。《正义》曰"一三五为参天，二四为两地"，此是把一至五看成生数，而生数止于五。以五为本，加一为六、加二为七、加三为八、加四为九，谓之成数。成数因生数而立，所以《说卦传》曰之"倚数"。

陈抟：公元？—989年，宋亳州真源人，字图南，五代时后唐曾举进士不第，先后隐居于武当山、华山，自号扶摇子，宋太祖赐号"希夷先生"，著有《无极图》《先天图》，周敦颐、邵雍均发挥其学，宋时象数之学皆始于陈抟。

尧夫：公元1011—1077年，宋共城人，姓邵名雍，字尧夫，元祐中赐谥康节。好易理，其学得之李之才，之才又得之于穆修。居洛几三十年，生活俭朴，岁耕种，仅给衣食，名其居为“安乐窝”，因而自号安乐先生，著有《皇极经世》《观物内外篇》《渔樵问对》等书。

二程：程颢、程颐弟兄。弟兄二人同受学于周敦颐，故称二程，同为北宋理学创立者。其学谓天即理，为学以“识仁”为主，而仁须以“诚敬”存之。宋史中其书入《道学传》。

从陈抟和邵康节的生死时间看，陈抟死于邵雍生前二十三年，二者之间不可能有直接的师徒或传授关系。二人传记及《宋史·艺文志》中也未记载该书，故本书署陈希夷著，邵康节述实值得怀疑。细考该书，是明崇祯年间史应选先生梓刻，史先生虽在收集、整理中做了大量工作，或然其中真有陈抟、邵雍之著述，但因年代久远，残缺不全，他不得不在书中增补了自己的内容。如本书“详三元甲子例”节中用明代弘治、嘉靖、天启年号；“起日卦定式”一节中有“明万历二十三年七月”之说；“参评秘诀辨”中引用明人伪作孟子语；金锁银匙歌诀中，又以明代翁状元，唐状元命局为例等，就是明证。因此，该书充其量是史应选将陈、邵“传授之学”整理而成，并非本书原貌。尽管如此，史先生为还该书历史本来面目做出了巨大贡献，仍功不可没。

用河洛之数取卦，《图南斋筮卜》与本书不同，其中的天干取数歌曰：

一数为壬二数丁，三为甲木四属辛。
六为癸水七丙火，八为乙木九属庚。
若问戊己成何数，河图十五位乎中。

地支取数歌曰：

一白为子二为申，三绿为卯四巳宫。
六为亥水七居酉，九为午火八为寅。

辰戌丑未皆属土，中宫五数本生成。

与本书相较，该书天干取于河图，地支取于洛书九宫，且一数纯清，似乎比本书更为贴切。

细思其法，撇开所谓“金锁银匙”及神煞不谈，而化工则为该法之要，其取法亦与五行生旺死绝及卦理不合。如本文云冬至后，春分前为坎之化工。冬至乃十一月节气，正当水旺之时，尚合其理。而小寒、大寒则为水衰之时，立春雨水则为水休之时，何以能为化工？再如本文以春分后，夏至前为震之化工。以节令论，春分属二月节令，尚合旺义。而清明、谷雨、立夏、小满、芒种五节则为木休衰之时，与化工取“当生月令”之理不合。其理有误，其法则不验矣。这也许就是很少有人研习此法的原因了。

古人说《易》，有以卦爻象理言者，如《京房易》《焦氏易体》《火珠林》《卜筮正宗》《增删卜易》等书。有以数理言者，如《皇极经世》《邵子神数》《铁板神数》等书。而本书则是惟一一本把易理易数或《易》与河洛合二为一的古书，这就奠定了它在《易》学史上的特殊地位，也赋予了它应有的价值。这也许就是它能被选入宫廷以为珍藏秘本的主要原因。

凡例

【原文】刻内用直竖“|”者，乃数中一定之名目；刻内用连圈“○○”者，乃数中纲领之所存；刻内用连点“、、”者，乃数中切要之所在；刻内用止画“乚”者，恐上下有混淆之所辩；刻内用顶批者，恐初学不能详审，视若泛闲，故为一题醒耳；刻内或用空竖“▯”，或用方圈“□”，皆醒发眼目之处，学者自宜详审。

【注解】该凡例中所说的标记，除“顶批”外，其余均未见，想是漏刻了；为保持原文完整，此凡例亦照原样标点排入。

卷一

序大易源流

【原文】八卦之书，始于伏羲，有画无文，先天之易也。

六十四卦，重于文王，卦下有辞，后天之易也。

爻象无文，则易道不显，故系之者，周公也。

系辞十传，乃吾夫子所著，兼先后二天而总括之，至是谓中天之易也。乃若乾坤文言，则穆姜常称之，而夫子引之以为二卦之发挥者也。

【注解】伏羲：古帝，即太昊，风姓，又称包牺。《系辞传》曰：“古者包牺氏之王天下也，仰则观象于天，俯则观法于地，观鸟兽之文与地之宜，近取诸身，远取诸物，于是始作八卦，以通神明之德，以类万物之情。”古人据此说，认定先天八卦出自伏羲，但仅有卦画，而无文字。

先天易，即伏羲先天八卦。

伏羲八卦次序

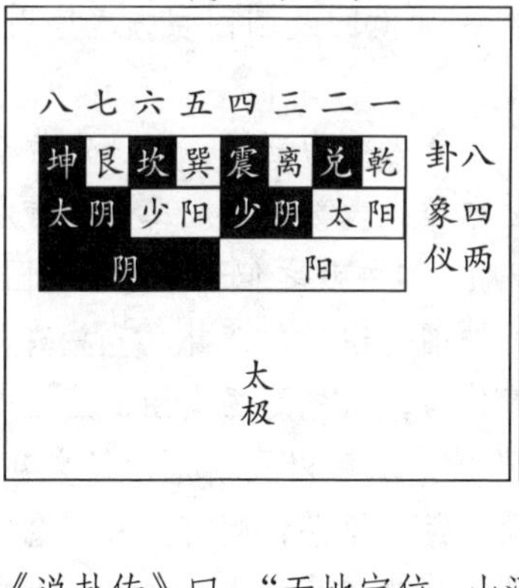

伏羲八卦方位

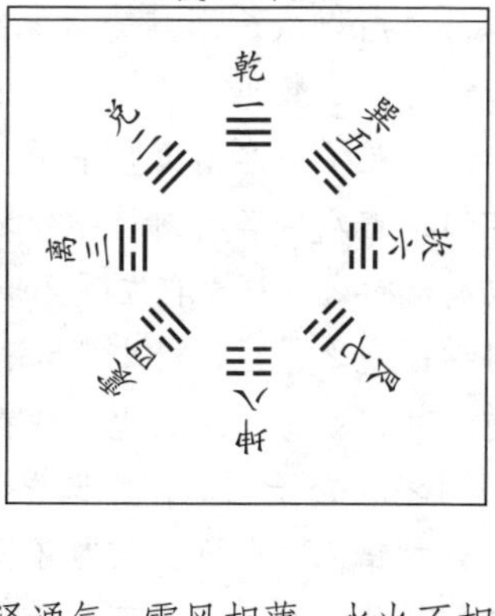

《说卦传》曰：“天地定位，山泽通气，雷风相薄，水火不相射。

八卦相错，数往者顺，知来者逆。是故易，逆数也。”邵康节认为：此一节明伏羲八卦也。八卦相错者，明交相错而成六十四也。数往者顺，若顺天而行，是左旋也，皆已生之卦也，故云数往也。若逆天而行，是右行也，皆未生之卦也，故云知来也。夫易之道，由逆而成也。此一节直解图意，若逆知四时之谓也。

朱熹在《周易本义》中说：“邵子曰，此伏羲八卦之位，乾南坤北，离东坎西，兑居东南，震居东北，巽居西南，艮居西北，于是八卦相交而成六十四卦，所谓先天之学也。起震而历离兑以至于乾，数已生之卦也。自巽而历坎艮以至于坤，推未生之卦也。易之生卦则以乾兑离震巽坎艮坤为次，故皆逆数也。”

《启蒙》曰：以横图观之，有乾一而后有兑二，有兑二而后有离三，有离三而后有震四，有震四而巽五、坎六、艮七、坤八，亦以此而生焉，此易之所以成也。而圆图之左方，自震之初为冬至，离兑之中为春分，以至于乾之末而交夏至焉，皆进而得已生之卦，犹自今日而追数昨日也，故曰数往者顺。其右方自巽之初为夏至，坎艮之中为秋分，以至于坤之末而交冬至焉，皆进而得其未生之卦，犹自今日而逆计来日也，故曰知来者逆。然本易之所以成，则其先后始终，如横图及圆图右方之序而已。故曰：易，逆数也。

江永在《河洛精蕴》中说：此章当分为三段，天地定位至八卦相错，言八卦各有对待错处之方位也。数往者顺二句，言左仪右仪有流行之次序，自左观之似顺，自右观之似逆，此皆圆图也。若自横图观之，后四卦之巽坎艮坤固是逆，前四卦之乾兑离震亦为逆，故曰：易，逆数也。伏羲作易，原先是画横图，然后中判规而圆之。夫子言之，由圆以及横，从后以溯前也，经文甚明。若八卦相错，本与八卦相荡不同。荡为推荡，则有重卦之意。错为方位错处，则于六十四卦无涉。盖此句是足上文之辞，上文但言八卦之象各有对偶尔，犹未知其方位若何也，故须此语以足之。天地既定南北上下之位，而山泽处于西北、东南，则与山泽相错矣。水火列于正东，正西，则与南北、四隅皆相错矣。

《观物外篇》曰："震始交阴而阳生，巽始消阳而阴生。兑阳长也，艮阴长也。震兑在天之阴也，巽艮在地之阳也。故震兑上阴而下阳，巽艮上阳而下阴。天以始生言之，故阴上而阳下，交泰之意也。地以既成言之，故阳上而阴下，尊卑之位也。乾坤定上下之位，离坎列左右之门，天地之所阖辟，日月之所出入。是以春夏秋冬，晦朔弦望，昼夜长短，行度盈缩，莫不由乎此矣。"

由以上可知，先天八卦图中的离为日，在东方，表示太阳从东方升起，经南方乾，落于西方坎。由离至坎，经兑、乾、巽三卦，故离、兑、乾、巽表示白天之象；坎、艮、坤、震则是太阳落入地平线之后，故代表黑夜之象。其中坤为子，为夜；离为卯，为朝；乾为午，为昼；坎为酉，为夕。离中一阳为朝，乾卦皆阳为午，坎中一阴为夕，坤卦皆阴为子，阴阳周期变化皆显于八卦之中。

还有人认为，先天八卦图中最内一圈每卦初爻之排列，为左阳右阴，代表日月运动，一寒一暑，是太阳在一年中的运动周期。先天八卦图的中间一圈，每卦中爻之排列，上半为阳，下半为阴，代表太阳昼夜起落，运动一日的周期。先天八卦图最外一圈，每卦上爻之排列，其四隅位之爻象为左阴右阳，代表月亮晦朔、上弦、望、下弦之象，是月亮在天空中运动一月的周期；其四正位爻象为左阳右阴，代表太阳在春夏秋冬四时的经天运动周期。

所以，先天八卦是集天文及四时等自然运动规律于一图，体现了古人对天地的认识，所以为易学之祖。

文王：姓姬名昌，商纣时为西伯，国于岐山之下，曾被纣王囚于羑里，演出周易，即后天八卦。

后天八卦：相传为周文王姬昌所作。

文王八卦次序

文王八卦方位

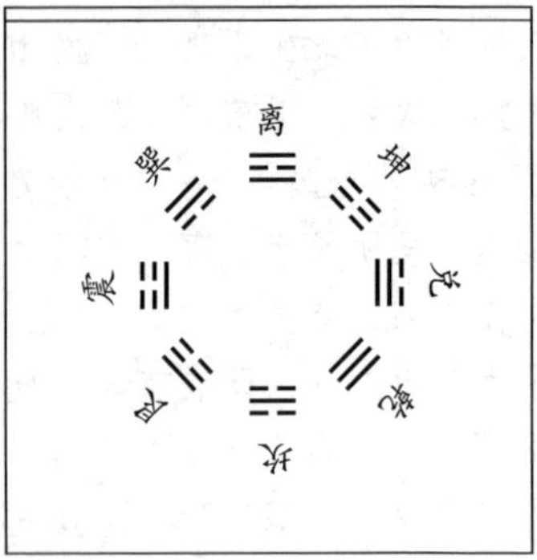

后天八卦虽相传为文王所作，也有许多学者提出异议。司马迁在《周本纪》里说：“西伯盖即位五十年，其囚羑里，盖重易之八卦为六十四卦。”盖者，疑辞也，也就是说文王演八卦为六十四卦并不可靠。江永在《河洛精蕴》中有“论后天八卦未必始于文王”一节，很有价值，兹介绍如下：

先儒传先天之学，因谓帝出乎震一章为后天，其卦位乃文王所定，愚尝疑之。夫谓文王定此卦者，本无他据，但因“坤”彖有“西南得朋，东北丧朋”，“蹇”彖有“利西南不利东北”，“解”卦亦言“利西南”，而《传》以为得众与后天卦之坤艮有合耳。然彖辞虽文王所系，而八方之位，自有天地以来即定矣，岂待文王而始知所当之卦耶。河图之妙，先天已合后天，一二三四即坎北、离南、震东、兑西之位，但易其乾坤艮巽之四隅耳，此卦位非圣人不能定，而圣人不必为文王。古人神智创物，诚有不可思议者。如观天文而有三垣列宿之名，鸟火虚昴之位；制干支而能推开辟以来至于当时，岁当某干某支，日当某干某支，传之至今，竟无差忒。此极难知之事，古人犹能知之，岂八方卦位文王以前竟未有知之者耶。以事理验之，南面而听天下，向明而治之，上古之为君者，即当如此矣，是知南为离明也。离在南，则坎不在北乎？尧命羲和，春曰东作，震在东也。夏曰南讹，离在南也。秋曰西成，兑在西也。冬曰朔易，坎在北也。更以二事验之，夏易曰“连山”，以艮为首，岂非有取于终万物，始万物之意乎？商易曰“归藏”，以坤为首，岂非谓坤与艮对，取其对方之卦以示变革乎？然则后天之卦，其由来已久矣，古今但曰“后天卦”，不曰“文王卦”。

《易》曰：“帝出乎震，齐乎巽，相见乎离，致役乎坤，说言乎兑，战乎乾，劳乎坎，成言乎艮。”此似是古经之言，夫子述之，下文解说之也。古之圣人，心通造化，变易伏羲之八卦，别为方位，其理精深，其义广大。天道、地道、人道，无所不包。书不尽言，言不尽意，即古经之言，岂足以尽此图之意哉。夫子即其言解说之，或言方、或言时、或言德、或言象，互文见义，各举一隅，以待后人之引伸触长耳，岂谓此图之意尽于所解说哉，故后儒不妨各随所见为说也。其以乾坤男女为说者，莫善于邵子“乾统三男于东北，坤统三女于西南”二语。折中论之，邵子之言，可蔽图之全义。《周易》坤、蹇、解诸卦彖辞，皆出于此也。大抵先天则以东南为阳方，西北为阴方，故自阳仪而生之卦，皆居东南，自阴仪而生之卦，皆居西北也。后天则以北东为阳方，南西为阴方，故凡属阳之卦，皆居东北，属阴之卦，皆居西南也。然先天阳卦虽起于东，而其重之以叙卦气，则所谓复天地心者，仍以北方为始。后天阳卦虽起于北，而其播之以合岁序，则所谓帝出乎震者，仍以东方为先。盖两义原不可偏废，必也参而互之，则造化之妙，易理之精，可得而识矣。岁始于东，终于北，而西南在其间。后天图意，主乎阳以统阴，故自震而坎、而艮者，以阳终始岁功也。自巽而离，而兑者，以阴佐阳于出也。震阳生，故值春生之令，以始为始也。乾则以终为始，而莫得其端，乃《传》所谓大始者也，所谓不可为首者也。兑阴成，故毕西成之事，阴功之终也。坤则致役以终事而不居其成，乃《传》所谓作成者也，所谓无成而代有终者也，故阳居终始而阴在中间，乃天地万物之至理。谨按：此一条发明图意，周详精密，先儒所未及。此言阳居终始，与《传》言艮终始万物不合，何也？此以四阳卦言之，故以乾为终始。《传》谓冬之终，春之始，故以艮为终始也。又按：先儒以乾位西北，坤位西南，乾坤任六子，自处无为不用之地。程子尝辨之曰："此说大，故无义理。雷风山泽之类，便是天地之用，如人身之有耳目手足，便是人之用，岂可谓手足耳目皆用而身无谓乎。"《折中》亦云："先儒有乾坤不用之说，考以孔子之言，则坤曰致役、曰致养，其为用莫大于是。至于乾曰战，则又所以著刚健之体，有以克胜群阴而主宰天命。八卦之用，皆其用也，夫岂不用者哉！"谨按：先儒所以有乾坤不用之说者，谓居四正之位为用事，四隅之位为不用。西北、西南阴方，尤为不用，如父母既老，退居不用之地也。此先儒立言，诚不能无病。夫方位之有正有隅，犹四时之有孟仲季也，岂必四仲三月为用事耶？坤之居西南也，当夏秋之间。乾之居西北，当秋冬之间，岂此时无所事事耶？阴阳五行，更王更衰，当时者进，成功者退则有之，非不用之谓，也非不用则如人之手足有不仁之病矣。即以一家言之，父母既老，男女任事者有之，然家事统于尊，仍以父母为主，非父母既老，即为休废之人也，且乾坤无老时，亦不以人之老为喻。又谓下章历举六子，不数乾坤，以此为乾坤不用，亦非也。下章言神也者，妙万物而为言者也。所谓神者，正指乾坤。妙万物者，言其主宰之功，神妙不测，六子之用皆其用也，岂不用之谓哉！说此章者，来瞿郑氏之言为无病。郑氏曰："乾居西北，父道也，父道尊严，严凝之气，盛于西北。西北者，万物成就之方也。坤居西南，母道也，母道在养育万物。万物之生，盛于西南，西南者，万物长养之方也。

坎艮震方位次于乾者，乾统三男也。巽离兑方位夹于坤者，坤统三女也。西北盛阴用事，而阴气盛矣，非至健莫能与敌，故阴阳相薄，曰战乎乾。而乾位焉，战胜阳气起矣！”

说《易》者谓《易》不言五行，以五行言《易》者非《易》本指。然人不知八象与五行相通之理耳，知其理则言八象即是言五行，且八象亦有时而变通。坎水也，而亦言云，则知水与云一类也。离，火也，而亦言日、言电，则知火与日与电一类也。坤之为地，艮之为山，其为土不待言也。巽本为风，而亦为木，是风与木同气，故医家曰厥阴风木。然则震为雷，雷亦是木，雷，化物之木也。雷动则龙随之，鳞出属东方，苍龙为东方之宿也。龙雷之火又为相火，其本体则阳木也。悦兑泽属金，人不肯信。不知海水与天连，犹山与地连，兑实与天同气也。乾之为金，岂止金玉之金哉，纯刚之气，万古不变，故河图为九金也。先天固当论八象，后天卦言方言时，正当以五行解之，方有着落。兑为正秋，正秋岂非金乎。先儒有以五行说卦位者，项氏安世曰：“后天之序，据太极既分之后，播五行与四时也。震巽二木主春，故震在东方，巽东南次之。离火主夏，故为南方之卦。兑、乾二金主秋，故兑为正秋，乾西北次之。坎水主北，故为北方之卦。土王四季，故坤土在夏秋之交，为西南方之卦；艮土在冬春之交，为东北方之卦。木金土各二者，以形王也。水火各一者，以气王也。坤，阴土，故在阴地。艮，阳土，故在阳地。震，阳木，故正东。巽，阴木，故近南而接乎阴。兑，阴金，故正西。乾，阳金，故近北而接乎阳，其序甚明。”

胡炳文：“春属木、夏属火，夏而秋，火克金者也，火金之交，有坤土焉；则火生土、土生金，克者又顺以相生；秋属金、冬属水，冬而春，水生木者也，水木之交，有艮土焉；木克土，土克水，生者又逆以相克；土金顺以相生，所以为秋之克；木土逆以相克，所以为春之生；生生克克，变化无穷。孰主宰之？曰帝是也。”

按：江永对后天八卦作了详细评注，其实后天八卦方位图正反映了万物春生、夏长、秋收、冬藏之规律，一年三百六十日，每卦四十五日，转换点正在八节上，即震主春分，离主夏至，兑主秋分，坎主冬至，乾主立冬，艮主立春，巽主立夏，坤主立秋。而后天八卦次序图，则反映了男女媾精、万物生化的次序规律。即乾道成男，为父；坤道成女，为母。得父气者为男，得母气者为女。三男皆以坤母为体，乾父为用。三女皆以乾父为体，坤母为用。

先后天八卦合而论之，先天八卦讲对待，如天地、水火、山泽、雷风，皆相互对立，即阴阳既对立又统一的规律。后天八卦讲流行，即宇宙万物生成的变化规律，如四时、四方、八节等。先天八卦反映阴阳学说之精义，其卦之属性及爻之属性，均一阴一阳对立统一。后天八卦反映五行学说之精义，与相邻之卦皆为相生之关系。先天为体，后天为用。所以，要研究《河洛理数》，首先要精通先后天八卦。

系辞十传：《系辞》上下，《文言》、《彖传》上下、《象传》上下、《说卦传》、《序卦传》、《杂卦传》共七种十篇，古称“十翼”，即本文云之“十传”，其作者，本书云是孔子，但从北宋欧阳修起，就认为非出自一人之手。康有为《新学伪经考》中说：“史迁《太史公自序》称《系辞》为《易大传》，盖《系辞》有‘子曰’，则非出自孔子手笔，但为孔门弟子所作，商瞿之徒所传授，故太史谈不以为经而为传也。至《说卦》《序卦》《杂卦》三篇，《隋志》以为后得，盖本《论衡·正说篇》‘河内后得逸《易》’之事，《法言·问神篇》‘《易》损其一也，虽惷知阙焉’，则西汉前《易》无《说卦》可知。扬雄、王充尝见西汉博士旧本，故知之。《说卦》与孟、京‘卦气图’合，其出汉时伪托无疑。《序卦》肤浅，《杂卦》则言训诂，此则歆所伪窜，并非河内所出，宋叶适尝攻《序卦》《杂卦》为后人伪作矣。《习学记言》歆既伪《序卦》《杂卦》二篇，为西汉人所未见，又于《儒林传》云费直‘徒以《彖》《象》《系辞》、十篇《文言》解说上下经’；此云‘孔氏为之《彖》《象》《系辞》《文言》《序卦》之属十篇’；又叙《易经》十二篇，而托之为施、孟、梁丘三家；又于《史记·孔子世家》窜入‘孔子晚而喜《易》，序《彖》《系》《象》《说卦》《文言》’，颠倒眩乱。学者传习，熟于心目，无人明其伪窜矣。”

周易卦爻彖象辨

【原文】易始羲皇，独名周易，何也？盖以易更四圣，至周而始大备，故名曰周易。

易者，阴阳之变，从“日、月”字会意成名耳。

易有二义，交易者，阴阳之对待；变易者，阴阳之流行。

卦者，挂也，如悬挂物象以示人也。

卦必六画，法天地之气各六也。

画必始于下，犹阴阳之气从下而生也。

爻，谓彼此相交而后成。又，爻者，效天下之动者也。

文王卦下之辞，谓之曰彖，何也？盖彖，茅犀猛兽之名，豨神是也。犀形独角，知几知祥，其牙最坚，能啮物，故取以为决断卦义之名。

周公系辞，谓之大象、小象者，何也？盖象，大荒之兽也，象备百兽，肉有分数，如爻备百物之理也。象有十二种肉，配十二辰，如爻配十二月也。象胆不附肝，随四时之月变动不一，如爻趋时而至变也。

以上皆为初学未读《易》者设也，若经生学士家则讵庸喙。

【注解】四圣：即伏羲、神农、黄帝、周文王。伏羲、神农因起于连山首艮，名先天八卦。后天八卦乃周文王蒙难时所演，首乾。中天八卦乃商人总结，首坤，因黄帝之书名“归藏”。

周易：本书云“至周而始大备”，虽属一义，尚有许多说法。有云周指周代，《周易本义》开篇即云：“周，代名也。”也有云周乃“周普”之意。郑玄曰：“周易者，言易道周普，无所不备。”还有人认为，周乃“周期，周环”。古有三易，除周易外，还有“连山”“归藏”，但均非朝代名、地名。由此可推知，周亦非朝代名、地名，而是周环，周而复始之义。“易”字之义尤多，有云因蜥蜴十二时能变色，故借为“变易”之“易”；又有云“不易”；有云“易者，其德也”；有云易象日月，即日字和月字相合，象阴阳也。今人多以变易之说为正。

爻：《周易》中表示阴阳的符号叫“爻”。“—”是阳爻，“--”是阴爻。爻者，交也，即阴爻和阳爻交错变化而成卦象。六十四卦每卦有六爻，各爻所在之处称为爻位，《易》的吉凶悔吝就是根据爻位的变化来分析判断的。

天地六气：风、寒、暑、湿、燥、火。又云厥阴风木，少阳相火，少阴君火，太阴湿土，阳明燥金，太阳寒水六气。古人以六气配六爻，以明占筮之理。

河图·洛书

【原文】河图运行次序。河图之序，自北而东，左旋而相生。然对待之位，则北方一六水克南方巳午火，西方四九金克东方三八木，而相克者寓乎相生之中。盖造化之理，生而不克，则生者无从而裁制。其《河图》生克之妙有如此乎！

天一生水，地六成之；地二生火，天七成之；天三生木，地八成之；地四生金，天九成之；天五生土，地十成之。

说河图篇。龙马负图之初，有点一白六黑在背近尾，七白二黑在背近头，三白八黑在背之左，九白四黑在背之右，五白

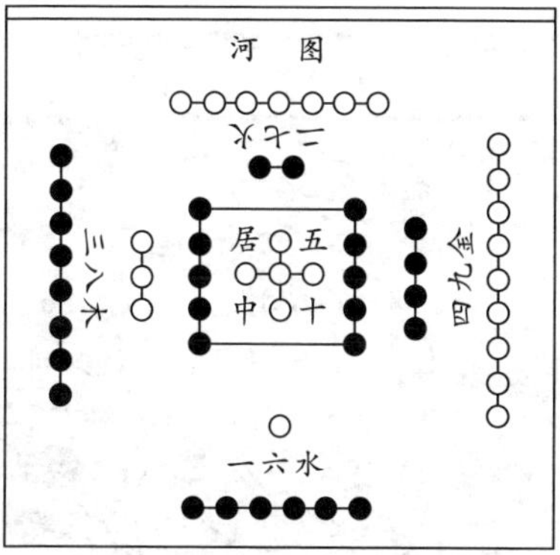

十黑在背之中。羲皇与大挠氏定以一六在下，合于北而生水，亥子属焉。二七在上，合于南而生火，巳午属焉。三八在左，合于东而生木，寅卯属焉。四九在右，合于西而生金，申酉属焉。五十在中为土，而辰戌丑未属焉，此八字地支之数所由始也。续自图南先生慨易道之不明，乃以人生年、月、日、时支干配同洛书取数，而后知天地所赋之厚薄，大易之道灿然复明，诚可谓有功于先圣者。后之学者，苟视为玩具，几何而不流于自暴自弃也哉！

【注解】此节标题“河图·洛书”为整理者所加。

本文云龙马负图在伏羲时代，但古人有许多异议。《竹书纪年》说是黄帝五十年秋七月出授轩辕。《宋书·符瑞志》说黄龙负图于舜时。《竹书纪年》又云河精以图授禹。还有云成汤、文王等得图者，诸说不一。至于河图是何物也有分歧，有云是玉石宝物，有云是祥瑞，有云是地图，有云是书籍。直到宋初五代末，陈抟将此遗失两千余年之图传给种放，人们才确定河图是十数黑白点图。

此图由天数一、地数二、天数三、地数四、天数五、地数六、天数七、地数八、天数九、地数十，五个天数和五个地数组成。五个天数是奇数，为阳，图中用白点表示。五个地数是偶数，

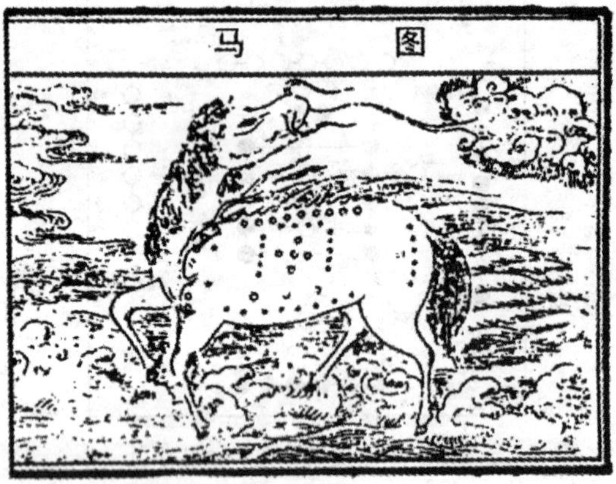

为阴，图中用黑点表示。其中一六合水居北方，二七合火居南方，三八合木居东方，四九合金居西方，五十合土居中央。图中共有五十五个黑白点，即五十五数。阳数相加共为二十五，为天数。阴数相加共三十，为地数。从一到五为生数，居内；从六到十为成数，居外。即天一生水，地六成之；地二生火，天七成之；天三生木，地八成之；地四生金，天九成之；天五生土，地十成之。此五气生成之数，用以消息阴阳，测度造化，其用大矣。

【原文】洛书运行次序。洛书之序，自北而西，右转而相克。然对待之位，则东南四九金生西北一六水，东北三八木生西南二七火，而相生者已寓乎相克之中。盖造化之理，克而不生，则所克者有时而间断，其洛书克生之妙有如此乎！

戴九履一，左三右七，二四为肩，六八为足，五十居中。

说洛书篇。夫河龟负书者，非龟也，乃大龟也。其背所有之文，有一长画，二短画，一点白近尾，九点紫近头，二黑点在背之右，四碧点在背之左，六白点在近足之右，八白点在近足之左，三绿点在胁之左，七赤点在胁之右，五黄点在背之中，

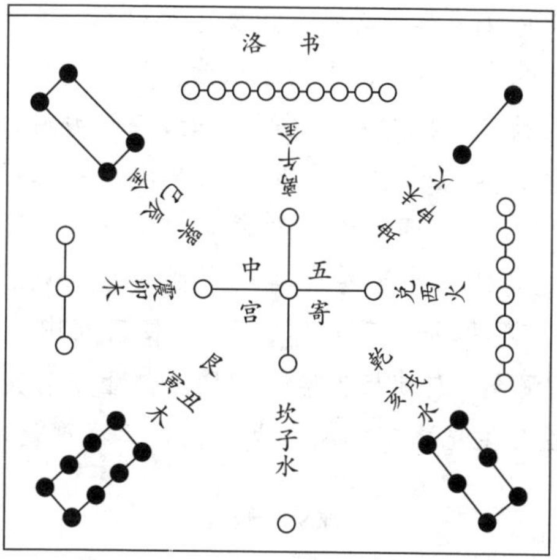

凡九而七色焉。于是则九位以定方，因二画而生爻。以一白近尾为坎，二黑在右肩属坤，左三绿属震，四碧在左肩属巽，六白近右足属乾，七赤在右属兑，八白近左足属艮，九紫近头属离，五数居中，以维八方，八卦由是生焉，此神龟出洛之表象也！

【注解】《洛书》现于何年？古人亦有异议。《竹书纪年》认为大禹时有神龟背负“洛书”出。《宋书·符瑞志》认为成汤时

出，也有认为是文王时受洛书，或文王得洛书。直到宋初陈抟将失佚两千余年的洛书传出，人们才认为“洛书”出于夏禹时代。

此图古人云“戴九履一，左三右七,二四为肩，六八为足”，其中白点为阳，黑点为阴。由此可以看出，一、三、七、九阳数居四正之宫，二、四、六、八阴数居四隅之宫，五数居中。九州、九畴之方位由此生焉。其顺序则一六水克二七火，二七火克四九金，四九金克三八木，三八木克五中土，五中土克一六水，与“河图”左旋相生恰恰相反。然生中有克，克中有生，造化之妙，皆在生克之中，从这点上说，二者都是相同的。

八 卦

【原文】八卦取象。

乾三连☰ 坤六断☷ 震仰盂☳ 艮覆碗☶

离中虚☲ 坎中满☵ 兑上缺☱ 巽下断☴

初学画卦，必观此象，庶几易晓。

【注解】八卦取象，以形象的语言描述了八卦每卦的形状。至于画卦之意,《说卦传》解释得非常精彩：“乾，天也，故称乎父；坤，地也，故称乎母。震一索而得男，故谓之长男；巽一索而得女，故谓之长女；坎再索而得男，故谓之中男；离再索而得女，故谓之中女；艮三索而得男，故谓之少男；兑三索而得女，故谓之少女。”索即求之意，父母阴阳互求，阳求合于阴得男，阴求合于阳得女。

【原文】八宫所属。乾宫属金，与坤地相对，无水雷泽。

乾为天（四月） 天风姤（五月） 天山遁（六月） 天地否（七月）

风地观（八月） 山地剥（九月） 火地晋（二月） 火天大有（正月）

坎宫属水，与离火相对，无天山风。

坎为水（十月） 水泽节（十一月） 水雷屯（十二月） 水火既济（正月）

泽火革（二月）　雷火丰（九月）　地火明夷（八月）　地水师（七月）

艮宫属土，与兑泽相对，无水雷地。

艮为山（四月）　山火贲（十一月）　山天大畜（十二月）　山泽损（七月）
火泽睽（二月）　天泽履（三月）　风泽中孚（八月）　风山渐（正月）

震宫属木，与巽风相对，无天山火。

震为雷（十一月）　雷地豫（五月）　雷水解（十二月）　雷风恒（正月）
地风升（八月）　水风井（三月）　泽风大过（二月）　泽雷随（七月）

巽宫属木，与震雷相对，无地水泽。

巽为风（四月）　风天小畜（十一月）　风火家人（六月）　风雷益（七月）
天雷无妄（二月）　火雷噬嗑（九月）　山雷颐（八月）　山风蛊（正月）

离宫属火，与坎水相对，无雷地泽。

离为火（四月）　火山旅（五月）　火风鼎（十二月）　火水未济（七月）
山水蒙（八月）　风水涣（三月）　天水讼（二月）　天火同人（正月）

坤宫属土，与乾天相对，无山风火。

坤为地（十月）　地雷复（十一月）　地泽临（十二月）　地天泰（正月）
雷天大壮（二月）　泽天夬（三月）　水天需（八月）　水地比（七月）

兑宫属金，与艮山相对，无天风火。

兑为泽（十月）　泽水困（五月）　泽地萃（六月）　泽山咸（正月）
水山蹇（八月）　地山谦（九月）　雷山小过（二月）　雷泽归妹（七月）

【注解】各卦之月以十二辟卦为据。

从下图中可以看出，复䷗一阳，建子，十一月。临䷒二阳，建丑，十二月。泰䷊三阳，建寅，一月。大壮䷡四阳，建卯，二月。夬䷪五阳，建辰，三月。乾䷀六阳，建巳，四月。至此阳数已终，所谓阳绝于巳，即此意。

姤䷫，一阴，建午，五月。遁䷠，二阴，建未，六月。否䷋，三阴，建申，七月。观䷓，四阴，建酉，八月。剥䷖，五阴，建戌，九月。坤䷁，六阴，建亥，十月。至此阴数已终，即所谓阴绝于亥。

十二辟卦

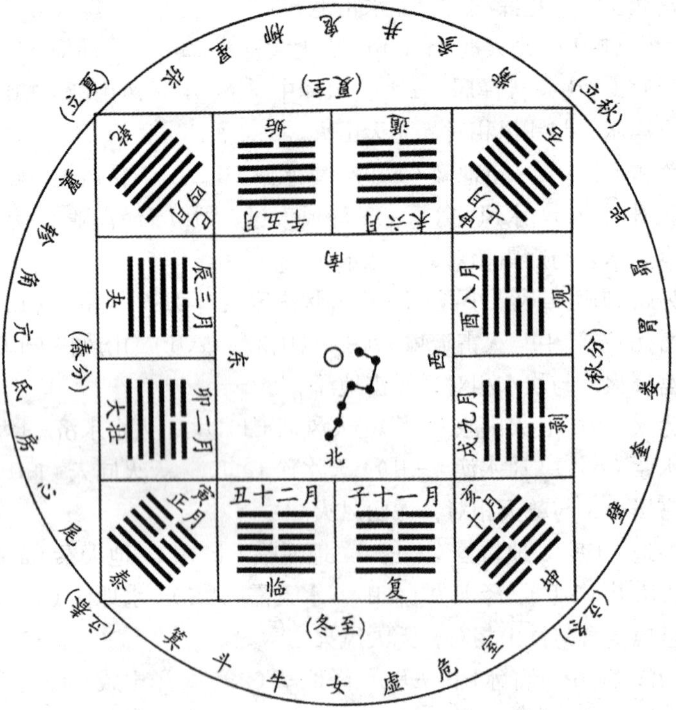

十二辟卦源于西汉，法取六十四卦中的十二个特殊卦形，配合一年十二个月的月候，阳盈为息，阴虚为消，揭示出自然界的万物本义。其余诸卦所主月份，则依十二辟卦之意排定。

六十四卦次序歌

【原文】（初学熟此，则卦爻易于寻检。）

乾坤屯蒙需讼师，比小畜兮履泰否，

同人大有谦豫随，蛊临观兮噬嗑贲，
剥复无妄大畜颐，大过坎离三十备。

（右，上经三十卦。）

咸恒遁兮及大壮，晋与明夷家人睽，
蹇解损益夬姤萃，升困井革鼎震继，
艮渐归妹丰旅巽，兑涣节兮中孚至，
小过既济兼未济，是为下经三十四。

（右，下经三十四卦。）

【注解】上下经：《周易》的经包括六十四卦卦形及卦辞、爻辞，分上下两篇，从“乾”至“离”三十卦称“上经”，从“咸”至“未济”三十四卦称下经。周易六十四卦分上下由来已久，《序卦传》前后两段，即是根据上下经卦次来分篇的。

六十四卦的排列顺序，始于“乾、坤”，终于“未济”，究其原因，《序卦传》曰：“有天地然后万物生焉，盈天地之间唯万物，故受之以‘屯’，屯者盈也，屯者物之始生也。物生必‘蒙’，故受之以‘蒙’，蒙者蒙也，物之稚也。物稚不可不养也，故受之以‘需’，需者饮食之道也。……”从六十四卦相承相受的全过程中，可以看出万物产生、发展每阶段的递进和转化过程。

六十四卦多以卦象互相颠倒为次序如屯䷂、蒙䷃相次，需䷄、讼䷅相次，其象颠倒等。惟乾、坤、颐、大过、坎、离、中孚、小过八卦，虽卦全颠倒，其形不变，遂以六爻阴阳互相交变为次，如乾䷀、坤䷁相次，颐䷚、大过䷛相次，六爻交变等是。

广八卦之象

【原文】乾为天、为圜、为君、为父、为玉、为金、为寒、为冰、为大赤、为良马、为老马、为瘠马、为驳马、为木果。

坤为地、为母、为布、为釜、为吝啬、为均、为子母牛、为大舆、为文、为众、为柄，其于地也为黑。

震为雷、为龙、为玄黄、为旉、为大涂、为长子、为决躁、为苍莨竹、为萑苇；其于马也，为善鸣、为馵足、为作足、为的颡；其于稼也，为反生；其究为健、为蕃鲜。

巽为木、为风、为长女、为绳直、为工、为白、为长、为高、为进退、为不果、为臭；其于人也，为寡发、为广颡、为多白眼、为近利市三倍；其究为躁卦。

坎为水、为沟渎、为隐伏、为矫揉、为弓轮；其于人也，为加忧、为心病、为耳痛、为血卦、为赤；其于马也，为美脊、为亟心、为下首、为薄蹄、为曳；其于舆也，为多眚、为通、为月、为盗；其于木也，为坚、多心。

离为火、为日、为电、为中女、为甲胄、为戈兵；其于人也，为大腹、为乾卦；为鳖、为蟹、为蠃、为蚌、为龟；其于木也，为科上槁。

艮为山、为径路、为小石、为门阙、为果蓏、为阍寺、为指、为狗、为鼠、为黔喙之属；其于木也，为坚、多节。

兑为泽、为少女、为巫、为口舌、为毁折、为附决；其于地也，为刚卤、为妾、为羊。

【注解】本节其他版本有“合时令者其象吉，违时令者其象凶”两句，道出取象之法，故补之，特说明。此节语出《说卦传》，言八卦所取各象，为断卦之要，宜切记。

乾为天　宋衷曰：“乾动不解（懈），天亦运转。”乾卦形为“☰”，三阳并升，犹天体积诸阳气而成，故象天。

为圜　《正义》曰：“乾既为天，天动运转，故为圜也。”言天之圆圜，周转不息，无始无终也。

为君、为父、为玉、为金、为寒、为冰、为大赤　《正义》曰：

“为君、为父，取其尊道而为万物之始也；为玉、为金，取其刚之清明也；为寒、为冰，取其西北寒冰之地也；为大赤，取其向阳之色（大红色）也。”《尚氏学》曰：“金玉象其纯粹；西北不周风，阴寒之地，故为寒冰；乾舍于离，南方火，故为大赤。”

为良马、为老马、为瘠马、为驳马 《正义》曰：“为良马，取其行健之善也。为老马，取其行健之久也。为瘠马，取其行健之甚，瘠马骨多也。言驳马者，言此马有牙如锯，能食虎豹。”

为木果 宋衷曰：“群星著天，似果实著木，故为木果”。《郭氏传家易说》“木以果为始，亦犹物以乾为始”。

坤为地 坤卦形作☷，三阴并降，犹地体凝诸阴气而成，故象地。又，阴性柔顺，地亦宽柔和顺故。

为母 《正义》曰：“坤既为地，地受任生育，故谓之‘为母’也。”母性柔慈温顺，正合“顺”义。

为布 布是古代货币名。《外府》注曰：“布，泉也，其藏曰‘泉’，其行曰‘布’，取名于水泉，其流行无不遍。”

为釜、为吝啬、为均、为子母牛、为大舆 《尚氏学》曰：“万物资地成熟，故为釜；坤闭，故吝啬；不择而生，故为均；坤为牛，生生不已，今之童牛，不日又生子而为母矣，故为子母牛。大舆取其能载物之义。”

为文、为众、为柄，其于地也为黑 《正义》曰：“为文，取其万物之色杂也；为众，取其地载物非一也；为柄，取其生物之本也；其于地也为黑，取其极阴之色也。”

震为雷 震卦形作☳，二阴下降，一阳欲上，两相激荡，犹雷震发，故象雷。或一阳抑于二阴之下必动，凡雷作必动万物，所以其义为“动”。

为龙 亦取动义。

为玄黄 玄黄是青黄相杂之色。虞翻认为，天玄地黄，震是天地之杂物，故为玄黄。天地交感而动，亦合“震动”之义。

为旉、为大涂、为长子、为决躁　旉音夫，花之总名。大涂言大路。《正义》曰：“为旉，取其春时气至，草木皆吐旉布而生也；为大涂，取其万物之所生也；为长子，如上文释震为长子也；为决躁，取其刚动也。”此四象并合为动义。

为苍莨竹、为萑苇　莨，音狼；萑音环，萑苇即“蒹葭”。《九家易》曰：“苍莨，青也，震阳在下，根长坚刚；阴爻在中，使外苍莨也。”又曰：“萑苇，蒹葭也，根茎丛生，蔓衍相连，有似雷行。”按，苍莨取竹春生之美，萑苇取其拔节而动，两象亦含动义。

其于马也，为善鸣、为馵足、为的颡　馵音住，马后左足白之义。的颡是白额之马。《正义》曰：“其于马也为善鸣，取其象雷声之远闻也；为馵足，马后足白为馵，取其动而见也；为作足，取其动而行健也；为的颡，白额为的颡，亦取动而见也。”

按：此句举四种马，皆合“动”义。

其于稼也，为反生　顶着种子甲壳破土而生曰反生。《释文》曰：“麻、豆之属反生，戴莩甲而出也。”戴甲而生，幼芽潜萌，奋动乃得出土，正含“动”义。

其究为健、为蕃鲜　《正义》曰：“究，极也，极于震动，则为健也”。又曰：“鲜，明也，取其春时草木蕃育而鲜明。”

巽为木、为风　宋衷曰：“阳动阴静，二阳动于上，一阴安静于下，有似于木也。”陆绩曰：“风，土气也；巽，坤之所生，故为风，亦取动于本而静于末也。”

按：巽卦形作☴，二阳上升，一阴下降，中空而风气流行，故象“风”；且一阴处二阳之下，则愈降愈深入，凡风行亦无处不入，故其义为“入”。

为长女、为绳直、为工、为白、为长、为高　《正义》曰：“为长女，如上释巽为长女也。为绳直，取其号令齐物，如绳之直木也。

为工，亦正取绳直之类。为白，取其风吹去尘，故洁白也。为长，取其风行之远也。为高，取其风性高远。"《尚氏学》曰：巽柔故为绳，巽风故为直。

为进退、为不果、为臭 《正义》曰："为进退，取其风性前却其物，进退之义也；为不果，取其风性前却，不能果敢决断，亦皆进退之义也；为臭，取其风所发也，又取下风之远闻。"

按：进退、不果，均言迂回审慎而入，鲁莽急躁难入。臭者，味虽无形，却无处不入，三象皆含"入"意。

其于人也，为寡发、为广颡、为多白眼、为近利市三倍 《正义》曰："其于人也，为寡发，寡，少也，风落树之华叶，则在树者稀疏，如人之少发亦类于此，故为寡发也。为广颡，额阔为广颡，发寡少之义，故为广颡也。为多白眼，取躁人之眼，其色多白也。为近利，取其躁人之情，多近于利也；市三倍，取其木生蕃盛，于市则三倍之宜利也。"

其究为躁卦 《正义》曰："究，极也，取其风之势极于躁急也。"

坎为水　宋衷曰："坎阳在中，内光明，有似如水。"

按：坎卦形☵，一阳包含二阴之中，犹如水表阴里阳，故象水。又，一阳陷二阴之中，凡水所居，其地必陷，故其义为"陷"。

为沟渎、为隐伏 《正义》曰："为沟渎，取其水行无所不通也；为隐伏，取其水藏地中也。"

按：沟渎皆幽陷，险情多隐伏，二象并含"险陷"之义。

为矫揉、为弓轮　宋衷曰："曲者更直为矫，直者更曲为揉，水流有曲直，故曰'矫揉'。"

按：矫揉、弓轮，皆变异之形态，物罹险陷，必当变态，象亦含"险陷"之义。

其于人也，为加忧、为心病、为耳痛、为血卦、为赤 《正义》曰："其于人也，为加忧，取其忧险难也；为心病，忧其险难，故为心病也；为耳痛，坎为劳卦也，又北方主听，听劳则耳痛也；为血卦，取其有血，犹地有水也；为赤，亦取血之色。"

按：此五象均取人遭险罹陷之象，合坎为"险陷"之义。

其于马也，为美脊、为亟心、为下首、为薄蹄、为曳 《正义》曰："其于马也，为美脊，取其阳在中也；为亟心，亟，急也，取其中坚内动也；为下首，取其水流向下也；为薄蹄，取其水流迫地而行也；为曳，取其水磨地而行也。"

其于舆也，为多眚 眚音省，灾异之义。《正义》曰："取其表里有阴，力弱不能重载，常忧灾眚也。"此象亦合"险"义。

为通、为月、为盗 《正义》曰："为通，取其行有孔穴也；为月，取其月是水之精也；为盗，取水行潜窃如盗贼也。"

按：物深陷则穿通，月常则缺陷，盗于潜隐中施陷设险，均合"险陷"之义。

其于木也，为坚、多心 虞翻曰："阳刚在中，故坚多心，棘枣之属也。"

离为火 崔憬曰："取卦阳在外，象火之外照也。"离卦之形☲，一阴含于内，二阳显于外，似火表阳里阴，故象之。又一阴附丽二阳之中，凡火所炎必附著燃料，故其义为"丽"。

为日、为电 郑玄曰："取火明也。久明似日，暂明似电也。"

按：日附于天而悬，电附于雷而发，两象均含"附著"之意。

为甲胄、为戈兵 《正义》曰："为甲胄，取其刚在外也；为戈兵，取其刚在于外，以刚自捍也。"甲胄须附人体，戈兵须人执持，均有附丽于人之意。

其于人，也为大腹、为乾卦 《正文》曰："为大腹，取其怀阴气也；为乾卦，取其日所烜也。"《尚氏学》云："中虚故为大腹。"

为鳖、为蟹、为蠃、为蚌、为龟 虞翻曰："此五者皆取外刚内柔也。”

按：这五种甲壳动物，主体均依附于硬壳内，合“附著”之意。

其于木也，为科上槁 《正义》曰：“科，空也。阴在内，为空；概空中者，上必枯槁也。”树木若上截枯槁，必依附下截未枯者而存在，亦含“附著”之意。

艮为山 《正义》曰：“取阴在下为止，阳在于上为高，故艮象山也。”艮卦形作☶，一阳居二阴之上，犹山顶为阳，其下深蕴阴质，故象山。

为径路、为小石、为门阙 《正义》曰：“为径路，取其山路有间道也；为小石，取其艮为山，又为阳卦之小者也；为门阙，取其崇高也。”按：径路狭小斜曲，小石墝埆不平，皆能阻止车马之行；门阙掩其内而止外人，三象并含止意。

为果蓏，蓏音裸，瓜类植物之果实 宋衷曰：“木实谓之果，草实谓之蓏，桃李瓜瓞之属，皆出山谷也。”

为阍寺 《周礼·天官》曰：“阍人常守王宫中门之禁。寺谓寺人，古代执守宫中的小臣，犹后世的宦官。”宋衷曰：“阍人主门，寺人主巷。艮为止，此职皆掌禁止者也。”

为指、为狗、为鼠 《正义》曰：“为指，取其执止物也；为狗、为鼠，取其皆止于人家也。”

按：指以止人，狗守门以止外人，鼠居止于人家，三象并含止义。

为黔喙之属 黔、黑也。喙、鸟嘴。黔喙指猛禽。猛禽飞降，地面之物皆惧止，故黔喙之象亦含止义。

其于木也，为坚、多节 《正义》曰：“取其山之所生，其坚劲，故多节”。虞翻曰：“阳刚在外，故多节，松柏之属。”

兑为泽 宋衷曰：“阴在上，令下湿，故为泽也。”

按：兑卦形作☱，一阴居二阳之上，犹泽面为阴，其下深蕴阳质，故象泽。又，一阴获二阳之益而悦然上升，凡泽皆广施滋润以悦物，故其义为“说”(即“悦”)。

为少女、为巫、为口舌 《正义》曰：“为少女，如上释兑为少女也。为巫，取其口舌之官也。为口舌，取其西方于五事为言，取口舌为言语之具也。”

按：少女以天真无邪悦人，巫与口舌以言语悦人，三象均含“悦”义。

为毁折、为附决 《正义》曰：“兑，西方之卦。又，兑主秋也，取秋物成熟，槁秆之属则毁折也，果蓏之属则附决也。”

按：秋物成熟，槁秆毁折则果实欣悦，熟果附决则物皆欣悦，故两象均含“悦”义。

其于地也，为刚卤 《正义》曰：“取水泽所停，故醎卤也”。按，此象言刚卤之地，亟待施泽，润之则悦。

为妾，为羊 《正义》曰：“为妾，取少女从姊为娣也。为羊，如上释取其羊性顺也。”

按：妾以容悦夫，羊以顺悦人，两象并含“悦”义。

【原文】总取八卦象。八卦万物属类，并为上卦；所属之方，为下卦。乾西北方，坎北方。余当类推，皆可起卦。

【注解】此起卦之法，所见之物，所听之声，所居之方为上卦，本身所在之方为下卦，合而成一卦。如本人居北方，听得正西方有四声狗叫，欲测因何，则以西方☱为上卦，本人所居之方☵为下卦，合成“泽水困”卦，便以此卦占断。

八字天干配卦例

【原文】壬甲从乾数，乾之数六，壬甲属乾，故亦下六数。

乙癸向坤求，坤之数二，乙癸属坤，故亦下二数。

庚来震上立，震之数三，庚属震，故亦下三数。

辛在巽方游，巽之数四，辛属巽，故亦下四数。
丙于艮门立，艮之数八，丙属艮，故亦下八数。
己以离为头，离之数九，己属离，故亦下九数。
戊须坎处出，坎之数一，戊属坎，故亦下一数。
丁向兑家流，兑之数七，丁属兑，故亦下七数。

【注解】天干配数，是以八卦纳甲取洛书之数。即坎数一，坎纳戊，故戊一数。坤数二，坤内卦纳乙，外卦纳癸，故乙癸二数。震数三，震纳庚，故庚亦三数。巽数四，巽纳辛，故辛亦四数。乾数六，乾内卦纳甲，外卦纳壬，故甲壬亦六数。兑数七，兑纳丁，故丁亦七数。艮数八，艮纳丙，故丙亦八数。离纳己，离数九，故己亦九数。

天干地支取数

【原文】天干取数定局。

戊一乙癸二，庚三辛四同。
壬甲从六数，丁七八丙宫，
己九无差别，五数寄于中。

原眉批：初学入门，不可不识此。

地支取数定局。

亥子一六水，寅卯三八真。
巳午二七火，申酉四九金。
辰戌丑未土，五十总生成。

【注解】地支之数是以十二支五行配先天八卦方位论。如北方一六属水，地支为亥子，故亥子亦一六数。南方二七属火，地支巳午居之，故巳午亦二七数。东方三八属木，地支寅卯居之，故寅卯亦三八数。西方四九属金，地支申酉居之，故申酉亦四九数。中央属土，散于四维，其数五十，故辰戌丑未均五十数。

八字天干地支数例

【原文】男命：

甲六子一六，丁七卯三八，庚三申四九，庚三辰五十。

丁七巳二七，丙八午二七，壬六寅三八，辛四丑五十。

女命：

庚三午二七，戊一戌五十，己九酉四九，乙二亥一六。

癸二卯三八，壬六戌五十，甲六申四九，辛四未五十。

原眉批：不论男女，干支之数皆同。

此四命格为初学入门之法也。各有八字，不论男女，就此八字之中查，单数者共算多少，则为天数；双数者共算多少，则为地数，照后所开定之。

【注解】天数和地数是据《易》天一、地二、天三、地四、天五、地六、天七、地八、天九、地十之数而定。单数相加为天数，双数相加为地数。详参后章。

按：原文女命庚午、戊戌例，以五虎遁应是丙戌，因只是举例，并非推断，不害其义，故未纠正。后文仍用此例，特说明。

八字内天数地数例

【原文】天数二十五，地数三十，乃河图正数也。今演八字例，以天干布前洛书“戊一乙癸二”之数，地支布前河图“亥子一六水”之数；然后将干支所得之数，单者聚为天数，双者聚为地数。看天数所得多少，除天数二十五之外，以所余之数为卦。倘止有二十五，则除二十不用，只用五；倘不满二十五数，则除十不用，只用零数为卦。看地数所得多少，除地数三十之外，以所余之数为卦。倘只有三十，则遇十不用，只作三数起卦；倘不满三十，则遇十不用，只用零数起卦。此起数定例也。

原眉批：单止一三五七九，双止二四六八十。

依洛书取卦例

【原文】一数坎兮二数坤，三震四巽数中分，

五寄中宫六乾是，七兑八艮九离门。

假如前甲子、丁卯、庚申、庚辰，天数得三十一。除二十五还天数外，余六数属乾，是天之数得乾也。地数得三十四，除三十还地数外，余四数，四数为巽，是地之数得巽也。

假如前丁巳、丙午、壬寅、辛丑，天数二十九，除二十五还天数外，余四数属巽，是天之数得巽也。地数四十，（除三十还地数外，余十数，遇十不用，只用一数，一属坎，是地之数得坎也。

假如前庚午、戊戌、己酉、乙亥，天数三十五，除二十五还天数外，余十数，遇十不用，只用一数，一属坎，是天数得坎也。地数二十四，不满三十，除二十不用，只用四数，四属巽，是地之数得巽也。

假如前癸卯、壬戌、甲申、辛未，天数二十二，不满二十五数，亦除二十不用，只用二数，二属坤，是天之数得坤也。地数五十，除三十还地数外，余二十，遇十不用，只用二数，二属坤，是地之数得坤也。余仿此。）

【注解】括号中的文字，即自“除三十还地数外……余仿此”共十行本书缺失，今据其他版本补足。

天数二十五是一三五七九相加之和，地数三十是二四六八十相加之和。求一个八字的天地之数，就是把这个八字中的天数相加，地数相加，以其总数求出上下卦来。如甲子一例，把子一、丁七、卯三、庚三、申九、庚三、辰五诸天数相加，总数是三十一，减去天数二十五余六，六就是天数乾。再把甲六、子六、卯八、申四、辰十诸地数相加，总数是三十四，减去地数

三十，余数是四，四就是地数巽。乾为天，巽为风，该八字荡卦就是天风姤。余例同此。

按：此法是《河洛理数》起卦的基本定式，定要牢记勿误。

八卦相荡成卦例

【**原文**】阳命男，阴命女，天数在上，地数在下；阴命男，阳命女，天数在下，地数在上。

以天地二数，相荡而成一卦也。如前天数余六数是乾，地数余四数是巽。若是甲子生阳命男，天数在上，地数在下，演得“天风姤”卦是也。

原眉批：以天数、地数二分共成一分，谓之曰荡。

阳命男荡卦例：

甲子	丁卯	庚申	庚辰
天数乾☰	荡得天风姤卦		地数巽☴
阳命男当在上	䷫		阳命男当在下

阴命男荡卦例：

丁巳	丙午	壬寅	辛丑
天数巽☴	荡得水风井卦		地数坎☵
阴命男当在下	䷯		阴命男当在上

阳命女荡卦例：

庚午	戊戌	己酉	乙亥
天数坎☵	荡得风水涣卦		地数巽☴
阳命女当在下	䷺		阳命女当在上

阴命女荡卦例：

<table>
<tr><td>癸卯</td><td>壬戌</td><td>甲申</td><td>辛未</td></tr>
<tr><td>天数坤☷
阴命女当在上</td><td colspan="2">荡得纯坤卦
䷁</td><td>地数坤☷
阴命女当在下</td></tr>
</table>

【注解】明此节则男女命卦成矣，故定要熟记，以便运用。

五数寄宫

【原文】五数寄宫例。凡天地二数，所余之数得五数者，则寄中宫。盖五与十数，八方无位，属在中宫故也。寄宫诗：

上元男艮女为坤，女兑男离属下元，

中元阴女阳男艮，阳女阴男亦寄坤。

原眉批：上元生人，不论阴阳，男得五数为艮卦，女得五数为坤卦。

下元生人，不论阴阳，男得五数为离卦，女得五数为兑卦。

中元生人，阳男得五为艮，阴女得五为艮。

中元生人，阴命男得五寄坤，阳命女得五寄坤。

又注：诗内所谓阴阳男女者，盖以甲、丙、戊、庚、壬生人为阳，乙、丁、己、辛、癸生人为阴。

详三元甲子例

【原文】如弘治甲子至嘉靖四十二年是上元，自嘉靖四十三年甲子至天启三年癸亥是中元，自天启四年甲子起为下元。以后再遇甲子又是上元。

【注解】“八卦相荡成卦例”“五数寄宫”“详三元甲子例”三节，原书总目录中有标题，但正文中无，今据他本补排。

上中下元，是根据三元九星飞星论。最近之三元，1864 年属上元甲子，1924 年属中元甲子，1984 年属下元甲子。

弘治：明孝宗朱祐樘年号，甲子年是1504年。

嘉靖：明世宗朱厚熜年号，甲子年是1564年。

天启：明熹宗朱由校年号，甲子年是1624年。

本书署名为宋陈抟著，邵雍述，但书中均明代年号，其内容当有后人增补无疑。

遇十不用例

【原文】（凡遇十则为弃数，不用，盖遇十则用一也，二十则用二,三十则用三。假如天数三十五，则除去二十五，还）天数后，余十数不用，只用一也。如地数三十则只用三，地数四十，则除三十还地数后，余十数，只用一也。若地数六十，则除三十还地数后，余三十不用，亦只用三也。盖大易之数，初无所谓五与十，故只用一二三四六七八九，而不用五与十也。

【注解】原文括号中两行文字，亦属原书缺失，今据其他版本补排，特说明。

遇十不用者，十为中央戊已土，不属八卦之中；遇十为一、二十为二者，十减九宫之数为一,二十减两个九宫之数为二故。

详元堂爻位式

【原文】凡人命所得之卦，元堂所系最重，得其气之吉者，为富贵，为贤良，为高寿。得其气之凶者，为贫贱，为下愚，为夭折。元堂一定，毫厘不爽者也。其取爻之法，专以人之生时为主。凡一日有十二时，上六时属阳，子、丑、寅、卯、辰、巳是也。下六时属阴，午、未、申、酉、戌、亥是也。

阳时生人，则取本卦阳爻，从子时数起。阴时生人，则取本卦阴爻，从午时数起。但卦有纯阴纯阳，一阴一阳，二阴二阳，三阴三阳，四阴四阳，五阴五阳，难乎一概，故又有阴阳之别也。

其例详具于后。起元堂诗曰：

阴阳一二重而寄，三位虽重没寄宫。

四五无重应有寄，纯爻男女不相同。

如一二阴阳则重，则而寄。如三位则可重，因阴阳各半不同，阴寄阳，阳寄阴也。如四五则当就本阴阳位算过，再寄他宫。

原眉批：此爻指乾坤而言。

阴阳六爻元堂卦式

【原文】凡一阳爻之卦，推子丑二时同在阳爻一位，至寅时乃寄阴爻。假如人是丑时生，得“地水师”卦，乃一阳卦也。则子丑二时，同在二爻为元堂；寅时生，在初爻为元堂；卯时生，在三爻为元堂；辰时生，在四爻为元堂；巳时生，在五爻为元堂也。

一阳爻元堂卦式

原眉批：师卦本五阴爻，今独谓之一阳，何也？盖人生于阳时故也。若阴时生人，则谓之五阴卦矣。

【原文】凡一阴爻之卦，推午未二时同在阴爻一位，至申时乃寄阳爻。假如人是阴时生，得“风天小畜”卦，乃一阴卦也。则午未二时，同在四爻为元堂；申时生，则以初爻为元堂；酉时生，则以二爻为元堂；戌时生，则以三爻为元堂；亥时生，则以五爻为元堂也。

一阴爻元堂卦式

【原文】凡二阳爻之卦，必于阳爻重数，两次往复，方寄阴爻。假如人是阳时生，得“泽地萃”卦，乃二阳卦也。则子时在四爻为元堂；丑时生，则以五爻为元堂；寅时生，复以四爻为元堂；卯时生，又以五爻为元堂；辰时生，

二阳爻元堂卦式

则以初爻为元堂；巳时生，则以二爻为元堂也。

原眉批：阳爻两次往复，看二阳卦式子、丑、寅、卯四字便了然。

【原文】凡二阴爻之卦，必于阴爻重数，两次往复，方寄阳爻。假如人是阴时生，得“天雷无妄”卦，乃二阴卦也。则午时在二爻为元堂；未时生，则以三爻为元堂；申时生，复以二爻为元堂；酉时生，又以三爻为元堂；戌时生，则以初爻为元堂；亥时生，则以四爻为元堂也。

二阴爻元堂卦式

原眉批：阴爻两次往复，看二阴卦式午、未、申、酉四字便了然。

三阳爻元堂卦式

【原文】凡三阳爻之卦，只于阳爻往来，不寄阴爻。假如阳时生人，得“火山旅”卦，乃三阳卦也。子时则元堂在三爻，丑时则元堂在四爻，寅时则元堂在上爻，卯时则元堂复在三爻，辰时则元堂复在四爻，巳时则元堂复在上九之爻也。

三阴爻元堂卦式

【原文】凡三阴之卦，只于阴爻往来，不寄阳爻。假如阴时生人，得“水泽节”卦，乃三阴卦也。午时生，则元堂在三爻；未时生，则元堂在四爻；申时生，则元堂在上爻；酉时生，则元堂复在三爻；戌时生，则元堂复在四爻；亥时生，则元堂复在上爻也。

四阳爻元堂卦式

【原文】凡四阳之卦，先于阳爻行完，然后寄阴爻。假如阳时生人，得纯巽卦，乃四阳卦也。子时生，元堂在二爻；丑时生，元堂在三爻；寅时生，元堂在五爻；卯时生，元堂在上爻；辰时生，元堂在初爻；巳时生，元堂在四爻也。

四阴爻元堂卦式

【原文】凡四阴之卦，先于阴爻行完，然后寄阳爻。假如阴时生人，得纯震卦，乃四阴卦也。午时生，元堂在二爻；未时生，元堂在三爻；申时生，元堂在五爻；酉时生，元堂在上爻；戌时生，元堂在初爻；亥时生，元堂在四爻也。

五阳爻元堂卦式

【原文】凡五阳之卦，必先行完阳爻，而后寄阴爻。假如阳时生人，得“天火同人”卦，乃五阳卦也。子时生，元堂在初爻；丑时生，元堂在三爻；寅时生，元堂在四爻；卯时生，元堂在五爻；辰时生，元堂在上爻；巳时生，元堂在二爻也。

五阴爻元堂卦式

【原文】凡五阴之卦，必先行完阴爻，而后寄阳爻。假如阴时生人，得“雷地豫”卦，乃五阴卦也。午时生，元堂在初爻；未时生，元堂在二爻；申时生，元堂在三爻；酉时生，元堂在五爻；戌时生，元堂在上爻；亥时生，元堂在四爻也。

【原文】六阳爻元堂卦式。

六阳爻之卦，男女不同，必须详慎，方无差误。如男得乾卦，是子、丑、寅、卯、辰、巳六时生，当依羲皇三画安元堂，自下而上重数下卦三爻（见下左起第一卦）。若是午、未、申、酉、戌、亥六时生，当依羲皇三画安元堂，重数上卦三爻（见下左起第二卦）。

若女得六阳之卦，冬至后、夏至前当自上行下，如是子、丑、

寅、卯、辰、巳六时，则重数上卦（见前左起第三卦）。若是午、未、

申、酉、戌、亥六时，则重数下卦（见前左起第四卦）。若女得六阳之卦生于夏至后、冬至前，则亦自下行上，照男例也。

原眉批：女遇六阳卦，行阳令，故自上行下。女得“乾”卦而行阴令，顺时也，故自下行上。

【原文】六阴爻元堂卦式。

六阴爻之卦，男女不同，必须详慎，方无差误。如女得坤卦，是子、丑、寅、卯、辰、巳六时生，当依羲皇三画安元堂，自下而行上，重数下卦三爻（见下左起第一卦）。若是午、未、申、酉、戌、亥六时生，重数上三爻（见下左起第二卦）。

若男得六阴之卦，夏至后、冬至前当自上而行下。如是子、

丑、寅、卯、辰、巳六时则重数上卦三爻（见上左起第三卦）。若是午、未、申、酉、戌、亥六时，则重数下卦三爻（见上左起第四卦）。若男得六阴之卦，生于冬至后、夏至前，则亦照女例，自下而上行也。

原眉批：男遇六阴卦，行阴令，逆也，故自上行下。男得坤卦，行阳令，顺时也，故自下行上。

【注解】何谓元堂？即本命卦中取生时所值之一爻，以其为身命之爻，叫作元堂。因其为身命之爻，故非常重要，定要取准，万勿错讹。

一日十二个时辰，时有阴阳之分。阳生于子，极于巳，所以子、丑、寅、卯、辰、巳为六阳时。阴生于午，极于亥，故午、未、申、酉、戌、亥为六阴时。取元堂之法，六阳时生人先顺数阳爻立元堂，阳爻不足则寄于阴；若阳爻过少，则重数而后寄阴；卦有三

阳爻则不必寄，皆自下而上。六阴时生人，先五阴爻仿此，惟乾、坤二卦阳时皆重数内卦，阴时皆重数外卦，自下而上。如果女得乾卦，在冬至，阳生后，则用逆，阳时重数外卦，阴时重数内卦，自上而下。男得坤卦在夏至，阴生后亦然。若乾女夏至以后，坤男冬至以后，仍照前法用顺数。知此，则元堂之爻可定矣。

元堂在阳爻，逢阳令为得时，居阳位为得正。在阴爻，逢阴令为得时，居阴位为得正。阴阳在二五皆为得中。阳盛而居三为过刚，居上为亢。阴盛而居三为不正，居上为穷。阳弱而应以阴，阴弱而应以阳，为有应。应爻卦体吉为得援。得时则顺，失时则逆；得正则安，失正则危。得中则吉，亢穷则灾。得援则利，无援则困。

换后天卦例

【原文】先天之卦既成，元堂既定，却以元堂之爻，阳爻变阴，阴爻变阳，乃移外卦入内，内卦出外，看得何卦，乃天旋地转，更革之象，是为后天之卦也。假如前甲子、丁卯、庚申、庚辰，辰时生人，乃阳时也，先天之卦得天风姤卦，元堂在上九爻。后天之卦却以先天在外乾卦，上九爻变而为阴，换入后天在内，为兑；以先天在内之巽卦，换出在外仍为巽，是后天之卦为“风泽中孚”，以三爻为元堂也。

【原文】先天换后天式。甲子、丁卯、庚申、庚辰，天数三十一，除二十五外，余六数，属乾；地数三十四，除三十外，余四数，属巽；先天姤，后天中孚。

【原文】三至尊换卦不同例。坎、屯、蹇三卦，九五君位遭不利之时，遇屯难险阻之世，不可与诸卦六子兆民变重易轻者

同也。盖九五阳之君，上六阴之主，极高至尊之爻，必当应时而动，不当同小民轻举移易，故九五阴令变而不易，阳月则易；上六阳月变而不易，阴令则易也。

原眉批：变者变其卦，非变其爻。不易者，不易其位。

【注解】物有本末，事有始终，故卦亦有正卦和变卦之分。以八字原来所立之卦，所立之元堂为正卦，即先天卦。以元堂变化及内外卦易位为变卦，即后天卦。其法，以正卦元堂之爻为动爻，阳变为阴，阴变为阳，这是第一步。变则易，元堂在上卦，则易为下卦。元堂在下卦，则易为上卦。举二例以说明：正卦泽山咸，元堂在六二爻，变后为风泽中孚，元堂居九五爻；正卦泽山咸，元堂在九五爻，变后为山雷颐，元堂居六二爻。下图左边两个卦是元堂内卦出为外卦，右边两个卦是元堂外卦变为内卦。

正卦泽山咸　　变卦风泽中孚　　正卦泽山咸　　变卦山雷颐

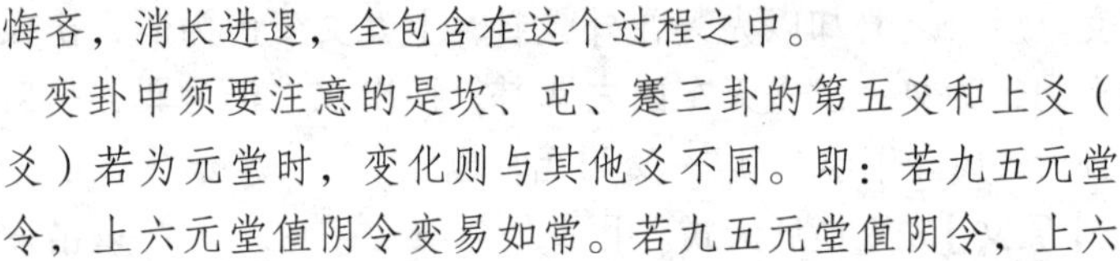

正卦为本人出生之卦，变卦为一生结果之卦，人一生的吉凶悔吝，消长进退，全包含在这个过程之中。

变卦中须要注意的是坎、屯、蹇三卦的第五爻和上爻（第六爻）若为元堂时，变化则与其他爻不同。即：若九五元堂值阳令，上六元堂值阴令变易如常。若九五元堂值阴令，上六元堂值阳令，其元堂虽变，但上下之位不易，这是因为九五阳位而值阴令，上六阴位而值阳令，均非其时，故不可轻举妄动。

论元气（年上看）

【原文】甲壬戌亥属乾，乙癸未申属坤，丙丑寅属艮，丁与酉属兑，戊与子属坎，己与午属离，庚与卯属震，辛辰巳属巽。

如甲壬戌生人，卦中有“乾”，谓之有元气是也。

凡元气自人当生之年干支上取，与日月时不相涉。天干逢者谓之天元气，地支逢者谓之地元气。假如甲戌生人，得“天泽履”卦，则是卦中有乾矣。甲属乾，戌亦属乾，是天元气、地元气皆全也。夫元气专主富贵名誉，谓之官禄星，又谓之诰命星，不论男女，遇之皆主吉庆，更得当生纳音之气尤妙。

原眉批：纳音之气，如甲子生人，纳音属金之类。

逢元气诗：

元气称为诰禄星，遇者分明主富盈。
气旺更兼居本位，纵然白手振家声。

【注解】何谓元气？即天干和地支得本卦之气。应注意的是：本卦之元气，天干是以纳甲论，地支则以本卦统属论，故有天元气与地元气之分。

天元气者，以本人生年天干，用纳甲之法，验其卦中有无元气。各卦纳甲：

乾纳甲壬，兑纳丁，离纳己，震纳庚，
坤纳乙癸，艮纳丙，坎纳戊，巽纳辛。

纳甲之说，古人有认为取之月象。农历合朔之后，自初三至初七，夜间七点到九点，人仰面观天，月明一分，如震卦☳，一阳在下，二阴在上，此时月在庚方，故震纳庚。自初八至十二，日落后人仰面观天，月明二分，如兑卦☱，二阳在下，一阴在上，此时月在丁方，故兑纳丁。自十三至十七日，日落后，人仰面观天，月亮尽明，如乾卦☰，此时月在甲方，故乾纳甲。自十八至二十二日，早晨五点到七点，人仰面观天，月暗一分，如巽卦☴，二阳在上，一阴在下，此时月在辛方，故辛纳巽。自二十三至二十七日，天亮时，人仰面观天，月暗二分，如艮卦☶，一阳在上，二阴在下，此时月在丙方，故艮纳丙。自二十八至下月初二日，天亮后，人

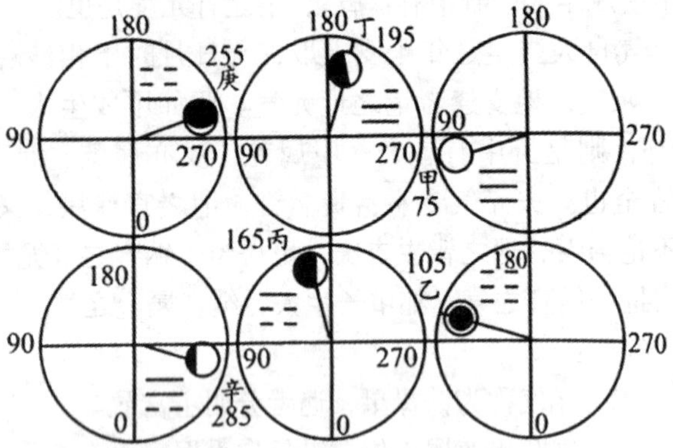
180
255
庚
90
270
0
180
丁
195
90
270
180
90
270
甲
75
165丙
105
乙
180
90
270
0
辛
285
0
90
270
0
270
0

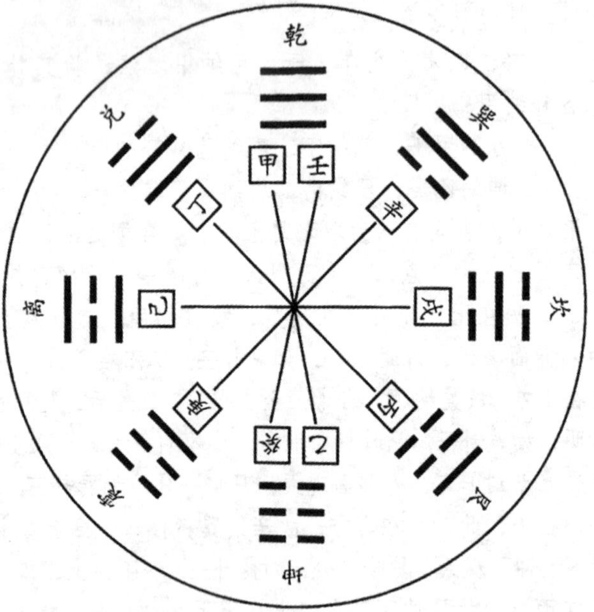
乾
甲
壬
丁
辛
己
戊
庚
丙
癸
乙
坤

仰面观天，月光尽晦，如坤卦，此时月在乙方，故坤纳乙。阴指暗面，阳指有光之面，离卦是太阳本体，光辉普照地球，万古不灭，无消无长，故离纳己（地球）。而坎卦为月之本体，上半月消震兑乾三卦，下半月灭巽艮坤三卦，自有消于无，是因地球之关系，故纳戊（地球）。因月亮本体属水，所以其消长与地球潮汐有直接影响，详参第 42 面的上图。

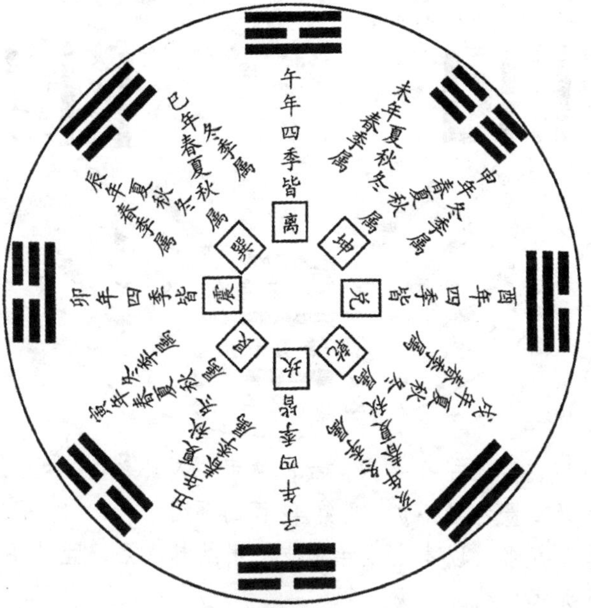

然细推纳甲之理，实出于先天。先天之气，主于归藏，翕聚五行，对待相错，为后天之根基，故天干五行纳于其中。甲乙阴阳之首，始纳乾坤，以对待相错之，一气逆转相翕。甲乙逆生丙丁，卦值艮兑；丙丁逆生戊己，卦值离坎；戊己逆生庚辛，卦值震巽；庚辛逆生壬癸，复归于乾坤。皆阳干纳阳卦，阴干纳阴卦，生气翕聚，而后天十二支流行之机循环不息矣。

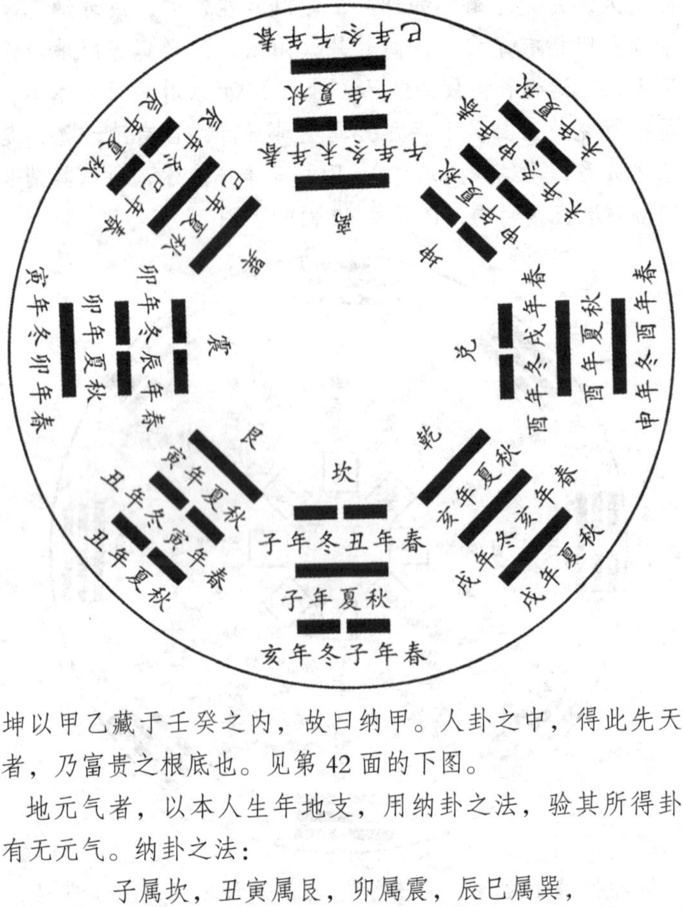

乾坤以甲乙藏于壬癸之内，故曰纳甲。人卦之中，得此先天元气者，乃富贵之根底也。见第42面的下图。

地元气者，以本人生年地支，用纳卦之法，验其所得卦之中有无元气。纳卦之法：

子属坎，丑寅属艮，卯属震，辰巳属巽，

午属离，未申属坤，酉属兑，戌亥属乾。

地元气出于后天。后天之气，主于流行，五气顺布，承先天之气而运旋之，而十二地支周流于八卦之位，分年以相应。子午卯酉得四正卦之纯，而四隅则倚乎四正。故丑、寅得艮隅，而丑之春属坎，寅之冬属震；辰、巳得巽隅，而辰之春属震，巳之冬属离；未、申得坤隅，而未之春属离，申之冬属兑；戌亥得乾隅，而戌之春属兑，亥之冬属坎，而八卦十二支顺布之气循序而不忒。人卦中得此后天元气者，乃富贵之事业也。见第43面图。

地支行爻之法，清人纪大奎认为，地支一周天是十二年，八卦共二十四爻，所以每两季行一爻。由此则每年之冬必与次年之春共一爻，以合天地始终无间之机，元气周流不息之意。如果生人卦中得所值生时之爻立元堂，如子年春得坎初，夏秋得坎中之类，是为真元气。次则元堂虽不在其爻，然子年生人卦中有坎体者，即为得地元气。详见第44面图。

【原文】元气相反。甲壬戌亥逢坤，乙癸未申逢乾，丙丑寅逢兑，己与午逢坎，丁与酉逢艮，戊与子逢离，辛辰巳逢震，庚与卯逢巽。

如天地元气属乾卦，中无乾而有坤，则是相反矣。

凡人与元气相反者，平生所为不如意，事多迍蹇，主短寿，克父母子孙，被妻佚，乐中致病，喜处生忧，更加正对反对，多至死亡，轻者痼痈。暗昧不逞之徒，最忌克制。元气反诗：

禄星主富诰星名，只在干支元气寻。
倘若一朝相反背，顿教名利化灰尘。

【注解】所谓元气相反者，是以先天八卦方向相对而言。先天八卦乾居离南，坤居坎北，方向相对，故乾卦中的戌亥及纳甲壬甲逢坤，坤卦中的未申及纳甲乙癸逢乾，为元气相反。先天八卦艮居西北，兑居东南，方向相对，故艮卦中的丑寅及纳甲丙火逢兑，兑卦中的酉金与纳甲丁火逢艮，为元气相反。先天八卦坎居正西，离居正东，方向相对，故离卦中的午火及纳甲己土逢坎，坎卦中的子水及纳甲戊土逢离，为元气相反。先天八卦震居东北，巽居西南，方向相对，故震卦中的卯木及纳甲庚金逢巽卦，巽卦中的辰巳及纳甲辛金逢震卦，为元气相反。

元气相反之说，似与《易》理不合。其一，甲壬为乾，乙癸为坤，是言先天八卦方位，若以后天论，均未处于相对之方，言其相反，与理不合。若以后天方位论，则戌亥属乾，甲壬并非属乾；未申属坤，乙癸并非属坤，更无相反之理。

其二，《易》以乾老父配坤老母，震长男配巽长女，坎中男配离中女，艮少男配兑少女为阴阳正配，均为至吉之象，而此却以为至凶，是先后天反为相反矣。再举清纪大奎《考订河洛理数便览》一书中实例以供参考：

二	四	二	二	天数十六	地数三十六
癸	辛	癸	癸	节令白露	化工兑
亥	酉	丑	亥	天元坤	地元乾
一六	四九	五十	一六	纳音水	

阴长之候，地数有余而不过为宜，卦体纯金，得纳音生气，辛酉月生人尤宜之。变卦元堂众宗，得化工元气之纯者，此与前壬戌一造，为辛丑同科鼎甲。一得纯坤，一得纯乾，造化自然之数如此，孰谓科名可强求乎！

辛丑小象“包无鱼起凶”，与大象“或跃在渊”断章相应。或者疑词，至是则跃而起矣。无鱼者，登龙之谓也。

此例癸水纳于坤卦，卦得纯乾，地元气亦乾，若以元气相反论，谓之至凶，然此例却以吉论，故知元气相反之说与《易》理不甚相合。后章实例中元气相反者甚多，详参自知。

【原文】反中有救诀。

元气虽冲莫作凶，要分节气浅深中。
反处气虚无克制，应知财寿亦丰隆。

乾反，天道失也，主夭。坤反，地道残也，主贫。坎反，多聋，耳受病。离反，多瞽，目受病。艮反，多痈疽气塞。兑反，唇齿多缺。震反，多跛。巽反，多痼疾（巽为手肚也）。

【注解】节气浅深，是以八卦五行论。如戌亥甲壬属乾金，立秋之后金气旺，与金气相反则凶。若生于立春之后，金气已绝，虽冲无力，故不为凶。

坎反为聋耳受病等，是以八卦取象论，详参本书“广八卦之象”一节，就可以广泛引伸运用，并不一定限制在上说之中。如坎反本文云主耳受病，但坎又为心病，为血卦，为赤，故又为血液，心病，胃病等。余例同推。

论化工（月上取）

【原文】冬至以后春分前坎，春分以后夏至前震，
夏至以后秋分前离，秋分以后冬至前兑。

每序季月，坤、艮各旺十八日。

凡化工，与年日时无干，只在月上取。如人是冬至后生，则水当正旺，化工属坎，直管至春分前一日止。若先天后天卦中有坎卦者，谓之有化工。执此为例，余可类推。夫化工专主名誉，士人得之为科甲，已仕者为天恩眷渥。女人得之为贤良贞淑，母仪妇道。逢化工诗：

当生月令化工逢，名誉芬芳子息隆，
纵是衡茅终发达，若居富贵愈亨通。

【注解】所谓化工者，当令之气也。冬至至惊蛰为水旺之时，故属坎。春分至芒种为木旺之时，故属震。夏至至白露为火旺之时，故属离。秋分至大雪为金旺之时，故属兑。三月清明节最后三天及谷雨节十五天共十八天，及六月小暑节最后三天及大暑节十五天共十八天，乃阳土当旺之时，属艮。九月寒露节最后三天及霜降节十五天共十八天，十二月小寒节最后三天及大寒节十五天共十八天，乃阴土当旺之时，属坤。

此五行当旺之说，除艮、坤土各旺季月后十八日合五行正旺

之时外，余金、木、水、火皆与节令不甚相合。以节气论，水旺于立冬、小雪、大雪、冬至四节，至立春、雨水、惊蛰，则为休衰之气，本文弃立冬、小雪、大雪三节之旺气而取立春、雨水、惊蛰休衰之气。火旺于立夏、小满、芒种、夏至四节，立秋、处暑、白露则为休衰之气，本文弃立夏、小满、芒种之旺气而取立秋、处暑、白露三节休衰之气。金旺于立秋、处暑、白露、秋分四节，立冬、小雪、大雪则为休衰之气，本文弃立秋、处暑、白露之旺气而取立冬、小雪、大雪三节休衰之气。木旺于立春、雨水、惊蛰、春分四节，立夏、小满、芒种则为木休衰之气，本文弃立春、雨水、惊蛰之旺气而取立夏、小满、芒种三节休衰之气。与理不合，其验亦难，仍举清纪大奎所选古例为证：

四	二	六	二	天数十四	
辛	癸	甲	乙	地数三十八	
亥	巳	辰	亥	天元巽	地元乾
一六	二七	五十	一六	纳音属金	

立夏五阴之候，而天数不足。却喜山风蛊卦变重巽，为化工，为先天元气，春夏得此，乃宣布命令长养万物之风，所以助阳数之不足者至矣，真功名富贵之局。

正卦　　变卦

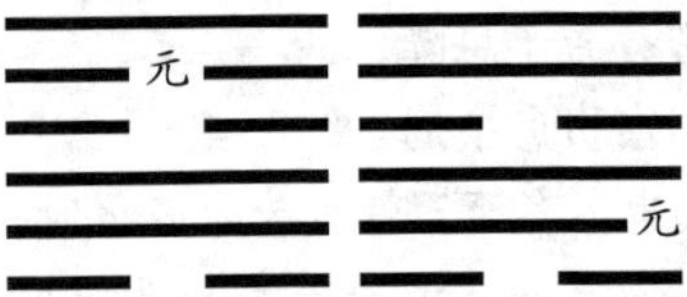

以本文所说化工论，春分后夏至前化工属震，此例生于巳月，节令当在立夏、小满之中，是震卦所属之范围。细查正卦与变卦，均无震卦在其中，依理是无化工，而此局认为有化工，是真功名富贵之局，故知本文化工之说无理。

上例所云为化工，细思之，是以月令所属之卦论，如巳月属巽卦，故以巽为化工。原例正卦中下卦属巽，变卦中上下卦皆为巽，故为有化工。由此可知，所谓化工，即本月元气得本方之卦者，即：

丑寅月得艮卦，卯月得震卦，辰巳月得巽卦，午月得离卦，未申月得坤卦，酉月得兑卦，戌亥月得乾卦，子月得坎卦。本文取化工之说有误，不可用。

【原文】化工反。

夏至以后秋分前逢坎，秋分以后冬至前逢艮，

冬至以后春分前逢离，春分以后夏至前逢巽，

每季月十八日逢乾、兑。

凡人根基不得化工而有相反者，逢灾咎横祸，恩变成恼，盖夺造化之权，占正伯之位，遇此无不应也。小象与大象如之，轻者讼狱，重者横祸不测。最忌克剥，相生则吉也。

化工反诀：

当生月令化工违，嗣续功名化作灰。

若是气虚无克战，纵反还堪着力为。

【注解】化工之说已误，化工之反更不可信。如前节注所举例，立夏、小满二节得巽卦为化工，本节却认为春分后夏至前逢巽为化工之反，与实不合，故不可信。

正对反对体

【原文】凡正对、反对之卦，本主不吉，但内有相生或与月卦元气相乎，则不为凶，最忌克战。

正 对 体

反 对 体

剥　　　夬　　　涣　　　丰

【注解】正对体，即本卦六爻均变为相反之爻。如剥卦，除

剥 复 师 比

上爻为阳外，其余五爻均为阴爻。其正对体为夬卦，剥卦上九爻之阳爻变为阴爻，其余五个阴爻变为阳爻是。

反对体：即本卦颠倒相装之卦。如剥卦，上九阳爻变为初九阳爻，初六至六五阴爻倒装于六二至上六，成为复卦是。

演八字图式

【原图】原眉批：此盘乃演人八字之模概，至若变而通之，则又在学者之润色何如耳。

<table>
<tr><td colspan="2">甲 六
子一六</td><td colspan="2">丁 七
卯三八</td><td colspan="2">庚 三
申四九</td><td colspan="2">庚 三
辰五十</td></tr>
<tr><td>正对复</td><td>先天姤</td><td>反对夬</td><td>天数
三十一</td><td>地数
三十四</td><td>正对
小过</td><td>后天
中孚</td><td>无反对</td></tr>
<tr><td colspan="3">一岁起 ————元 九岁止
四十三 ———— 五十一
三十四 ———— 四十二
二十五 ———— 三十三
十 六 ———— 二十四
十岁起 —— —— 十五岁
阴爻管六年</td><td colspan="2">先天六爻共管
五十一岁，至
五十二岁乃换后
天三爻行起，至
九十九岁止</td><td colspan="3">七十三 ———— 八十一
六十四 ———— 七十二
五十八 —— —— 六十三
五十二 —— 元 —— 五十七
九十一 ———— 九十九
八十二 ———— 九 十</td></tr>
<tr><td>生值二月十七日辰时</td><td>阳命男</td><td>节值惊蛰后二日</td><td>候值卦未逢故不注</td><td>气值四阳谓卯月也</td><td>乾甲六数属乾故天元
元
天遇甲以乾为天元气</td><td>坎子一数属坎故地元
元
地遇子以坎为地元气</td><td>化工坎冬至起</td></tr>
</table>

小象阴阳爻运行例

【原文】小象阳爻九年运行例。

夫探人之休咎气数，如人必有所适也，盖卦气必有所游，然后见天地运行之象，周流六虚之理，福善祸淫之机，鬼神吉凶之发，日月盈亏之道，四时顺逆之布，星辰变易之会。其一年变一卦之法，亦自本卦之爻而始也。其阳爻九年谓之大象，其小象则一年一变。假如人一岁是同人九三爻坐明堂，则二岁取应爻，变同人上九为革上六，三岁则变革九三爻而成随六三，然后自下而上。四岁变随九四为屯六四，五岁变屯九五爻为复六五，六岁变复上六爻为颐上九，七岁变颐初九为剥初六，八岁变剥六二为蒙九二，九岁变蒙六三为蛊九三，此同人九三爻小象九年游变之法也。

再看其人十岁当换九四之爻是阳是阴。如其人十岁，换同人九四爻，如遇阳年，九四阳爻不变，十岁是同人九四爻，十一岁是应爻变，如前例。其人十岁若是阴年，则阳爻见阴年必变。则将同人九四爻变为家人六四，十一岁变家人应爻初九为渐卦初六，十二岁复将渐六四变为遁九四，十三岁变遁九五为旅六五爻，十四岁变旅上九爻为小过上六爻，十五岁变小过初爻为丰初九爻，十六岁变丰六二爻为大壮九二爻，十七岁变大壮九三爻为归妹六三爻，十八岁变归妹九四爻为临六四爻，是阳爻遇阴年游变之法也。

其阳爻游变极难，切须仔细看初爻之年是阳是阴，方无误矣。其阴爻六年游变，但到处自本爻变去，无阴阳之间也。阳爻九年一过运，阴爻六年一过运，盖乾用九，坤用六也。

原眉批：阳爻九年，阴爻六年为运。

爻只有六，阴爻六年可以通行，阳爻当加本爻之上一年，次应爻上一年，复还本爻一年，然后行六爻六年，方有九年。

小象阴爻六年运行例。

假如元堂得同人卦六二爻，此是阴爻也，只管六年。则一岁即变同人六二为乾九二爻，二岁变乾九三为履六三爻，三岁变履九四为中孚六四爻，四岁变中孚九五为损六五爻，五岁变损上九为临上六爻，六岁变临初九为师初六爻。是一爻变一年，六爻变六年，无阴阳之间也。余仿此。

【注解】以上两节为卦气大运和流年之法，其步骤如下：

1. 大运阳爻为九年一换，取乾用九，因九为阳数之最。阴爻为六年一换，取坤用六，因六为阴数之中也。

2. 阴爻小象一岁从元堂之爻开始，一年换一爻。

3. 阳爻小象一岁从元堂之爻始，二岁变应爻，三岁复变元堂之爻，而后一年换一爻。

4. 换运时阴爻复往上一爻即可，阳爻则阳年不变，阴年变阴。

论月卦从世应起例

【原文】起月卦诀。

阳世还从子月起，阴世还于午月生。

欲知月卦真端的，从初数至世方分。

起月卦定式。（此法难明，必先以阳月排定，然后取应爻为双月，庶几易晓。）

假如其年流年卦是观卦，上爻为元堂，年卦䷓，即将流年观卦前一位初六爻变为风雷益卦初九，起正月䷩。次变益卦六二爻为中孚九二，为三月䷼。次变中孚六三为小畜九三，为五月䷈。次变小畜六四为乾九四，为七月䷀。次变乾九五为大有六五，为九月䷍。次变大有上九为大壮上六，为十一月䷡。阳月既定，然后却取阳月应爻为双月。如前正月是益卦初爻，次月则取益卦应爻六四变为无妄九四䷘，是无妄九四为二月卦也。如前三月是中孚二爻，四月则取中孚应爻九五变为损六五䷨，是损卦六五为四月卦也。如前五月是小畜三爻，六月则取小畜应爻上九变为需上六䷄，是需卦上六为六月卦也。如前七月是乾九四爻，八月则取乾卦应爻初九变为姤初六䷫，是姤卦初六为八月卦也。如前九月是大有五爻，十月则取大有应爻九二变为离六二䷝，是离卦六二乃为十月卦也。如前十一月是大壮上爻，十二月则变大壮应爻九三为归妹六三䷵，是归妹六三乃为十二月卦也。以此为例，余可类推。

【注解】起月之法，是以流年卦元堂上爻为准。即：

元堂在初爻，二爻起月卦；元堂在二爻，三爻起月卦；元堂在三爻，四爻起月卦；元堂在四爻，五爻起月卦；元堂在五爻，六爻起月卦；元堂在六爻，初爻起月卦。

应注意的是，本文所说的应爻，并非《易经》六十四卦中的世和应，而是以当月之爻为世，与世爻相间二爻为应，即：

初爻起月卦，应在四爻；二爻起月卦，应在五爻；
三爻起月卦，应在六爻；四爻起月卦，应在初爻；
五爻起月卦，应在二爻；六爻起月卦，应在三爻。

如本书例正月为益卦初爻，若以《易》中益卦论，世爻在第三爻，应爻在第六爻。但本书益卦初爻起正月，应爻则在第四爻，故四爻起二月。二者起世应之法不同，千万不要混淆。

起日卦定式

【原文】其法将月卦为主，假如万历二十三年七月，月卦是既济二爻，除此一爻不变，只将既济九三变为屯六三爻，管六日，自下爻行至上爻，盖取一爻一日也。然日卦行起，必须按月卦节气方不误。如本年七月初二日午时立秋节，则屯卦初九爻即从初二日午时管起，屯卦二爻管初三日，屯卦三爻管初四日，屯卦四爻管初五日，屯卦五爻管初六日，屯卦上爻管初七日。是此屯卦六爻从下而上，一爻一日，自初二日至初七日，屯共管六日也。至初八日又变前既济卦六四为革九四，此一卦自下而上，又管六日，则初八日属革初爻管，初九日革二爻管，初十日革三爻管，十一日革四爻管，十二日革五爻管，十三日六爻管。此革卦六爻从下行上，一爻管一日，又共管六日也。至于十四日，又变前既济卦九五爻为明夷六五，自下而上，一爻一日，又管六日，至十九日也。其余仿此推。

上除既济卦二爻是月卦不变，其余五爻变五卦，一卦管六日，五六方三十爻，管三十日也。随其爻断其吉凶，应如影响，毫无差谬。

【注解】本节应注意两个问题。一是起卦之日以本月节令为准，并非每月初一。如正月卦，若本月初九立春，便从初九日起卦；如果是上年十二月二十一日立春，便从上年十二月二十一日起卦，万勿从正月初一起卦。

十二个月起卦的节令分别是：

立春之日起正月卦，惊蛰之日起二月卦，

清明之日起三月卦，立夏之日起四月卦，

芒种之日起五月卦，小暑之日起六月卦，

立秋之日起七月卦，白露之日起八月卦，

寒露之日起九月卦，立冬之日起十月卦，

大雪之日起十一月卦，小寒之日起十二月卦。

二是六爻中当月月卦不算，只行其余五爻，每爻管六天，合三十天为一个月。

另：本节举例为万历二十三年七月，万历乃明神宗年号，后人伪作明矣。

定时刻法

【原文】每一日一百刻，以十二甲子论，只有九十六刻。盖寅、申、巳、亥则用九刻，以金生在巳，火生在寅，水土长生居申，木生在亥，此四时长生，故多一刻。凡起日卦，每日该添一刻七分。大数一年虽曰三百六十日，实有三百六十五日。其余五日，该坐六十时辰，以其无地可安，故每一月寄五时，十二个月共寄六十时辰，以此推之，则每日该添一刻七分。夫六日坐一卦数，当过一时。若初卦未时几刻起，二卦便宜申时几刻起也。余以类推。

定节候卦说

【原文】年有四时，春夏秋冬。气有八节，立春、春分、立夏、夏至、立秋、秋分、立冬、冬至。总之，其卦四，坎、震、离、兑。候有七十二,五日为一候，一月六候，一年七十二候。细分之，其卦六十，冬至起颐四爻，蚯蚓结之类是也。

节卦。

坎，初爻起冬至，二爻小寒，三爻大寒，四爻立春，五爻雨水，上爻惊蛰。

震，初爻起春分，二爻清明，三爻谷雨，四爻立夏，五爻小满，上爻芒种。

离，初爻起夏至，二爻小暑，三爻大暑，四爻立秋，五爻处暑，上爻白露。

兑，初爻起秋分，二爻寒露，三爻霜降，四爻立冬，五爻小雪，上爻大雪。

以上坎、震、离、兑四卦，谓之节卦，每一卦各管九十日，自初爻而至上爻，每一爻各管十五日也。

候卦定局。

颐六四，起冬至，蚯蚓结。中孚初九，麋角解。复初九，水泉动。

屯初九，起小寒，雁北乡，鹊始巢。谦初六，雉始雏。

睽初九，起大寒，鸡乳。升初六，征鸟厉疾。临初九，水泽腹坚。

小过初六，起立春，东风解冻，蛰虫始振。蒙初六，鱼陟负冰。

益初九，起雨水，獭祭鱼。渐初六，候雁北。泰初九，草木萌动。

需初九，起惊蛰，桃始华，仓庚鸣。随初九，鹰化为鸠。

晋初六，起春分，玄鸟至。解初六，雷乃发声。大壮初九，始电。

豫初六，起清明，桐始华，田鼠化为鴽。讼初六，虹始见。

蛊初六，起谷雨，萍始生。革初九，鸣鸠拂其羽。夬初九，戴胜降于桑。

旅初六，起立夏，蝼蝈鸣，蚯蚓出。师初六，王瓜生。

比初六，起小满，苦菜秀。小畜初九，靡草死。乾初九，麦秋至。

大有初九，起芒种，螳螂生，鵙始鸣。家人初九，反舌无声。

井初六，起夏至，鹿角解。咸初六，蜩始鸣。姤初六，半夏生。

鼎初六，起小暑，温风至，蟋蟀居壁。丰初九，鹰始挚。

涣初六，起大暑，腐草为萤。履初九，土润溽暑。遁初六，大雨时行。

恒初六，起立秋，凉风至，白露隆。节初九，寒蝉鸣。

同人初九，起处暑，鹰乃祭鸟。损初九，天地始肃。否初六，禾乃登。

巽初九，起白露，鸿雁来，玄鸟归。萃初六，群鸟养羞。

大畜初九，起秋分，雷始收声。贲初六，蛰虫坯户。观初六，水始涸。

归妹初九，起寒露，鸿雁来宾，雀入大水为蛤。无妄初九，菊有黄华。

明夷初九，起霜降，豺乃祭兽。困初六，草木黄落。剥初六，蛰虫咸俯。

艮初六，起立冬，水始冰，地始冻。既济初六，雉入大水为蜃。

噬嗑初九，起小雪，虹藏不见。大过初六，天气上升，地气下降。

坤初六，起大雪，闭塞而成冬。未济初六，鹖旦不鸣，虎始交。蹇初六，荔挺出。

以上六十卦，每卦各管六日。如冬至是二十日，则本日是颐卦四爻，二十一日颐卦五爻，二十二日颐卦上爻，二十三日颐卦初爻，二十四日颐卦二爻，二十五日颐卦三爻是也。

凡人生时值节卦者，谓之有化工。生月值候卦者，谓之得月卦，皆为天地间至吉至壮之气。但气候有盈虚，卦爻有超接（一卦分六爻，或三爻在岁底，三爻过新年，是谓超接）。

其法当以甲子、甲午、己卯、己酉定二分二至之中气。分、至之爻既定，其余可推而知之矣。一年总三百六十四爻，四爻主八节，余三百六十爻分三百六十日，每一日各坐一爻。亦可照日卦上每日加一刻七分，六日数过一时是也。凡看国运，只演正月初一日得何卦，便知一年否泰矣。

原眉批：甲子、甲午、己卯、己酉气纳甲。二分二至即春分、秋分、夏至、冬至。

卦气歌

【原文】卦气初起立春节，小过蒙益渐泰发。

二月惊蛰及春分，需随晋解大壮列。

三月清明时季春，豫讼蛊革夬相亲。

四月立夏阳位游，旅师比小畜乾求。

五月阴生芒种候，大有家人井咸姤。

六月小暑鼎与涣，丰履遁卦亦相伴。

七月立秋流火金，恒节同人损否临。

八月白露巽与萃，大畜观贲相总会。

九月寒露霜初落，归妹无妄夷困剥。

十月立冬艮既济，噬嗑大过坤相继。

小雪交来未济始，蹇颐中孚复而已。

小寒季冬屯与谦，睽升临卦彻首尾。

原眉批：此歌熟读，则免于逐卦逐候查阅。

【注解】古人把六十四卦与一年三百六十五日相配，以坎离震兑为四正，以八卦之正位为八节，又抽出十二卦分主各月。分日之法，除坎、离、震、兑四正卦外，还余六十卦。一年三百六十五日二个半时辰，平分六十卦，每卦主六日七分，其中含十二辟卦，叫作消息卦。乾盈为息，坤虚为消，故曰消息卦。四正卦主四时，一卦六爻，合二十四爻，每爻合一气，故云爻主二十四气。十二辟卦主十二辰，每卦六爻，合七十二爻，每爻合一候，故云爻主七十二候。六十卦主三百六十五日，每卦六爻，合三百六十爻，每卦主六爻七分，故六十卦当三百六十日又四百二十分，八十分为一日，合五日又四分之一日。故六十卦共当三百六十五日又四分之一日，合周天之数。此类图表甚多，下选两种与本书引用卦气相近之图供参考。

此两图须相互参阅。图内坎、离、震、兑分居四正，所谓四卦主四时，爻主二十四气也。外六十卦分属十二月，所谓六十卦主六日七分，爻主三百六十五又四分之一日也。

此说也有异议。一说认为，四正宜取先天乾、坤、坎、离，不宜取后天坎、离、震、兑，取先父母而后六子之义。一说认为既以卦理配周天，就应以六十四卦分之，不应去四正卦反以六十卦分。二说各有见地，可详参《图南斋筮卜》等书。

卦气七十二候图

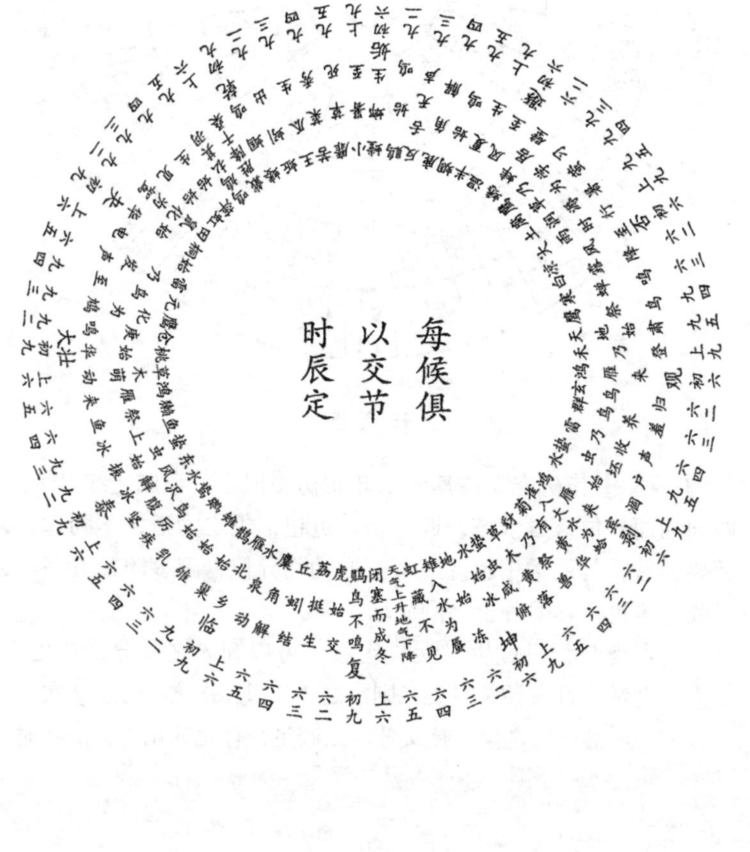

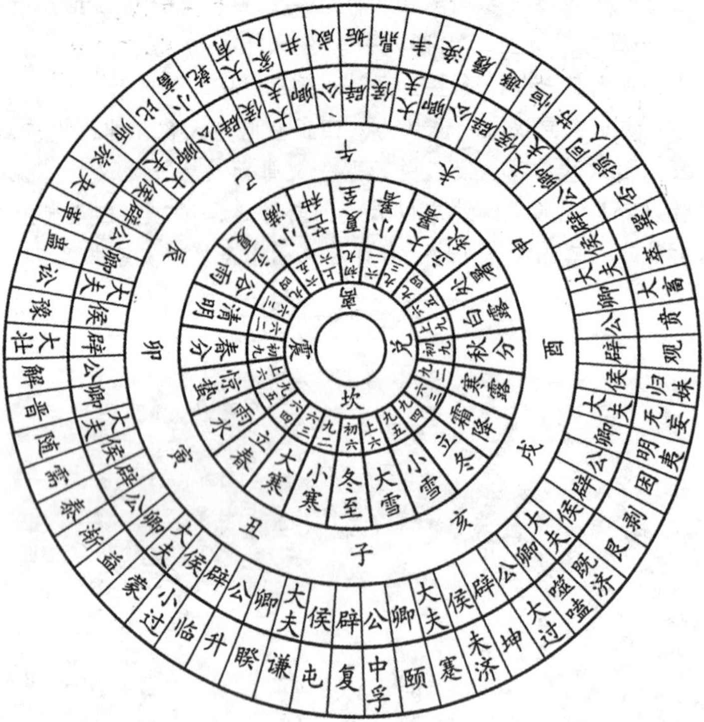

论六爻

【原文】其初难知，其上易知。初辞拟之，卒成之终。二与四同功而异位，二多誉，四多惧。近也，柔之为道，不利远者，其要无咎，其用柔中也。三与五同功而异位，三多凶，五多功，贵贱之等也。其柔危，其刚胜耶。

凡人得卦，只凭生时元堂定位，可以知人之赋分，亦可以卜人之性情。惟五位为佳，二则次之，三四又次之，初上又次之。

一、凡得五二之位，卦义佳，二数足，有元气化工，得其时，此则良贤上贵之命也。

二、凡得五位，卦义佳，而二数不足，无元气化工，不得时，此则先处艰苦，后大亨奋之命。僧道得此，当主大权，士夫当从左选，女人决然起家。

三、凡得君位，卦爻皆不吉，又无元气化工，又不得时，此则自卓立艰苦中得受用之命。

四、若二数足，有元气，又得其时，卦义又佳，而爻位独不吉，主先富贵而后贫贱。

五、若二数足，有元气，但不得时，兼卦不吉，然爻位却好，此为富足之命。

六、若二数足，无元气，不得时，卦又不吉，然爻位却好，此人当自艰难中建立，先贫后富，先贱后贵之命。

七、若二数不足，无元气，又不得时，兼卦不吉，又得爻位好，此亦艰难中卓立之命。

原眉批：卦无一定，不宜执着。

【注解】二、三、四、五等，是言爻位。二者，即元堂在二爻，五者，即元堂在五爻，余同。

二数：指天数、地数。足与不足，详参后章。

贵命贱命

【原文】贵命十吉体。

一、卦名吉。

二、爻位吉。如得五,二,一，臣之位是也。

三、辞吉。

四、得时。如九月得剥，十一月得复之类是也。

五、有援。元堂在阴位，应爻在阳爻是也。

六、数顺时。天地二数，有宜阴少阳多，有宜阳少阴多，须要顺时，不当背反。

七、得体。如土人得艮体，乃五卦命得卦断之。

八、当位。如阴月生人，元堂在阴爻是也。

九、合理。庚人得震，春夏是也。如金人，虽不得兑，亦宜得坤艮土，则亦不相与背也，取其相生意也。

十、众宗。如五阳一阴，元堂坐一阴爻；五阴一阳，元堂坐一阳爻，谓之众宗；夬、姤、剥、复可见。

得三四者，选曹命。得五六者，知道命。得七八者，卿监侍从。得九十者，将相王侯。

上此十体，更得化工、元气兼之，则贵极、位极、富极、寿极，五福备矣，亦有德之士也。

贱命十不吉体。

一、卦名凶。二、爻位凶。三、辞凶。四、不得时。五、无援。六、数逆时。七、不得体。八、位不当。九、违理。十、众疾。

以上十不吉体，大约与前十吉体相反。得三四者，僧道九流，百工技艺，得五六者，吏侩孤独。得七八者，夭横凶顽。得九十者，乞丐斩戮。

上此十体，非夭即贱，量其轻重，以定吉凶。或伤时犯忌，有凶多者，乃乞丐之流、斩戮之辈也。或凶多吉少，则九流僧道之命。若化工、元气兼全，则艰难中而获福，辛苦中而苟安。若或无此，方为大凶，又在消详之间耳。

【注解】本节标题“贵命贱命”系整理者所加。

同年同月同日同时辨

【原文】普天率土，兆民夥矣，年月日时，彼此相同者，在处有之。而富贵、贫贱、寿夭，异若白黑，议者类以东西南北方域之殊，上下四刻时辰之别。二者所论，固可以资一时口实之谈，予深究之，实非的论。盖曾见产于同里，而贵贱顿别者，则方域非所限矣。又见同时同刻产于壁邻者，而一寿一夭，彼此迥异，则时刻非所凭矣。深惟人秉父精母血而生，其受胎之始所系惟最重。是以古人有河魁占房之语，诚不欲男女之苟合也。儿在母胎，有七月而生者，有八月而生者，有九月而生者，有十月而生者，有十一月而生者，有十二月而生者。其所生年、月、日、时相同，而受胎之初则异，惟其秉胎之始得其正，则主其人为富贵荣华寿永。秉胎之始失其正，则主其人贫贱困苦夭折，斯盖至当不易之理。今后倘有以同年、同月、同日、同时八字相较，当究其受胎之月孰深孰浅，深者为吉，浅者为凶，则万无一失矣。

醒易山人识

【注解】同年、同月、同日、同时生人，当察各受精月之说，初听合理，细思全非。既同时出生，卦象元堂皆同，以本文理，其富贵贫贱寿夭理当相同。若以其不同而察受精之月，是言出生之时之卦象不验，那么就应以人受精之月日为据，本文之理岂非添足么？若以受精之月日论，那么同年、同月、同日、同时受精之人，是否富贵、贫贱、寿夭皆同？答案是肯定不会皆同。此又如何解释？本书难以自圆其说矣。笔者认为，之所以同年、同月、同日、同时出生之人而命运各异者，应从以下几点认识。

一、出生地方不同。因出生之方不同，各人所受天星地气必不相同。出生在东方受木之气，西方受金之气，南方受火之气，北方受水之气。房房一太极，家家一太极。即是邻居，隔墙相生，若一生在东房，另一必在西房；或一生在南房，另一必生在北房。受天星、地气决然不同，更何况还有生在土坑上、木床上、船上、车上之别。因其受气不同，所以命运有异。袁树珊在《命理探源》中记载了这样一件事：

清康熙辛酉年，德清的史胄司携带家眷去京城，途中把船靠在码头上，在船中生了一个儿子。他家里的人在岸上走动时，听说临近铁匠也同时生了一个儿子，回来后告诉史胄司，史胄司就记住了这件事。过了二十余年，史胄司的儿子已在朝廷里当了大官，史胄司卸任南归乡里，再经过儿子出生的地方，想起了这件事，想去验证一下旧事，便亲自上岸探访。上岸后，只见旧时房屋依在，有一位青年在铁匠炉旁正拿着斧头非常用心地干活，上去一问，正是和自己儿子同时出生的那个人。他回来后，整夜不能入睡，反复思索，终于悟出其中道理。原来，这俩人八字中的火气太盛，弱水难以控制强火。他的儿子生在船上，得河水之气补足了八字中的不足；而铁匠之子则出生在火炉旁，又整天在火旁劳作，使本已太盛的火更加难以控制，所以两造贵贱就有了天渊之别。

这个故事虽云命理，本文亦是以八字排卦，其理却一。

福山王械在《凝斋秋灯丛话》中记载了两个故事：

两粤制军某公与中军的八字相同，一天，制军听说有个通星命之人寓住在海珠寺，便把那个人召来问道："人生因赋命不同，以致官爵有别，我的命和中军的命完全一样，官位因何大不相同？"通星命之人无法答问。此人回到住处后，反复推研，不解其理，半夜时分，还不能入睡，绕着台阶走来走去。有位火头僧看到这情景，问是什么原因。通星命之人把事情原委说出，这个火头僧笑着说："这个时辰出生的人都会贵显，若得贯索星对照命宫，更为荣显，莫非制军是出生在狱中？"第二天，通命相之人再次拜谒制军，告诉了这件事，果然制军的父母因为犯罪被囚禁了很久，制军正是出生在牢狱之中。

河中太守某君未得意之时，有位精通星命的朋友对他说："我详推君命，有官无禄，不论如何发奋读书，终究还是乞丐。"太守不信，力学不怠，连连考取功名，由县令升至郡守。太守之友惭愧自己疏于命理，但遍访高人，均以乞儿论断。一天他到钦天监，碰到一位精于命理之人对他说：“太守出生之时，文曲星高照，天厨化解，若太守生在文明之方，定能显贵。”朋友回来问太守出生情况，太守之母说：“昔日我们避难他乡，时值日暮，栖住无地，在棂星门左边生下太守。”

由此可知，天上诸星各有分野，且有九星不断轮转，故天星之气亦会产生感应。

二、父母庇荫不同。每个人的身体均由父母精血而成，父母遗传，包括相貌、性情、甚至事业等，在每个人的身上都起着非常重要的作用。出身于书香门第、富贵之家，从小必会受良好的教育，父辈也会尽力支持他，故亦大多富贵。若出生于世代屠父之家，从小便在杀猪宰羊中游荡，父母所授亦是此技，故亦大多继承祖业。孟子之母正是认识到这一点，所以三迁而至学堂之旁。故两者尽管八字相同，卦象一样，但因父母庇荫有异而命运亦异。如前举铁匠之子，若其父为富贵之人，让其子努力求学，远离火炉，命运也就会大不一样。

除上述二个原因外，还有各人努力程度不同，善恶深浅不同，爱好不同等差别。所以，大凡逢同年、同月、同日、同时生人，一定要细究方能分出高下，决非仅凭一受胎之月就可分辨。

日居月诸坎离消长昼夜穷达

【原文】日，大有。日者，天之气，东方，乾中出。

月，比。月者，地之气，西方，坤中出。

原眉批：日月阴阳原局，互为运用。

【注解】日为火，乾为天，日火在天上，成“火天大有”卦，故云乾中出。日出于东方，旺于乾方，没于西方。此消长之理。

月为水，坤为地，水流在地，成“水地比”卦，故云坤中出。

日落月升，日升月落，故云坎离消长，昼夜穷达。

【原文】乾坤阖辟。辟，复。辟户乃十一月一阳来复之时也。阖，姤。阖户乃五月一阴始生之时也。

火天大有卦　　水地比卦

【注解】复为十一月消息卦，节主冬至。此卦五阴在上，一阳在下，阴气虽盛，但阳气渐渐复生，故云辟户。

地雷复卦　　天风姤

姤为五月消息卦，节主夏至。此卦五阳在上，一阴在下，阳气虽盛，但阴气渐渐生长，故云阖户。

【原文】坎离相逮，雷风相与。

水，井。以杨枝取月中之气为水。杨，阴木也。

火，噬嗑。以青色物取日中之精为火。青色，春木也。

论日月盈亏

【原文】阳盈：十三日出乾，十二日出兑，初七日出庚，十七曰出壬，初八日出丁，初三日出艮。

阴极：廿二日出辛，廿七日出丙，廿八日出坤，十八日出巽，廿三日出艮，初二日出癸。

河图八卦纳甲之妙，其源本于月受日光。盖阳为阴主，而阴则承阳以为进退者也。以象观之，月之初三为胎。（即始生明也。）一阳下生，月作震象，昏见西方庚地，故震纳庚也。月之初八，上弦阳生盈半，月作兑象，昏见南方丁地，故兑纳丁也。月十五为旺，三阳盛满，月作乾象，昏见东方甲地，故乾纳甲壬。甲壬者，阳之精也。月十八始亏，一阴下生，月作巽象，且没西方辛地，故巽纳辛也。月之二十三日，下弦阴生盈半，月作艮向，且没南方丙地，故艮纳丙焉。月之三十日为晦，三阴盛满，月作坤象，且没东方乙地，故坤纳之乙癸。乙癸者，阴之精也。戊，中央阳土，坎为中阳，故纳戊。己，中央阴土，离为中阴，故纳己焉。盖阴阳各以类从也。

【注解】本文纳甲之说，清人江慎修有不同意见，他在《河洛精蕴·卷九·纳甲说》中说："纳甲之数微妙，其理精神。昔人不知其由，妄以月之盈亏解之。《传》云：'悬象著明，莫大乎日月。'吴时虞翻以纳甲法释其义。魏伯阳《参同契》云：'初三震受庚，上弦兑受丁，十五乾体就，十八巽受辛，下弦艮受丙，三十坤受乙。'此说不然，月上弦下弦，光体一半，而兑两阳一阴，艮两阴一阳，非当其半，如何能肖？方位亦牵强凑合。壬癸北方无月，离何以纳壬，坎何以纳癸？必非纳甲之所以然。今以图书之数解之。洛书八方之位，本即先天八卦之数，乾为父得九，震长男得八，坎中男得七，艮少男得六，此循次递降之数也。坤为母得一，巽长女得二，离中女得三，兑少女得四，此循次递升之数也。

"又有渐升渐降之数焉。九减一为八，八减二为六，六减三为三。三当减四，加十减之，则复得九，此乾震艮离之四阳卦也。一加一为二，二加二为四，四加三为七，七加四为十一，除十则复得一，此坤巽坎兑之四阴卦也。离本阴卦，而何以变阳？坎本阳卦，而何以变阴？阴阳互为其根，水火互藏其宅，先天之乾为后天之离，先天之离为后天之震，则离不得不变为阳，而渐降之数自从之。先天之坤为后天之坎，先天之坎为后天之兑，则坎不得不变为阴，而渐升之数自从之。

"既有循次升降之数，又有渐升渐降之数，且能变坎离之阴阳，所谓成变化而行鬼神，此亦其一端也。由是乾震艮离坤巽兑坎之位既定，乃以戊己居中，各以七数数之，戊至七为甲，则乾纳甲矣。甲至七为庚，则震纳庚矣。庚至七为丙，则艮纳丙矣。丙至七为壬，则离纳壬矣。壬至七则复于戊焉。己至七为乙，则坤纳乙矣。乙至七为辛，则巽纳辛矣。辛至七为丁，则兑纳丁矣。丁至七为癸，则坎纳癸矣。癸至七则复于己焉。七位者，受克之位也。

“五行之理，一至三为所生，一至五为所克，一至七为所受克，一至九为所受生，迭而数之，皆能循环，兹何以惟从其受克者也？盖所受克者制于己，是其所畏，畏则止而纳之矣。然则纳甲有一定数，即有一定之理，故形家以此察山川之性情，辨阴阳之贵贱，审吉凶之避就。知其然不知其所以然，妄以月体盈亏解之，至理真数之冥昧也久矣。”

细究其说，坎纳癸，离纳壬与《易》之纳甲不合，且无戊己，亦难尽理。然为一家之说，故介绍之以供参考。

换卦详说

【原文】圣人画卦，有象无言，皆法自然之理，使人默识其意，是以谓之精微洁净之书也。人之命，先天之卦得矣，后天之卦成焉。或有先天之卦至吉，后天之卦至凶；或有先天之卦至凶，后天之卦至吉。在圣人则以理窥，在常人则以言悟。且如有人先天得屯卦，后天得既济卦。屯难，遇既济则其难可逃矣。如或得比，比者，亲辅也；屯难，非亲而莫依，无所辅则愈屯愈难。如或得随卦，是谓随屯受难，未易逃也。如或得节卦，则或甘或苦，岂有全佳。如或得复卦，复屯而有吉，忽然得益，益而愈增，何时休息。

又如有人先天得泰卦，小往大来，亨通可致。后天之卦，如或得升卦，大升而益进。如或得谦卦，大亨可来，既盈之甚，仍欲致谦，谦而又光。偶然得坤，坤先迷而后得，反失阳亨，自泰而坤，全无佳意。如或得大壮，大壮异常，阳进阴退，阳道愈亨。如或得夬，夬决小人，阳道愈亨，有扬于王庭之美。或得需，则饮食宴乐，无为不遂。如或得大畜，则大亨而有大畜积，虽曰富而亦可以贵，况何天之衢亨，是大通天衢，奚有不富贵哉。此乃先天之吉，后天愈吉之象。

举此二卦，以察先天、后天之由，余六十二卦，先后参详，以名可晓。后之学者，当以是详之。其若行年小象消息，取八卦之所为，以言人逐年之休咎，自然与天地相似而不违，日月运行而不忒。八卦所为者，如人当年大象得屯，主有凶挠不宁之咎。而小象得复卦，则屯得复以免祸，复体有坤，震之象焉，坤顺而震动，宜顺动而得吉；震又为大途，虽屯可进；坤又为众进之途，既顺而事无不佳，用无不利；震又为反生，则虽屯而不死，危而不忧；坤又为布、为囊、为裳，主有添衣进帛之悦，获财积囊之喜。此盖有凶中履吉之理，其在春冬乎。何以知其在春冬？盖屯是冬而雷伏也，复是冬而阳进也。其有与大象正对、反对、相克者，多致身亡。若象吉辞平理顺，惟灾而已，或有狱讼孝服之凶焉。

【注解】先天后天之换卦，与行年大象、小象之理同，清人纪大奎论述甚详，特介绍如下：

行年之理，大小象皆吉更佳，大象不吉而小象吉者亦吉，大象虽吉而小象不吉者不佳，大小象皆不吉者凶咎难免。如卦体大象无天地元气，而小象得之者，吉庆可知。如得化工者，士可成名，官得恩眷。如卦体有化工，而小象反之、克制之，防有灾咎，或致狱讼，重者横祸，嗣续功名化作灰尘。如卦有元气，小象反之、克制之，忧危消耗，疾病刑伤。更得正对、反对之卦，体理凶逆者，多至死亡。并兼看其爻词，如象吉而词吉，象凶而词凶，即看其词之吉凶字义，断章取验。其卦象无甚吉凶，而词有吉凶者，亦取其字义断之。若象果吉而词或凶，象果凶而词或吉者，词即不应，不当泥词求验也。

爻，视其词与大象词义关涉与否，以断章验之。爻参看大小象、纳甲与年命相关涉处，审其休咎，仍当与八字大运吉凶合看。总之，变动多端，不可拘泥。凡行年得本身卦大象之正对、反对者，亦不可便谓之不吉。如与本卦反悖克战，或本卦有化工、元气，而行气正反对破之，更兼词义乖戾，自是凶咎。若并无克战，或本卦无化工元气，而正反对得之，更词义吉者，反当得吉。又，阴爻变至六年，未有不正对者，故不克以此便言凶也。

六十四卦中，惟乾、坤、坎、离、颐、大过、中孚、小过八卦有正对，无反对，余五十六卦皆有正对、反对。六爻皆变为正对，颠倒观之为反对。如蒙卦，正对为革，反对为屯。屯卦正对为鼎，反对为蒙之类。

月卦、日卦之法，故以旧说存之，不必拘泥，大抵君子审机度理，只须看行年小象，足以知一年内吉凶悔吝之机，省身寡过，于此已得其大端。若必逐逐于日月卦者，琐屑推求，便是溺于术数，不免得失利害之私心矣。

凡爻词吉凶悔吝，多有吉凶交见者，在人之应之。如君子得舆，小人剥庐，君子吉，小人否，嘻嘻嗃嗃，避凶居吉之类，吉凶祸福，皆由自取。盖天地原有一定不可易之数，亦原有随人转移之数，所以《易》兼三才而两之，数之自人与自于天地，确然有并行不悖之理。孟子谓："莫非命也，顺受其正。""修身以俟之。"又曰："祸福无门，自己求之者。"惠迪从逆之言，出于赐洛演畴之圣，故理不违数，数亦不违理。《易》为万古言理数之祖，天地人之道贯通一致，人不能求其理，则强者心多侥幸，弱者多自暴自弃矣。司马温公谓"此数有盗吾辈"，又谓"看卦须法其大象传行之，如君子以厚德载物，君子以果行育德之类"。李文靖公得坤六二，曰："余平生所为，要当合圣经。"范文正公得大有九二，慨然以经世为己任。富郑公大书行年卦，戒弟子曰“尔等切勿生事”，其恐惧修省如此。然则得吉象者，不知勉于为甚。得凶象者，不知勤于省过，又乌足以言河洛之数哉！是故不知命者，不足以知义；不知义者，不足以知命。

厉潜夫释先后天化工元气之旨

【原文】先天主体，当依正经，参数消详，顺理则吉，逆时则凶。惟后天之卦，变化移易，理义不同，吉凶爻分，异途异位。所以后天有吉，岂可以不明。先天有化工元气，遇之富贵荣华。忽换后天，失此化工元气，福去祸来，尤宜加察。或有先天而无元气化工，爻辞与理居位皆吉，无过温饱；辞理爻位俱短，必贫贱。忽换后天之卦，元吉具存乎中，贫贱中忽然富贵，得之若惊。如此消息，始知大易之数与天地准矣。

【注解】《图南斋箸卜》中有“论化工休咎”一节，兹介绍如下，以供参考。

命为化工之原，化则变之成，既曰命关，则通塞休咎，惠吉逆凶，皆命也。乃或顺而致之，或逆而成之，或相为倚伏，或互颠倒，使人知有命之说，而不能测命之微，及其卒成于终，会归有极，乃信无声无臭之际，似有默司其契而纲维于是，主宰于是者，无以名之，曰是“化工”也。然则后天之化工即命之已著者也，非显非微，不离不即，以为有定而迁移不一，以为无定而得主有常。则欲观化之成，当观其变之渐也。其或当长夏之时，命坐乾工，化为离火，炎炎赫赫，日在天中，旺复何疑。若其化出兑金，虽属相体，可希小补。而既受制于离，恐不及待夫河清。倘其化为巽木，以惟初夏尚可小康，若在五六月间，旺气尽泄，几何不望秋而零也。其或当冬令之月，命坐坤体，化为坎水，玄武当权，如泉始达，自为旺盛。若其化出震木，虽冬至之月可以应节，而潜龙未振于沧海，将枯杨难期其条达。倘其化为艮土，而又当季冬之月，则落实取材，正可期积厚而崇高也。诸卦皆仿此推，化工消息可得而知矣。

按：化工只取五行旺处、生处，其余皆不取。

【原文】重论先后天纳音相生之气。假如甲寅、乙卯水音生人，先后天二卦如无元气，若卦中得乾或得兑金体，是金能生水，便与元气流行同。余五行相生仿此。

且如二月生人，安身在阴爻，若后天安身变阴爻为阳爻，其理长吉可知矣。

【注解】纳音：古人认为，纳音为先天之理。"河图"中宫五十，为"洛书"地符之所由衍。洛书逆转，先天逆应之，翕聚五行，为河图后天顺旋之本。大衍之数，河洛中宫之所衍也。五行干支顺而六十，为洛书后天流行之机，以其数纳于大衍数中，以中十之余取其子数，应先天五行之序，以见流行之必本于翕聚，故纳音者，"归藏"之理也。其法以大衍用数，尽除地十得九，自九逆降之。得甲己子午九，乙庚丑未八，丙辛寅申七，丁壬卯酉六，戊癸辰戌五，巳亥四之数。取干支所合配，于大衍用数中除之，视其地十外余数之所生。如余五属金，余三八属火之类，得五行凡六。又以亥子及巳午之间交互合数，如前法取之，得五行凡二。盖亥子巳午，一阴一阳，动极静，静极动之际，归藏翕聚之真机，故至此必交互相续，为纳音微妙之理也。先天八卦五行，以金、木、水、火、土为序，纳音得此交互之法，则五行次第正合先天之序。而周而复，始亦凡八，而八五行之顺而衍者，由于交互两五行之逆而藏，故曰纳音者，先天之理也。人卦得本命纳音及相生之气为妙，更属化工元气，尤妙之至。六十甲子纳音如下：

甲子乙丑海中金，丙寅丁卯炉中火，
戊辰己巳大林木，庚午辛未路旁土，

壬申癸酉剑锋金，甲戌乙亥山头火，
丙子丁丑涧下水，戊寅己卯城头土，
庚辰辛巳白腊金，壬午癸未杨柳木，
甲申乙酉井泉水，丙戌丁亥屋上土，
戊子己丑霹雳火，庚寅辛卯松柏木，
壬辰癸巳长流水，甲午乙未沙中金，
丙申丁酉山下火，戊戌己亥平地木，
庚子辛丑壁上土，壬寅癸卯金箔金，
甲辰乙巳覆灯火，丙午丁未天河水，
戊申己酉大驿土，庚戌辛亥钗钏金，
壬子癸丑桑柘木，甲寅乙卯大溪水，
丙辰丁巳沙中土，戊午己未天上火，
庚申辛酉石榴木，壬戌癸亥大海水。

若将六十甲子分布一周天，则如下图。

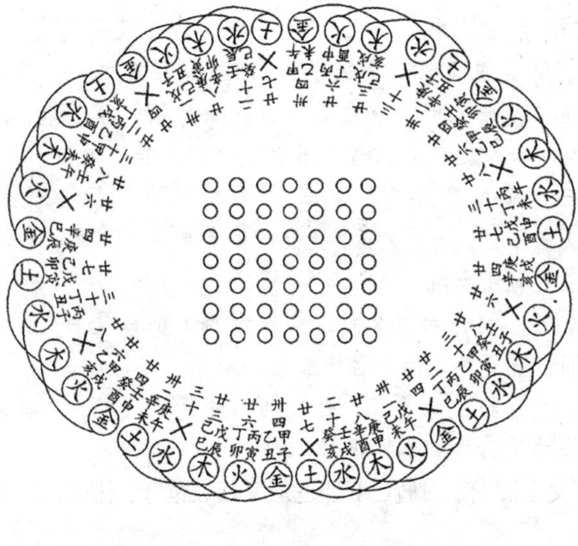

还有人认为，纳音是来源于声律，或用真数除而得，有兴趣者，可参考明万育吾所著《三命通会》及清江慎修所著《河洛精蕴》有关章节。

释卦义

【原文】屯，是卦为阴求阳也。屯难之世，弱者不能自济立，必依于强以为之主，故曰阴求阳也。勿用攸往乘马班如，而自不进，盖不得其主，无所凭也。初体阳爻，处首居下，应其所求，合其所望，大得志也。

【注解】勿用攸往乘马班如：语出《易》屯卦彖辞，“勿用有攸往”，是言事物初生，艰难当前，故不可轻往。“乘马班如”是言乘马纷纷，亦言不宜急于有往。

【原文】蒙，是卦阴爻亦先求阳也。夫阴昧而阳明，阴困童蒙，阳能发之，以暗求明之意。故童蒙求我，匪我求童蒙。故六三先倡则犯于女戒，四远于阳则“困蒙吝”，初比于阳，则发蒙也。

【注解】童蒙求我，匪我求童蒙：语出《易》蒙卦彖辞，原文是“匪我求童蒙，童蒙求我”，我指启蒙之师，即蒙卦之九二；童蒙，喻六五，求童蒙即言求童启蒙，蒙童求我是言童求我启蒙。全文之意云，是学子有求于师，非师求学子。

六三：蒙卦第三爻，象曰：“勿用取女，行不顺也。”因六三阴爻居阳位，阴柔失正，犹女子见美男急于求之，不顾礼节，故云先倡则犯于女戒。

困蒙吝：蒙卦六四爻辞，蒙卦六四上下都是阴爻，即处于两阴之间，犹远离蒙师，独困蒙稚，故有“吝”意。

发蒙：蒙卦初六爻辞，是言初六处于蒙之始，宜受启蒙教育，才能端正品质，免犯罪恶。

【原文】履卦，曰履，不处也。又曰，履者，礼也，谦以制礼。

阳处阴位，谦也，故此卦皆以阳处阴为美。

【注解】《序卦传》：“物畜然后有礼，故受之以履。”《尔雅·释言》：“履，礼也。”言只要谦恭有礼，终会贞吉。

【原文】临，此为刚长之卦，阳刚胜柔，苟柔有其德，乃得无咎。故此卦临爻虽美，莫过无咎也。

【注解】临为十二月消息卦，四阴爻居二阳爻之上，说明此时阳刚正气日渐增长，故本书云临为刚长之卦。

无咎　临卦六三爻辞云：“甘临，无攸利；既忧之，无咎。”六四爻辞云：“至临，无咎。”是言六三阴爻居阳位，阴柔失正，似人以巧言佞语临人，无所利益，若能自知不正，心有忧惧而改正，则可无咎；而六四正当居其位，犹亲近于所临之众，故亦无咎。

【原文】观，观之为义，以所见为美，故以近首为尚，远之无咎。远为童蒙，近于观国之光也。

【注解】远为童蒙　观卦初爻辞云：“童观，小人无咎，君子吝。”是言初六阴柔居下，远离九五刚正之君，所观甚浅，无所鉴见，故曰“童观”。如小人一般，无甚所知，故无咎。若君子无知，则为鄙吝矣。

观国之光　观卦六四爻辞：“观国之光，利用宾于王。”光是指国家大治而呈现的光辉景象，宾犹言作宾。因六四柔顺得正，近临九五君爻，犹如贤宾观光于治盛之国，亦言可效用于贤君。故本文云“近于观国之光也”。

【原文】大过，栋桡之势，本末皆弱。体已桡矣，而守其常则见危而不扶，凶之道也。以阳居阴，拯弱之义也。故阳爻皆以居阴位为美，阳处阴位无系应为吉，阳得位有应则凶矣。

【注解】本末皆弱　大过卦彖辞：“栋桡，本末弱也”。栋是指栋梁，桡（挠）是曲折之意，即栋梁柔弱，不胜重压，以至曲折弯挠。言事物刚大者过甚，柔小者不胜其势。大过之卦，初爻和上爻为阴，二爻至五爻均为阳，是中间阳过，两端二阴极弱。初为本，上为末，故云“本末皆弱”。

大过九三爻辞曰：“栋桡，凶。”九三居于中体，正如屋栋，中体愈强，本末愈弱。《程传》曰：“以过甚之刚，动则违于中和，而拂于众心，安能当大过之任乎？故不胜任，如栋之挠，倾败其实，是以凶也。”故本文云“凶之道也”。

【原文】遁，小人浸长，难在于内，亨在于外，与临卦相对者也。临卦刚长而柔危，遁卦柔长则刚退。遁以远时为吉，上九则“肥遁”，初六则“厉”也。

【注解】小人浸长　浸者，渐也。遁卦四阳爻居上，二阴爻居下，是六月的消息卦。因阴气逐渐生长，故应守正，不宜妄动而害阳。候果曰：“群小浸盛，刚德殒削，故君子避之，高尚林野，但矜严于外，亦不憎恶于内，所谓‘吾家耄逊于荒’也。”

厉　遁初六爻辞：遁尾，厉，勿用有攸往。陆绩：“阴气已至于二，而初在其后。避难当在前，而在后故厉，往则与灾难相会。”

肥遁　遁卦上九爻辞：肥遁，无不利。肥通飞，喻上九居遁之极，有高飞远引，遨然退避之象；遁退则畅通无阻，故无不利。

【原文】大壮，未有撝谦越礼，能全其壮也。故阳爻得以处阴位为美，用壮处壮，则“触藩”矣。

【注解】撝谦越礼：大壮卦《象》曰“君子以非礼弗履”。大壮为二月消息卦，二阴居上，四阳居下，阳气已大盛，故曰“大壮”。《正义》曰“盛极之时，好生骄溢”，故君子以大壮而顺礼也。

触藩　大壮卦九三爻辞曰：“羝羊触藩，羸其角。”羝羊即壮羊，泛指大羊，其义是壮羊触藩，其角被缠，妄动用壮，凶危必将临身。胡瑗曰：“小人居强壮之时，动则过中，进则不顾，是犹刚狠之羊，虽藩篱在前，亦触突而进，以至反羸其角，进退不能，凶之道也。”

【原文】明夷，为暗室之主，至于上六，初最远之，故曰“君子慎行”。五最近难而不能溺，故谓之“箕子之贞，明不可息”也。三处明极，西征而暗，故曰“南狩，获其大首”也。

【注解】君子慎行　明夷卦初九爻辞曰“君子于行”，与本书“君子慎行”有一字之差。但《王注》曰：“怀惧而行，行不敢显。”其义却与“慎”字相似。

箕子之贞，明不可息　明夷卦六五爻辞：“箕子之明夷，利贞。”箕子是商纣诸父，名胥余，为太师，封子爵，国于箕，故名箕子，为商纣三贤之一。纣王无道，屡谏不听，箕子披发佯狂为奴，尽管身陷内难，也能秉正坚守精诚，故云“明不可息”。

南狩，得其大首　明夷卦九三爻辞，南者，九三爻处于离卦之上，离为南也。狩者，征伐之义。大首指上六，元凶首恶之义。《正义》曰　九三处下卦离明之上，阳刚得正，于明夷之世，志在诛灭上六“暗君”（即元首凶恶），以著明正德，故有“南狩”，“得大首”之象。

【原文】睽，睽者，睽而通也。于两卦之极，极睽而合，极异而同，故先见怪而后“疑亡”者也。

【注解】极睽而合，极异而同　睽卦《象》曰：“上火下泽，睽，君子以同而异。”是言求同而异。说明君子观睽之象而悟“合睽”之理，谋求事物之大同，并存不可同之“小异”。荀爽曰：“大归虽同，小事当异。百官殊职，四民异业，文武并用，威德相反，共归于治，故云‘君子以同而异’也。”

疑亡　睽卦上九爻《象》曰：“遇雨之吉，群疑亡也。”遇到阴阳和合之甘雨，就能获得吉祥，上九的种种猜疑均已消失。

【原文】丰，以明动之卦，尚于光辉，宣扬发畅者也。小暗为沛，大暗为蔀，暗尽则明，明尽则星见。以丰之为义，在乎恶暗也。

【注解】丰卦《象》曰："丰，大也，明以动，故丰。王假之，尚大也。勿忧，宜日中，宜照天下也。"丰是丰盈硕大之意。明以动是有道德光明而后施于行动，如此则美德弘大，犹正中之日，其光遍照天下，故云"宣扬发畅"也。

蔀：音布，遮蔽。

【原文】论蹇解二卦。有人得蹇卦，蹇者，难也。殊不知蹇终则解，损终则益，岂可不推详哉。此卦内外有日月之明，藏离在中，春夏不利，秋冬甚佳。坎是冬之化工，离为夏之化工。月明乎冬，日明乎夏，戊子巳午，无一不利。名虽不利，理则佳奇，不明爻义，徒用名推。

【注解】蹇卦卦象是䷦，上卦为坎，第三、四、五爻合成离象，故云藏"离"。

蹇卦颠倒之象是解卦䷧，故云蹇卦之终为解。蹇虽为凶卦，但解卦解之，所以云"损终则益"。此言《易》各卦之间的变化与联系，说明万不可拘泥一卦之理。

【原文】论否泰二卦。有人得泰卦，泰者，泰也，其名甚佳。殊不知泰极则否，否极则泰，泰否之数，损益系焉。惟甲乙、未申、戌亥、壬癸，乾、坤生二卦人得为吉，余得之未妙。盖泰有春秋化工，藏有震兑。否于四时全无所有，不容熟参其议论也。

【注解】此节亦言吉凶互变，否极泰来，泰极否生。

泰卦之象䷊，否卦之象䷋。泰为正月消息卦，其象下乾上坤，阴阳中和，象征通泰。但泰卦与否卦反对，否为七月消息卦，其象坤下乾上，阴气已盛，象征"否闭"，故主不吉。两卦相互反对变易，故吉凶亦不断变化。

两卦中均有乾、坤二卦，乾隶戌亥纳甲，坤隶未申纳乙，如果甲乙未申戌亥生人得此二卦，甲乙为有天元气，未申戌亥为有地元气，故得之为吉。

【原文】损头益尾。损卦宜六五爻安身，益卦宜六二爻安身。

【注解】损卦六五爻辞云："或益之十朋之龟，弗克违，元吉。"《象》曰："六五元吉，自上祐也。"朋是货币单位，十朋言价值昂贵。全义为上天保祐，有人进献价值十朋的大龟，无法辞谢，至为吉祥，吉无不利。

益卦六二爻辞云："或益之十朋之龟，弗克违，永贞吉；王用享于帝，吉。"《象》曰："或益之，自外来也。"其义即为人赐价值十朋的宝龟，无法辞，永守持正可获吉祥；此时君王正祭天帝，祈求降福、吉祥，而其吉是从外不招自来。

由以上两卦可以看出，损卦之吉在六五爻，在上，为头；益卦之吉在六二爻，居下，为尾。故本文云"损头益尾"，言其吉处也。

【原文】论卦名吉凶之变。否与泰反对，益与损盛衰，屯盈坎陷，蹇难夬决，蛊事复长，泰通否塞，剥落随喜，晋进颐养，明夷伤姤遇，萃聚丰大，睽离无妄灾，噬嗑食大畜时，震起讼新，归妹终大有众，既济定未济穷。

下数内得如此诸卦爻位，当无不验矣。柔遇刚决柔，观时而察变可也。

【注解】以上论各卦吉凶关系，均是据六十四卦之本义而立，请参阅本书卷二、卷三各卦解义即知，此处不详注。

三才之道

【原文】立天之道，曰阴与阳，六爻五爻是也。立地之道，曰柔与刚，初爻二爻是也。立人之道，曰仁与义，三爻四爻是也。《易》有变动，本不拘于一，故能变而动，或刚或柔，或仁或义，或阴或阳也。

【注解】古人认为，天有昼夜而分阴阳，地有水土而分刚柔，人有仁义而为立身之本，此为三才。天为清气上升而成，故居五爻、六爻；地为浊气下凝而成，故下降居初爻、二爻；人立于天地之间，上承天气，下接地气，故居三爻、四爻。有句俗语叫“不三不四”，谓既不居三爻，又非居四爻，人未据人爻，就不是人了，其义即从此出。故所谓三才者，“天、地、人”也。

月令非时论

【原文】两仪未立，神用深藏，一气运用，玄妙隐默。于是河龙负图，洛龟负书。羲皇画卦，仰观俯察，别轻清，分重浊，判八卦，宗旨之迷，根源未晓，若非一、二、三、四、五、六、七、八、九、十之数，何以明之？考上圣之模范，为百世之轨度，彰往察来，遍习研磨，不舍寸阴，学成此数。观之者可以经纬天地，探察鬼神，匡济邦家，非贤明之士，不可与言始终也。学者潜心求之，庶得发明圣经之旨；而趋吉避凶之理，得月令非时之论，列之于后；学者观之，庶几有得矣。

【注解】河龙负图：相传伏羲氏王天下，龙马负图出河，此即“河图”。其数一六居下，二七居上，三八居左，四九居右，五十居中，伏羲据此而画八卦。

洛龟负书：相传大禹治水时，神龟出洛，负文列于背，此即“洛书”。其上有数至九，以五居中，戴九履一，左三右七，二四为肩，六八为足，大禹据引以成九畴。

河图洛书，亦有认为不足信者，宋大儒朱熹、清江慎修均有怀疑，有兴趣者可参看江慎修《河洛精蕴·河图洛书元始》。

【原文】春三月，正天施地生、品物流行之时，阳数须宜多，不可过盛，二十五以上至三十五策；阴数须宜少，不宜过弱，三十以下至三四策方为合宜。有火盛者，则木去生火，为子孙昌荣；有金盛者，则木被金克，而刑伤破损；有水盛者，则木从水养，而发生无穷；有木盛者，则木为及时，而名位并隆；有土盛者，则木去相制，而诸事迟留，早皆不固，若辰月则当令，有土不为害也。

夏三月，正日中星火景入朱明之候，阳数宜盛，二十五以上至三十五、四十五、五十五，不为太过；阴数三十以下少二三策不为太弱。有水盛者，则火被水克，而顿挫孤刑；有火盛者，则火生及时而快利顺达；有木盛者，则火由木生而豪迈特英；有金盛者，则火去克金而残忍蹇剥；有土盛者，则火去相生而名利两全。

秋三月，正万物告成金气肃杀之际，阴数须宜多，不可过盛，三十以上至四十策；阳数须宜少，不可过弱，二十五以上至三四策方为合宜。有水盛者，则金去生水而协力相济，万事有成；有火盛者，则金被火制而劳苦伤害；有土盛者，则金赖土生而利名显达；有木盛者，则金去相克而忧愁乖戾；有金盛者，则金为当时而谋为顺遂，福泽宽洪。

冬三月，正阳气潜藏天地闭塞之时，阴数宜盛，至三十以上，五十、六十不为太过；阳数宜少，二十五以下少二三策不为不及。有金盛者，则水本金生而光辉显越；有木盛者，则水木相生相合，而志愿克遂；有水盛者，则为当时而丰亨豫泰；有土盛者，则水被土制，而贫愁困苦；有火盛者，则水去制克而动辍有悔，多残仁伤义。

以上得时顺节则妙，逆时背令则无用也。又当参诸卦爻，以究其吉凶消长之道，庶几有准而无差焉。

释卦合数合时爻位当否例

【原文】阴数盛，卦中阴爻值阴月令，居阴爻，顺时也，女命得之吉。

阳数盛，卦中阳爻值阳月令，居阳爻，顺时也，男命得之吉。

阴数盛，卦中阳爻多，值阳月令，居阳爻，逆时也。

阳数盛，卦中阴爻多，值阴月令，居阴爻，逆时也。

男子居阳令，位在阳爻，得阳数，顺也。女子居阴令，位在阴爻，得阴数，顺也。男女反此为逆数也。

男居阴月令，居阴爻，得阴数，其当时得势，爻有援，辞吉，须男子居之，亦有富贵者也。

女居阳月令，居阳爻，得阳数，其当时得势，爻有援，辞吉，须女子居之，亦有富贵者也。

此天地四时之理，大概以时而观吉凶，应时以知动静。

男子行阴月令，居阴爻，主心气柔弱而事无始终。

女子行阳月令，居阳爻，主心性刚强执拗，志过丈夫。

经云："顺时者昌，逆时者亡。"顺时之卦，合时之爻，得时之令，又爻佳辞吉，卦名佳，得位有援，此富贵双全之命。逆时之卦，反时之爻，背时之令，又爻辞凶，卦名不佳，失位无援，贫贱乖舛之命。《易》曰："列贵贱者存乎位；齐小大者存乎卦；辨吉凶者存乎辞。"信哉。

阳弱有援，阳须弱而居阳月令，立阳爻，主有将来之荣。始虽不利，卦名爻辞俱吉，则晚贵也。

阳爻无援，阳既弱又居阴月令，立阴爻，主一生贫贱，永无发达。更卦爻名位凶者，贱而夭。在阴令则无妨，当以阴爻辨之。

阴弱有援，阴须弱而居阴月令，立阴爻，主有将来之福。始虽不达，卦名爻辞俱吉，则晚秀。妇人得之，主为命妇。

阴弱无援，阴既弱又居阳月令，立阳爻，主一生贫贱，永无发达。更卦爻名位凶者，贱而夭。在阳令则无妨，当以阳爻辨之。

大凡阳弱阴弱无援者，但阳正居阴令，阴正居阳令，则先穷后利；或阳正居阴爻，阴正居阳爻，则利重名轻。若阳居阴月，又值阴爻居阳令，又值阳爻，则主贫困不利。大抵消息惟在四时，难乎一概而论也。

【注解】上文最后一段中"若阳居阴月，又值阴爻居阳令，又值阳爻，则主贫困不利”数句，其义难明，当是“若阳居阴月，又值阴爻；或阴居阳令，又值阳爻，则主贫困不利”，其义始通。阳弱、阳强、阴弱、阴强等术语的解释详参后章。

【原文】有悔。阴数盛，阳卦中阴爻多，又值阴令，立阴爻，是曰有悔，主人贫夭、不达而死。

有忧。阳数盛，阴卦中阳爻多，又值阳令，立阳爻，是曰有忧，主人灾厄，形体伤破。

若阴阳俱平者，依卦中吉凶断之，诸数惟此数为最，吉凶无差。盖自大易原委中来，由圣人肺腑中出，不容一毫之伪。其数极定，但恐时有不定耳。如流年祸福不定，当于上下时穷之。盖冬夏之日，夜有长短，爻气有浅深，不在上，即在下，断之无一毫差忒。此数一依于易，予病其不易，故作二数以扶翼之，但乘除之内差异耳。事事物物，皆存六十四卦，惟人得其正。庄子谓：“天地与我并生，万物与我并育。”只此三百八十四爻，夫贵贱不同，所受不等。如贵人得一吉爻，则亨通得志；贱人得一吉爻，只可快意而已。有如霖雨大沛，江湖溪涧，鼓舞澎湃，皆朝宗于海。瓶罂之器，不升斗皆盈，欲以罂瓶而比沧海，决无此理。胸中非有成易，未易言数，画义不明，何知变通之道。所以互换之机，识者真少。况正伏参互、四体八体、否泰损益、反对有无、时行时止、动静阴阳、刚柔取舍、抑扬成坏之理，倘能知权宜、别休囚、识轻重、则百发百中矣。

【注解】“贵贱不同，所受不等”虽仅八字，道尽易中通变之理。尽管同得一吉爻，如果得时、得令、有元气、化工者，必大富贵；若不得时令，无元气化工，虽得吉爻，仅只糊口而已。就如种地，如果土地肥沃，种子精良，一得雨露，禾苗必欣然向上；若土地瘠薄，种子不佳，即使雨露常施，亦不过小收而已。故易，贵在变通，最忌拘泥。

论所得卦数吉凶

【原文】参天两地而倚数，观变于阴阳而立卦，穷理尽性，分剖刚柔。盖自冬至以后，雨水前，至三阳开泰之时，除天数二十五之外，有奇数之余，即君子之合象也。如是偶数，是舍君子从小人，则斗筲之器，不仁之徒，诡谲奸贪，遇阳年犯时之忌，逢阴盛必遭凶残夭横之祸，死无疑矣。有二四者轻，六八者重。盖二为坤，纵有杀，尚存慈母惜子之心、忧民之志。巽者，顺也，人也有隐忍之心，未为甚害。六为乾者，健也，刚明决断，治诸子而无忍，遇阳年阳令犯之者，必主刑伤之祸，重者主凶横。八者，艮也，艮为止也，则有执法严亢之威，必有争斗配隶之兆，不然亦有自缢跌仆之凶；又恐非横之咎，暴伤之祸。值此凶者，十有九验矣。

自夏至以后，处暑以前，三阴渐长之时，除地数三十之外，得阳零数者，其祸害之来，亦如前例，但九七者轻，一三者重。盖一为坎，坎者，陷也，主陷害于人；又为心病，多忧虑，主血疾，以曲为直，主多灾眚。三为震，震，动也，阴盛之际，小人群阴，欲想犯分，视死如归，岂可与之争斗，主雷震之祸；如至秋分后九月十月，恶死横凶之灾，手足股肱不能保全。犯此数者，凡事宜尊重，恐小辈侵凌，谨避为吉。七者，兑也，兑为悦，多巧言令色而怀不仁之心，必有口舌毁折之患；兑，正秋也，乃小人浸长，君子退避之时，岂不无反唇弄舌，情伪相感而利害生乎。九者，阳之亢也，值老阴之令，常有剥庐之心，不可与之交处，中有小人害君子之象，多凶少吉。

【注解】参天两地而倚数：语出《易经·说卦传》。洛书阳数以三左旋，阴数以二右旋，叫作参天两地而倚数。

大易数妙义

【原文】夫大易之数，则阳奇阴偶也。奇则只，偶则双，是故阴阳也。《系辞》云天一、地二，至天九、地十是也。此数大而天地，小而微尘，兼该物理，总括万情，须根茎无所不包，即此数也。成变化，行鬼神，辨四时，理万物，实与天地同流，须圣人之道，亦不外乎此也。察安危，知存亡，分穷达，隐奥深匿，无不洞见。以是数辨人厚薄之分，则天下后世可以前知。孔子曰“不知命无以为君子”，此之谓也。详推此数，凡一二三四五六七八九十之数，乃天地四时节气也。夫天地四时，气有清浊，有咎有祥，与其吉凶悔吝，当于不当，不容一毫之妄。惟其所得之数，当则万事随心，千祥群集；如其不当，则万变交生，百无一遂。若所生之时一顺天地四时之节气，而又成卦立爻之时皆当，则富贵荣华，名位禄寿定矣。若所生之时，一失天地四时之节，而又成卦立爻之时不当，则贫薄困苦，愁戚悲哀定矣。所以谓之天命也。经云：“天命已定，鬼神不能移。”是之谓分定故也。分之既定，则天地不能移，而况于鬼神乎？况于人乎？况于机巧乎？

论应其时合其用

【原文】凡人之生时居位，谓之元堂。人滋元气之域者，兰省登科，事事省力，仕路亨奋，官爵崇高，权势重大，富贵显达之人。若爻不佳，辞危不顺，亦有富贵，但有漏溢高危之咎。如或爻位既佳，辞平而理又顺，则为清显廊庙之贵，达人亨士必矣。非独正体得之为佳，互体得之尤贵。盖得之互体，有不期之遇，适然机会，或横发而骤成。得其时，应其用，有不可量而升进矣。虽不得时，不应用，亦必发达，但不能远大而已。得时者，如壬癸在冬，甲乙在春，定应其用，合其时所宜者也。合时之宜，谓辛人得巽在春夏，为长养万物之风。庚人得震于春夏，为济时动物之雷，奚有不悦者哉。若在秋冬得之，则知不应其时也。余象依此断。若认爻画不详，故难知此，斯其所以为应其用，合其时之所宜。若更辞佳位当，有援众宗，未有不显贵者也。

有人得乾卦而居九二之爻，壬甲人得之，莫有不悦。若在春夏之时，于辞云“见龙在田”，所谓理吉应其用也。若夏至后，后天变九二为离，出乾之外，则是以九二之臣，明德之士，出而辅君，得大有为之，势必成伊周之功业矣，其贵显可知。况夏至之后生人，离为正伯，斯人心运帝王之筹策，代天宏化，秉钧持衡，贵显极矣。

有人得坤卦初六爻，乙癸未申人得之，未有不佳。若生冬春之时，则乙春癸冬为元气得时，辞云“履霜，坚冰至”，及斯时也，冰泮霜消，有渐亨之美，是知辞虽不佳，理自有益，不失为显贵之命。若后天变坤初六，出外为雷，雷出地奋，则知履霜坚冰之渐外而飞奋为“豫”悦之主，则必有舜禹伊周之业，贵显未可量也。况震乃春之化工，互坎为冬之正伯，居位为众所宗，是人君荐贤为天、为天子者矣。非明易理，奚知之哉？出此所以知天地之为化工之所施，岂在夫爻辞也。得非一时之制，可以反为用者，又知春夏之时，得此尚矣。

又有人得坤卦，安元位正在初爻，正月节气内生者，其辞云“履霜，坚冰至”。于《象》曰：“履霜坚冰，阴始凝也。驯致其道，至坚冰也。”于辞不佳甚矣。然值正月三阳开泰之时，而在履霜坚冰之地，阴凝寒冻非佳也。及先天卦定，变后天之卦为九四，霆声一发，冰解冻消，冲融合气，正合正月之令，设施号令，振荣万物，其功大矣。为大有犹豫之臣，即群阴之表，众爻宗之，高下归之，非贵显之士而何？其先后天变化之妙理，岂人力所能为哉。况先天坤卦曰“地道也，妻道也”，其卑可知。

又为冬令，乃遭冰霜之苦。及变后天为豫，奋然亨发，自卑而尊，自贫而富，自愚而贤。由是观之，举一卦而六十四卦均矣。

有人得剥卦六二爻位，辞云：“剥床以辨，蔑贞，凶。”己丑生人四月得之，不佳甚矣。及后天变剥六二为坎，水出成蹇，以四月之节得蹇，宜无可喜，不知升剥六二出外为蹇，九五，大蹇朋来，是为互离，离者日象为君，况离有日之明，又己人乃离元气，于君主眼目异顾之贤，坎离亦为消长之柄。又，丑人有艮元气在内，持成始灭终之操；盖艮为手，故操柄也。斯人未有不近清光异日之贵，乃执消长之权柄者也，岂由爻辞云哉。但观其变化动止何如，斯可以知其人之贵矣。由此观之，则知卦画中变化升降有至奥至妙之理，体认爻辞卦画不熟，能知其至者亦罕矣。大抵在乎深察熟辨爻画之真，则天地之广大，化工之巧妙，不难知矣。斯圣人不传之奥妙，正在此矣。学者深明前象，则可与言终始矣。

夫化工正逢之，与互德皆为福德，不可不知。又有始得终失，有终无始者，其福亦减半。又，且化工为本命之象，则必以优。又有独得化工正伯者，但随轻重言之。而变化之理，本于自然，不容苟得。又有破元气为化工者，又有破化工为元气者，此自然之理，惟在学者深求之，与天地同流，则吉凶无不验矣。非天下之至机，其孰能与于此！

【注解】互体，每卦六爻之间，除初爻、上爻外，中间四爻又有相连互之卦包涵其间，称为“互卦”。其中以二、三、四爻合成下卦，叫作“下互”；以三、四、五爻合成上卦，叫作上互。如屯卦☳，除上下二爻外成☷；由此可知，下三爻，即原来二、三、四爻为下互“坤”；上三爻即原来三、四、五爻为上互“艮”。《左传》《国语》等书说《易》常用“互卦”；汉时解《易》，亦多用互。即使卜筮，亦不废“互卦”，并认为，正卦是主体，为事之始；变卦为事之终，而互卦则为事之变化过程，故互卦在

《易》中非常重要，不可忽视。

论天数地数

【原文】论天数二十五。天数属阳，惟利男子，喜值阳爻。夫男子受天之阳气数而生，所生之时，得天数则为富贵之根基，男子以阳为主故也。凡男命，阳数多而阴数少，无不为福。《易》曰：“阳贵阴贱，阳为君子，阴为小人。”阳尊阴卑，故男子得之为利，女子得之为不利。经云：“小人乘君子之气，盗恩夺之。”女子乘之，未闻有不败者也。然利于阳者，自十一月冬至后一阳生，至四月终也。

论地数三十。地数属阴，惟利女子，喜值阴爻。夫女子受地之阴气数而生，所生之时，得地数则为福泽之本源，女子以阴为主故也。凡女命阴数多而阳数少，无不为福。《易》曰：“地道也，臣道也，妻道也。”故女子得之为利，男子得之为不利。经云：“阴凝于阳，必战。战必伤，故称血焉。”男子犯之，遭刑下贱，事多劳碌，身处艰难，未闻有佳者也。然利于阴者，自五月夏至后一阴生，至十月终也。

【注解】本节标题“论天数地数”为整理者所加。

《易》曰：“天数五，地数五。”《系辞传上》解释云：“天一、地二、天三、地四、天五、地六、天七、地八、天九、地十。子曰：‘夫易何为者也？夫易开物成务，冒天下之道，如斯而已者也。’是故圣人以通天下之志，以定天下之业，以断天下之疑。”以上数句的意思是：天有五个数，地有五个数，天的五个数是一、三、五、七、九，地的五个数是二、四、六、八、十。孔子认为这十个数就是圣人用来开启物智，成就事物，包容天下的。知道了这十个数的奥妙，就能通天下之志，定天下之业，断天下之疑。此足证天地之数奥妙无穷了。

实际上，天地之数出于河图。天数五,一三五七九相加合为二十五；地数五,二四六八十相加合为三十,五五相得，以成变化，而行鬼神矣。朱熹曰：此夫子所以发明河图之数也。其位一六下，二七上，三八左，四九右，中五为衍母，次十为衍子；次一二三四,四象之位；次六七八九,四象之数，二老位西北，二少位东南，其数各以类交错于外。鲍云龙曰：“天数者五，奇之积，一得二为偶，三得四为偶，五得六为偶，七得八为偶，九得十为偶，合以奇偶相从，两两相得如弟兄者，所以备其序而不容紊也。一合六为水，二合七为火，三合八为木，四合九为金，五合十为土，各以阴阳相配，两两如夫妇者，所以合其情而不容间也。又如十干亦然，甲阳得乙阴为木，甲去合己又化土。丙阳得丁阴为火，丙去合辛又化水。戊阳得己阴为土，戊去合癸又化火。庚阳得辛阴为金，乙来合庚又化金。壬阳得癸阴为水，丁来合壬又化木，皆是两其五行而合于一也。天地其合之大者，一、三、五、七、九合为天数而不离乎五,二、四、六、八、十合为地数而不离乎五，二五妙合，生人生物。总之为五十有五者，中也。中则变，变则化，其道不穷。一变六化，二化七变，三而八,四而九,五而十，变则化，化则变，奇偶生成，屈伸往来，皆不出于河图天地五数之内，岂若后世之言鬼神，言变化而流于荒诞者比哉！”

论天数地数至弱

【原文】论天数至弱。天数二十有五，只得四、五、六、七、八之数，谓之至弱。断曰：“阳数不足，男子不宜，艰辛多，历事苦，多为少年碌碌，眷属睽违，心志卑役，动即成非，或僧或道，或吏或卑，阴令可幸，阳令非时。阳极则夭，阳浅则亏；阴极合节，阴浅须危，阴凝有战，斯理可悲。男为盗贼，女为娼婳。”

【注解】本节标题“论天数地数至弱”为整理者所加。

天数自四至八为阳之至弱，阴多故阳至弱也。当一阳之候，不甚为病，如卦值阳爻得位者，吉。若当二阳之候，则为非宜，事多缺陷。若当三四阳盛长之候而得此数者，主心志卑役，艰难困苦，眷属睽违。若阴再过盛，应遭横夭，或非善良之徒，盗贼娼妓之流者是。当五六阳及一二阴之候，必主夭折。三阴之候，贫困无依。四阴之候，其病尚浅。五阴、六阴之候，方不为害。

【原文】论地数至弱。地数三十，只得八、九、十、十一、十二数者，是谓至弱。断曰："阴数至弱，女子不堪。幼无父母，六眷难安。不得其家，或处卑寒。夫宫屡克，子息尤难。悭贪不已，处己无宽。壮年虚度，晚岁孤单。乐则生疾，忧虑多般，患难频历，至老无闲。阳极尚可，阴盛凶干。"

【注解】地数自八至十二为阴至弱，阳多而阴至弱也。当一阴之候不为病，卦值阴爻，中正者吉。当二阴之候，虽病尚浅。三阴、四阴之候，则悭贪鄙陋之徒，卑寒夭折孤寡之辈。五六阴及一二阳之候，更夭折不堪。三阳之候，贫贱无聊。四阳之候，亦多亏损。五、六阳之候，方不为病。

六阳：子为一阳，丑为二阳，寅为三阳，卯为四阳，辰为五阳，巳为六阳。

六阴：午为一阴，未为二阴，申为三阴，酉为四阴，戌为五阴，亥为六阴。

论天数地数不足

【原文】论天数不足。天数二十五，如得九或十一、十二、十三、十四、十五、十六至二十四数者，谓之不足。过九是阳之一策，十八以下为一策之余，十八以上为二策之余，须六不足，即非至弱之比，犹可庶几也。凡阳数不足，男子得之，多损福寿，当先丧父，阳男尤验，阴女同论。

凡不足之数，亦当看时令之消长盛衰何如。十一月一阳生之时，阳数至弱，理所当然。十二月二阳生之时，阳数不足，理亦当然，是谓合时之宜，吉凶悔吝何自而生。若三阳交泰之时，阳气上升，阴气下降，君子道长，小人道消，万物发荣。当此之时，若阳数不足而反至弱，则非所困而困焉，名必辱；非所据而据焉，身必危。是行止非时，动静非节，凡百机会不投，何所倚恃？若成卦居爻无援及犯忌者，碌碌贫贱可知。位居不当而复乘刚，则必遭刑宪横夭。又当求小象参详可验矣。

【注解】本节标题“论天数地数不足”为整理者所加。

天数自九至二十四为阳不足。阴多而阳不足者，当一阳、二阳之候为宜，三、四阳之候则不吉，更爻位不当无援，名行止非时，动机非节，是机会不投，碌碌贫贱之辈。五阳之候，孤苦无成，甚者夭折。此时卦爻阳居阴位，犹君子居小人之列。或阳倚阴援，是以君子附小人之势，寒暄相紊，成败相兼，战敌交争，名利俱损，乃自取困穷者也。六阳之候，多主夭折，或一事无成。一阴之候，亦困苦懦弱之人。二阴之候，阴数得中则吉，否则非宜。三阴之候，亦有亏损。四阴之候为宜，卦爻体理佳则吉。五、六阴之候为福。大抵阴弱及不足者，淬砺神明，以志节气，庶几能有为焉。

【原文】论地数不足。地数三十，得十八者是谓不足。如得三策之余，十八数以上，与至弱之数少差而已。大抵此数女子得之，福力必减。若子、午、卯、酉日时而生，必主克母于童稚之年，或父老母少，偏生别土，存养他人，转育远乡，六亲疏绝之象。夏至后，立秋前，三阴未盛，则随时合节，福寿自如。秋分以后，必至夭折，亦为失时浅荡之人也。凡百不足，又安有全心足意之美。当先丧母，阳男尤验。阴女同论。

诀曰：不足之数亦堪咻，事既成时不到头。

满溢高危深可虑，是非相伴卒难休。
望多得少因兹数，广求不称乃其由。
每知不足阴地数，仁义成乖恩变仇。

【注解】地数自十三至二十九为阴不足。阳多而阴不足者，当一阴二阴之候为合宜，在三四阴之候不吉，更卦爻体理不当，贫苦之人，六亲疏绝，失时浅荡，萎靡不振。五六阴之候，当夭折。一阳之候，亦多亏损。二阳之候不为病，三阳至六阳之候俱佳。大抵阴弱及不足者，困勉自励，不慕荣华，庶几能有立焉。

论阴数阳数太过

【原文】论阳数太过。凡时月合少而多，谓之太过。四十以上，至五十、六十者，三月至四月生者无妨。得之非时，失之于亢，即乾之上九“亢龙有悔”之象。亢而非时，动静有悔，当有凶残夭暴之事，值之者必致谨焉。

【注解】本节标题“论阴数阳数太过”为整理者所加。

亢龙有悔：乾卦上九爻辞。亢者，过甚，极度。悔者，悔吝、悔恨。因上九爻居乾卦最上，有盛极而衰之象，故云。

天数四十至六十为太过。若为一阳之候，失之太过，冬行夏令，必有倾败横夭，凶暴毁折之患。二阳之候，亢而非时，动静有悔，虽贵而不得其寿，虽安而不免于危。三阳之候，亦主刚决好勇，骄亢奢淫，岂得为福。四阳之候，春行夏令，必致大旱，煖气早来，虫螟为害之象，虽荣不久，虽吉终凶，宜防有虚妄之灾。五阳之候无害，卦爻吉，理体安，亦主聪明富贵。六阳之候，虽宜阳盛，而亢极则凶，盖是时阳极而阴将生，苟不知机，难免灾患，虽卦爻得吉，亦富贵难久；如卦爻过刚不正，体理凶恶，则强梁黥配之徒，甚则悖逆斩戮之辈耳。一、二、三，阴之候，阳不知机，纵其奔逐，凶咎难免。四阴之候秋行夏令，蛰虫不藏，五谷难结，灾害莫救。五六阴之候，凶悖失时，不可问矣。大抵阳太过者，无论卦爻当否，皆宜惕厉省躬，栗栗危惧，庶几免焉。

【原文】论阴数太过。地数三十，必得五、六十以上者，皆为之太过。履霜坚冰，此时天寒地冻，当有屈伏敛肃之象，犯者至刑伤乱，少得善终。如十一月前，十月立冬后未交冬至之前，却为无害，盖阴令极盛，与时偕行，又得卦名、爻位吉理，有援居体，不入陷地，必至官荣位显。诀曰：

阴阳至太过，太过百事伤。性暴应多狠，福去有余殃。

未满先添溢，方高危续张。患难时时至，骄倨纵难当。

狠戾多奸狡，浮躁性刚强。行轻招怨诽，言过恣强梁。

【注解】地数五十至六十者，为阴数太过。一阴之候，失之太过，卦爻不吉，必轻薄群小之人，孤寡离散，终身困穷之辈。二阴之候，亦贫穷困苦，贱恶凶险之徒。三阴之候，骄倨不节，患难时生。四阴之候，盛而不检，福岂能长。五阴之候，卦爻当亦为佳，是时阳气已微，得阴为援，亦属清吉。大抵阴虽当盛，亦要阳数得中，否则孤阴不自立也。然苟阴盛而反赖援于阳，斯是苟容妄倚，当为鼠窃狗偷，凶徒恶隶之辈耳。六阴之候，虽宜阴盛，而过极则凶，盖阴极而阳将生，过盛不止，必有战争伤血之咎。一、二阳之候，冻极寒甚，非微阳所能堪，卦爻不当，有骄狠残暴，浮躁奸狡之病，或不得善其终。三、四阳之候，阳不知时，妄行取凶。五、六阳之候，百事伤残，悖戾之气，自取刑祸。大抵阴太过者，无论卦爻吉否，皆宜惕过惧罪，如在冰渊，庶几能免。

【原文】论得中数。凡阴阳二数，贵合乎时令，而多寡无偏胜之疵，是谓之得中。兼以爻位皆当，则百无不利，而未有不富贵者也。诀曰：

爻位名体吉，势援理优长。爻时数合节，辞理十分良。

富贵簪缨列，赫奕自非常。官荣位更显，抚众必登堂。

【注解】所谓得中数者，即天数和地数应多而多，应少而少，绝无偏胜之疵。如果再加上卦爻得当，必主富贵久长，百无不利。如果阴阳虽得中和，但卦爻理体皆凶，仍为贫贱之人。

论三等数与时损益

【原文】阳数不及：自十一月冬至后至正月雨水前，此时阳气方生，理当不及。

阳数得中：自正月立春后至二月春分前，此时阳气方亨，理当得中。

阳数太过：自三月清明后至四月小满前，此时阳气至壮，理合太过。

阴数不及：自五月夏至后至七月处暑前，此时阴气尚微，理当不及。

阴数得中：自七月立秋后至八月秋分前，此时阴气正长，理当得中。

阴数太过：自九月寒露后至十月小雪前，此时阴气极盛，理合太过。

凡所生之数，当与时偕行，时益则益，时损则损。月令所值，合多不得不多，合少不得不少。合多而少，名曰不及；合少而多，名曰太过。少而不至于弱，多而不至于强，此为得中也。不及之数主一生百凡不足，太过之数主一生所为刚亢，得中之数必主自然之荣，是以过与不及，皆不若得中为妙。

如数得中，又应合时节，卦名佳，居位当，有援得势，辞吉理优，富贵之士。若徒得中而违时背理，乃贫乏下贱之徒，夭横凶顽之辈。其有妄合苟合之数，爻居不当，吏侩之辈也。失位伤时，僧道之流也。困于爻辞，鳏寡孤独也。数得中，卦名佳，爻辞虽凶而理吉，亦必八座之贵，但少嗣续，而鲜克有终。

无援而位不得势，当居卿监。其数或至于不及太过，然居位得体，爻得其势，理又优长，即曹省署郎，持节执麾。若无援势，居位不当，则碌碌常贫，难脱选调。若见一吉一凶相半得苟合，人臣之位，外此十件得一二者，乃一二分福也。

论不及、太过、得中

【原文】按，阳数不及，在十一月冬至之后，十二月大寒之候，此时阳气未健，而得阳数不及者，宜然也。太过者，阳气乍至而先盛，谓之暴至勇来，未免有刚折过差之虑。若三阳交泰之后，阳气有余，而阳数得其中和之道，谓之中节，若阳数反弱，是谓屈而不伸，何能奋发。若三月四月夏至之前，阳气极盛，阳数虽多，不为太过，盖当时合节矣。得中次之，不及又非可喜之数也，未有阳当盛而反以不及为佳焉。更加爻位辞理无援，则非有福之人，爻辞纵得，福亦减半矣。

按，阴数不及，在五月夏至之后，六月大暑之际，此时阴气未盛，而得阴数不及者，宜然也。太过者，阴气初至而先强，谓之骤至卒临，未免有柔恶损弊之虞。若三阴渐长之候，阴数有余，而阴数得其平施之宜，谓之中节，若阴数反弱，是谓懦而不振，何能兴起。若九月十月阴气极盛，阴数虽多不为太过，盖当时合节矣。得中次之，不及亦非可爱之数也，未有阴当盛而反以不及为佳焉。更加爻位辞理无援，则非有福之人，爻辞纵得，亦减半矣。

【注解】所谓中和者，并非是以阴阳二数之中而言，而是以数与节候相配而言。即一、二阳之候，阳气不及为与节令相合；三、四阳之候，阳气中和为与节令相合；五、六阳之候，阳气太过为与节气相合。此为中和之数，反之则为不吉。

一、二阴之候，阴气不及为与节候相合为宜；三、四阴之候，阴数中和为与节候相合为宜；五、六阴之候，阴气太过为与节候相合为宜。此为中和之数，反之则为不吉。

应注意的是，千万别以阴数弱而补阴，阴数太过而补阳，或阳数弱而补阳，阳数太过而补阴为中和。

论数之孤阴孤阳

【原文】论孤阳不偶数。天数二十六以上，至四十以下，余不偶数，阴数只得三十是也；乃阳数有余，阴数无余。诀曰：

孤阳不偶本非宜，值者刑妻及害儿。
女犯刑夫更伤子，若非遗腹定孤儿。
更有阳爻阳极亢，刚强好辨是和非。
人情寡合多招怨，浪语狂言少定期。
女子悍淫无妇道，男人斗狠暗瞒欺。
贵贱贤愚皆一理，阴微阳极愈乖违。
阴爻阳令方为顺，爻吉辞安福寿奇。

凡孤阳不偶之数，有阳无阴，是谓阳太燥，万物枯槁，如岁旱之状，似有君无臣，有夫无妇，所以乾之上九“亢龙有悔”也。又云“阳无阴不生，阴无阳不成”，生成之理，必藉阴阳，阳独无阴，则不生也。得此数者，多至损妻克子，性多刚燥，好辨是非。女命犯之，操略过于男人，悔吝之招，无所不至。若有阴爻，方为不亢也。

【注解】本节标题“论数之孤阴孤阳”为整理者所加。

地数正好得三十，而天数得二十六以上者，乃阴无余（地数无余数），阳有余（天数有余数），所以叫作孤阳不偶数。而孤阳所余之数，又分三等。

如果天数余数得偶数者，是阳中有阴，只以有余太过，照前面所说之法分等论之，不必谓之孤。

如果天数余数得奇数者，是纯阳无阴，谓之孤阳不偶，阳气太燥，万物枯槁，如岁旱之状，刑克多端。更居阳爻，不中过亢，必主刚强好辨，浪语狂言，寡合招怨，女子悍淫不道，男子斗狠欺瞒，百事乖违。若居阴爻，卦吉辞安，亦得富寿。又当视其有余太过之深浅以详之。大抵得此数者，宜谦以自牧，不逞其刚，乃无咎也。

如果天数余数得五、十五、或二十五、三十五者，五得五而成十，叫作孤阳自偶（即下节论孤阳自偶数）。河图以天五居中，阳孤而归于中，则阳极自生其阴，此亢刚反和之象。早年不免孤苦劳神，辛勤自立，先难后易，先贫后富，先微后贵，六亲先离后合。卦爻有援当位，体理顺吉，必主横发，或得妻财。但女子得之，须防再嫁之虞。凡得此数者，坚守其正，始终不渝，必得吉也。

生成之理：朱熹曰“河图以五生数统五成数”，又云“生数皆在内，生者，天地之心；成数皆在外，成者，天地之功”。由此可知，河图中一二三四五为生数，六七八九十为成数。天一生之，地六成之，故一六共宗；地二生之，天七成之，故二七为朋；天三生之，地八成之，故三八同道；地四生之，天九成之，故四九为友；天五生之，地十成之，故五十同途。一阴一阳，一奇一偶，相配而成，故曰生成之数。

【原文】论孤阴背阳数。地数三十二以上，至五十六十以下，余偶数，阳数只得二十五是也；乃阳数无余，阴数有余。诀曰：

孤阴背于阳，富贵岂无殃。男子遭妻抑，妇人主夫亡。

若非孤独汉，亦合在离乡。阴无阳作主，女子守空房。

福至终难稳，安乐未必长。阳爻男晓达，阴令女尼娼。

爻辞位不吉，安得显忠良。男子得此数，凡百少安康。

夫孤阴背阳，乃阴凝之象，卑弱太柔。阴极之数，霜雪严凝，蛰困不伸，所以坤之上六“其道穷也”。积阴之数，无阳不成，主损夫伤子，刑害重重。男子得之，多虚少实，闻见寡陋，窒而不通，甚至鳏孤淫乱。若有阳和，方得福矣。

【注解】卦中天数正好是二十五，而地数得三十以上者，乃阳无余（天数正好，无余数），阴有余（地数除三十后仍有余数），所以叫作孤阴背阳。孤阴所余之数，亦分三等。

如果余数是奇数者，是阴中有阳，只以有余太过据前面所列之法分差等而论，不必谓之孤。

如果余数是偶数者，方是纯阴无阳，谓之孤阴背阳。此阴气凝结、蛰困不伸之象。积阴之数，无阳不成，富贵也难久恃，当有灾殃。女人损夫伤子，刑害重重；男子志不忠良，多虚少实，闻见寡陋，窒而不通，或遭妻抑，或在离乡，甚至鳏孤淫乱。男逢阳令，多主佻达；女逢阴令，或为尼娼。若得阳和之卦，阳爻得位，辞体皆吉，亦可获福，亦视其有余太过之深浅以详之。得此数者，宜亲贤爱众，诚一不欺，方能无咎也。

如果余数是十之数，或二十、三十者，数遇十而归一，谓之孤阴向阳（即下节论孤阴向阳数），河图地十居中宫以抱天五，阴孤而归于中，则阴极自就于阳，有寒谷回春之机，六亲睽隔，自成自立。卦爻得当，晚岁光辉，阳令生人，多自横发，偶成所获之财，有小往大来之意。但阴极向阳，恐言行无据，不可信托，心存狡猾，事多欺瞒，好是非，偭规矩。卦体阳盛居阳，应能改过；若阴多居阴，则必窃盗之辈，配徒之流耳。此数女子尤非所宜，恐有奔求之意，阴爻阴令尚不妨，阳爻阳令，恐有淫乱风声。卦体阴多而不正，娼妓之流耳。凡得此数者，闲邪窒欲，见利思义，方为美也。

其道穷也　坤卦上六《象》曰：“龙战于野，其道穷也。”是言龙在原野上交合，上六的纯阴之道已经发展穷尽。喻阴气至盛，终究阳气要来。

【原文】论孤阳自偶数。天数至三十、四十、五十，地数只得三十是也。诀曰：

孤阳自偶也劳神，自立应难得六亲。
壮岁艰辛勤苦后，晚年得势始荣新。
男儿起自卑微显，女子从卑渐贵身。
阳令阴爻多显赫，阴爻阳令吉凶频。

凡孤阳自偶之数，本无阴以应之，而阳极自生其阴，是谓阳极阴生，即刚亢反和之象。此数若阴令生人，多是先难后易，先贫后富，先微后贵，有后无前，六亲先离后合，在辰戌丑未时必克父于幼年，自孤苦劳。若爻位吉，得时援，辞体优长，必主横发，必获妻财。女子得之，必当再稼。

【注解】天数二十五，若得三十、四十、五十，减去二十五数，则余五、十五、二十五，是孤阳自偶之数。

【原文】论孤阴向阳数。天数二十五，地数得四十至六十是也。诀曰：

孤阴独向阳，令人好是非。妄语不堪信，行短岂宜依。
狡猾无仁义，凭托必瞒欺。有阳多改过，阴多窃盗随。
女则为娼妓，男多徒配宜。阴阳相允合，岁晚见光辉。
男子犹云可，女子最非宜。若人得此数，未必肯循规。

孤阴向阳之数，本无阳以应之，而阴极自生其阳，是谓阴极阳生，即寒谷回春之意。此数居阳令生人，多至横发偶成，所获之财有小往大来之意。亦主六亲孤隔，自成自立，女子得之，恐有奔求之意。蒙卦云“见金夫，不有躬，无攸利”是也。若居阴爻生于阴月令，女子不妨；若居阳爻生于阳月令，主淫乱风声。

【注解】地数三十，得四十、五十、六十者，减去三十之数，则余十、二十、三十，是孤阴向阳之数。

见金夫，不有躬，无攸利：蒙卦六三爻辞，意即女子见到美男，亟欲求之，不顾礼节。与本文意通。金夫指美好男子。

论阴阳偏数

【原文】论阳偏数。天数二十有五，只得四、五、六至二十四；地数有三十是也。乃阳数不足而阴数足，此之谓有阴无阳，利女子而不利男子，合大过九五爻是也。枯杨生华，老嫁少夫，亦可丑也。得之者有福无寿，有官无权，有妻无子，有子刑妻，事多劳碌。卦吉爻佳，则为庶几。爻凶位失，大凶人也。悖逆起而得震惊之祸，险危之厄。

诀曰：重浊轻清祸福微，喜中生怒是和非。

名虚利失全无益，福寿妻儿必不齐。

男子遇之贫且夭，女人得此尚依稀。

阴令得中尤可喜，若生阳令必孤睽。

【注解】本节标题“论阴阳偏数”为整理者所加。

地数是三十，天数二十四以下者，是阴数足而阳数不足，故曰阳偏。女子尚可，男子非宜。有妻无子，有子刑妻，名利虚无，事多劳碌，或有福无寿，有官无权。秋冬阴令，尚或可喜，若三、四、五、六阳及一、二阴之候，盖主孤睽。卦吉爻佳，庶几尚可；爻凶位失，则有震惊之祸，险危之厄，仍当视其弱与不足之差等以分之。凡得此数者，宜修德以自强，坚定以立身，可以得吉也。

大过九五爻辞云：“枯杨生华，老妇得其士夫，无咎，无誉。”意即枯槁的杨树重现生机，龙钟老太配了个强壮的丈夫，虽无灾祸，也无足称道。

【原文】论阴偏数。地数三十，只有十八至二十八，天数有二十五是也。乃阴数不足而阳数足，此之谓有阳无阴，利男子而不利女子，合大过九二爻是也，枯杨生稊之象。阳月令得之，多致富贵；阴月令得之，多致贫贱。爻位卦名不佳，贫甚之命。

诀曰：阳数轻清气自全，不期阴偶独私偏。

男人得此刑伤母，若不刑伤祸患牵。
女子犯之须不克，恐她婚嫁不当年。
阳令得之多富贵，阴令逢之百祸缠。

【注解】天数足二十五，地数在二十九以下者，是阳足而阴数不足，谓之阴偏。阳令卦吉，多致富贵。三阴至二阳之候，多主贫贱，刑伤母妻；卦爻不吉，贫甚多灾。女得此数，婚嫁失时，诸事更多不利，并当视其弱与不足之差等以分之。凡得此数者，敬顺以蓄德，安贞以待时，无不利也。

大过九二爻辞云“枯杨生稊”，稊是枯木新生之芽，喻处之得中，无往不利。

论数之强弱

【原文】论以强伏弱以势凌民。如天数三十、四十、五十之类，地数三十以下是也。若逢阳月令则不妨，逢阴月令，颇至恃势致凶之象。盖阳胜阴，本理也。若胜之以理，则民服其治；若胜之不以理，则必悖亢。有此者须贵而富，不善终也。诀曰：

阳道真君子，胜阴乃治民。逢之无不贵，爻吉庙堂人。
阴令如逢此，以势下于民。爻辞而失位，暴败也须贫。

【注解】本节标题“论数之强弱”为整理者所加。

天数本二十五数，卦中得三十以上者，是天数强。地数本三十，但得二十九以下，是地数不足，成阳强阴弱之势。古人以阳为刚强，阴为柔弱；以阳为尊，以阴为卑；以阳为君，以阴为民，故云强伏弱，势凌民。阳本为君，胜民为之合理，故逢阳月令为胜则有理。若逢阴月令，为胜则无理，必致悖亢。所以凡得此数者，当知祸福倚伏之机，满必招损，谦必受益，乃无咎也。

【原文】论以弱敌强以暴犯上主于灭顶。地数三十至四十、五十、六十以下是也，天数只得二十四是也。乃地数太过，天数不足。阴月令逢之尚可，阳月令逢之，必至灭顶之凶，所谓小人而犯君子，阴顺阳困是也。诀曰：

阴道为民下，何堪得胜阳。劳而无寸益，福禄亦难昌。

阴令忧危少，阳时有大殃。爻名俱不吉，斩戮在边疆。

夫一君而二民，君子之道，乃天理也。今反以阴胜阳，下岂容罔上，臣岂容犯君，斩戮无疑。或为强梁，为悖逆，甚则为窃盗。若在阳月令，甚为可忧。更爻位体理无援，卦名多乖，此祸必极。若在阴月令，爻位体理有援，则任勇武之贵职，有声权，或为健讼浊富之徒。

【注解】地数本三十，卦中得四十以上者，是地数强。天数本二十五，但得二十四以下者，是地数不足，成阴强阳弱之势。古人以阴为弱，阳为强；阴为卑，阳为尊。今阴强阳弱，卑强尊弱，故云以弱敌强，以暴犯上。

【原文】论安和自宁数。天数二十五，地数三十是也。乃天地二数，无余无不足。诀曰：

二数无余无不足，祸不深兮福不偏。

爻位名佳多富贵，定须遐迩具民瞻。

此二数平和，爻位卦名俱吉，有援合时得体，主富贵荣显，出群拔萃。如爻位卦名俱凶，无援失时，亦主安逸良善，断非凶恶者也。

【原文】论天地俱羸数。天数不满二十五，地数不满三十是也，乃阴阳二数俱弱。诀曰：

二数俱羸不固坚，须知名利不能全。

有官难显福难守，又恐天年不久延。

得此数者，主心志卑隘，作为浅陋，或刑害克剥，利己损人，男多为僧道，女多为尼妓婢妾。若爻位卦名值吉，得时有援，尚可立卓，但忘恩失义，有厚奉养而不顾人情，非天理也。若爻位凶，无援失时犯忌，卦名凶，必是配隶之徒，或乖戾夭横，困苦贫穷而难存活者也。

【注解】天地二数俱羸，若生在一阳、一阴之候，阴不能养阳，阳不能御阴，六亲难靠，名利不全，福力浅薄，天年不久。若二阳二阴至六阳六阴，气愈盛，则羸数愈凶，或刑害克剥，利己损人，男多僧道，女多妓妾。若卦爻吉，得时有援，虽能立卓，但不免为忘恩失义之人。若卦爻凶，无援失时，必配隶之徒，或乖戾夭横，穷苦难以存活，其情况则视其不足与至弱之差等来审其轻重。大抵得此数者，宜勤于修己，顺受其正方可。

【原文】论阴阳战胜数。天地二数俱多，清浊相半者也。

诀曰：阴阳相战必然伤，二亲兄弟克离乡。
妻子难全财不积，人事浮沉福继殃。
贵者遇之多毁折，富人值此讼难防。
爻位不佳军吏辈，爻佳位当却为祥。

大抵此数得之，皆非全吉。阴阳相战，则彼此有伤。阴凝于阳必战，阳胜于阴必乱，战乱相会，又安得为美乎！

【注解】天地二数俱多为战，多之极则战之甚，九族离散，妻子难全，钱则不积，祸福相继。更卦爻不佳，则军吏之辈。如爻佳位当，亦得无害。然惟二阳二阴，三阳三阴之候，二气相敌，审其卦象安吉，能解释战争之气者，可得吉祥富贵。四阳四阴之候次之。其卦体爻位不吉，或亦有战克及反复等象者，则不吉。若当一阳一阴之候，宜安静而止争。或五阳五阴、六阳六阴之候，两不相伏，必两败俱伤，贵者亦多毁折，富人必启争讼。大抵得此数者，汲汲于惩忿修慝，改过迁善方可。

以上诸章，皆言强弱各数，为得分之根。纪大奎云："必先审其数与阴阳消息之候，或顺或逆，而后观其卦体爻象之吉凶。大抵数顺而卦吉者上，数不顺而卦吉者次之，数顺而卦平常者又次之，数顺而卦凶者不利，数逆而卦凶者下。然惟数不顺而卦吉者，尤当审其卦与数之相涉与否。如数凶而无碍于卦理，则与数得刑克、与卦得富贵之类，事应并见，各不相涉。若数凶而害于卦，如正变得坤，复以微阳得安静，故有渐长之吉。而数或相战，则失其安静之养而不得长矣。如数凶而卦能解之，如阴阳相战必伤，而卦得阴阳之和，如天地交泰、水火既济之类，又当阴阳均平之候，则卦理足以解其战争之气，必得大吉矣。故物生有时，有气，有数，有理。由数以审气，可以顺大地之时；由气以察数，可以穷性命之理。修身寡过，兹不其有助乎！”。

论五命得卦

【原文】金，庚辛申酉。乾，旺气，主富贵。坎，浮沉之象，祸福相继。艮，隐山遁林，须为益气，亦韬光敛彩。震，金入财宫，动而得志。巽，冷风萧萧之象，秋冬喜，遇春夏恶之。离，为克体之区，先达后穷。坤，抱母从源，多获福庆。兑，得地之卦。

木，甲乙寅卯。乾，为阳健，木盛花繁，多虚少实。坎，陷其根荄，非可久可大之象，坎者，生育之宫。艮，木人所得，须必合时为佳，春夏吉，秋冬不利，加风尤甚。震，木类相宜，处身荣华，动作无乖。巽，动摇根枝。离，损其芳荣。坤，根壮而固，有待而发，成功不速，阴数须多则不达正。兑，正秋也，相。

水，壬癸亥子。乾，水之发源，抱本从源，无劳碌之苦。坎，陷宫也，或行或止，吉凶不定。艮，山下有险，为巨壑流塞之象。震，水东流，势极动而不清。巽，风起波浪，秋冬可畏。离，战克相残，或成或破。坤，水顺地势，润下不逆。兑，水之来源，意与乾同。

火，丙丁巳午。乾，起炎好上，光明超越，爻吉则非常人。坎，明暗相攻，或消或长，或短或长，反复之象。艮，火焚弃，有木引焰，益己损人。震，动火焚燎，动则不久。巽，因风以致燎原之象。离，炎上太盛，多虚少实，烟焰气多，喜怒无厌，外奸内虚。坤，火抱阴，两情相得。兑，为疑为惑，以离位而遇西方之体也。

土，戊己辰戌丑未。乾，喜怒相参，吉凶各半。坎，缺陷而不高厚，复陷之象。艮，土成山岳，高厚之势，生于辰戌丑未月，富而且厚。震，伤木益彼，劳落多凶。巽，扬尘簸土。离，火土相资，阴阳气备，福不轻薄。坤，此为土实，厚德育物，得之可居侯牧。兑，同乾理。

大抵五行有宜与不宜，合时当理为尚，而爻辞未可为据。虽辞吉而理有凶者，虽爻凶而理有吉者，无穷妙义尽在其中。故一卦能变六十四卦，有四体，八体，奥妙最为紧要。若止泥爻辞为定，祸福尤如万里之远。必要四体八卦常在目前，非详于《易》者，未易见也。乾坤二卦，六爻俱纯，自无难见。至如六子之卦，浑乾坤为体，刚柔迭用为象，则变动不居，其情义之妙，周流六虚。如四体八体，不寓目前，不居心内则难明矣。焦延寿云："一卦有六十四卦，共有四千二百四十卦，而配入十二月，有五万八百八十卦，而为一年卦气。若配入三百八十四爻之中，是有五万七千六百八十四爻。若十年至六十年，一千九十一万一千四十一，其义可谓无穷。"故一卦有一义，一爻有一理，一时有一用，吉凶由是而生，悔吝由是而著，岂有一毫之妄。要知无穷之妙，晓然明白，则不违天地四时。化工之妙，固当熟认深详，推至五行，互体不足遂及变，变不足遂及卦画，爻义既明，则吉凶悔吝，安危存亡，举皆知矣。

管辂曰：《易》有天理，义理，物理，至理。天理广大，无所不包；义理明白贯通，然物理深远，辨析当然；至理无穷，报应有准。以此四理，顺人性命，洞达圣经，《易》道大著矣。

【注解】焦延寿：汉时梁人，汉昭帝时，官小黄令，政绩举最。

汉元帝时为三老，著有《焦氏易林》存世，京房受《易》于焦延寿。

管辂：三国时平原人，字公明，幼嗜天文，有神童之目，及长，《周易》及风角占相之道多奇验。《三国演义》一书中曾描述过其射覆奇验之事，有兴趣者可参阅。

论互体四体八体

【原文】假如前例，有人得渐卦，内艮外巽，是艮在下，巽在上。以正体言之，艮巽而已。以四体言之，则艮有伏震，巽有伏兑。以八体言之，九五、六四、九三互离，六四、九三、六二互坎。全体对归妹，移渐之九三出外成否，移归妹六三出外成泰，是有八体存焉。不深明卦之体画者，未《易》晓也。一卦而具四体、八体之妙，又变归妹与渐十二爻，六十四卦备矣。

【注解】四体：即一卦上下卦的反对体。如渐卦䷴，下卦为艮，反对则为震，是一体复二；上卦为巽，反对为兑，亦是一复二，合而为四，故曰四体。余六十三卦均仿此。

八体：除本卦四体外，互卦亦有四体，合而为八体。

论卦变爻变

【原文】乾者，健也，天也，为金，为玉，为六白，为圆，为驳马，为士夫，为龙，居西北方戌亥之地也。主人性气刚强，规模广大，头额方圆，操略洞明，多主英烈之贤，玉润冰清，精神坚爽。

初九曰“潜龙勿用”，主人执事多悔吝，进退劳碌汩没，少得贤明，难得清显。变为风天小畜六四，必主血疾手足之厄。若夏至之后，冬至之前，己丁酉辛辰巳生人，得之为佳，余命主疾而有折腰之患。

九二曰“见龙在田，利见大人”，君子得之，胸襟潇洒，仁义忠信，豁达高明，风姿俊敏。后天变离，在外为大有之六五，曰："厥孚交如，威如，吉。"夏至之后，冬至之前，己午丁酉生人得之，必当荣显，跻公卿大夫之位也。余得之者，亦能发福。

九三曰："君子终日乾乾，夕惕若厉，无咎。"主人恻隐知机之士，刚明英贤，主大贵，有滔天之福，禄位并隆。变后天值夬上六曰："无号，终有凶。"若丁酉生人，秋分后得之，必英烈威显，廊庙之人也。余得平常，应遭刑伤，多有毁折。

九四曰："或跃在渊，无咎。"是重光相逼，上下无常，阴阳多惧，必有因循之咎，无妄之灾，时虽贵显，亦多险难。或因跌仆车马为伤也。后天变姤初六，为一阴之主，五阳众宗，若辛午辰巳生人，在夏至之交，未有不贵者也。此乃监卿郎佐之命。

九五曰："飞龙在天，利见大人。"君主之位，大人之辞，少年俊逸，利达名显，心纯貌美，内外洞明，出群拔萃，权刚重大，声音响亮，气概宏远，世间人英。后天变为同人六二，巳午生人，若夏至之后得之为佳也。余得之者，平常，富足。

上九曰："亢龙有悔。"贵而无位，亢极则动而有悔也。其人性气刚勇，偏急少情，人多怨谤，有官无权，有夫无妇，有子无妻，主带头目疾损。后天变履之六三，"履虎尾，咥人，凶"。冬至后，夏至前，己午丁酉生人得之，不失贵位，但有高危满溢之患，亦难全其福矣。余得之者，竟为不吉之数。

震，为雷、为木、为的颡、为㚇足、为大途、为长子、为龙，居东方甲乙之气也。震惊百里，主人声音响亮，大惊小怪，相貌骨格或立性异常，易嗔易喜，多不耐心；或营谋商贾，或游荡江湖，春夏乃贵，秋冬不利。

初九曰"震来虩虩，笑言哑哑"，主人有威权，为众人所惧，应事接物，先难后易。春分之后，庚卯生人得之，富贵双全，清显之士也。变出后天复之六四，"中行独复"，以从道也，雷声人地，不为佳也。乙癸未申生人得之，却为美也，乃聪明之士，巨富之人。

六二曰“震来厉”，乘刚也，主人有冒妄威，心系所欲而不忍，陷虎口而不知避者。若春分之后，庚卯生人得之，必贵。余得之者，碌碌庸庸，足腹心疾，少全清节。变出后天随之九五，曰“孚于嘉，吉”，位中正也，若丁酉生命之人，秋月得者，有为仁人之俦。在巽为长养之风，秋分见之；兑为科甲，丁酉得之，主为济世救物之君子，匡时辅世之英贤，庸有不达者乎。

六三曰“震苏苏”，位不当也。处位不当，于理不顺，主人多妄求苟合，虚伪不实，春分之后，却为科甲显赫之人。庚卯命得之，福禄满盈。余者变出后天噬嗑之上九，曰“荷校灭耳”，聪不明也。夏至后生人，自生逢凶反吉，余者应狱讼口舌。秋分之后，冬至之前，多是斩戮囚禁死者，断无吉祥。若有孤贫目足之疾，方可解也。

六四曰“震遂泥”，未光也。位居四阴之中，为上卦之主。若冬至之后，夏至之前，为富贵明达之士，机谋深远，处事难以测度。变出后天豫卦初六曰：“鸣豫，凶。”辞名虽不为佳，秋冬得之，雷乃发声。乙癸未申生人得之，施为奋发，福多优恬，余命不佳。

六五曰“震往来厉”，危行也。在于无援之地，主人性刚，雷霆空霹雳，云雨竟虚无，心狂胆大，处事不成，作计从谋，更招殃祸。若庚卯命得之，及夏至之前，冬至之后，虽显焕发福，亦主有疾，妨子息之刑克。变出后天归妹之九二“眇能视”，未吉也。秋分最贵，夏得可喜，春为甘泽，冬极乖张，非贫则夭。

上六曰“震索索，视矍矍”，崇高无不达。变后天丰之九三曰“丰其沛，日中见沫（原文脱此四字——整理者注），折其右肱”，不可大事。春夏则凶，戊己子午生人为益，余得之耳目手足之疾，狱讼之灾也。

举此二卦升降变化为例，引而伸之，宜仔细详究，无穷之奥，不易之理可识也，苟学者精思。一毫之分，千里之隔，则人命不差，报应如响。

【注解】先天卦爻变后天卦爻之法，不仅将先天主卦的阴爻变为阳爻，或阳爻变为阴爻；还要将下卦变为后天之上卦，上卦变为后天之下卦。下仅举乾卦为例。初九变为小畜：☴ ☲；九二变为大有：☲ ☲；九三变为夬卦：☱ ☰；九四变为姤卦：☲ ☴；九五变为同人：☰ ☲；上九变为履卦：☰ ☲。

原文乾、震二卦各爻辞解释，详参后。

论贵显变化顺时格

【原文】乾为马嘶风格，午生人是也。坤为牛悖风格，丑生人是也。艮为狗，为虎笑风格，丑寅生人是也；又曰：春夏秋冬安居位，当看何爻弄风也，又云虎饮大泽格，又云虎饮清泉格；在下为地泽清泉地，最要看何爻饮泉，恐遭陷阱险折之地，又曰猴饮天泉格。

巽为鸡，曰附凤乘风格，又曰冲天格，酉生人是也。震为龙，曰云从龙格，辰生人是也；又曰龙跃天门格，又曰云附青龙格，甲辰飞龙，丙辰潜龙，戊辰见龙，庚辰渊龙，壬辰亢龙。兑为泽，上为天泽，下为地泽，酉生人是也；又曰天泽承恩格。离为雉，曰朱雀面君格，午生人是也。蛊为虎弄风格，寅生人是也。益为鱼化龙门格，辰巳生人是也。坎为豕，曰玄武当权格，亥生人是也。鼎为马嘶风格，午生人是也。遯为马嘶风格，午生人是也。蒙为虎饮清泉格，寅生人是也。升为牛悖风格，丑生人是也。姤为马嘶风格，午生人是也。观为牛悖风格，丑生人是也。革为虎变风格，寅生人是也。

论时令定数

【原文】巽为鱼吞舟，鱼吞象蛇格，春分后巳生人是也。中孚为鹤鸣九皋格，秋分后吉。恒为鱼化龙门格，又曰龙奋天池，三月春分后子时辰巳生人得之为吉也。解为玉兔玩蟾格，卯生人是也。云从龙格，卯辰生人是也。离，戊子、己丑生人，七八月申时生，居二阴爻名神龟宿火格。坎，戊子、癸亥生人，春分前生，居一阴爻云玄武当权格。大有，戊午、己未生人，七八月生居六五爻曰太阳当天格。需，戊子、戊戌、己亥生人，七八月生，居九五爻曰太阴升天格。夬，丁酉、丁亥生人，八月时生，居上六爻曰天泽承恩格，又曰化凤面君格，又曰翔天鸾凤格，又曰冲天格。屯，丙申生人，冬至后生时，居九五爻曰兔玩银蟾格；庚辰三月生者，名曰龙跃天池格，又名云附青龙格。比，戊申生人，时居二五爻曰玉兔玩月格，十二月，正月为得地也，又名曰猴饮天泉格。渐，秋生人合理，名秋风送鸿格。

以上诸格，主身膺重寄，权柄非常。更详安身爻位得时与不得时也。精考其位，以别贵贱；深考其数，以辨贤愚。

【注解】所谓格局者，不过是得时、得位吉课之别名。大抵以天地二数、卦位、卦爻、得时、得吉为重，格局名称则不必拘泥。

假令例

【原文】如绍兴庚午七月廿二日酉时生，男命，庚午、甲申、丙申、丁酉，照制置二篇之策。阳数四十四，除天数二十五剩十九数，除十数不用而用零九数，属离卦也。阴得二十八数，无三十地数而只用零，八数属艮。以二数推合，得火山旅卦䷷。其酉时在初爻，辞云："旅琐琐，斯其所取灾。"《象》曰："旅琐琐，志穷灾也。"七月廿一是处暑，廿二日生，系处暑后一日生，以离为化工，而月令乃属否卦，三阴以生其人，所得之卦有三阴三阳，其九三、九四、上九皆非得时者，惟初六、六二、六五得时，其人在初爻，系第一阴卦，其辞不佳；阴居阳位不当，其数阳多阴少，亦不为佳。然旅卦初爻独有九四为援，其九四乃是离体，为是化工，九四乃是大臣地位，初六应之，大臣援也，其贵可知。况离是午人地支元气，若得元气援己，尤为妙处。四十六岁后换后天而为重离，升旅之初爻为离之九四大臣之位，皆是化工元气，所以贵显而秉权。然离乃是地支元气，凡天干元气好杀，此人纯离，皆是地支元气，故为威权，是以制置之秉生杀之权，超封端明殿大学士，莫非其造化之使然矣。

【注解】上例天数四十四为太过，地数二十八为不足，但因有援，且得化工元气，故反吉，故千万勿以数不足而拘泥。

【原文】如绍兴乙亥年八月初三日申时生，男命，乙亥、乙酉、戊寅、庚申。天数二十六，除二十五止零一数。地数二十六，零六数。阴男天数在内，一为坎卦，六为乾卦，故得天水讼卦䷅。其申时在讼之初爻为元气，辞云："不永所事，小有言，终吉。"《象》曰："不永所事，讼不可长也；虽小有言，其辨明也。"论曰：初一是白露后二日，生尚得乾卦化工。月令属否卦，然三阴已生，四阴将生，其讼卦四阳皆不得地，只有二阴爻得时，合得二阴为佳。讼卦初爻是第一阴，为元堂，上有乾为化工，又有乾为元气，况坎乾相交，初六有援于九四，是谓元气化工援己，自合贵矣。至四十九岁换后天之卦为夬，夬者，决也。以坎水在乾天之上而为兑泽，是谓升水上天，而内泽及升。先天元堂居大臣之位，居健讼之地，曰待清光，职为参政，岂非造化自然之理乎？况五阳互乾，为亥生人元气。由是详之，其贵不亦然乎。

假令开僖二年丙寅一月廿八日亥时生，男命，丙寅、庚子、丙子、己亥。天数十八，除十数以八零为卦。地数得四十二，以零二数为卦。用二篇之策，合得山地剥卦䷖。上九为元堂，辞曰："硕果不食，君子得舆，小人剥庐。"《象》曰："君子得舆，民所载也。小人剥庐，终不可用也。"论曰：十月二十九日子时交大雪节，人于二十八日亥时生，系大雪前一日也，正阴气之时，演而为剥。剥，落也，万物剥落也，其名不佳。殊不知天数得十八，阴数得四十二，阳少阴多，且大雪后乃阴之至极，而阳岂宜多也。地数至一之时，二数俱是偶体，是气数与时偕行，人之气合四时之序，以为大人君子。数合节气，其卦名虽"剥"，自小雪后至大雪，阴气正隆，时属纯坤，坤则阴气也。夫月令得剥，正阴之极而阳将生之位，为群阴之表率者，一阳来复之时，尚有半月，此是息几而变者，况众所推之，贵理亦可知。其辞曰"君子得舆，小人剥庐"。若所生非时，而得上九爻辞，必为世所弃，众所不服，此小人而合得剥庐之殃。今生得其时，是为君子，而万民之所载，其贵可知矣。况丙生人以艮为元气而生寅，地支元气，天地之气至中，莫敢不服，是此卦得势合时。况艮为手，坤为柄，此人异日必持权柄也，自合为宰执。惜无时之化工，亦可为侍从、知州。况后天换艮为坤，地道也，臣道也。未交冬至半月，正属坤卦，主权在其人。后天之坤，自从班署莅帅阃之显必矣。况以先天刚健纯粹之资，而为后天柔顺重厚之德，职居三公之位，位乃阳位，是先天后天不改其刚健纯粹之资，安得不为之名臣大儒乎？且坤之辞又有以时发其光大之辞，其显达又不言可知也。

假令绍兴三年戊子十一月二十三日亥时生，男命，戊子、甲子、癸巳、癸亥，天数十一而用一，地数三十而用三，一为坎，三为震，二篇之策，合得水雷屯卦䷂。论曰：冬至是十六日已交，其人生于二十三日是冬至后七日生，应冬至七日来复之意。天数得十一，一亦是阳数，数虽不足，一阳来复，未为弱矣，此天数弱而佳者也。地数三十，原无余剩，亦无不足。一阳微生，其形方露，众阴俱消，而不敢有余，以气数纽合此时节气，必是贵人之命。然又成卦中之九五为元堂，其辞云“屯其膏，小贞吉，大贞凶”，当为不利。殊不知刚柔始交而难生，动乎险中大亨贞。冬至后阳已长，阴已生，此刚柔始交之时，而此卦应其时，九五为元堂，为救屯之子，冬至后坎为化工，坎又为戊人天之元气，其子为坎，亦地之元气，此天地元气化工同体，又是天数内安元堂，乃为庙廊之贵。易者，相移之义，与时流行，寒往则暑来，暑往则寒来，春去复秋，冬去复夏，生极则杀，杀极则生，天地之相继相承，未始绝也。故数之至妙，莫若与时流行。如阴道之极，阳道时生，气势得接，阴阳之数尤妙。于是，求其诀旨，思过半矣。

看数之要，先看天地二数足与不足，方看爻象得地与不得也，则祸福定矣。先天爻象不吉，又看后天变得是何卦，若后天卦与爻俱吉，此为返魂格，当先贫后富。按：乾卦有六爻，如十一月冬至生，元堂居初爻之位，为顺时也，乃与天地同其造化，但须得阳数少不过十八策，无不富贵荣华。如坤卦，夏至后居初六爻，阴数不过十六策，女命得之，无不荣显，但恐子少女多，益夫起家，为众之表率，内外钦服。阳数得二十七为老阳禄数，一十八为少阳福数，利男而不利女。阴数得二十四为老阴禄数，三十二为少阴福数，利女而不利男子。予尝经一村野，见一老翁形体如垂死之人，问其平居何如？对曰：“子年四十有五，一向羸疾。”试得其年月推之，得晋之六二，予甚疑之，必是时辰之误也。因取上下二时推穷，得剥之六四，其间休咎，皆于卦合。乃知村野之中，命时多不定。盖冬夏之日有长短，时刻有先后，若戌亥子丑之时，则尤为难定，须要眼力之至。若看不至，执是为非，大易之理，往往轻易看过，将何以取验哉。凡人根基如下数不得化工者，灾祸尤重。

【注解】察其四例，第一例地数二十八为不足，先天卦爻辞不吉；第二例地数二十六，亦为不足，先天卦元堂爻辞亦不甚吉；第三例天数十八，是天数不足，卦名剥不吉，爻辞亦不吉；第四例天数仅十一，几近至弱，卦元堂之爻亦不吉。然四例均为贵显，其原因是有援、有化工、有元气、得时。由此可知，看卦当以气时为主，不必拘泥数与爻辞。

绍兴：南宋高宗赵构年号，公元1131年辛亥为绍兴元年，三年为癸丑，非戊子，第一例庚午为绍兴廿年，第二例乙亥为绍兴廿五年。

开僖：南宋宁宗赵扩年号，公元1205年乙丑为开僖元年，第三例丙寅为1206年。

从上举例可知，该书为后人托名明矣。陈抟与邵雍为北宋初期和中期之人，岂能举百余年后人命为例？

推贱命法

【原文】凡所得之卦，其名凶，是贫贱命也，此其大略言之。凡卦名不利者，非夭则横。乞丐之人，凶多吉少；僧道九流之命，吉多凶少，强弱之造也。如有化工元气者，艰难获福，但吉多凶少者为强，吉少凶多者为弱；全凶者至灾至夭，全吉者至富至寿。以大易之理察之，则可以通神明之德，知鬼神之情状，知死生之定数。浅学常流，焉能达此秘也。

反卦在首尾，虽灾亦轻。首尾者，初爻、上爻是也。若在中间，加数不及，遇阳年尤甚，凶莫能救。卦无元气，须看互体。如丁酉生人，得小过之卦中虽无巽兑元气，然互体中有个巽兑。既看互体，又看彼此相生，为火人得土卦，金人得水卦，亦谓之相生；凡得水火卦等类，若卦无元气，流年或有元气，此年亦主称意。如土人得巽，金人得离，水人得土之卦，卦虽是凶，但有元气，亦不甚害。先天后天若得纯离者，多有失明之疾；得蛊、大过、明夷者，多有宿疾缠身；得噬嗑、无妄、讼者，多有争竞。若流年小象得蛊、大过者，多招白眼；凡得噬嗑、明夷、无妄、大壮、睽、剥、屯者，多有坎坷，须于流年交接虚实，仔细推之，万无一失。爻位虽佳，不若流年爻象皆佳，未有不应者。若流年多凶，身爻虽佳，亦奚以为。若行后天连三爻不吉，必多坎蹇。若过了第四爻遇值凶爻，十死八九。若流年连三年不吉，本身卦又不佳，可以死断之。有僧人爻凶尤极，后天之数者，物外人所奉者薄，故能尽其天年。

先儒论数印证

【原文】或谓康节曰："此数不许行至后天五爻，行至四爻方可断人生死。今人不满二十而卒者，亦有八九十而死者，祸福安在？"对曰："此人不达物理，贵贱夭寿，吾数已备言之矣。今更熟看，却未商量。伊川晚年得此数甚喜，却谓门人邢敦夫曰：'予平生休咎，毫发皆见，何必穷阴极阳，推算草率，以为易之理耶？"又谓尹和靖曰：'此数极正大，言祸福皆本正经，非寻常谈阴说阳之比，诚不轻易传授庸俗之辈，轻泄天机。'伊川曰：'予有一仆，眉宇甚秀丽，以其年月推之，得乾之九四爻，虽天数不足，问之则丧其父，平生休咎，问之皆然。于爱而厚遇，交十九而暴亡。盖无名野草，生出一枝好花，决非佳物。'今闻伊川之言，却是阳男无疑，故以天数不足，故先丧父。行乾之九四、九五二爻，共十八年，交十九则上爻不变，正是亢龙有悔，遇极则反，穷则变，变则通，在小人岂当君子之卦！既不变，何能通，正谓穷极之灾也，何疑焉。小人得吉卦者，更看爻位如何；如爻位复吉，又看数之足与不足，得时与不得时，以数求之，必得其精。小人得吉卦爻，暴发必死。"

君子亦有卦爻皆不吉者，又看其大象。如噬嗑之象曰："雷电噬嗑，先王以明罚敕法。”可以用威于小人。如得剥之象曰：“山附于地，剥；上以厚下安宅。”亦当潜心以应之。（原书眉批曰：占卦当知此体认。）

昔东坡行年得贲卦之六二，本朝文体，三苏为之一变，岂非文饰之象欤。东坡曰：“予爻虽佳，行年吉凶相半，不得全美。既归复谪，平生多坎坷，以斯数三复而自宽曰：圣人得我心矣，复何憾乎。”山谷谓陈无己曰：“黄龙晦堂，其长老有道者也。常问《易》于予，遂授以斯数。未几，退席问其故。渠曰：‘予往岁行噬嗑之上九，横遭官府凌辱。明年复得噬嗑，故着杜门行其志。’予曰：‘公物外人也，何虑乎此？’渠曰：‘人托阴阳以生，岂有逃其数。予虽学出世法，岂能免形骸之累？’予曰：‘公独不闻栖贤之僧乎？渠曰：‘或有此矣，其为人诚谨如此。’”山谷初谪涪州别驾，谓邢敦夫曰：“予今年得屯之二爻，将及十年之数，方得归。”及安置溶州，谓其子曰：“想吾先年得屯之六二，有可得归之理。今得复上六曰‘迷复，凶’，吾无归矣。”果卒于溶州。（涪州、溶州两地疑有误——注者）

富郑公以本身卦爻流年，大书于中庭壁上，遇一凶爻，即戒子弟曰：“余今年爻象不吉，汝等且勿生事以累吾。”其恐惧修省，盖如此。

李文靖公得坤之六二曰：“直方大，不习无不利。”谓友人曰：“予平生所得者，要合乎圣经。”及得离之九四，谓友人曰：“予明年必死。”至期果然。时当六月，无点秽气，盖其平生践履之验也。

范文正公得大有之九二，曰：“大车以载。”《象》曰：“积中不败也。”果以为人遂以经世为己任焉。

寇莱公有孤江之祸，是行年得困之六三爻，谓友曰：“予不复反也。”果死于贬所，其得数之应验如此。

司马温公曰：“图南此数大有益于吾辈，可谓存心养性之书，诚而得之，福可致而祸可避，可不谓之大有益乎！”温公曰：“看卦须看其大象，或得某卦某爻，或吉或凶，皆是造物分定之理，有大象辞意依而行焉。如‘地势坤，君子以厚德载物’，则须厚其德，弘其度以应之。如‘山下出泉，蒙，君子以果行育德。’又须果敢其行，养育其德。小象亦然。”

凡辨卦考数，在仔细参详所得之卦合得何理，爻居何位，有何吉凶，知是何等人，则卦之吉凶，各从其类。然以名寻数，不若以理寻数，一时之吉可反而凶，一时之制可反而用。如否泰之制，反有天衢后喜。复隍系遁，动上无常，屈伸有变，非以理推，固难洞见。

【注解】伊川：程颐生于河南洛阳伊川，故号伊川先生。

富郑公：富弼，宋河南洛阳人，字彦国，笃学有大度，官至宰相，因曾封郑国公，世称富郑公。

李文靖公：即李沆，字太初，宋洺州肥乡人，太平兴国五年进士，官至宰相，谥文靖。

范文正公：范仲淹，宋吴县人，字希文，幼孤立学，官至枢密副使，参知政事，其《岳阳楼记》中有“先天下之忧而忧，后天下之乐而乐”名句；卒谥文正。

寇莱公：寇準，字平仲，宋华州（今陕西）下邽人，太平兴国四年进士，官至参政知事，封莱国公，故云寇莱公，后被丁谓排挤降官，贬死雷州。

论阴阳消息例

䷗ **【原文】**复卦。十一月冬至后，一阳生于子，是时也。万物有萌动之机，天数不可过多，地数不可有余。若阳始生而过多，或又至于太过之极，在人必有倾败横夭，毁折之患，所谓春行冬令是也。一阳既生，阳当盛于阴，而犹有不足之数。如四五以下者，失之于弱，在人亦岂有健成之理，厚发之福乎？惟有得中，则不失乎天地致中和之气，其人必处逸乐之中，居崇高之位矣。始生之阳，有得八九以至十一十二者为佳，至十八为太多，十九至二十五为太过。学者当以时而观乎动静，则吉凶悔吝，自不能逃也。

䷒ 临卦。十二月阳生于丑，二阳既生之时，万物以荣于内而未泄于外，内实外虚，内荣外辱，藏蛰者翻身，屈伏者少振。阳气渐健而阴气内充，故土内虚而外坚。水气上腾，故污浊在下，澄清在上，视之而不见。当此之时，阳气不可太少，亦不可太多也。阳数稍盛，阴数稍弱。若卦中阳爻多，又见太盛，过于二十五数以上者，在人虽吉，终必有祸，虽贵显终不永于寿年，虽安逸终不免于危厉。惟其得中，乃为顺时序之宜也。

䷊ 泰卦。正月三阳出于寅，三阳至而泰道成，小往大来，上下交通，草木甲坼，气清爽朗。当此之时，阳数不可不足，宜健以敌于阴。若阴数多阳数少，而又所得之数只有十二、十四、十六、十八者，便合成卦位爻于阴，则是失之于太弱，在人必为时之所舍，或居贫贱，或遭夭横，或为僧道，富不能安，贵不能久。惟阳数无不及、太过之愆，则贵显清高，丰饫充实，其人必非下流矣。若其数又超过于二十五数以上者，而或相倍蓰者，则又失之于过高，其人必主骄亢傲奢，刚果淫欲，好勇斗狠，亦未为善也。如值阴数太多，必有春寒之兆，百作俱迟。东风解冻之候，尚阴多而阳少，非春寒乎。

䷡ 大壮卦。二月阳生于卯，四阳爻曰壮，“帝出乎震”之时也。仲春之时，气象暄和，万物荣华，芳菲巧丽，雷霆电辉，蛰藏者出，屈伏者伸，阳气壮甚，阴道消殒，仁风畅达之日也。天地发生之候，阴数不宜乎多，阳数不宜乎少，惟得中为宜。得中者，数不过于九数、十数之下，亦不过二十五之余。不及者，九数、十数而止矣。太过越乎二十之余，至二十五、三十以上是也，阳数太过者是也。春行夏令，必致大旱，酷气早来，虫螟为害。得此之数，当荣不及，始吉而终凶，先须富贵升达，后必名辱德丧，而有非妄之祸。不及者，阴寒尚多，春行冬令。时物必乖而有伤，始发须华而不实。人生居此，主吉未成而凶已就，事未合而毁已随。如春和有悦而和气勿夺，爻位更佳，辞理居体更吉，则富贵荣华，才高业广，六亲有情，万事和睦，天地至祥之气数乎，此所以得中之为贵也。

夬卦。三月五阳生于辰，五阳既生，则精气勇决，英结实成，阴道消而阳道长，君子众而小人独，当此之时，阳数虽多不为太过。若阴数过多敌阳，必致伤气损时，终无久庆之理。苟于此，而阳数有不及之偏，亦非应时合节，其为人不拘士民，皆无成矣。且爻位卦体值此时不可援阴以自附，盖阳数既不及，又居阴爻，是君子居于小人之列，名利俱损。非君子之数，必至寒暄相紊，成败相兼，战敌交争，非时所利，贫贱困穷不必言矣。惟阴少阳多，与时偕行，未有不悦者也。更卦爻吉，体理安，则主人聪明贵显无疑也。

乾卦。四月六阳生于巳，乃纯阳之月。当此之时，阳数虽多，不为太过，天行健也。得健之数，何不利之有。苟所得之数既已合宜，又复得位当权，有援不屈，其辞凶而理却吉，不失为富贵利名之人。若更辞吉理长，则是特达高明，斡旋大顺之贤士，经邦济世之哲人，岂庸常而已哉。于此而阳数或有不及，是失之懦弱，万事必难成矣。如阳数太过，而成卦名位反胜阳者，又为强梁黥配之徒；更理凶而体恶，必是反戮斩逆之贼也。阳数至此，虽是可盛，却于立夏、小满前可也，如芒种之后，则太亢非宜，虽辞吉理佳，则富不能久，贵不可长矣。盖阳极而阴将生，苟不知几而灾患岂能免乎。

䷫ 姤卦。五月夏至后，一阴生于午，太阳躔度即成初刻，阴气在下渐长，卦名曰姤。阳道渐消，阴道日长，万物实收，无复有再荣之理。天道左旋，地道右转，阳气已逆，阴气自顺，阴阳至此，分夺造化。君子于此，平心息气，以顺天之气。当此之时，阳数不可太多，阴数不可太盛。如阴道盛而成卦爻辞名，理又不吉，则必男孤女寡，九族离散，终身困穷，必是轻薄群小之人。以阴数而不至太过，使阳数而自来援阴，谓二十五之外余偶者，必是富贵节要之贤人。若爻位理辞更吉，此尤佳也，必是荣显崇高之名臣。大概阳数无有余不足之患，得其中者为贵也。

䷠ 遁卦。六月二阴生于未，二阴既长，温风盛热，腐草为萤，阳道遁慝，所以为遁卦之令。君子于此，当回避潜隐，庶可避咎。若纵其奔逐，居其前辙，则悔吝之难免矣。盖逆天地之常，岂有安庆之理乎？生于此际，而值此卦，若阳数少而阴数得中，又成卦爻理体皆得其宜，则百为遂意，万事称心，必为公卿大夫之流。爻位虽凶，亦不失为丰衣足食之人也。倘阴数太过而爻位又不得其当，则必是贫穷困苦贱恶凶险之徒矣。盖三阴方长之时，未可太盛故也。

䷋ 否卦。七月三阴生于申，三阴既长，否道方成，天地不交，万物萧索，上下不和，志气不通，其道乃穷，君子不可荣于禄。当此之时，阳数不可太多，阴数须多盛，亦不可使过于阳，须得其宜，则必为富贵显达之士。若阴数反弱，不及于阳，又兼卦体辞皆不能胜于阳，则亦贫贱夭折鳏寡孤独之徒，终身祸难灾忧，岂能免乎。

䷓ 观卦。八月四阴生于酉，四阴既长，是名观卦，观其征也，乃求为之象。故酉属兑，而为肃杀之时，昼夜平均，雷收声，蛰藏户，阳日衰，阴日长而渐盛，百物收敛，草木黄落，水将枯涸。当此之时，阴数须当隆盛，不宜太多也。使阳数多而阴数少，则是秋行夏令，蛰虫不藏，五谷难结。得此之数者，必至乍富乍贫，时发时毁，兼以卦爻理体又不得其当，则其凶败必不能救矣。使阴数多而阳数少，则为顺时适宜，五谷登而万物实，得此数者，必主显达丰隆，富贵荣华，兼以卦爻理体又得其宜，则吉祥不可胜言矣。然阴须当盛旺，终不可过于阳也。若不见机而求太盛，则其为阴之福又岂能长乎。

䷖ 剥卦。九月五阴生于戌，五阴长而阳剥荡，鸿雁来而玄鸟去，雀入水化而为蛤，天地闭塞，霜降水涸，物实归根。当此之时，是谓老阴之地，阴数不应不足，阳数不应太过。使阳数而太多，而阴数反不足，则是令行失时，而阴生人必主委靡不振，不能有为；其阳生人必致妄行取困，行险侥倖，乍富乍贫，或作或废，兼以卦爻理体俱失，则凶害不可胜计矣。俟阴数多而阳数少，则是时序顺布，其在人不拘阴命阳命，皆获其福，常则必当丰富，显则必为公卿大夫，兼以卦爻理体俱吉，则吉祥不可胜计矣。且微阳与阴为援，亦最清吉。若阴盛反援于阳，斯是苟容妄倚，似非正理，有此数者，必是鼠窃狗偷凶徒恶隶之辈，亦必要阴阳之数得中为贵，否则孤阴不自立也。

䷁ 坤卦。十月六阴生于亥，六阴既长，乃纯阴之时，肃杀之气至此，阴之极也。阴气成冰，蛰虫不食，虹藏不见，雉入水而为蜃，天地不通，阴阳闭塞。当此之际，阴数虽多不为太过。使阳数过于阴，又居阳爻，辞凶理短者，必为浅薄失时之人，终招其灾殃，百为皆不利矣。使阴数多于阳，又居阴爻，辞吉理当者，必为贵显驰名之人，终成其事业，凡谋无不遂矣。然数之隆盛，惟宜立冬后、小雪前可也，若大雪后，冬至将临，阴数过盛，甚非所宜，何也？盖阴凝至此，势力极盛，阴极而阳将生，当有战争伤血之咎。须宜得中，切莫太过，学者宜深明也。

圣人测度阴阳四时，无不合令中时者，惟大易河洛而已，且不遭秦火之祸而简编独存者，乃天之所致，非人之所能也。其吉凶悔吝，动静得失，贫富寿夭，穷通利钝，非圣贤之人，其孰能之！学者慎勿轻泄，必须得其人而后传，不然获罪于天，岂能免乎！

【注解】秦火：指秦始皇“焚书”一事，秦始皇三十四年，因咸阳诸生是古非今，惑乱百姓，从李斯之议，下令收天下之书，除秦纪及医药、卜筮、种树之书外，悉皆烧之。

从以上十二消息卦中可以看出，所谓阴阳得中者，并非阴阳二数相当，而是阴阳二数要与节令相当。如六阳之时，阳数宜多，阴数宜少，是谓得中；反之，或阴阳二数相当，则非得中而为不宜。六阴之时，宜阴数多，阳数少，谓之得中；反之，阳数多而阴数少，或阴阳二数相当，亦非得中而为不宜。其余四十八卦，则各以本月消息卦类推。

论内卦出外例

䷀ **【原文】**乾卦。变初九为巽，为风，春风融和利物，夏风散雨收云，秋风物物收敛，冬风寒水成冰。变九二为离，为火，春日无处不蒙和煦，夏日万域畏其炎热，秋日旱干而万物焦枯，冬日可爱而天下皆暴其昭明之德。九三变为兑泽，春泽有滋息之甘，夏泽有长育之利，秋泽有西成之望，冬泽有寒凝之苦。若变初九出外，卦为风天小畜，四爻以一阴而畜众阳，本有伤害忧惧，以其与上合志，故“血去惕出”而无咎也。变初九在内为姤，初爻一阴渐长，五月之卦也，静正则吉，往进则凶，阴道须得志，亦不可恃势妄作。变九二在外为火天大有，五爻恩威并行，人情悦服而百无不遂。变九二在内为同人六二，“同人于宗”，交接不广，利泽有限。变九三出外为夬上六，三月之卦，党已尽，无有呼号，若不谨慎自恃，难免倾危之殃。变九三在内，为履六三，“履虎尾，咥人，凶”，小则为刚恶强硬，大则为暴君酷吏，惟谦恭自保，则可免祸害之患也。

䷁ 坤卦。变初六为震，为雷，雷出地中，奋达疾速，威声远赫，有寒木生春之意，万汇咸亨，品物流行，发荣茂盛，无适不宜。春分以后，夏至以前，得之尤佳，或为宰辅，或为宪台，名位禄寿之兼隆。冬而得此，遇而不遇，举动必乖，恐成灾眚，盖雷行失令违时，则不利矣。变六二为坎，为水，夫坤为致役，变坎为劳，是地本平宁，而忽为崎岖险峻，任重不堪，安中伏危之象。春夏之时，土被阳气而内攻，浮虚陷害而怨生，恩中必有崩毁之乖。秋得水而退，土气不浮，可谓少亨，疑非大安，尤防不测之咎，惟不致伤耳。冬得水干，培植焦熬，终多费力，不若无之，终为美也。冬至以后，是谓化工，主劳役凋败之余，有偶然横发之机。变上为艮也，地起于山，自下而上，有积小成高之势。春生夏长，畅茂条达，富有之象也。秋得则万物告成，升虽不足，而内实有余。冬得之则草木凋零，随毁随誉，骤落骤荣，旋消旋长，而聚散无常。变初六出外为豫四爻，由豫勿疑，志大意广。变初六在内为复初爻，十一月之卦，一阳复生，始进以正，悔吝出而吉祥集。变六二出外为水地比五爻，治行化美，王业大振。变六二在内为师二爻，下怀万邦，上承天宠。变六三出外为剥上爻，一阳有复生之机，君子有得舆之美，小人有剥庐之殃。变六三在内为谦三爻，无伐善，无施劳，万民服而事业盛也。

上举乾、坤二卦升降变化为例，余则引而伸之，则了然于心目矣。

䷲ 震卦。变上为离，为火，乃雷散日出，晦极生明，主人器识高迁，鉴察深远。秋夏雷兴日炽，损物焦类，乐处生哀，美中不足。春天雷奋日和，万类发生。冬天雷隐日暖，温饱自足，凡事称意。变中爻为兑，为泽，雷泽交施，春夏振动，兹息之有赖而万象直遂。秋则雷泽以济枯槁，而秋阳不得暴物。冬则雷泽失令，而万类憔悴。变下为坤，为地，雷入地中，雨泽不施也，必致饥荒。主人无识，萧索乖戾，中生多阻。秋冬得宜，春夏不利。

☶ 艮卦。变下为离，日出于山巅为朝，为旦，主人升上近贵，洞晓明徹，高下瞻仰，福禄兼备。夏秋酷烈，山水焦损。春冬融暖，山水舒畅。变中爻为巽，风生岩谷，山虚石出，居高多险，任重多危，春夏生蠹，秋冬损物，不如天风和时为美也。变上为坤，舍崇高而从卑下，脱崎岖而履平坦，土命逢之，温厚和平，成始成终。春夏土膏肥厚，生物荣华。盖山中地，地中山，正类谦尊而光，卑而不可逾，无往不利也。

☵ 坎卦。变初爻为兑，水入泽中，内塞不流，终难远大，秋冬不利，春夏则为霜为泽，自盈自满，横流充溢，四海有利，必成败是非，或先难后易，先忧后喜。变中为坤，水入地中，防浸渗之乖，有壅塞不通之兆，万事有始无终，而无快变顺适之利。春夏暄干不利，水人得此，多夭折，秋冬合理。变上为巽，水气乘风，飘逸高远，类多润泽。春夏为露，滋助长养。秋为湛露，凋零万物，施毒害人，而人多怨谤；冬为霜露，主人艰辛劳苦者也。

☴ 巽卦。变初爻为乾，风收云静，廖廓一清，春暖夏炎，秋爽冬温，四时俱美，万物咸亨，吉无不利。风恬浪静，人物繁华，风尘不动，日月昭明，星辰荣耀，尊卑永荫，始终太平。变中爻为艮，风势入山，动摇山岳，令命上行，人多敬畏。春风入山，草木荣茂，人多贤豪，入则可以把麾扬节。夏风入山，巽木成林，峰峦蓊郁，贵显非常。秋风入山，风藏山谷，草木渐凋，有始无终，先达后穷，人难久耐。冬风最冷，果落枝枯，萧索憔悴，先困后达，难中获易。变上爻为坎，风入水面，为浪为波，漂泊劳碌，小人尤畏，亦为混浊之乖，少全清节，有摧岸覆舟之虞。春风入水，水縠成纹，人多奇巧，繁鲜荣华。夏风入水，水渐日干，人必悭贪悔吝。秋风入水，水浪滔天，岸摧舟覆，有不戒之虞，有不期之祸，人当思患预防。冬风入水，水竭流迟，结水成冻，物象寒苦，艰辛贫乏，隐伏阻滞者也。

☲离卦。离为火，为日，吐焰发耀，光照天下，太阳之象，长育之君，万象贤明，百物附丽。变初爻为艮，日入于山，光辉晚照，早年蹇剥，老景亨泰。春日明暗相攻，喜怒多顿。夏日入山，草木成林，遮阴有赖，不致酷热。秋日入山，焦燥亢厉，万象易于枯槁。冬日入山，煎逼愁颜，万事阑珊，不能长久。变中爻为乾，日落于天，晚景逼迫，光华隐藏，难以超越。春天无日，阴雨连绵，物难发生，荣中有辱。夏天无日，暗晦阴暝，火势消灭，物难长养，一暴十寒，凶荒必致。秋冬遇此，愈加迍邅，雨雪连连，类多愁嗟。变上爻为震为雷，云翳光明，掩火不炎。春天得之，雷雹并行，震动发生。夏秋雷施物利，冬则非宜。

☱兑卦。兑乃正秋之神，其象为泽。初九变为坎，坎为水，名谓积水而成，坎陷天泽，交施于坎水，川流盈溢，所至俱宜，物物得利。春得此象，雨泽霏霏，万物滋荣，富贵可期，人多拔萃。夏得此象，长养有功，荣舒万汇，人生多遇，不苛不贪，富则金帛盈室，贵则宗庙之卫。秋得此象，水泽交加，禾穗双成，人生值此，得民之情，庆流后裔。冬得此象，水泽相交，民物空虚，兹非广惠。九二变震，震为雷，名谓雨泽加雷，动威致润，启悴发枯，六合荣和，物皆秀丽，森森仁恩，天泽滂沛，小往大来，斯为至贵。春而得此，生荣万物；夏而得此，长养随宜；秋而得此，岁功乐成；冬而得此，却非所宜，雷声陷伏，号令收藏，安可出外，若出谓之非时，恐致灾眚。六三变为乾，乾为天，名谓雨收泽竭，天籁清虚，人物从容，众情多悦。春得熙和，物物欣荣巧丽，人多繁饰，杰出群伦，自然称意。夏秋得此象者，上仰青天，雨泽不施，水干流竭，无丰多歉，饥馑怨望，自多伤折。冬得此象，寒凝少作，岁内丰稔，人亦富饶，自然亨泰也。

八卦之象，四季合宜则吉，悖之则凶。值月候者，不得执此论。

六十四卦五体

【原文】乾：六画纯阳，天之道也，君道也。有刚健之德，有发育之功，且贤人君子，则不可当；庸凡得此卦，则有灾眚，凶之道也。

坤：六画纯阴，地之道也，臣道也，妻道也，有柔顺之德，厚载之功，含弘光大，安贞无疆；女命得之，无不尽善也。

屯：上坎下震，中存艮坤。雷在地中，复未为亨通，震雷发动，水泽方施，又为坎陷所逼，君子则为屯蹇未亨之象。

蒙：上艮下坎，坤震存乎其中。山之下有险，震动坤静，动泉静土，未知所适；君子则为蒙昧之象；又有富贵者，当参究合五行则吉。

需：上坎下乾，中有离兑，日月之明，主为人聪明智慧。日在于天，正当光耀，雨泽又自天而下，日为云所蔽，欲待云收雨散，方著其明。需者，待也，有儒者席珍待聘之意；君子则为待时之象。

讼：上乾下坎，巽离存乎其中，外刚内险而不相合，巽风方动而水欲施。又为月明于天之上，是卦也，阳多阴少，阳尊阴卑，二气相薄，阴阳不和；君子则为争讼之象。

师：上坤下坎，中藏坤震。雷出于地，振摇山岳，命令下行。雷一动而雨泽施，浸润万物，刚中而应，行险而顺，主为人出众，敢为服众，有作有守；君子则为师众之象。

比：上坎下坤，中存坤艮，山中地，地中山，正类谦光四益。盖山地之上皆水，草木受润，上险下顺，外纵行险，内顺从之，则其险何所施焉。纵或为险，又知所止，无非柔顺和乐；君子则为比和之象。

小畜：上巽下乾，中存离兑。日在天上而明，风自天上而发，雨泽自天上而施，日能照耀，风能发扬，雨能滋润，物受其利，故有积蓄之义；君子得之，则为小蓄积聚之象。

履：上乾下兑，中存离巽。日明于天，风动雨施，晦蚀其明，柔履乎刚，不得其位，则有履薄冰之忧；君子则为履惊惧之象，得时合五行最吉。

泰：上坤下乾，中存震兑，雷动泽施于天之象。雷泽行地之下，物受其润，正天地交泰之时，阴阳和畅，草木蕃茂；君子则为大通之象，富贵之说，得时合节则吉。

否：上乾下坤，中存巽艮。风行山地之中，方欲扇扬，万物又为艮所止不能发，又无雷泽相应，山地之中，草木就燥，甲不能拆，秀不能实，壅遏不通；君子则为否塞之象。

同人：上乾下离，中存乾巽。柔得位而应乎乾，虚心顺之，光明盛大。柔济以刚，行健不以武而以文明用之，相应不以邪而以正中；君子得之，则为和同之象。

大有：上离下乾，中存兑象。刚柔相济，明暗相交，二气循环，阴阳得位。明者，离之日也；晦者，兑之泽也。交杂乎火之上，日之明能照万物，而物受其气，故有相感之意；君子得之，则为大有之象。

谦：上坤下艮，中存震坎。地下有山，山上有地，培植高厚之势，资养万物，震动雷行，坎满而溢，发生茂盛，皆自此始。山在地中，愈高愈卑；君子得之，则有谦光之象。

豫：上震下坤，中存坎艮。上方动验，中方满险，下又止之，则其险无所用矣。雷在地上，震惊万物，屈者伸，藏者露，顺以动之，动以顺豫；君子则为逸豫之象；有眚，合五行吉。

随：上兑下震，中存巽艮。山之中有草木，雷动风翻，雨泽万物，风雨雷电，相随而行，造化不违，物全其性；君子得之，则有随顺相从之义。

蛊：上艮下巽，中存震兑。于文则为血蛊，风落山谓之蛊，又谓三虫食血之义。女人惑男，山下有风，山中有雷有泽，其蛊为风扇扬所发，雷震动而出为泽，草木皆受其食，不能生长；君子得之，则为蛊坏之象。蛊者，事也，惑也，又为多事惑乱之象。

临：上坤下兑，中存坤震。地之下有雷，有泽，雷动山岳，命令下行，泽润草木，恩波下逮，有为政治之实；君子得之，则为临莅之象。

观：上巽下坤，中存坤艮。地之上有山，积为垣墙之义，成高大之势。山地之上，又得巽风为之扇扬，高大光厚，威仪盛美，必有可观者焉；君子得之，则为壮观之象。

噬嗑：上离下震，中存坎艮，为日月之明。主人有智有力，乃为日月之象。然噬者，啮也；嗑者，合也，凡物之间啮而合；君子则为噬嗑之象，又主官非争讼之事。

贲：上艮下离，中存震坎。山之下日方离丽，使百谷草木光明正大，虽雷动而雨欲施，将使其明者晦矣，又为上险而不可行，止遏而不可动。其为日也，独耀其明，而不为阴邪所伤，小人欲犯君子而不可得；君子得之，而为文饰之象。

剥：上艮下坤，中存坤象。阴多阳少，小人众而君子独，阴剥阳之时，小人犯君子之义也。是卦多为灾眚、夭亡之象。然众阴剥去，其阳使无其位。剥者，落也，君子则为剥落之象。

复：上坤下震，中存坤象。雷在地中，未能亨奋，惟利冬月生人，余月皆致灾眚。又云阴月生人，雷未应时，当复于地中，其时未震。震惊百里，物即亨奋；君子得之，则为兴复之象。

无妄：上乾下震，中存巽艮。雷发于天之下，山之中，巽风扇扬，吹嘘万物，主人甚有威权、声誉。雷震惊怖，巽风动摇而咸灾眚，凡事不可妄为，最宜谨守；君子则为无妄之象。

大畜：上艮下乾，中存震兑。山在天之上，既高而又处高，震雷动而雨泽施，致润乎山，物皆滋益，天与山皆藏蓄乎物；君子得之，则为大畜之象。

颐：上艮下震，中存坤象。山之下有地，地之上有山，积累高大，培植草木。山地之下有雷，非应时不发，当行则行，当止则止，有所涵养；君子则为颐养之象，是卦顺时则吉而富贵。

大过：上兑下巽，中藏乾象。刚亢居中，本末俱弱，首尾不能运掉，心性刚强，徒自劳耳，必致灾难；君子得之，则为大过之象。

坎：上下皆坎，中存震艮。山之中兴雷致雨，草木发秀，主人伶俐。但凡事多有阻难，内方欲动，又为险所陷，艮所止，进退未能；君子得之，则为坎陷之象。

离：内外皆离，中存兑巽。上下皆明，天下之人悦其照耀，光辉盛美，又为顺而从之，事皆昭彰，令誉显著；君子得之，则为离明之象。

咸：上兑下艮，中存乾巽。刚柔相应，二气相和，阴阳交畅，万物相感，各有所成；巽风发乎天之下，山之中，扇扬万物；兑泽施乎天之下，山之上，沾润万物，二气相召，阴阳和而万物成；君子得之，则为咸感之象。

恒：上震下巽，中存乾兑。自天之中雷动风行，雨泽于下，雷风相与，刚柔相应，皆无壅遏阻滞之患；君子得之则为恒久之象。

遁：上乾下艮，中存乾巽。天之下有山，山之中有木，为风动摇，枝叶不宁，或飘或落，又无物以济之，在人日用之事，宜自退避；君子得之，则为遁逃之象。

大壮：上震下巽，中存乾兑。天之中雷震发动，兑泽旁施，普天之下，浸渍沾濡，物受其利，能成丰稔之岁；君子得之，则为大壮之象。

晋：上离下坤，中存坎艮。山地之间，百物仰赖乎天，枯则润之，湿则晒之。欲晒之以日，其水欲行止之，以险水不能动；欲润之以水，其日欲升则止而陷之，使不能通其造化之妙，存亡进退，不已之功；君子则为晋进之象。

明夷：上坤下离，中存坎震。日方欲明，华丽之耀，又为雷动雨水散行；是卦阴多阳少，致使阳明之气竟为邪气所干，阴盛阳衰，不能自立，自伤其明，日落平地，沉坠埋没其光辉之在我；君子得之，则为明夷之象。

家人：上巽下离，中存离坎，交互日月之明，主为人聪慧智识。大明辉耀，得风以扇扬之，其焰愈炽，中又有水以济之，以为堤防之地。盖防者，乃防闲之义。初九曰："闲有家。"君子得之，则为家人之象。

睽：上离下兑，中存坎离。日月之交辉并照，当使万物明丽光华；中又为坎陷所遏，二气不能交通，否塞壅滞；又值兑泽施晦气以干之，则不能全其明；君子得之，则为睽间之象。

蹇：上坎下艮，中存离坎。日月之明，水火相济，是卦也，水泽所行，为艮所止；阳明欲丽，为坎所陷，水阻折而不通，日亏昃而不耀；君子得之，为蹇难之象。

解：上震下坎，中存坎离。雷声一发而雨作，日方欲明，内外皆陷，使阴阳相搏，水泽通行，沾濡万物，故曰险以能动，动而免险；君子得之，则为患难解散之象。

损：上艮下兑，中存坤震。雷在地中，复未能发声，则雨泽安能沛然而下；雷震而雨方行，雷既下施山地之上，物无滋润，枯槁可知；君子得之，则为亏损之象。

益：上巽下震，中存艮坤。山之下有地，地之上有山，其地深厚益固；上面有山巍巍高大，巽风发荣于山地之间，震雷发动于山地之下；君子得之，则为进益之象。

夬：上兑下乾，中存乾象。阳决阴之时，五阳独亢，一阴至柔；阳为君子，阴为小人，是卦阳多阴少，无小人无养君子，莫能行其刚健，又无柔德可以济之，必致凶恶；君子得之，则为夬决之象。

姤：上乾下巽，中存乾象，柔遇刚也。风行天下，发荣万物，命令发施，动化万民；众为君子，寡为小人，则其身在贵，必成其美；君子得之，则为姤遇之象。

萃：上兑下坤，中存巽艮。山地相为培植，兑泽自上而降，灌溉滋润，草木之本根益固，枝叶茂盛，但见其林木繁多，不可胜用；君子得之，则为萃聚之象。

升：上坤下巽，中存震兑。雷动风行，雨泽滂沱，地上有物，受其润泽，枯者荣而秀者实矣，咸有收成之功；君子得之，则为升进之象。

困：上兑下坎，中存离巽。日欲光而上下无应，水欲通而造化之功壅塞阻滞；君子得之，则为困遁之象。

井：上坎下巽，中存离兑。井之中有水，其来不竭，井深而脉长，则日以华丽；春水温则风暖，夏水热则风溽，秋水冷则风清，冬水寒则风冽，井之德有常而不变所守；君子则为井之象。

革：上兑下离，中存乾巽。天之下有风，发扬吹扇，万物生长，此天风姤之象。天之上有泽沾濡，天之下有风日相交，融和条畅，如春夏秋生最吉，万物增新而改旧；若安身在乾刚之地，多致凶矣；君子得之，则为改革之象。

鼎：上离下巽，中存乾兑。天之上有泽有日，天之下有风扇荣，普天之下，江河山川，阳阴照丽，雨泽沾濡，巽风生长，精神秀丽，气象更新；君子得之，则为鼎新之象。

震：内外皆震，中存坎艮。震雷惊奋，命令施设，威声广播；雷声一振，山岳动摇。是卦也，一卦二雷，太过其声，震惊百里，得之非时，恐致灾眚；又主为声名振扬，才华温厚；君子得之，则为震雷之象。

艮：内外皆艮，中存震坎。雷动于险，艮又止之，发声动威，不能行其令，内外皆阻，中存险陷；君子则为艮止之象。

渐：上巽下艮，中存离坎，有日月之明，聪明光华。水行于险，艮又止之，风和日暖，适当其时，可使雨水施布以资生长之功，万物受利，自此有成；君子得之，则为有渐之象。

归妹：上震下兑，中存离坎。长男岂可与少女交，则少女有所不乐；今悦以动，女所必归从也，人伦大义，于此反背；君子得之，则为归妹之象。

丰：上震下离，中存兑巽。雷动雨施，阴晦不光，忽然云收雨散，而日丽照耀四方，晦昧皆明，阴气正衰，而阳气独盛，光明正大，无所不烛；君子得之，则为丰大之象。

旅：上离下艮，中存巽兑。日正明而雨下，二气相薄，阴阳不和；山之中有风，风落山下，有山风蛊之意，物皆伤坏，事事乖忒；君子得之，则为羁旅之象。

巽：上下皆巽，中存离兑。风日交和，万物悦顺在离明之地，照耀光华，风行令布，民皆悦服；君子申命行权，则为巽顺之象。

兑：上下皆兑，中存巽离。日明于雨泽既行之后，晦而又明，又得风扇扬其光，无物不丽，万物咸悦；君子得之，则为兑悦之象。

涣：上巽下坎，中存艮震。山下有雷，动摇草木，根枝不宁，但于坎陷之中，雷动为难，雷声阻险，不行奋发，发则物受其害，是卦也，居爻行数不吉，反为灾难；逢吉则为患难涣散之象。

节：上坎下兑，中存艮震。山之下雷声一动，蛰虫皆伸，出露其状，而又得水泽以润之，物皆受其利，必有成功之日；造化至此，萃露于中，又为艮所遏；方欲上进，艮又止之，凡事多阻；君子则为阻节之象。

中孚：上巽下兑，中存震艮。风行当发，雨泽施沛，天地之间，草木皆受其润。刚得中则止，柔在内则顺，悦以巽入，无乖争巧竞；君子得此，则为中孚之象。

小过：上震下艮，中存兑巽。艮山之上，万物丛聚，巽风为之扇扬，兑泽为之滋润，枝干茂盛，物物顺悦，无不如意；但其中震雷发动，未能全静；君子得之，则为小过之象。

既济：上坎下离，中存离坎，有日月之明存乎其中，水在火上，下发其焰，鼎沸物执，事无相违。中存互体，既亦如此；水能浣濯而清洁，火能照耀而光明，二气相感，以成其功；君子得之，则为既济之象。

未济：上离下坎，互体存乎其中，二气相逢，阴阳不顺，事皆倒置；盖火在水上，两无所成；君子得之，则为未济之象。

【注解】中存：是言其卦互体，如风泽中孚，上卦为巽，下卦为兑，九二、六三、六四互卦为震，六三、六四、九五互卦为艮是。

论伏体要旨

【原文】论出后天六合伏体要旨。凡天地之道，穷则变，变则通，通则久。夫人生有出六合之外者，是为极数，此必仙姿道骨，夙善因缘，宜当推究。有出后天至九五、六五、上九、上六者，有应援伏体，有元气化工，辞理优长，为能极也。却将九五、上九、六五、上六，即起流年推之。若遇反对，爻凶理失，则寿之所终也，此游魂伏体之法。否则，终能殃及子孙，必多灾眚。其人自非其疾，亦必孤独，所谓数极有京城，有山林。京城者福，山林者苦；京城减寿，山林崇高，即与舟去齿，附翼两足之义也。

详说伏体要旨。如后天之气数行至君爻之位，此为数足，到此必死。无阴骘者，千日之前便死。如遇小象与大象反对，定死无疑。有阴骘者，到君位阳爻，延至九年必死，屯蹇夭眚之患，纵到君爻，亦不许行至上极之爻，寿必不至此。或有至此者，必主大变之祸，凶暴之挠，或生异疾，或殃及子孙，或反本复始之失。所谓反本复始者，先无官，后有官，必致反其官为无官之人；先无财，后有财，必反失其财，损人伤口，丧幼泣卑，百种千端，妖怪并发。盖气数如此，先是后非，反治为乱，是物穷则变，变则极矣。有过此上极之爻，当为超凡越世之士，乃避世之贤，乃逃出先后天之命，不系数中，不属天地所拘，非系仙姿道骨，安能有此也哉！所谓逃出六合之外，乃命之最者，斯可与并论矣。

【**注解**】本节标题“论伏体要旨”为整理者所加。

卷二上　上经三十卦

䷀乾卦（一）

【原文】《象》曰：天行健，君子以自强不息。

乾以六龙取象，生于二月至八月以前得时也，为福之深。盖此卦属四月节，纳甲是甲子、甲寅、甲辰、壬午、壬申、壬戌；借用甲申、甲午、甲戌、壬子、壬寅、壬辰。若生于四月及纳甲本命者富贵，虽失爻位，亦为福善之人。乾金秋旺，如不及时，不纳甲者贫贱，虽爻位当，亦有奔走劳役，矫诈之徒也。

【注解】乾卦上下皆为天之象，天健行周流，永不衰竭，君子应效法乾卦健行之象，立身，行事，始终自强不息，奋发不止。

乾为四月消息卦，四月生人得之，为得双重化工，故吉。

【原文】初九：潜龙勿用。

此爻是隐德之象，而示以固守之占者也。故叶者因深学广，心懒志凝，好静无求，名利不耀。不叶者，隐居下处，刑克太重，奴仆少力。岁运逢之，在仕退阻，在士淹留，在商窒滞。惟僧道隐逸羽衣之流，则盘桓安乐。女命则兴家业，孕生子。凡人利用幽静，若一动作，便生灾疾，谋事则有咎，且变得姤卦，谨防小人染污之咎。

【注解】初九为最下爻，故谓潜。龙本是故代神话中神奇刚健之奇物，《易》取其为乾卦之象征物。其意即龙深潜于下，正养精蓄锐以待时，暂勿用。

【原文】九二：见龙在田，利见大人。

此爻是大人德与时显，而天下不失望者也。故叶者贵而有利名，龙象也，富有产业；不叶者，亦主中直，多见润泽。岁运逢之，在仕者逢明主，居要津；在士者，擢高科，驰名誉；在农者，进田园，增金帛；商贾获利，僧道加持，常人得贵人提携。然“龙田德普”四字，或是官职、姓名字也。若女命则居富配贵。

【注解】龙田德普，出自乾九二《象》曰“见龙在田，德施普也”，是言九二阳气出现于地面，其生养之德，普及万物。

该爻辞第一个字见音现，指九二阳刚渐增，头角初现，虽成功尚远，但居中不偏，已具成功的各种素质。

【原文】九三：君子终日乾乾，夕惕若厉，无咎。

此爻是因占设戒，而示以忧勤补过之占也。故叶者最是公正之人，有名利，勤学力行，见识之广，忧虑之深，每逢难事，变而为易；不叶者，乍勤乍怠，无敬畏之心，有躁动之失。岁运逢之，在仕必主兼职重之任，而事多繁冗，能惕若忧勤，则可免咎；在士进取艰辛而佳会难逢；在常俗必往来不停而财利艰获。凡事详审，躁动者失；女主性躁，刑克太重，难于内助。

【注解】九三居下卦最终，故云终日；乾乾是言上下两乾，健而又健；惕是言警惕；厉是危意，咎言灾病。全句之意是君子以之忧深思远，朝夕不懈，才可无咎。

【原文】九四：或跃在渊，无咎。

此爻是能审于进退，而不轻意于动者也。故叶者可行则行，可止则止，进德修业，及时行道，有志之士多见科甲之遂；不叶者虽有富贵之慕，进退多疑，终不成事。岁运逢之，在仕则停缺待职；在士则藏器待时；在庶俗则百为艰难，疑而未定；若女命与僧道，则安乐富贵矣。

【注解】此处或字有不确定之意。四爻以阳居阴位，又居于上卦下爻，其位不甚相当，所以有或腾跃进，或退处在渊之疑；只有审时度势，待机奋进，便能无咎。

【原文】九五：飞龙在天，利见大人。

此爻是德位之隆而下观，不容己者也。故叶者，立大功名，享大富贵；不叶者，难当此任，虽有高飞远举之志，亦难克遂成立之愿，如升天之不易也。岁运逢之，在仕未遂清高之职位；在士必飞黄腾踏之有阶；在庶俗必遇尊贵之抬举而谋遂志得；养晦者或近势大宦家，或造甲第王家，或建龙宫殿宇；女命则兼男权，难免孤克。爻拆数凶者，有见官之兆。

【注解】三才中五为天道，清明无形而龙在焉，乃飞之象。九五乃君爻，若元堂在九五爻，犹圣人有龙德，飞腾而居天位，为万物所瞻睹。

【原文】上九：亢龙有悔。

此爻是履盛之危者也。故叶者贵而无位，高而无民，能知谦戒，则可长守其富贵；不叶者，自尊自大，欺公玩法，招尤启衅，难于成立；若是女命，其性必悍，内助艰辛。岁运逢之，在仕则退职遭贬；在士则高荐后当有损折；在庶俗则有过刚取凶之祸，五十以后者不寿。

原眉批：小满生人，则群龙无首，吉；十月生人次之。

【注解】亢是过甚，极度；悔是悔恨。上九居乾卦之终，阳进亢极，将致灾害。朱熹曰："极盛之时，更须虑其亢……《易》之大义，大抵于盛满时致戒。"

群龙无首，吉，语出乾卦用九爻词。乾卦六爻虽均为阳爻，但六爻皆变，则由阳刚变为阴柔，群龙都不以首领自居，故吉；又说，是群龙升腾，首被云遮蔽之象。

☷坤卦（二）

【原文】《象》曰：地势坤，君子以厚德载物。

卦气在十月，纳甲是乙未、乙巳、乙卯、癸丑、癸亥、癸酉，借用乙丑、乙亥、乙酉、癸未、癸巳、癸卯。如生于十月及纳甲本命者，必为名高德厚之大臣；如生不及时，卦爻失位者，亦主有田产、厚禄、长寿；为僧道者，亦享厚福；女命则有柔顺之德，而见夫荣子贵。

【注解】坤卦上下皆坤，故取象为地。君子应效法地之象，厚实和顺，增厚其德，以载万物。

坤卦是十月的消息卦，生于十月为得时，故能富贵。

【原文】初六：履霜，坚冰至。

此爻是阴始生之象也。故叶者必幼习诗书，壮得功名，盖必生于阳月可也；不叶者则不中不正，违上习下，损人益己，谏之则怨，谀之则喜，终不能善其后。岁运逢之，在仕则防谗佞之祸，在士则防妒忌之嗟，在庶俗则防仇怨之虞；惟阴命则大兴家业，坤道方长故也。

【注解】履者，踩也。因初六为坤卦之始，如人已踩上寒霜，不久坚冰将至矣；阴气已经开始凝积之象。

【原文】六二：直方大，不习无不利。

此爻是盛德之至者也。故叶者为中正贵人，誉望高，方量大，且直、方、大三字为兆甚多，或太常，太仆，大尹、方伯之类；不叶者亦忠实之人，多动少静，而为乡里之所推重。岁运逢之，在仕职位高迁，在士则伟名上达，在庶俗则粟帛多增，在女命则为贤良起家。

【注解】直是正直，方是端方，大是宏大。《正义》曰："生物不邪谓之直也，地体安静是其方也，无物不载是其大也。"得此三者，即使不学习亦自有利。

【原文】六三：含章可贞，或从王事，无成有终。

此爻是人能含晦章美者也。故叶者主学问充实，作一时之标准，主一生荣显，享爵禄于无穷；不叶者，亦韬光敛彩，公己公人，而为智愚谨厚之士也。岁运逢之，在仕则职修而升迁有期，在士则文华而进取有日，在庶俗则谋深而经营有获，在女命则为德妇。

【注解】六三虽为阴爻，但居阳位，内含刚美而不轻易发露，故曰“可贞”。或，不定也，选择也；无成是言不以成功自居；意即如果辅助君王之业，成功不归己有而能谨守臣职以终。故元堂得此爻为吉象。

【原文】六四：括囊，无咎无誉。

此爻是因时以自守者也。故叶者，虽有居位食禄之美，而谋犹不能显设，亦终不能任重致远，徒小补而已；不叶者，为谨厚朴实之人，而丰厚饱暖以有余。岁运逢之，在仕则谨守常职而难于升迁，在士则艰于进，或在庶俗则经营阻滞。大凡宜谨固收敛，则无非横之祸；女命则贤而起家。

【注解】括囊，束紧口袋也。若男命逢之，以阴爻而居阴位，是谓处位不中，其时不利施用，故以括囊喻闭口，隐居，这样才能不致祸害，当然也得不到赞誉。若女命元堂得此爻，则是得爻、得位，故贤而起家。

【原文】六五：黄裳，元吉。

此爻是有中顺之德，而获大善之吉者也。故叶者文章高世，科甲冠伦，黄字为黄榜、黄门、黄屋、宗室之兆，元字为解、会、殿三元之兆，又文字、中字为兆甚多；不叶者亦施为公正，衣禄丰足，谨厚退逊，不招猜疑。岁运逢之，在仕则为内授之选；在士则有飞黄之荣；在庶俗则有财利之招，事事安逸，灾害不生；女命则为命妇、德妇，而内助之功人。

【注解】古时科举，省里考试录取者为举人，第一名称解元；吏部考试称会试，第一名称会元；皇帝殿试第一名称状元，合起来就是三元。

黄色象征中道；古代服装，上曰衣，下曰裳，因裳居下，故象征谦下。本爻全意即六五以阴爻居上卦之中，只有谦守臣道，方能元吉。

【原文】上六：龙战于野，其血玄黄。

此爻是阴盛之祸者也。故叶者或为将帅而临阵有功，或居高位而僭越无忌，或处势危而威福自恣；不叶者性多凶狠，冒尊凌上，好大喜功，更变无定，甚则为军戎历其艰辛，吏卒受其苦楚，或好争而被残伤，或好讼而苦其刑罚。岁运逢之，在仕则见贬斥之祸；在士则为鏖战于文场，虽有飞黄之荣，难免忧害破损之危；在庶俗则有争斗之扰，而破败危亡之甚。

【注解】上六虽阴气至盛，但阴极阳来，二气交互和合，故有龙战之象。血者，天地所遗氤氲之气。阴阳二气交合，流出青黄交杂之血；天色玄，地色黄。

䷂屯卦（三）

【原文】《象》曰：云雷，屯，君子以经纶。

此坎宫二世卦，属十二月，纳甲是庚子、庚寅、庚辰、戊申、戊戌、戊子，如生于六月及纳甲者，功名富贵人也。又，二月至八月得其时者为福厚，余月得此，则勿用，有攸往。

【注解】屯卦上为坎，为云；下为震，为雷。云在雷上，将雨未成，故为屯。《说文》：经，织从丝也；纶，青丝绶也。后以经纶喻治国。全意即君子观屯卦之象，悟知创业难，当奋发以治理天下。

【原文】初九：磐恒，利居贞，利建侯。

此爻是屯难之时，进则为民，退则守己。故叶者当位至公侯，职居藩门，但恐非太平之时，必在险要之地。不叶者虽守己居正，亦有威权而为人望，但处事迟疑而少果决。岁运逢之，在仕则职修而有显越之选，在士则从贵而有建明之义，在庶俗则安常守分而无躁动之虞。大抵事事宜当审择，躁妄则屯。女命则为良妇而兴家。

【注解】磐桓即盘桓，徘徊流连之意；居贞即居正有待，周公言居贞，孔子言行正是。初九居三阴之下，徘徊流连，此时惟利静居守正，初九就可大得民心，利于建立诸侯。

【原文】六二：屯如，邅如，乘马班如，匪寇婚媾。

此爻是进之有累，从之有道者也。故叶者先孤而后不孤，先困而后不困，则为乡里善士，岩穴幽人，守节之女，甘贫之士。不叶者图远忘近，违亲向疏，虽得尊上取用而招下猜疑。岁运逢之，在仕则取班改职，必致五马之荣，或御兵寇而权柄日盛；在士则进取蹉跎；在庶俗则有婚嫁交缔之美。男女之生数凶者，主辞讼勾连，程途阻滞，进退不决而屯邅不遂矣。

【注解】此六二爻辞不全，还有："女子贞，不字，十年乃字。"

如是语气词。六二虽当屯难之时，但柔顺中正（阴爻得阳位居下卦之中），宜审慎忖度，不急于进，故曰邅如。班如，马多之状。匪，通非。字，女子许嫁；据《辞源》此处"字"为生育义。

六二乃初创之期，非常艰难，宜审慎，不急于进。虽有人纷纷乘马来求婚配，女子亦宜守持正固，待十年后再结良缘。

【原文】六三：即鹿无虞，惟入于林中，君子几不如舍，往吝。

此爻是妄行取困而深戒其妄行取困者也。故叶者知几固守，顺理安行，如舜与鹿豕游而险陷可免。不叶者漂泊生涯，殷勤活计，履危蹈险而不知避。岁运逢之，在仕则招贪污之斥，在士则招停降之辱，在庶俗则遭禁狱之殃，不如守分安常为佳。

【注解】即，就也，追逐也。虞为掌山泽之官。全文意即无虞人引导而追逐山鹿，只能空入茫茫林海之中，君子遇此，不如退舍，如果一意追逐往前，必致憾惜。

【原文】六四：乘马班如，求婚媾，往吉，无不利。

此爻是求贤以济屯，而获遂者也。故叶者初作贤才，终逢明主，进列清班，出为五马，己不求人，人自仰己。若是女命，夫荣子贵。不叶者离乡改祖，柔懦不能自立，虽遇提携，亦难振作。岁运逢之，在仕则禄美誉彰而升迁有地，在士则进取易为而嘉命自至，在庶俗则人情和合而百谋克遂。大抵得朋之助，交缔之美，而吉无不利也。

【注解】《汉官仪》：四马载车，此常礼也，惟太守出，则增一马。故称太守为“五马”。六四下应初九，阴阳相合，故乘马求婚配，必获吉祥，无所不利。此因四爻阴爻居阴位，乃“柔正得位”，故尤利女命。

【原文】九五：屯其膏，小，贞吉，大，贞凶。

此爻是德不下究，而业不可大者也。故叶者禀中正之德，怀济惠之心，则名小就。不叶者好大喜功，必遭凶祸。岁运逢之，凡有为者不可急躁妄诞以取凶，但要斟酌审处以避难也。

【注解】其是助词，膏即施膏泽。阳爻居九五阳位，中正得位，可将屯难克服而下施膏泽，故曰屯其膏。此时如果柔小居下而守正者，必获吉祥。如果刚大居上，则宜谨慎行事，恐有功败垂成之患，故云“小，贞吉；大，贞凶”。

【原文】上六：乘马班如，泣血涟如。

此爻是进无所之，而忧惧甚切者也。故叶者进前退后，心志不坚，知古通今，功名难遂，生长悲戚，多艰多难。不叶者，亲有刑伤，婚姻孤克。岁运逢之，居荣见辱，在仕防谗，在士防辱，在庶俗防损。数凶者无寿，防父母之丧。

【注解】涟如乃眼泪汪汪之状。九五已经局面打通，正转向新的发展阶段，如果上六阴柔守旧，仍欲乘马求贤，六三亦阴柔不应，只好泣血涟如，徒自伤悲。

䷃蒙卦（四）

【原文】《象》曰：山下出泉，蒙，君子以果行育德。

离宫四世卦，属八月。纳甲是戊寅、戊辰、戊午、丙戌、丙子、丙寅。生于八月中纳甲者，功名富贵人也。

【注解】蒙卦上为艮山，下为坎水，故有山下出泉之象。泉出山必渐汇成河，故有“蒙稚”渐启之象。果行乃果决，百折不挠之意；君子若效泉水出山之象，果行不止，育德不懈，必能成川。

蒙卦属于离宫之卦，因世爻在第四爻，故云离宫四世卦。后均意同，不再注。

【原文】初六：发蒙，利用刑人，用说桎梏，以往，吝。

此爻是详君子发蒙之道，而因以戒之者也。故叶者亲近尊贵，力勤德业，或不由进取成名，或不用文字改秩，甚则修国史而立典刑，掌兵权而行赏罚。不叶者亦为良民善士，饱食暖衣，不受艰辛。岁运逢之，在仕则为掌文教之职，或理刑名之任；在士则小试有发轫之美；在庶俗多主官讼，亲朋不和，干戈争斗，暗昧是非，终得脱解。凶者有刑。

【注解】刑即型，指以典型教人；桎梏，音制固，古时木制的刑具。爻居初六，处蒙之始，宜受启蒙典型教育，才能端正品质，使人免犯罪恶，不受桎梏之苦。

【原文】九二：包蒙，吉。纳妇，吉；子克家。

此爻是任师道之美，著其象而善其占者也。故叶者必大贤君子，大量容物，和气待人，孝养忠国。不叶者亦能起家立业，或得妻力，得贵子。岁运逢之，在仕则守官职，在士则为师范；在庶俗则人情和协而百为有成，或结婚姻，或生子孙，尊贤交接，行藏遂止，动止平安。

【注解】包蒙是言九二阳刚居下卦中位，被初、三、四、五诸阴爻所包，犹蒙师居众学子之中，正施教诲，故云“吉”。九二阳爻，六五阴爻，五居尊而下求于二,二为阳而五为阴，故有纳妇之象。克，能也；下九二可为上六五之师，有子能治家之象，故云之。

【原文】六三：勿用取女，见金夫，不有躬，无攸利。

此爻是溺于自暴自弃，而不足与取者也。故叶者多学问，纵有利名，亦是弃本逐末，违正从邪。女命则为宠妾，先轻后重；为尼妓者，可以招福。不叶者必有阴险，摇唇鼓舌，虚而无实，徒奔走于尘途，碌碌难免。岁运逢之，在仕则贪婪取辱之斥；在士则有燕僻废学之嗟；在庶俗则生是非，或阴人不睦，而有酒色声音之咎。大抵宜静而谨防为佳。

【注解】《尚氏学》曰“金夫者，美称”，喻人之美也；躬，指自身。六三阴爻居阳位，阴柔失正，如女子见美男亟欲求之，不顾礼节，如此取之，必无攸利。

【原文】六四：困蒙，吝。

此爻是不能亲贤者也。故叶者虽是才人，难逢明主，独善一身，徒居僻处。不叶者，寡与人交，自夸已德，宜僧宜道，子孙难续。岁运逢之，在仕则无引援而少升迁，在士则无荐拔而进取艰辛，在庶俗则人情乖离而经营蹇滞。大抵静无灾而动有损。

【注解】六四阴爻处在上下两个阴爻之间，犹如远离蒙师，独困蒙稚；人命元堂得此爻，若妄动必致困吝。

【原文】六五：童蒙，吉。

此爻是至诚以任贤，而治功成者也。故叶者幼而明敏，壮而谦恭，或幼童科甲，早承祖荫，致君泽民之道，可以推行无阻。不叶者亦安常守分，和光同尘。岁运逢之，在士农工商，皆依附称谋为攸顺。

【注解】六五阴爻以柔居尊，能谦下与九二阳爻相应，如童蒙虚心柔顺，承教于师，故吉。人命元堂值此爻，能谦下者必吉，女命尤吉贵。

【原文】上九：击蒙，不利为寇，利御寇。

此爻是治蒙过刚，蕴其用而异其占者也。故叶者有名位利禄或幼选之战功，或节制兵师，主官刑狱。不叶者亦有志气，能胜重任，大事不惧，小事不欺，为乡里之豪杰。岁运逢之，在仕则有司寇名职；在士则寇可夺，功可成；在庶俗则防争讼寇盗之扰，或奴婢为灾。

【注解】击，治也；为寇，指暴烈过甚的方式。上九如蒙师高居上位，以严厉教治蒙稚，故曰击蒙；但不宜施用暴烈过甚之法。

䷄需卦（五）

【原文】《象》曰：云上于天，需；君子以饮食宴乐。

坤宫四世卦，属八月，纳甲是甲子、甲寅、甲辰、戊申、戊戌、戊子。借用壬子、壬寅、壬辰；若生于八月纳甲之年者，富贵命也。须要元数归元，卦爻叶吉者应。

【注解】需卦上坎为云，下乾为天，故曰“云上于天”，待其阴阳之和而自雨尔；饮食晏乐亦以养人为渐，待之而已。

【原文】初九：需于郊，利用恒，无咎。

此爻是有远险之象，而示以不变之占者也。故叶者清廉公正，而为冷淡之官，郊外巡捕之职。不叶者，隐处山林，随分衣禄，毁誉喜怒之不事。岁运逢之，在仕则守常职而黜陟不加；在士则宜从外路，虽有造就而志意不惬；经营者守旧安常，灾不犯而祸不作。如数空者，葬于郊野。

【注解】郊是地邑之外的周围地区；恒是持久。需卦上坎为险，而初九远离坎险，如在邑郊需待其时，宜当心持久，不可妄动，当主无咎。

【原文】九二：需于沙，小有言，终吉。

此爻是拟人臣初进之象，先难而后获者也。故叶者必有贵人，“沙”字之义，在文则宰相而行沙堤，在武则将军而行沙塞；言字中字，吉兆甚多。不叶者，奔走江湖，游谈鼓舌，或幼年知书，晚景获福。岁运逢之，在仕则入言路正论，或阻于邪议；在士则考较必遭言责，终可免身辱之危；在庶俗必主以是非卑幼争讼之扰。大抵宜宽缓以待人，则百结不辨而自明。

【注解】沙言沙滩，喻离险不远。九二处下卦之中，离上卦坎险不远，如近在沙滩；亦如稍受言语中伤，虽未及难，却已向危难靠近，但只要刚正守中，静待不躁，却终能获吉。

【原文】九三：需于泥，致寇至。

此爻是身近于险，而著其自取者也。故叶者虽有利名，常见忧愁区区然而不出乎尘。不叶者，性习刚强，身遭险陷，忠言不听，妄语见信，而碌碌于丛棘之中。岁运逢之，在仕必遭贬逐而自贻伊戚，在士必受耻辱而无以自拔，在庶俗宜防寇盗失夺之嗟，行舟者被水厄。

【注解】泥乃水旁之地，逼近于滩；寇者，危害也。喻九三处下卦之上，濒临坎险，如在泥滩，将陷水中，以至寇害。

【原文】六四：需于血，出自穴。

此爻是能远乎害者也。故叶者必为正人，有才有德，观变知机，出险为夷，而身家可免倾危之患。不叶者，主远亲向疏，出家作旅，幼失恃怙，老倚富豪，下则为奴婢使令之人。岁运逢之，在仕则能全身远害，而宠辱不加；在士则国学者可出身以成名，府州则不得志矣；在庶俗则伤害去而平复之有渐，在囹圄者散，久淹者伸，旅处者无羁绊。数凶者则静中退步，闲中生闹，或争竞鞭刑，或血蛊产难，或忧长上，或损婴儿。

【注解】血，喻伤之重；穴，喻险之深。六四阴爻，居坎之下爻，如罹险遭伤，需待于血泊之中；但因六四阴爻居阴位为阴柔得正，危难时能冷静需待，故能从深穴脱出，如人卦爻元堂逢此，主先困后达，先难后易，女命尤验。

【原文】九五：需于酒食，贞吉。

此爻是久于其道，而化成者也。故叶者必大贵人而功名无阻。“中正”二字之义，官职多端。不叶者亦是金谷丰盈，安静享福，次则为饱暖之人。岁运逢之，在朝廷则有食邑荣生，在仕则有御宴饮食之加，在庶俗则必有粟帛婚姻之喜。“中”字大中、中书、中顺。“正”字即奉正、言正，即正拜、正字。

【注解】酒食言食物之丰美。九五居需卦之君位，阳爻阳位，阳刚中正，犹需以丰美食物施惠于民，以泽于民，故贞而获吉。

需卦九五象曰：“酒食贞吉，以中正也。”言九五居中得正，为一卦之主。

【原文】上六：入于穴，有不速之客三人来，敬之，终吉。

此爻是加敬于非意之来，而险可出者也。故叶者多为儒者，先勤后怠，早年锐志功名，晚岁栖身岩穴，亲贤接善，无不顺承。不叶者处顺安常，卑牧谦恭而得好人拔举，可以出危为安，易险为夷。岁运逢之，在仕则入内京，谨防谗邪之厄；在士则入国学，谨避疑之损；在常俗则人幽谷，谨防怆悴之患。大凡要能谨慎则久忧得散，久淹得伸。数凶者轻系缧绁，重则埋丘冢。

【注解】穴，喻险之极，因上六阴居阴极，有陷而入穴之象。下卦三爻俱阳，与上六相应；九三偕以下二阳并进，故有不速客三人之象。上六爻敬待三阳爻，以柔顺而待阳刚，必终获吉。

缧绁：古时拘囚犯人之绳索，这里喻有囚系之殃。

䷅讼卦（六）

【原文】《象》曰：天与水违行，讼；君子以作事谋始。

离宫四世卦，属二月，纳甲是戊寅、戊辰、戊午、壬午、壬申、壬戌，借用甲午、甲申、甲戌。如生于二月及纳甲者，功名富贵人也。

【注解】讼卦上乾为天，下坎为水，天道西转，水流东注，故天与水相违而行。天上水下，相违而行，其义亦通。喻人彼此两相乖戾，故有讼象。君子观“讼”卦之象，当悟作事之初，以杜争讼于未萌之前，可化凶为安。

【原文】初六：不永所事，小有言，终吉。

此爻是不能终讼，始虽屈而终得伸者也。故叶者心性明慧，度量宽宏，观变之机，全身远害，顺则入言路，修国史，而终无忧孽之招。不叶者，亦能酌事机，料势变，少有成就，次则有作为而不能长久。岁运逢之，在仕必遭谗谤，不辨而明；在士则小有言伤而终无大害；在庶俗则有是非，起灾讼，而终可获伸。有病者，不药自愈。数凶者，寿不延永。

【注解】初六以阴爻居讼之初，有退而不争之象，故能不永于讼事。初六阴爻与九四阳爻相应，虽九四阳刚好讼，屡以言语犯初爻，但因初爻能退，则终能辨明是非而获吉。

【原文】九二：不克讼，归而逋，其邑人三百户，无眚。

此爻是诉讼之人，以情中而得吉者也。故叶者或守宰户曹而责不受殃，或隐居退处而富不招孽。不叶者动则为难，心不服人，进则阻滞，退则守己，亦不失为守常之士。岁运逢之，在仕则有食邑之荣，在士则保守而毁辱不逮，在庶俗则户口安宁而无眚。如元数凶者，主讼起户婚，甚则逐窜流逃而难返者也。

【注解】克者，胜也。二与五两个阳爻而致讼，二爻处下失利，故“不克讼”。小国之下大夫可食三百户；九二阳刚居中，能权衡讼事，失利时逃归三百户之小邑，即可免灾。故本书云人命元堂卦爻得此，凶则逃而难返也。

【原文】六三：食旧德，贞厉，终吉；或从王事，无成。

此爻是安分之人，以退让而获吉者也。故叶者或承祖父之恩，而荫袭以承天宠；或守田园之业，而因人以成其事功。不叶者先难后易，始辱终荣，刚而不虐，威而不猛，守常不竞，自足无旧。岁运逢之，在仕则恪守常职而难于封除，在士保全常分而停降不加，在常人则不失其常而百难不犯。

【注解】旧德是言旧有之俸禄；贞厉是言守正防危。六三以柔居下卦之上，力不能讼，只有食旧德之象。以阴居阳，位亦不正，只有守正防危，方能终获吉祥。

六三以阴居阳，当以从刚为本，居讼之时而不主讼，事成之后不以成功自居，只宜守其本位、本禄而已。

【原文】九四：不克讼，复即命渝，安贞吉。

此爻是能自处以正，而不陷于有过之地者也。故叶者志刚心慈，闻善必行，有过必改。命字安字之义，有爵命、寿命、安国、安家之兆。女人为命妇，贞洁。不叶者多越分凌节以犯上，不能察文理就义以自省，吉不可得也。岁运逢之，在仆则闲中复职，在士则进取不失，在庶俗则改过迁善而官讼不扰。吉则为平安，凶则为安置，又当预防之可也。

【注解】九四下应初六，先有相犯而争讼，但初爻能够辨明，故曰“不克讼”。复是回头，即是就意；命，理也；渝，变也。九四以阳居阴，刚则能柔，若“不克讼”后，立即归就正理，改变初衷，安顺守贞，则可获吉祥。

【原文】九五：讼，元吉。

此爻是德位兼隆，而为讼者之利见者也。故叶者文章高世，学问冠伦；其元字之义，有进取三元之兆；正字之义，有正郎正卿之应。不叶者亦中正谦恭，知己固守，而不失为乡里之善士。岁运逢之，在仕则除授封拜之大，在士则登科及第之显，在庶俗则营谋求利之必遂。正字、正奉、正言、正拜。

【注解】九五阳刚中正居正位，如君子听讼，明辨曲直之象，故称元吉。

九五《象》曰：“讼，元吉，以中正也。”九五阳爻居阳位，为大人君主之象，其德中正。若人命卦爻元堂逢之，必主中正吉祥。

【原文】上九：或锡之鞶带，终朝三褫之。

此爻是能终讼，始胜而终必败者也。故叶者喜功贪谋图远，果敢有为而不顾名分道理，行人之所不能行，可以倖爵苟禄。不叶者祸起萧墙，悔生意外，始得终失，而身家难保。岁运逢之，在仕则有成有败，有进有退；在士进取必见捷报之佳；在庶俗或见争讼，或承重服。用之终讼则凶，以之自讼则吉。

【注解】锡即赐；鞶音盘，大带，指华贵服饰，高官厚禄；褫音齿，夺之意。上九偶会凭藉胜讼而获赐饰有大带的显贵服饰，但一天之内却有多次被剥夺之患；乃自取其辱之象。

䷆师卦（七）

【原文】《象》曰：地中有水，师；君子以容民畜众。

坎宫三世卦，属七月，纳甲是戊寅、戊辰、戊午、癸丑、癸亥、癸酉，借用乙丑、乙酉、乙亥。凡生于七月及纳甲者，功名富贵人也。师字取义，大则师傅、师保、师将，次则兵师、禅师、法师、天师不一。

【注解】师卦上坤为地，下坎为水，坎在坤内，故曰“地中有水”。师者，众之象，坤中众者，莫过于水，故曰师。《本义》曰：“水不外于地，兵不外于民，故能养民则可以得众。”

【原文】初六：师出以律，否臧凶。

此爻是深戒行师之不可苟者也。故叶者威名服众，恩爱及人，用心不私而富贵福泽享于无穷。不叶者心慕更新，事不师古，始则富贵，终则倾危。岁运逢之，在仕则克尽臣道而天宠日加，在士则文义合式而功名可取，在庶俗则经营有法而财货日增。但轻于动者，成少败多。数凶者，行险伤寿。

【注解】律者，法律、号令；兵众出行，必要有严明的法律和号令。否者，非也，不也；臧者，善也。如果兵众出，军纪不良，不论否臧败胜，均有凶险。

【原文】九二：在师，中吉，无咎；王三锡命。

此爻是将兵者善其战，而将将者隆其任者也。故叶者刚而不虐，威而不惠，或执阃外之权，而军民共戴；或居大中之位，而遐迩咸趋。不叶者，亦一乡之善，而上奖下誉之有地。岁运逢之，在仕必加宠赐天书爵命，在外入朝，在内出师；在士必成名而魁解可得；在庶俗则必遇贵而百谋称心。僧道受恩，女命受封。

【注解】在师即率师。九二阳刚居下卦之中，上应六五之君，如统帅兵中能持中不偏，故吉而无咎。

二爻为五爻所应，如率师有功，多次受王赐赏。

【原文】六三：师或舆尸，凶。

此爻是轻敌以取败者也。故叶者才德太弱，大众不服，下人不信。不叶者寿算难远。岁运逢之，悲忧多至，或服丁忧。如与命相合者，变升三爻，有“升虚邑”之辞，未仕者不阻，已仕者受职待缺。十二月生人，又贵而吉。

【注解】或，有时之意；舆者，车也；舆尸即以车载尸，喻兵之败。古时战争，兵虽败，但不忍弃死者，故以车载之。六三阴爻，居下卦之上，又居阳位，阴柔失正，上六又不能阴阳相应，力微任重，贪功冒进，故而败。

【原文】六四：师左次，无咎。

此爻是不倖成以取败者也。故叶者明炳机先，酌事应变，见用于治朝，免祸于乱世。“左”字之义为兆颇多，有左辅、左相、左选、左曹之类。不叶者退处卑约，宜静安居而为全身远害之吉人。岁运逢之，在仕则险要而居清冷之位，在士则为内舍监生之美，在庶俗则安居乐业而无妄动之危，或修造宫舍，或寄寓旅次，皆不失其常而祸害不招矣。

【注解】六四居上卦之始，虽无下应，但阴爻居阴位，柔顺得正，若不利时能暂时居得其位，坎水之上，待时再进，必无咎。

【原文】六五：田有禽，利执言，无咎；长子帅师，弟子舆尸，贞凶。

此爻是得用师之义，而尽任将之道者也。故叶者进身有道，立功有德，彼动此应，先审后发，靖乱拯溺而威声大著于海宇。不叶者或居村野而有田园资畜，有学问，有权柄，长子可克家，小子多无寿；下此则妄言妄动，多阻多拙。岁运逢之，在仕或为执政，或居言路而地位高显；在士则进取成名，榜列后次；在庶俗则田税日增，牲畜日繁，但有委任得其人则谋遂自得，须防小子之厄。

【注解】田，打猎；执言，抓了俘虏（舌头）；长子乃刚正长者，指九二；弟子指无德小子。六五以阴居阳君之位，宜捕执，无咎。六五以柔居君，不能自行统兵，若任刚正长子为帅可胜，如果任无德弟子则将致败绩。

【原文】上六：大君有命，开国承家，小人勿用。

此爻是尽报功之典，而不滥于所施者也。故叶者正大君子，受恩宠，有寿命，或立朝廷之功，或承祖父之恩。不叶者少公直，恃时势，欺良善，可与同患难，不可与安乐，而福泽浅薄。岁运逢之，在仕者当权立功，未仕者技艺成名，常人可立家计，或承继宗祀，或增祀续。大抵宜防谗佞，恐生僭越之祸。

【注解】大君者，天子也。上六处于师之终，时当班师告捷，天子拜封，若其功大，拜为诸侯；若其功小，使之承家，封为卿大夫，小人则勿用也。

䷇比卦（八）

【原文】《象》曰：地上有水，比；先王以建万国，亲诸侯。

坤宫三世卦，属七月，纳甲是乙未、乙巳、乙卯，戊申、戊戌、戊子。借用癸巳、癸卯、癸未。如生于七月及纳甲者，功名富贵人也。

【**注解**】比上卦坎象水，下卦坤象地，故云“地上有水”。水有润下之象，今居地上，更相浸润，为“比”之义。先王应效法比之象，建万国以比民，亲诸侯以比天下。

【**原文**】初六：有孚比之，无咎；有孚盈缶，终来有它，吉。

此爻是以诚感人，始无不行，而终无不善者也。故叶者无虚浮，有真实，遇外贤，受正禄。不叶者亦优游安乐而不历艰辛；僧道技艺，亦可立身。岁运逢之，在仕则有额外之迁，在士则有登荐之荣，在常人则有知己之遇，而百谋无不称心矣。

【**注解**】比之，是初比五；缶音否，大肚小口瓦器；盈缶，喻九五信德盈天下。初六阴爻居阳位，本有失位之咎，但能诚信以比上五，故获无咎。初爻上比九五，有它上下相比，故吉。

【**原文**】六二：比之自内，贞吉。

此爻是得其君而仕，正而且吉者也。故叶者贵显之大，福泽之厚，言发于真见，行出于本心。“内”字之义，为内翰、内舍之兆。不叶者亦诚实之人，得妻家之力，贵人倚附势。岁运逢之，在仕则见内除，在士子则成名不出方州之中，在庶俗则得贵倚附而营谋协意。女命则得贤夫之配。

【**注解**】比之自内，内指内部。六二居内卦之中，上应外卦九五，柔顺中正，故获吉祥。

【**原文**】六三：比之匪人。

此爻是不择交而取损者也。故叶者内无好亲辅而心有不足，外无好应与而终有失志，纵能居位食禄，恐寿年亏而嗣续艰。不叶者进学无成，好亲小人，甚则带疾生灾，放荡为非，而伤损无日。岁运逢之，在仕则防同僚不睦之愆，在士则防黜降之虞，在常俗则损友猜疑，气血损伤；若女子，所嫁必非良人，破家丧身之象；不然则有争讼，破财刑孝，多般挠括，未免徒流。

【注解】匪通非。六三以阴居阳位，属失位。二四上下之爻皆阴相比，未得阳刚之主，大有“比之匪人”之象。

【原文】六四：外比之，贞吉。

此爻是外比得其君，正而且吉者也。故叶者虚己待人，尽节事君，身处于内，心比于外，而富贵可以长享。不叶者亦为人正大而无阿谀苟合之行，乡里推重，脱凡越俗。岁运逢之，卑职得升迁之荣，进取曹台得利；在庶俗出而有为，多得知己之力而行无不遂。

【注解】外比之指六四向外（向上）比九五。六四阴爻居阴位，柔顺得正，且上承九五，亲比君主，故获贞吉。

【原文】九五：显比，王用三驱，失前禽，邑人不诫，吉。

此爻是有德足以富天下之比者也。故叶者大公至正而致君泽民之有道。“中正”二字之义，有正奏、正言、大中、治中、给事中之兆，小则有食邑宰邑之荣。不叶者，有中正之德，不拒不追，杀气才起，仁心便生；度量宽宏，先孤而后不孤，先难而后不难；次则为勤苦虞纲之徒而饱暖足食，或以文及武。岁运逢之，在仕则有超迁之荣，在士则有贡举之兆，在庶俗则有先逆后顺之休，求谋有得，无往不利。

【注解】显者，明也。九五处尊位，阳刚中正，卦中群阴皆来比已，显其比而无私。三驱，指田猎时三方围驱；禽泛指禽兽；邑人，指九五之属下。古代天子田猎，三方驱围，网开一面，来者入网，走者不追，邑人属下也不相警备，吉祥。

【原文】上六：比之无首，凶。

此爻是无德而不能服天下之心者也。故叶者文清身正，多失机会，悔生不及。不叶者寿算难永，或孤独失覆。岁运逢之，在仕则众不辅而处势危，在士则上无援引而名难成，在常人则刑克灾殃而人情争张，甚则寿终。

【注解】无首是不领先之意。因上六柔居卦终，欲比于人却迟迟后来，比道遂穷，故有凶险。人命元堂卦爻得此者，谦退则吉，妄进则凶。

䷈小畜卦（九）

【原文】《象》曰：风行天上，小畜；君子以懿文德。

巽宫一世卦，属十一月，纳甲是甲子、甲寅、甲辰、辛未、辛巳、辛卯；借用壬子、壬寅、壬辰。如生于十一月纳甲者，功名富贵人也。

【注解】小畜上巽为风，下乾为天。《九家易》："风者，天之命令也，今风行天上，是令未下行。畜而未下，故名小畜。"懿是德行美好，亦言久而美。君子应效法小畜之义，以修美文章道德。

【原文】初九：复自道，何其咎。吉。

此爻是进得其正，而善其占者也。故叶者顺理而行，知机而止，小人不得以伺其隙，而致君泽民之心，可以克遂而无阻。不叶者亦耿介之士，不慕浮华而快乐潇洒之有地；次则独立无助，僧道之俦耳。岁运逢之，在仕则闲官复职，逆旅还乡，当俗安静；在士则克复肄业；数凶者变巽初爻，进退志疑；在有为者，又当防猜忌疑惑之祸。

【注解】复自道，犹自复其道。初九阳居小畜之始，上应六四，有被畜之象；但初质尚弱，被畜必危，遂知机自复阳道，故而无咎获吉。

【原文】九二：牵复，吉。

此爻是援同道以进，而道无不行者也。故叶者刚中自守，亲贤取友而道行志伸。"中"字之义有治中、中书省之兆。不叶者必与小人相交，有贵而不能大用。岁运逢之，在仕则为僚长而牵引有阶，在士则为道长而拔萃有地，在常人则联同志以尚往而营谋得遂。数凶者，有牵连反复失事之兆。

【注解】九二阳爻居下卦之中，以阳居阴爻为失位，本欲上行以畜于六四，因初九所“牵”亦复，故与初九并吉。

【原文】九三：舆说辐，夫妻反目。

此爻是刚健太过，而见畜于小人者也。故叶者但小营谋而贪高望大之有，反遭伤害。刚健太过，拘执不通，谏则不从，终当见阻；或君臣疏远不孚，或夫妻乖违不睦，或朋友是非，血气损伤。岁运逢之，荣而见辱，进而见退，或生足目之疾，或人口分别，百孽病生。

【注解】车脱辐不能行。九三居小畜下卦之终，刚亢躁动，比近六四，受其所畜，二者成舆与辐、夫与妻的关系，但四在三上，阳反受制，终致冲突而脱辐反目。

【原文】六四：有孚；血去惕出，无咎。

此爻是诚心感人，而得免乎害者也。故叶者虚中柔顺，谦己守正，遇贵人，逢知己，在内仕者外选，在国学者出选，易悲为欢，转凶为吉，不失为正道之贵人。不叶者多猜疑而无定见，或生足疾气蛊，内外不睦，忧愁度日。岁运逢之，在仕则得同志举拔，而久任者必不转迁；在士则得上人合志，久淹者而志可伸；在庶俗则诚能感物，而人情和合，营谋颇遂。其数之凶者，须防血肉之损。

【注解】九五刚健，孚信于四，而四为小畜卦主（惟一阴也），上承五阳，因此小有畜聚。血，恤也，忧也。九五既能下施孚信，六四亦能柔正相承，畜阳有道，故可脱离忧惧，离其血惕，去而出之，以免于咎。

【原文】九五：有孚挛如，富以其邻。

此爻是德力足以感结乎人心，而可以御暴者也。故叶者贵不自尊，富而济物，彼此一体，亲疏一心，而仰慕趋赴之有人。不叶者虽不得独立自奋，亦必倚富而得受用，或得赞助之力，而膺佣夫之福。岁运逢之，在仕则上必信用，下必钦服而加位增之；在士则主同协意而功成名立；在庶俗则扶助有人而百谋称心。

【注解】挛如，牵连的样子。九五以诚信之德，牵系下三阴共信六四，成柔得正而上下相应之象，以应“小畜”之盛况。九五不但牵系诸阳共信于六四（邻指六四），且以阳增其富，此即小畜九五《象》曰“不独富”之意。

【原文】上九：既雨既处，尚德载。妇贞厉。月几望，君子征凶。

此爻是自尚乎阴德，而害乎君子者也。故叶者积之厚养之裕，而足食聚财，而无损弊之嗟。不叶者利名才至，破败叠来；若是女命，性刚心悍，寿脆灾生。岁运逢之，在仕则逐于阴邪，在士则见斥于主司，在庶俗必见堕于小人之奸而是非旋扰。惟闹中退步，乐处休贪，则可免灾。

【注解】尚即上，尚德即阳德；载，积载。上九阳居小畜之终，小畜穷极，化不雨为既雨；上九阳刚尽为六四之阴所畜，故降雨，阳德被积载之象。贞厉，言守正防危；几望，月亮已接近正圆。戒阴不可满，小畜只宜密云，不宜既雨，如妇人守正防危，似圆将圆而不盈满。君子喻阳，征言进。戒阳不可沿小畜之道向前发展，若让阴气尽载阳德，必致危亡，故以君子进则凶为喻。

☱履卦（十）

【原文】《象》曰：上天下泽，履；君子以辨上下，定民志。

艮宫五世卦，属三月。纳甲是丁巳、丁卯、丁丑、壬午、壬申、壬戌，借用甲戌、甲午、甲申。凡生于三月及纳甲者，功名富贵人也，又乾兑二体属金，正秋之时，乃逢旺地，方为得体。

【注解】履卦上乾为天，下兑为泽，上下之理正；人之所履当如是。君子应效法履象，辨定上下尊卑之理，使人遵循践行。

【原文】初九：素履，往无咎。

此爻是达不离道，而得尚进之宜者也。故叶者刚立有守，质实不浮，达则兼善天下，而无剥民玩君之志。不叶者独善其身而廉隅壁于清修之地，或儒科自奋，或遇亲眷，或作僧道。岁运逢之，在仕则弘化有道，而升迁有期；在士则幼学壮行而利名成就；在庶俗则营谋有计而财利日增。数凶者，有皓素之象。

【注解】初九处履之始，安守卑下朴素之理，以此为履，所往则无咎。

【原文】九二：履道坦坦，幽人贞吉。

此爻是以隐自高者也。故叶者抱道自乐，无歉于中，无钟鼎之荣，有田里之乐。不叶者多作清闲之人，而荣辱不加，饱暖无求。岁运逢之，在仕则有吉休之兆，在士则有难遇之嗟，在庶俗则有安居自足之美。大抵宜行实地，谋为审择，则人事和谐而贞吉可得。数凶者，有幽冥之应。

【注解】幽人指幽静安恬者。九二以刚处履下卦之中，如小心行走于平坦大道，幽人隐谐可获吉祥。

【原文】六三：眇能视，跛能履，履虎尾，咥人，凶；武人为于大君。

此爻是失所履之道，而有以致凶者也。故叶者自用自尊而眇视天下，旁若无人而谋猷难于设施，刚暴足以取祸。不叶者为军卒配徒之流，或为瞽目跛足之辈，或为愚贱夭折之人。岁运逢之，在仕则遭贬斥之祸，在士则招屈降之辱，在庶俗则招争讼囚狱之扰，甚者家破身亡。

【注解】眇，目小者是；能，转折之意；咥，音迭，用齿咬。六三以阴居阳位，本已失位，再不小心行走，盲目妄为，必凶。

武人即勇武之人，指六三；大君，指大人君主，当指上九。六三如能履归正道，将刚武之道效忠于上九，则上下相应，无凶有吉。

【原文】九四：履虎尾，愬愬终吉。

此爻是事君以敬而得其志者也。故叶者以敬慎事君上，以柔顺服强暴，虽行于今而志则怀乎古，可以易危为安，转凶为吉。不叶者或艰辛起家，平易结果。岁运逢之。在仕则有虎符将帅之兆，在士则有虎榜题名之应，在庶俗则有履危蹈险之患，惟谨畏自持，可免灾患。女命得此，多是刑克太重，败家淫乱，不良之妇也。

【注解】愬音诉，恐惧，又兼含谨慎意。九四阳爻居阴位，不当位而近君，有履虎尾之危，但以阳居阴，又有谦谨之象，故能恐惧获吉。

【原文】九五：夬履，贞厉。

此爻是自待其所，履而有伤者也。故叶者勇于进德，力于行道，斥逐邪人，举扬善类而是非利害之不顾。不叶者，人情寡合，徒汲汲尘途而祸患旋踵，成立艰苦。岁运逢之，在仕则功高天下而不赏，在士则道高人表而名不成，在庶俗则躁动妄行而祸患叠至，甚则丧亡无日矣。

【注解】夬音怪，通决。九五阳刚中正，尊居君位，当履之时，有刚断果决，小心行走之象，但以刚居刚，若刚决过甚，必违正道，故又应诫其守正防危。

【原文】上九：视履考祥，其旋元吉。

此爻是尽所履之道，而有以致福者也。故叶者为高才大德之贵人，行无亏欠，福必厚裕。不叶者，变为引兑之小人，行不正之道而福祉难获。岁运逢之，仕显者退，旋以享安靖和平之福；士人进取，必作魁元；常人亦有财帛。数凶者，有丧亡之兆，盖“考”字之义故也。凡有为者，不可轻易反听信外言，恐有伤为后虑。

【注解】祥，征祥。上九居履卦之终，阳居阴位，能冷静总结履道得失之征，故“视履”而“考祥”矣。旋，转也。上九尊居乾极，能转身下应兑三，是刚能返柔，履能守谨之象，故获吉至大。

䷊泰卦（十一）

【原文】《象》曰：天地交泰，后以裁成天地之道，辅相天地之宜，以左右民。

凡得此卦，若元数归局者，贵之极也。大象之辞，皆师保、师相，出将入相之事。坤宫三世卦，属正月，纳甲是甲子、甲寅、甲辰、癸丑、癸亥、癸酉，借用壬子、壬寅、壬辰、乙酉、乙亥、乙丑。正月及纳甲生者，功名富贵人也。生非其时者，其福浅。六爻皆宜固守，不可轻进。

【注解】泰卦下乾为阳，上坤为阴，阳气轻清喜上升，阴气重浊乐下沉，故此二气相交，乃自然通泰之象。后，即元后，君也；裁，有本作财，言裁节调理。通泰之时，必须善为裁节调理，不使滥通失节，才能成就天地相交之道。辅，辅助、赞勉；天地之宜，言天地化生之宜。通泰之时，须多加扶持，不断赞勉，促进天地化生之宜，不可因泰而自逸。左右即“佐佑”。君主观泰之象，知处泰不可贪图安逸，当调节成就天地之道，辅助赞勉天地之宜，使上下交通，治国保民，才能长久通泰。

【原文】初九：拔茅茹，以其汇，征吉。

此爻是类进之象，而与其大行之占者也。故叶者高明正大，亲君子，远小人，公而忘私，国而忘家，立功名，享富贵。不叶者亦朋辈协理，气合道同而成立不难。岁运逢之，在仕则同寅协恭而超迁有基，在士则同道尚德而飞腾有日，在庶俗则同志合谋而财利日增。

【注解】初九处下，与二、三两阳俱有外应，而志在上行，一阳动则三阳俱动，故以拔茅草其根相牵为喻；以此相汇进取，必能通泰，故称“征吉”；征，出征。

【原文】九二：包荒，用冯河，不遐遗；朋亡，得尚于中行。

此爻是有刚中之德，而为保泰之臣者也。故叶者，量大能容，兼收并蓄，不以远而违，不以亲而比，中正不阿，足以开太平之业而富贵悠久。不叶者亦不失为谨厚之士，而乡里推重，富有殷实。岁运逢之，在仕则有御边疆，守江湖，或大中、中奉、中书省之类；在士则进取成名，营谋者获利；常俗必遇尊贵。如不入局，不得位则变明夷二爻，防长上有损，言语有伤。

【注解】包荒，笼括；冯，音平，冯河，徒步涉河；不遐遗，用心弘大，无所遗弃；朋亡，光明正大，不结党营私；尚，佑助；中行，六五君尊，行为持中。九二阳刚，上应六五柔中，如能用广阔无私的胸怀佑助行为持中之君主，则必治世以成通泰。

【原文】九三：无平不陂，无往不复；艰贞无咎，勿恤其孚，于食有福。

此爻是治泰于将否之时，终于致福者也。故叶者艰危，其思虑正固，其施为尽人事，以挽回乎天意，而太宁之福可享于不替。不叶者或成或败，艰中获福。岁运逢之，在仕宜克艰厥任，当防小人妒忌之奸；在士宜保其所固有，不可图倖进之名；在庶俗宜战兢自持，以保其身家。大抵宜艰难中退步则有功，谨厚则安。不然小人侵凌，每事见阻。

【注解】陂，水旁或山旁倾陡之处；艰贞无咎，九三不可处泰忘忧，宜多戒惕，则无咎；恤，忧也；孚，信也；食，俸禄。九三处内卦之终，为上下卦之转折点，当防通泰变为否闭；故以平变陂，无往不复为喻以诫人。九三当此通泰可能转化之时，若能守正，不但无咎，且可孚信于人，长保俸禄。

【原文】六四：翩翩，不富，以其邻，不戒以孚。

此爻是小人并进之时者也。故叶者多阻多疑，心志不一，或得或失，功名难全，奔驰作旅，辛苦成家。不叶者或倚托邻贵，倚仗亲富。岁运逢之，已仕者退避，进取难成，营谋失利，居闹有谤，依止则脱祸，化工全则出仕于远辟，劳碌不暇。

【注解】六四以阴居上卦之初，当上下交泰之时，与六五、上六二阴连翩下降求应于阳。《易》以阴虚为不富，六四阴爻，故云不富。邻，指六五、上六二阴爻；六四与近邻诸阴未曾诚告而均有下应阳刚的诚信心怀，故能不约而同连翩下降。

【原文】六五：帝乙归妹，以祉元吉。

此爻是下贤以诚而进，以格天之治者也。故叶者富贵不骄，恭谨持己，或贤室助己，贵子克家，富贵不甚劳力，但权不由己；女命得此，勤俭成家。不叶者亦中正吉人，不施威而人自平服，生平安乐，内助有功。岁运逢之，在仕主有迁除，或有喜事；在士则有步蟾之兆；在庶俗主得人抬举，或结姻生育而百福悠集。

【注解】帝乙是商代帝王；归，女子出嫁。六五阴君尊位，下应九二，如古代帝王下嫁贵女以配贤者。祉，福也；六五应九二为交泰至美之象，故称元吉。

【原文】上六：城复于隍，勿用师，自邑告命，贞吝。

此爻是欲保于治否之后，而终以致羞者也。故叶者卑约自处，庶几小立规模，然终见阻挫而招咎。不叶者夸己逞强，家破身亡，自大化小。岁运逢之，在仕遭谪贬；在士遭羞辱；在庶俗有破损，有疾病，难于寿；惟谨厚免祸。

【注解】复通覆；隍，城下沟无水称隍，有水称池；以城墙塌入城沟喻泰极否来。告命即诰命，言训诰政命；上六当泰道转坏之时，居位尊告，不可兴师妄动，而要自我精减繁文，改革弊政，以求渡过危难时期。贞吝，意即上六将临否闭之世，实因时穷所致，只有自守正固，方可避凶免吝。

䷋否卦（十二）

【原文】《象》曰：天地不交，否；君子以俭德辟难，不可荣以禄。

得此卦者，上三爻为君子之道，吉；下三爻为小人之道，凶。乾宫三世卦，属七月，纳甲是乙未、乙巳、乙卯、壬午、壬申、壬戌，借用癸卯、癸巳、癸未、甲午、甲戌、甲申。若生于七月及纳甲者，功名富贵人也。

【注解】否卦上乾为天，下坤为地。天气轻清上升而不降，地气重浊下又不升，二气相隔，犹君臣不接，故云“否”。君子于此否时，应以节俭为德，避其危难，不可荣华其身，以居禄位。

【原文】初六：拔茅茹，以其汇，贞，吉亨。

此爻是能反于正而得吉者也。故叶者多名誉之人，改祀外立，违近从远，志在忧君，心不私己，不为国家之患，不失在己之福。不叶者度时而进，知机而退，惟逢艰难之时，难行中正之道，谨可保其身家，而无倾危之忧。岁运逢之，在仕受职者待缺，居位者防谗；在士则机会难逢；庶俗守旧。盖小人道长之时，纵爻辞美，不足羡也，防小人牵连之事。

【注解】拔茅茹，以其汇，此两句取象虽与泰初九同，喻意却大殊。前者处泰之始，三阳在下，同质相连并动，与上卦之阴应合，故云征吉。此则处否之初，三阴在下，同质相连，而与上卦本应而不应，故下文诫以“贞，吉亨”，即守持正固，然后有吉可亨。

【原文】六二：包承，小人吉，大人否，亨。

此爻是小人而无伤善之心，而得吉者也。故叶者为中正贵人，宽而有容，静以待动，自能拨乱反治，转否为泰而福泽无亏，虽时阻挫，亦无累也。不叶者为流俗，处贤否之间，有名非正，有禄非真，惟宜爱护保守免祸。岁运逢之，在仕宜见机早作，在士宜藏器待时，在庶俗宜包羞忍耻以保全身家；不然是非好恶难明，而灾害难逭（逃）。

【注解】六二居下卦之中，以阴爻居阴位，以柔顺之道包容于九五而奉承之，故有“小人吉”之象。大人喻九五，否是否定之意，意即正面告诫大人，说明应否定小人之道，不与相包承，或可致亨。

【原文】六三：包羞。

此爻是小人志于伤善而未能者也。故叶者遇贵人君子，信用庇护，或有卑职，亦有停阻，虚名无实，惟僧道宜之。不叶者不能守道，穷斯滥矣。岁运逢之，在仕告休，在士防辱，在庶俗防是非争讼之扰。

【注解】包指六三包容于上九。六三阴爻居阳位，又处下卦之终，不中不正，但恃上九包容，怀谄奉承，妄作非为，终致羞辱。

【原文】九四：有命无咎，畴离祉。

此爻是际天人之会，而与其同道之受福者也。故叶者功名之人，获寿命，纳福祉；变为观则观光上国，利用宾于王，乃得志行道而无阻也。不叶者亦有福寿，有田园，多动少静。岁运逢之，在仕则朋僚助力而爵禄日加，在士则得人荐举而名誉日著，在庶俗则田业日增而吉庆多集，或庇荫子孙而受福祉之远。

【注解】有命无咎，命是指扭转否道的天命，兼含九五君命之意；即九四处下卦之初，否道将有扭转，奉九五之命而济否，故获无咎。畴通俦，言“众类”，指下卦诸阴；离，附依；祉者，福也。否道将转，群阴皆依附于济否君子而获福。

【原文】九五：休否，大人吉；其亡其亡，系于苞桑。

此爻是与其开太平之人，而示以保太之术者也。故叶者重德君子，防患有道，处世最公，谨慎详审，固守不失，能休时之否而富贵可以长享。不叶者有德有才而难于设施，亦不失为中正之吉人，无咎无誉，平生安逸。岁运逢之，旧祸已去，新福将来，忌我者退，尚系者名，利居家进田园，桑麻足而仓廪实，且变为晋五爻，有忧者喜矣，失者得矣。在仕必居正位，大夫之任；数凶者，有损亡刑克。

【注解】九五居尊为君，阳刚中正，当否世转泰之时，以休止天下否闭为己任，故云“大人吉”。其亡，将失；苞，草木渐苞，丛生之意。九五之君要有戒惧危亡之心，才有苞桑系固之象，便不能拔矣。

【原文】上九：倾否，先否后喜。

此爻是能倾时之否而获亨者也。故叶者刚大之志，设施过人，先历艰辛，后享安逸，盖物极而必反故也。不叶者名利难遂，骨肉刑伤，惟僧道最宜。岁运逢之，在仕失职者复职，闲缺者复补；在士停降者复取，淹滞者复伸，久困者利达，久讼者解散。数凶有变，故上爻有“咨嗟涕”之辞，寿算难久。

【注解】上九居否道穷极之时，刚健勇猛，故能一举倾覆否闭局势。倾否之际，虽仍有否，但最终彻底倾覆，天下能泰，故云“先否后喜”。

䷌同人卦（十三）

【原文】《象》曰：天与火，同人君子，以类族辨物。

离宫三世卦，属正月，纳甲是己卯、己丑、己亥、壬午、壬申、壬戌，借用甲午、甲申、甲戌。生于正月及纳甲者，功名富贵人也。

【注解】与，亲也，亲和。天体在上，火体亦炎上，其性同，故曰“同人”。类，类析，与辨字义近；族，人类群体。君子观同人天火虽同，其性有同之象，悟知通过辨析人类众物的异同特征，可以存异而求和同。

【原文】初九：同人于门，无咎。

此爻是为格物之象，而必善其占者也。故叶者量大能容，至公元私。其“门”字之义，为类甚多，小则为门馆，大则为门下平章事，黄门，金门，辕门，帐门之类，当看卦爻，推其轻重而详之。不叶者多离祖户，或就妻家，或作商旅，或作僧道。岁运逢之，在仕则入内台而升迁有地，在士则出学门而登荐有机，在庶俗则协心同志以其事而经营获利，或出家远行，或身在于他门。

【注解】初九以阳居初，阳爻居阳位，处同人之始，不系应于上，有出门便广泛与人和同之象，故能“无咎”。

【原文】六二：同人于宗，吝。

此爻是比而不叶者也。故叶者才高识广，但心僻性偏，或为科目之魁，或为宗室之宾，或为宗师之官。不叶者终不远大，常怀忧戚，或过房同宗，婚姻他室，或作山林之人。岁运逢之，在仕则局于地位而爵禄不广，在士则利于小试而飞腾难为；在庶俗事多不定或宗俗朋友不睦，或彼爱此恶而猜忌日招，或近合远违而是非日起。

【注解】六二仅与九五相应，有“同人”偏狭之象，未免憾惜，故云“吝”。《尚氏学》曰：卦五阳皆同于二，今二独亲五，则余阳忌之，致吝之道。

【原文】九三：伏戎于莽，升其高陵，三岁不兴。

此爻是非分以相求，而不能致其用者也。故叶者好强逞势，欲前欲后，志向不一，多惊多虑，心事难测，或为吏卒，或为军戎，或为草莽之耕士，或为丘陵之隐逸。不叶者，放溢为非，玩法悖义，甚则招祸遭刑而悔不及。岁运逢之，在仕防失职之忧，在士则有升高之兆，在庶俗则有丧亲狱讼之患。

【注解】戎，兵戎；莽，草莽。九三以阳刚居下卦高位，比二不应于五，有据二上强同之意，与九五相争之象，故伏戎于莽，俟机而作。九三虽频频窥视九五，却因力弱不敢交争，纵令更经三岁，亦不能兴起。

【原文】九四：乘其墉，弗克攻，吉。

此爻是能以义裁势而善之者也。故叶者见机而退，知足不贪，临事而揆之以义，处物而能反之以理，或贵而镇守边域，或富而高大墙垣，非小器者比也。不叶者进取费力，卓立费心，或得上人信用，下人奉承。岁运逢之，在仕则专诚守土，修筑城池，因功受爵；在士则有登墉弗克之嗟；在庶俗有疑忌争斗之事。荣中有辱，士后见荣，大概凡事贵未然之防，则得吉也。

【注解】墉，城墙；克，能也。九四以阳爻居阴失位，本欲与九三争同于六二，但阳居阴位有能退之象，故以不克攻而获吉。

【原文】九五：同人，先号咷，而后笑，大师克相遇。

此爻是先睽后合，而不能不假于力者也。故叶者，中正君子，有才德，有名利，初难后显，或贵为师帅而总领大师，或为中书中奉直殿等之职。不叶者，先历艰辛，早见刑伤，晚虽有遇，福浅祸深。岁运逢之，在仕则居言路，先谪后起；在士始阻终遇；在庶俗则先难后易，悲欢迭见，是非不一。

【注解】号咷，大声恸哭；大师，大军；克，战胜。九五阳刚中正，尊居君位，与六二同心相应；但因九三、九四与其相争，起初不能相合，故号咷悲恸；直至克敌制胜后才与六二相遇而笑。

【原文】上九：同人于郊，无悔。

此爻是特立自守，而可以自得者也。故叶者心地宽大，才德清高，富贵潇洒之流。不叶者为僧道而处于郊野，为商旅而志有未得。岁运逢之，在仕则常出远郡，未仕者则难逢嘉会，庶俗守旧安常，淡薄生涯。凶者不利。

【注解】上九居卦终极，同人道穷，遂有出于荒外，难觅同志之象。但远避内争，超然自乐，也不常悔恨。

䷍大有卦（十四）

【原文】《象》曰：火在天上，大有；君子以遏恶扬善，顺天休命。

乾宫三世卦，属正月，纳甲是甲子、甲寅、甲辰、己酉、己未、己巳，借用壬寅、壬子、壬辰。生于正月及纳甲者，功名富贵人也。

【注解】大有卦上为离火，下为乾，为天，象征大获所有；此卦阴居尊获五阳之应，故为大富有之象。

【原文】初九：无交害，匪咎，艰则无咎。

此爻是知富有不可以过盛而守其艰可以免害者也。故叶者才清德重，未逢汲引，求名不足，求利有余。不叶者常遭毁辱，每遇艰辛，保守固存，咎忧可免。岁运逢之，在仕宜见机勇退，不可贪位食禄；在士不可处进以招摧抑；在庶俗多心绪忧烦，小人欺凌长上而有灾眚，艰危自持，庶免倾危。

【注解】初九处大有之始，以阳居下，与四无应，有与人不相交往之象，因此不惹祸患，不致咎害。艰则无咎，初九当大有之时，虽“无交害，匪咎”，但还须牢记艰难，才能长保无咎。

【原文】九二：大车以载，有攸往，无咎。

此爻是任天下之重而无咎者也。故叶者有大才德，理大乱，立大功，如大车之载，可以积厚于中而无败者也。不叶者亦有福有寿，居积致富，无忧无祸。岁运逢之，闲官驿车选召，有大除拜；勇将出师，战胜攻取；士子进取成名；常人营谋厚载，财谷丰裕；或曰軏车之兆，不利老寿。

【注解】九二以阳刚处大有下卦之中，上应九五，有见信于君，任重道远之象，故所往必无咎。

【原文】九三：公用亨于天子，小人弗克。

此爻是大臣得君以纳其忠者也。故叶者，才高德备，大公无我，得君行道，而平日之所抱负者，一一敷陈于庙廊之上。不叶者贪谋私己，必有大害，成立艰难，易满易消。岁运逢之，在仕必胜朝廷之重任；在士必作大魁；在庶俗必招灾难，晦滞蹇塞，小辈欺凌；凶则变睽，刑伤难免。

【注解】公，王公，喻九三；亨，指古代诸侯向天子献礼致敬。九三处下卦之上，阳爻居阳位，刚健居正，如“大有”之世的王公，故以“亨于天子”设喻。小人弗克，从反面告戒小人不能当此大任，即九三必须修德守正，不可稍懈。

【原文】九四：匪其彭，无咎。

此爻是大臣履盛满而知所戒，可以寡过者也。故叶者大公无私，不骄淫，不矜夸，既明且哲，以保其身，善始善终。不叶者贪小易盈，逐成僭越之祸，身家难保。岁运逢之，在仕安职，免凌逼之祸；在士待时，免褫革之虞；在庶俗守常，免毁伤之害；或有眼疾，明则损故也。

【注解】彭，尚多之状。九四以阳刚居上卦，大有渐盛，且阳处阴位，有不为过盛，谦恭顺承六五之象，故获无咎。

【原文】六五：厥孚交如，威如，吉。

此爻是在君道，而有威信以治民者也。故叶者恩威并行，德望并行，上下交孚，遐迩相应，足以立大功，享富贵。不叶者多委靡不振，恩徒施而反遭谤，泽虽布而反召怨。岁运逢之，在仕宜知机而退，在士宜乘机而进，在庶俗宜相时而动，但不可轻慢骄纵以取祸。

【注解】厥，其也；孚，信也。六五以柔居君位，以信交接上下诸阳，为大获人心，富有至诚之象，故其孚交如也。六五以诚待物，其威自显，故获吉祥。

【原文】上九：自天祐之，吉无不利。

此爻是善处乎大有之时，而必获天眷者也。故叶者刚大而能谦让，德之所施，足以契天之心；行之所履，足以动天之感，富贵有长享之庆，随在皆自得之体。不叶者亦道德之士，丰厚富庶而平生无非横之扰。岁运逢之，在官进职，在士成名，常人得尊上之庇，农家进业。

【注解】上六以德居大有卦终，超然安居于无位之地，犹如获天祐长保富有，故吉无不利。《系辞上》曰“祐者，助也。天之所助者，顺也；人之所助者，信也；履信思乎顺”，是以“自天祐之，吉无不利”。

䷎谦卦（十五）

【原文】《象》曰：地中有山，谦；君子以裒多益寡，称物平施。

兑宫五世卦，属九月。纳甲是丙申、丙辰、丙午、癸丑、癸亥、癸酉，借用乙丑、乙酉、乙亥。如生于九月及纳甲者，功名富贵人也。

【注解】谦卦上坤为地，下艮为山。山体高而居下，于人道高而能下，故为谦象。裒，音 póu，取；君子观谦之象，悟知事物不可盈满，故取多益寡，均平施物。

【原文】初六：谦谦君子，用涉大川，吉。

此爻是行巽而达之得宜者也。故叶者退谦以明其礼，温恭以宜其精，且当患难危厄之秋，亦可振险而投之夷，易危而措之安，在上信任，在下依归；以牧字之义，有守土之兆；次则或修心养性，乐道优闲，灾害不生。不叶者心懒，多进则见退，拙于施为，甘为人下。岁运逢之，在仕为牧民之职，在士宜怀珍待聘，在庶俗宜远涉江湖，以作商旅。凶者变明夷之伤也。

【注解】谦谦，谦而又谦。初六阴柔谦逊，低处下卦之下，有谦谦之象，以此涉难，所往必吉。

初六《象》曰："谦谦君子，卑以自牧也。"牧，活也。

【原文】六二：鸣谦，贞吉。

此爻是名誉之隆，而施以居贞之善也。故叶者无私无谄，有德有才；其鸣字之义，多是言路官职之兆。不叶者，亦得人举扬济人。岁运逢之，在仕迁职，未仕进取成名，庶俗未可轻举，惟宜退守。

【注解】鸣，指名声外闻。六二柔顺居中，谦的名声外闻，以守正获吉。

【原文】九三：劳谦，君子有终，吉。

此爻是让功之善而与之者也。故叶者文章高世，道义过人，能胜重任，立大功劳。不叶者为人诚实，乡里推重，施恩不求报，有德不自夸。岁运逢之，在仕必高迁，在士必得际遇，在庶俗必营谋获利。又，劳字主劳心费力。

【注解】九三是卦中惟一之阳爻，居下卦之终，众阴相合，以刚健承应于下，犹动劳而又谦虚，终获吉。

【原文】六四，无不利，㧑谦。

此爻是行无不得，而当益致其恭者也。故叶者有德有才，上信下服，修辞立言，恭谦无伪，足以立功名，享富贵。不叶者亦亲近尊贵，交接贤才，为乡里之正人。岁运逢之，无所不通，但士农工商，宜固守退让。盖一变小过，"往厉必戒，勿用永贞"。此亦当卑约，不然取损害尔。

【注解】㧑，音挥，谦逊。六四处三之上，五之下，阴爻处阴位，柔顺得正，无论对上对下，均能发挥其谦德，故无不利。

【原文】六五：不富，以其邻，利用侵伐，无不利。

此爻是人君谦德之化，而因两善其占者也。故叶者谦恭退让，英雄豪杰，多入于彀中，以之而建立事功，以之而赞成德业，无不如意。不叶者，或文中成名，武中立功，富盖乡邻，威服顽悍。岁运逢之，在仕则文武兼用，或掌兵刑；在士则有发科之兆；常人遇贵成事，财利倍获；又主争讼。

【注解】不富，指六五阴虚失实，或喻虚怀谦虚之义；邻，指四爻和六爻。六五柔中居尊，既能广泛施谦于下，又能协同居上者共伐骄逆，使天下尽归谦道，故爻辞先云不富，再利用侵伐，如此则无不利。

【原文】上六：鸣谦，利用行师，征邑国。

此爻是能谦而为才位之所限者也。故叶者勤于学古，勇于行道，或作武贵，稍遂其志，或为其县邑督补之官。不叶者多遇知己，少得助力，治家保身，小小规模。岁运逢之，在仕必有阃寄征伐之权；在士则利于小试而名誉稍彰；在庶俗有争讼之扰，不辨自明，知几免损。当官者贵以清心为治本，方免其悔。

【注解】邑国指较近之处或外旁国邑。上六居谦卦极位，有谦极而名声远闻之象，以此行师讨逆，所征仅限于邑国，故利。

䷏豫卦（十六）

【原文】《象》曰：雷出地奋，豫；先王以作乐崇德。殷荐之上帝，以配祖考。

震宫初世卦，属五月，纳甲是乙未、乙巳、乙卯、庚午、庚申、庚戌，借用癸未、癸丑、癸亥、癸巳、癸卯、癸酉。生于五月及纳甲者，功名富贵人也。雷出地奋，生于三月、八月为及时，福力之厚，一震惊人，大富大贵之造也。余月福浅，失时故也。

【注解】豫卦上震为雷，下坤为地；奋者，动也；雷动于地上，万物乃豫也。先王观豫卦之象，悟知通过音乐的鼓动来歌功颂德，献祀上帝、祖考。

【原文】初六：鸣豫，凶。

此爻是得人之誉，以自鸣者也。故叶者上有强援，得时主事，有所依附而可成其小小营谋。不叶者浅狭之量，多纵欲败度以自招倾危。岁运逢之，在仕则有恃恩宠之患，在士则有一鸣惊人之兆，在庶俗则有惊忧口舌及阴厄之难，当官者自陈免祸。

【注解】初六阴居阳位，以失正之体上应九四，有歌乐过甚，自鸣得意之象，故凶。

【原文】六二：介于石，不终日，贞吉。

此爻是守中正见机之象，而因以善其占者也。故叶者勤修德业，力行中正，见事敏捷，名誉高远，而富贵不能淫，贫贱不能移，威武不能屈，耿介忠烈，可以柱石朝廷。不叶者，亦介然有守，不渎不谄，知机知人。岁运逢之，在仕者急流勇退，始进取者可以成名，常人获利。

【注解】介，耿介正直；于，如。六二阴居阴位，且为下卦之中，故柔顺中正，耿介如石，当豫之时，能不苟且求豫；不终日即知机，速悟豫理，如此守正，故吉。

【原文】六三：盱豫悔，迟有悔。

此爻是示人以为豫而知所悔焉，故可以无悔者也。故叶者虽援上贤，不能济事，纵有卑职，多见阻挫。不叶者，进退无定，心志不安。岁运逢之，凡人所图无实，乍进乍退，是非不一。

【注解】盱音需，小人喜悦佞媚之貌。六三阴居阳位，阴柔失正，上承九四，有媚上求乐之象，故将致悔；且六三如果悔悟太迟，必生新悔。

【原文】九四：由豫，大有得；勿疑，朋盍簪。

此爻是有致豫之功，而示以保豫之道者也。故叶者名清德厚，权重功高，行大事，决大疑，主大难。不叶者亦福德之人，得众尊钦，夫妻偕老。若阴命妻叶卦者，得福得寿，但不居正位。

岁运逢之，进取成名，常人经营获利；在仕者必得知己荐举。

【注解】由豫即自之以豫。豫卦中除九四为阳外，余皆阴，群阴皆由九四之阳刚而获豫，故云“大有得”。朋，友朋，指卦中诸阴。九四刚直不疑，与群阴相应，并以盍簪来喻阴阳友朋合聚，进一步阐述“大有得”之意。

【原文】六五：贞疾，恒不死。

此爻是纵己之豫以自溺者也。故叶者或作贵人正当忧阻，志多柔奸，权出他人，事不由己，在世虽显，有疾延寿。不叶者柔懦不能自立，多见疾患临身。岁运逢之，在仕多依附权势，恃恩固宠；在士则援引无人而际遇无机；在庶俗多心事不足，灾害难免，或心腹生疾。

【注解】贞疾言守正防疾。六五处欢乐之世，柔居君位，下恃九四之强臣，有沈乐忘忧之危；故诫其守正防疾，才能恒而不死。

【原文】上六：冥豫，成有渝，无咎。

此爻是纵己以为豫，知所变焉，则可以无咎者也。故叶者纳言从谏，迁善改过而利名颇得。不叶者乐极生悲，终不能久。岁运逢之，在仕有贪污之谪，在士有昏冥差讹之辱，在庶俗有骄傲讼争之扰。大抵宜迁善改过悔思，则可以免咎。

【注解】冥豫言昏冥纵乐；渝者，变也。上六处豫之极为冥豫已成之象，须速渝方可无咎。

䷐随卦（十七）

【原文】《象》曰：泽中有雷，随；君子以向晦入宴息。

大凡有雷泽之体，惟生于二月至八月为及时，则福深；九月至正月为失时，福浅。震宫三世卦，属七月，纳甲是庚子、庚寅、庚辰、丁亥、丁酉、丁未。如生于七月及纳甲者，功名富贵人也。

【注解】随卦上兑为泽，下震为雷；雷震于泽中，泽随震而动，为随之象。向晦言向晚；宴息即休息。君子观随卦之象，当悟知凡事随时之理，故早出晚入，向晚按时休息。

【原文】初九：官有渝，贞吉；出门交有功。

此爻是随人虽变其常，惟公正则可以无咎者也。故叶者大才大德之贵人，必定大难、当久变、决大疑。“门”字，“正”字之义，应兆甚多。不叶者多依附权势，公正不败，则与之协力者众，故有功则可成立，或出外以营谋其家计。岁运逢之，在仕则迁位以从正道，在士则多得佳会，在常人多获利。

【注解】官指人心所主；渝者变也，此处含改善之义。初九当随之初，刚居柔下，无所系应，能变渝其心，随时从正，方能贞而获吉。

【原文】六二：系小子，失丈夫。

此爻是失所随之人者也。故叶者小有才之人，立性不定，爱亲邪媚之小人，不亲正大之君子；女子元数叶者，必有配贵显之夫或得次子之力。不叶者必为卑下仆隶之贱，侍妾婢使之辈。岁运逢之，凡人皆不安宁，或小人是非之累，而有拘绊之灾；当官者宜退避，进取者宜知机。

【注解】系者，属也，言倾心服从；小子，喻初九；丈夫，喻九五。六二柔居下卦，本与九五相应，却就近附从九二，有从正不专，系小失大之象。

【原文】六三：系丈夫，失小子，随有求得，利居贞。

此爻是所随得其正，因其势之利而戒之者也。故叶者得遇上人引进成名。凡有所求，其愿无有不得，但不得奴仆之力，招小人毁谤之吝，心勿躁动，事宜迟缓。不叶者虽有名利而无子力，女命必遇贵夫或伤子媳。岁运逢之，在仕得人保举而爵崇；在士则得主司援引而求名可得；在庶俗营谋必遂；但皆宜道义自安，乃为得利也；数凶者，防小口阴人之嗟。

【注解】丈夫指九四，小子指初九。六三近承九四，因往随从，故失去初九。三爻应六爻，是阴应阴；四爻应初爻，是阳应阳，三四两爻皆互比相亲而无正应，故三随四而有求必得；但六三宜安居守正，不可妄求。

【原文】九四：随有获，贞凶；有孚在道，以明，何咎。

此爻是所随虽履其危，然惟其诚正，则可以无咎矣。故叶者精诚积乎中，举动合乎理，位极而无凌主之嫌，势重而无专权之过。不叶者有所获而招凶，有所遂而招险，或得上之谴责，或惹下之猜忌，或为商为贾而碌碌于道途。岁运逢之，在仕必居要路而专权，进取者必成而名可得，在庶俗必得好人抬举而变凶为吉。“道”字“明”字之义，宜加察焉，或地名人名云。

【注解】随有获，指九四被六三随从而有所获；贞凶，守正防凶。九四阳居阴位，近君而擅为人从，有违众之象，当趋正常守，谨防凶险，故戒以“贞凶”。“有孚”句从正面勉励九四以诚信体现正道，必无咎。原书言道字、明字或为地名、人名，有误。

【原文】九五：孚于嘉，吉。

此爻是有任贤之诚，而获用贤之效者也。故叶者好贤忘势，易知易从，有亲有功，凝天命于无虞，孚天禄于无疆。“正中”二字为兆甚多。不叶者亦有孚信，从中道而为善人吉士，彼无恶而此无射。岁运逢之，在仕有迁除之喜，在士有登荐之嘉，在庶俗有营谋顺适之休，多喜庆之事。

【注解】九五阳刚居尊，中正诚信，有从善如流之象，故能孚信善者而获吉。九五象曰：“孚于嘉，吉，位正中也。”九五阳爻居阳位，中正不偏也。

【原文】上六：拘系之，乃从维之；王用亨于西山。

此爻是以诚随人之象，而推其可通于神明者也。故叶者谨恪诚实，温良慈惠，明可以感乎人而老无不遂，幽可以通乎神而福无不降。不叶者进则困穷，生计艰难，惟隐于山林则吉。岁运逢之，多不永年，挂牵系虑，心志不能遂；在仕防谗，在士防辱，在庶俗防损并缧绁之忧。

【注解】拘是拘禁；系，强迫使之附从；维，以绳捆绑。上六居随之极，阴极则反，有不愿随从，被九五拘禁乃从之象。王用亨于西山，王指九五，以王者设祭西山，兴师讨逆之象，喻九五强令上六顺服、服从。

䷑蛊卦（十八）

【原文】《象》曰：山下有风，蛊；君子以振民育德。

巽宫三世卦，属正月。得此卦者多起自艰辛，不然先迷后得，承祖宗旧业。纳甲是辛丑、辛亥、辛酉、丙戌、丙子、丙寅，借用戊午、丁亥、丁未。如生于春夏秋者及时及纳甲者，功名富贵人也，与父母不合。

【注解】蛊卦上艮为山，下巽为风；山下有风，风遇山而回，物皆散乱，为有益之象。君子观蛊卦之象，悟知当蛊之时，必须济民有德，努力救弊。

【原文】初六：干父之蛊，有子考，无咎，厉终吉。

此爻是能修业克肖夫先人，而因以戒之者也。故叶者勇于进取，决于干事，尽忠尽孝，经涉危难，建立事功，合先人之道义，为后人之规模。不叶者不靠祖业，自为活计，遇难不辞，见荣不傲。岁运逢之，在仕则承朝廷之重任，而革奸除弊；在士俗或承祖父之恩，或子孙以承考志，或谋为遂意。数凶者有忧愁，老者不寿，考字之义故也；考字又有考试之意。

【注解】干，正也，匡正之意；蛊，蛊害，指弊乱。初六当治蛊有事之时，柔处卑位，上承二三之阳，有子正父弊之象。因初六能正父蛊，故曰有子考，子能成就先业也；本书云考为先考，老者不寿之义有误。初爻以卑下匡正尊上之弊，意在成就先辈德业，故无咎，虽厉终吉。

【原文】九二：干母之蛊，不可贞。

此爻是人臣赞君之业，而示以祇顺之道者也。故叶者有刚大之才，行中正之道，常怀直心，难遇知己，补弊救偏而饰治其绪业，为世所仰望。不叶者亦行中道而有为有守，非鄙夫之可论也。岁运逢之，在仕干办旧绪之有余而禄位稳固；在庶俗士子为营父母远大之事，改旧更新，无不如意。女命勤俭持家而性忠直多富。

【注解】不可贞，时不可则守正以待。九二阳处阴位，有刚而能柔之象，犹如匡正母弊，当其性阴僻不从之时，不能强行“干蛊”，而应守正待时。

【原文】九三：干父之蛊，小有悔，无大咎。

此爻是治蛊过于刚者，所以不免悔也。故叶者刚明勇决，当为则为而无所顾忌，虽有差失，善于补过多利，终无损丧而为一世之伟士。不叶者遇其事干则易，早历忧勤，晚始受用。岁运逢之，在仕有建立主张大过之愆；在士庶修为有拂戾躁急之失。大凡躬行王道，勿信邪言，免悔。

【注解】九三当蛊之时，匡正父弊而无上应，故“小有悔”；但阳刚居正，直道遽行，故无大咎。

【原文】六四：裕父之蛊，往见吝。

此爻是大臣革弊而不能速改，而弊终不可革者也。故叶者性萎靡，虽有大才，不能设施。不叶者心多忧疑，事欠果断，小谋则就，大用则损。岁运逢之，在仕主尸位素餐之诮，在士有燕僻废业之失，在庶俗有盘乐怠傲之损，事事见忧，且生足疾。一变为鼎九四，多坎屯也。

【注解】裕是宽裕，指治蛊宽缓不急。此言六四阴爻居阴位，阴柔懦弱，对父弊不能速治，宽延顺容，长此以往，则必“见吝”。

【原文】六五：干父之蛊，用誉。

此爻是人君得贤以敷治，斯隆美誉于天下者也。故叶者清才异俗，重德济世，能成大业，所谓立身行道以显父母者也。不叶者心力不闲，亦能起家，乡里仰望。岁运逢之，在仕迁擢显位而名誉远播，在士登荐而声名扬溢，在庶俗更变门户，别立规模，多喜庆，进人口。

【注解】六五阴居阳位，柔居尊位，下应九二，上承上九，犹如匡正父弊而有道，故获称誉。

【原文】上九：不事王侯，高尚其志。

此爻是有德而不见用，虽隐居以求其志者也。故叶者有道可用，有德可尊，但高尚其志而不轻于进取。不叶者亦清高异俗，淡薄生涯，不随污俗。岁运逢之，在官则告休，在士则待时，在庶俗则守旧。数吉者多有尊贵获拔宠召之庆。

【注解】上九居蛊卦之终，治蛊道穷，故不累于王侯之事，超然物外，以高洁自守。

䷒临卦（十九）

【原文】《象》曰：泽上有地，临；君子以教思无穷，容保民无疆。

坤宫二世卦，属十二月，纳甲是丁巳、丁卯、丁丑、癸亥、癸丑、癸酉，借用乙丑、乙亥、乙酉。如生于十二月及纳甲者，功名富贵人也。

【注解】临卦下兑为泽，上坤为地，泽卑地高，高下相临之象；教思，施行教导，费尽思虑。君子观临之象，悟知临民之时，应当花费无穷之思教导百姓，并以无疆之德容民保民。

【原文】初九：咸临，贞吉。

此爻是有临阴之善道者也。故叶者至大之才，至重之德，谦恭待上，慈爱及下，进修正道，排斥谗言，是为大贵人也。不叶者亦是公正，随时俯仰，闾里推重。岁运逢之，在仕者知机相从，得人共济而职位高迁；在士考校必临于诸士之首而功名必遂；在庶俗必临有道而营谋称意。

【注解】咸通感，犹言感应。初九当临之始，阳刚处下，上应六四，如下者感应于尊者而施监临，故以守正获吉。

【原文】九二：咸临，吉，无不利。

此爻是拟其逼阴之象而深与之者也。故叶者进德之勤，行道之力，以顺出逆，以仁易暴，道可行，志可伸，而动无所括；事可立，功可成，而行无所阻。不叶者，亦作善士，能起家业而营蓄其利。岁运逢之，在仕则去邪辅正而地位清高，在士则进取利达而无所阻滞，在庶俗营谋获利。大抵要斟酌时宜，不然，未顺命之辞，亦美中不足，戒之。

【注解】九二处下卦之中，上应六五，亦居感临之象；因其又含中德，较初九更见盛美，故吉无不利。

【原文】六三：甘临，无攸利；既忧之，无咎。

此爻是以甘临下而深戒占者也。故叶者损过就中，矫偏居正，亦可以居上以临下，但所处之位不当，不失为教谕训导之职。不叶者专习邪言，巧于媚世，损物欺人，而忧思愁虑以度生，女命多言损行。岁运逢之，在仕则有谗邪佞口之谮，在士则有谄谀奔走之失，庶俗有悲愁怨苦之虞。

【注解】甘，指甘美巧佞之语；攸，所。六三居临下兑上，阴柔失正，如以言辞巧佞临人，故无攸利。从正面设诫，言六三若能自知不正，心有忧惧而改过，则可无咎。

所处之位不当，言六三以阴居阳位。

【原文】六四：至临，无咎。

此爻是与人以诚，而得补过之道者也。故叶者必中正贵人，朋党相信而功业之易就。不叶者亦有福之人而安逸少灾，有技艺，有声名。岁运逢之，在仕则得僚友之力，在士则得丽泽之美，在庶俗则得人情和合而经营顺遂；但变归妹愆期之辞，凡有为者审而后发方可。

【注解】至者，极也，亦含亲近之意。六四居上卦之始，柔正应初，切近下体，如亲近于所临之众，故获无咎。

【原文】六五：知临，大君之宜，吉。

此爻是不自用以尽（疑为“近”字之误。——注者）乎君道，则逸而有成者也。故叶者好贤礼士，恭谦明哲而为大贵，上承天宠，下系民望；中字官职之兆，行字行师之应。不叶者亦是福人，盖变节卦，不伤财，不害民也。岁运逢之，在仕则显越，在士则登庸，在庶俗则谋为顺遂。

【注解】知通智。六五居临尊位，以柔处中，下应九二，如任用刚健之大臣，辅己君临天下，正见明智，故云之。

临卦六五《象》曰：“大君之宜，行中之谓也。”行中乃行中道之谓，本书云乃官职之兆，实属牵强。

【原文】上六：敦临，吉，无咎。

此爻是与人相亲之厚，而因善其占者也。故叶者为大贵人，一念惓惓，与同德以共济，移风易俗，事业丰厚。不叶者年高德厚，改祖外立，家给人足。岁运逢之，在仕必居内侍、内翰；士子进大学，入内舍；在庶俗多获利，近取远逮，无往不利。

【注解】上六居临之极，以阴处无位之地，不刚不猛，如以敦厚仁惠之德临人，必吉而无咎。

䷓观卦（二十）

【原文】《象》曰：风行地上，观；先王以省方观民设教。

乾宫四世卦，属八月，纳甲是乙未、乙巳、乙卯、辛未、辛巳、辛卯，借用癸未、癸巳、癸卯。生于八月及纳甲者，功名富贵人也。

【注解】观卦上巽为风，下坤为地；风行地上而无不周，故万物见。先王效法观卦风行地上之象，省视万民，示民以教，使百姓有所观仰而顺从教化。

【原文】初六：童观，小人无咎，君子吝。

此爻是无德不足以近君者也。故叶者主幼性敏颖，习于童科，亦可赖一研以聊生。不叶者纵有利名，所见浅狭，所为鄙吝，习于下流，不能设施大事。岁运逢之，在仕艰难，地位窄狭；在士进取迂回；在庶俗谋速应迟，算巧成拙，蒙而无见之童也；防小人暗昧之事。

【注解】以幼童浅见为喻，说明初六处观之初，阴柔在下，远离九五刚正之君，所观甚浅；故对不负重任的小人为无咎，而对有所作为的君子来说，则所观甚浅，难免憾惜，故云“吝”。

【原文】六二：窥观，利女贞。

此爻是志卑而不能远观者也。故叶者浅才薄德，卑职小官，暂获安宁，终见丑拙，或得阴贵，或得富妇助力；若女命则有福有寿。不叶者局量浅见，鄙陋生计。岁运逢之，则有才力不及之嗟；在士有文理欠通之失；在庶俗之（之疑为衍文。——注者）在家则暗，而在外则明，或嘻或忧，或因妇人事起丑恶。大抵宜动不宜静，此爻系女喜男悲。

【注解】六二虽得正，上应九五，但阴柔处下守中，不能尽见大观之美；有如身居户内，暗中窥观门外景物，故仅利于女子守正；言外之意，男子如此则不利。

【原文】六三：观我生，进退。

此爻是审于进退，得守己之正者也。故叶者进德修业，及时而行，建功立勋，而无所阻塞，乃明哲之贵人。不叶者，乍进乍退，志向不定，卓立艰难。岁运逢之，在仕进退无常，在士争夺不一，在庶俗得失无定。更宜详审而行，知难而避。

【注解】观字含有既观仰于外，又自观于内之意；我生，自我行动；进退，指相时审机以待进退。六三外观之时，虽与上九有应，渐近九五之君，但阴居阳位，阴柔失正，故当观于外而修于内，相机审时，慎其进退。

【原文】六四：观国之光，利用宾于王。

此爻是际君子之盛，而示以从王之义者也。故叶者才至德备，柱石于朝廷，礼乐典刑，无不在于监察之下。不叶者亦清誉高才，为世矜式，或为诸侯上客。岁运逢之，在仕或居内台、内翰清高之地，在士必擢科而观光上国，庶俗有出商外贾之兆而获大利。“观、光、宾”三字，或为官职姓名而言也。

【注解】光，国大治而现之光辉景象；宾，即作宾。六四柔顺得正，亲比九五，如贤宾观光于盛治之国，故利于作为君王之座上宾，可以效用于贤君，其吉可知。

【原文】九五：观我生，君子无咎。

此爻是人君自审以为治，斯于君无愧者也。故叶者以己之中正化天下之不中不正，乃重望厚德之贤臣。不叶者，亦中正君子；生之一字，为不孤，为有寿。岁运逢之，在仕则致君泽民之有道，而爵禄崇高；在士则为国学生而文章冠世；在庶俗则有生涯生计而利日沾；在妇人则有生育；在病者则有生命之兆也。

【注解】观我生，指既受人观仰又自观其道。九五阳刚中正，为观卦之主，如贤君以盛德为天下人所观仰，同时又能常常自我省察，不断美善其行，故君子无咎。

【原文】上九：观其生，君子无咎。

此爻是反身以自治，斯可以为民表者也。故叶者有大才德，高出一世之上，可以为民之表仪，而仰其德者知所兴起，不失为贤人。不叶者其中郁郁不伸，乃清修之吉人而未能发泄。岁运逢之，在仕宜退而修省以自得，在士则进取艰难而志有未平，在庶俗则营谋阻滞而心不足。但病者则得生，有孕者利于生育。

【注解】上九阳刚居观卦之终，虽属虚高之位，但下者均在观仰其施为，故须有君子之德才能无咎。

䷔噬嗑卦（二十一）

【原文】《象》曰：雷电，噬嗑；先王以明罚敕法。

巽宫五世卦，属九月，纳甲是庚子、庚寅、庚辰、己酉、己未、己巳。生及时与纳甲者，功名富贵人也。二月八月为及时也。

【注解】噬嗑卦下震为雷，上离为电；雷电相须并见之物，亦有嗑象。明罚敕法，先王效法噬嗑之象，明其刑罚，正其法令，使天下合一。

【原文】初九：屦校灭趾，无咎。

此爻是小恶有所惩，斯可以寡过者也。故叶者能防微杜渐，改行率德，先起卑贱，后至高大；盖变为晋，独行正之象也，亦可作贵人。不叶者卑下之人，鄙贱之辈，或心怯而退守，或足疾而难行。岁运逢之，在仕遭贬谪，在士则考校不遇其人。在庶俗防刑罚风疾，谨慎免祸。

【注解】屦，足着；校，木制刑具；灭，伤灭。初九处噬嗑之始，如初触刑法，其过尚微，仅受足械，伤脚趾之小惩；因其阳居阳位，故能受小惩而知大诫，不致犯大过，故无咎。

【原文】六二：噬肤，灭鼻，无咎。

此爻是治人而不免为其所伤，以其所遇之难制者也。故叶者大贵人也，志大敢为，机深能干，大则为杀伐，小则为刑罚之官。不叶者或身带残疾，骨肉刑伤，隐名遁迹，修身养性，宜为僧道，不然多见睽背。岁运逢之，在仕则受制于梗化之民而遭小伤；在士防辱，或考试不遇其人而有小疵；在庶俗进退艰难，是非挠括，或生暗疾，恐骨肉有伤。

【注解】噬，施用刑法；肤，柔脆之物。六二阴居阴位，柔顺中正，当噬嗑之时，有施刑于人而顺当无阻之象。六二以柔承刚，如施用灭鼻之严刑，用刑稍过，但因所刑中其要害，故无咎。

【原文】六三：噬腊肉，遇毒；小吝，无咎。

此爻是德不足以治人，而人有不服者也。故叶者才弱忘刚，锐志功名，徒能小就而未大。不叶者一筹莫展，动辄有悔，衣食有亏。岁运逢之，在仕才力不足而招损；在士才疏学浅而招辱；在庶俗易事难干，或生心腹之灾，或有惊险之至。

【注解】腊肉，干肉，喻不服施刑者；毒，喻受刑者生怨。六三以阴居下卦之上，阴柔失位，虽施刑于人，但受刑者不服生怨，如咬嚼干肉，因硬而似遇毒物；六三顺承九四之阳，虽失位遇毒，小有憾惜，但不致咎害。

【原文】九四：噬干胏，得金矢；利艰贞，吉。

此爻是得其用刑之宜，而示以慎刑之善者也。故叶者为大贵人，足胜朝廷之大任，遇大事，当大险，不畏不怯，禀刚大之才，行正直之道；金矢二字之义，为兆甚多，金榜、金门是也；矢者，箭也，与荐同。在仕为荐拔，在未仕者为发荐。不叶者为富浊无德之人，一乡巨蠹。岁运逢之，在仕必升迁，在士必成名，在经商必获利。

【注解】胏音子，带骨之肉脯。九四阳居阴位，失正不中，当噬嗑之时，以此施刑于人，亦难获利，故有咬止干胏，触之遇骨之象。金矢喻刚直，九四虽噬干胏而施刑不顺，但其禀性阳刚纯直，故利于在艰难中守正，可获吉祥。

【原文】六五：噬干肉，得黄金；贞厉，无咎。

此爻是人君治人而不服，而因戒其占者也。故叶者聪明，拨乱反正之人；黄金为兆甚多，黄门、黄榜、黄堂、金殿、金鱼、金门。不叶者亦为大富，丰衣足食，积蓄尘红。岁运逢之，病者得安，冤者得释，士子进取成名，在仕用法去奸，常人亦利。

【注解】干肉是干硬的肉脯，亦喻施刑不服者。六五处噬嗑尊位，但以阴居阳，施刑于人，亦不能尽服，故有“噬干肉”之象。黄是色，金是刚坚，贞厉言守正防危，意即六五虽失正，但既居阳刚尊高之位，又处中和不偏之所，已具刚中气质，故以黄金为喻，以此趋正长守，谨防危厉，必得用狱之道，故无咎。

【原文】上九：何校灭耳，凶。

此爻是恶极而为罪之大者也。故叶者虽处富贵，常怀忧惧，盖变震上爻为“索索矍矍”之象。不叶者为强梁，为刚恶，履危蹈险，是非括挠，祸患旋踵，刑狱罹身。岁运逢之，在仕防谗污贬谪，在士防停降毁辱，在庶俗防争讼。数凶者耳目不明，血气不顺，或丧身殒命。

【注解】何通荷；校，此处指木枷之类项械。上九以穷亢之阳居噬嗑之极，犹积恶不改，触犯刑法，被套上枷锁，灭掉耳朵，其凶至甚。

䷕贲卦（二十二）

【原文】《象》曰：山下有火，贲；君子以明庶政，无敢折狱。

此卦多主文章华丽，学问充实；又主典政（政，疑为章字之误——注者）礼乐。艮宫一世卦，属十一月，纳甲是己卯、己丑、己亥、丙戌、丙子、丙寅。若人果生于十一月及纳甲者，乃功名富贵人也。

【注解】贲卦上艮为山，下离为火，山乃草木百物所聚生之地，火在其下而上照，庶类皆被其光明，为贲饰之象也。君子观贲卦之象，悟知当以文明理政，而不以文饰断狱。

【原文】初九：贲其趾，舍车而徒。

此爻是安于下者，著其义而象之也。故叶者刚正文明，饰躬厉行，达则振斯文于天下，穷则饰斯文于一身，大德大才，不以穷达为忧喜或进取，主迂回辛苦。不叶者多是劳禄奔波，掣肘俯仰或依靠富豪立身。岁运逢之，在仕防退职之患，在士防黜降之辱；在庶俗奔走于道路，弃易从难，远亲向疏，静凶而动吉也。

【注解】初九当贲之始，处下位卑，不敢贪求华饰，故自贲其趾而舍车安步，喻饰所当饰，弃所不当饰，即“贲不失礼”之义。

【原文】六二：贲其须。

此爻是贲于人而与之振作者也。故叶者有文章，有学问，上以待君之求而佐以文明之治。不叶者亦性敏学广，好习上品，恶居下流，可以长享安静之福。岁运逢之，在仕则有因人成事之功而升迁有地，在士则有文章之善而得上应援，在庶俗得人提举而营为无阻。但变得大畜，舆脱辐之象，亦要相时而动，虽有知己，不可恃势妄作，以取摧抑之患。数凶者，丧仆而难救，弱不能立也。

【注解】须，指面上之须毛，喻六二承之九三。六二处下卦之中，与九三均得位无应而两相亲比，故二专意承三，犹文饰三之美须，于是阴阳互贵，相得益彰，此即“贲得其所”之意。

【原文】九三：贲如，濡如，永贞，吉。

此爻是安逸之象，而示以处逸之道者也。故叶者文足以华国，道足以经时，必有清名重望，而为大贵显宦也。不叶者亦是见识过人，德行迈俗，或财谷丰盈，衣足食给，寿算永远，得人助力。岁运逢之，在仕则赞助有人，而美职是任；在士则提援者多而名可成；在庶俗则与之协力者众，不必劳己而自然荣盛，纵有外挠是非，终不为害也。

【注解】如是语气词，濡是润泽。九三下比六二，两者既相贲饰，又相施润，故有“贲如、濡如”之象，但此时不可因贵忘忧，故又诫须“永贞”方吉。

【原文】六四：贲如，皤如，白马翰如，匪寇，婚媾。

此爻是其相睽之迹而象其相求之心也。故叶者文高学广为世标准，为世老成，主先难后获，进取迂回；又马为五马，皤者高年，翰者飞腾。疑彼以为寇者，反以为我之亲爱，或成名不暇于进取，或历任不依乎次序。不叶者亦得晚景结果，但早年偃蹇。岁运逢之，在仕先阻后顺，在士先失后得，在庶俗先睽后合。忧中有喜，暗底逢明，虽有险危，终得安宁。未合者婚媾，数凶者忧服，盖有白马之象故也。

【注解】皤音婆，白，素之色也；翰，白也。六四居上卦之初，贲道已变，其饰尚素。故取皤、白、翰为喻。六四阴柔居于正位，下应初九，宜于速往相应互贲，故有白马奔驰之象。原文所解白、皤、翰之意，与易理不甚相合。匪寇，婚媾，言初九虽阳刚，但非强寇，实为六四相应之配偶。

【原文】六五：贲于丘园，束帛戋戋，吝，终吉。

此爻是人君以恭俭致天下之治，而因善其占者焉。故叶者多敦本尚实，虽伤于固陋，而不足以昭文采之观，然礼奢宁俭，亦可以敦淳厚之风，而不致于匮天下之财，不惟田园广多，而金帛积蓄，兼得寿庆善终，其为吉人可知。不叶者，为鄙吝乔野之逸士而衣食不足。岁运逢之，在仕闲官招聘，见任者福禄，衰老终寿，贵人获利，进取大难，就小有喜。

【注解】丘园，山丘园圃，喻朴素自然；束帛，一束丝帛，喻微薄无华之物；戋戋，浅小，形容物少。六五居贲尊位，柔中无华，饰尚朴素，虽无下应，却能上承处卦终之阳刚，故有贲饰于丘园之象，持微薄之“束帛”，礼聘贤士，共相辅治，以成贲道之美。六五贲道虽美，但下无应合，不免含吝，但能持中行事，上与“白贲”之阳相互合志，终能吉祥。

【原文】上九：白贲，无咎。

此爻是贲极反本而可免过者也。故叶者有古人质朴之德，学问贯世之名而福泽丰裕。不叶者质直恬静之人而随时衣食。岁运逢之，在仕必主升迁，在士必主进取得志，在庶俗经营朴实而无浮荡之失。数凶者，必有服制，或有外戚之孝也。

【注解】白，素也。上九居贲之极，贲道反归于素；事物以白为饰，则见其自然真趣，为纯美至极之象征，故“无咎”。

䷖剥卦（二十三）

【原文】《象》曰：山附于地，剥；上以厚下安宅。

得此卦者多作贵人，但未免孤立刑克。乾宫五世卦，属九月，纳甲是乙未、乙巳、乙卯、丙戌、丙子、丙寅，借用癸卯、癸巳、癸未、癸酉、癸丑、癸亥；如命生于九月之间及纳甲者，功名富贵之人也。其余得之者，未免兄弟不睦，离别迁移，坎坷不利。

【注解】剥卦上艮为山，下坤为地，山高绝于地，今附地者，明被剥也。上是居上者，厚是加厚，安是安固，下乃下处，意即上者观剥之象，悟知厚下安宅以防剥落之理。

【原文】初六：剥床以足，蔑贞凶。

此爻是拟小人害正之象，而因占以戒之者也。故叶者亦可为君子，惟贵气浅，福量狭。不叶者足不停止，事无定规，或小人侵害，或自己生灾，为斗筲之鄙夫。岁运逢之，在仕者则进宜见机相时，以观其用舍之道。其余则或手足之灾，奴婢之损，或兄弟不睦，惟利于修造兴土木之事。凶则身亡家破，营谋不遂。

【注解】蔑通灭。初六以阴处剥下，居坤之始，如大床剥灭，坏先始于足。初六处位最卑，上无阳应，下处阳位失正，只有守正，方能防剥落之凶。

【原文】六二：剥床以辨，蔑贞凶。

此爻是小人之祸愈近，君子不免于所伤者也。故叶者主富贵之人，常怀忠直之心，多招邪诐之谤。不叶者，立足不闲，家计难立，亲眷无倚，婚姻有亏。岁运逢之，在仕防黜降，士子进取难成，常人干谋不遂，或卑者侵凌，尊者猜忌。

【注解】六二阳居下坤之中，如床头处床足、床架之间，初足已剥，故又剥及床头，并将灭坏。六二虽居中得正，但已剥及床头，又与六五相比无应，只有守正，才能防其凶。

【原文】六三：剥之，无咎。

此爻是小人之能从善而深与之者也。故叶者多是贵人，特立独奋，异俗超群，学古之勤，行道之力。不叶者薄德浅福。岁运逢之，在仕者遇明主，逢大臣；常人难遇知己，生涯薄淡，欲求名利，异路为高；且小象有失上下之辞，或难免父母妻子之忧，须防之可也。

【注解】六三虽处剥落之时，其体也消灭成阴，但居阳位，上应上九阳刚，故其虽似剥落，其里却仍存阳质，有“含阳待复”之义，故“无咎”。六三《象》曰：“剥之无咎，失上下也。”因六三上为六四，下为六二,六三不与为伍，独应上九，故曰“失上下”。

【原文】六四：剥床以肤，凶。

此爻是阴祸切身者也。故叶者以阴剥阳，权重势盛，虽作贵人，终失大体，且变得晋四爻，鼫鼠之腐，贪而畏人。不叶者机深祸大，作孽自戕，纵有利名，终无嗣续。岁运逢之，在仕防谗邪之害；在士难遇佳会；在庶俗履危蹈险，争讼刑克之叠生。

【注解】肤原意是皮肤，句中喻床面。六四阴处上卦之初，如大床剥落至床面，此床将坏，故凶。

【原文】六五：贯鱼以宫人宠，无不利。

此爻是率众以从善，其获利之大者也。故叶者为大贵人，或文武相兼，盖亲上九之正人。不叶者亦居小人之上，倚靠富豪，而衣食自足；若女人，有福有贵，必自卑下而致高大。岁运逢之，在仕必加官进职，位居权要；在士考校必居诸士之首而名可成；在庶俗营谋拔萃，人情和合，宫观住持，妇人进财，家和福生。

【注解】贯鱼，喻宫人鱼贯而入。宫人指上九以下群阴；宠指宫人获宠于君王（上九）。六五阴居尊位，当“剥”极将“复”之时，虽自身亦剥成阴，但其志承阳，有贯穿诸阴承应上九欲转剥道之象，正如妃后引领一列宫女承宠君王，故虽剥而无不利。

【原文】上九：硕果不食，君子得舆，小人剥庐。

此爻是一阳存于剥尽之余，而君子、小人异其占者也。故叶者居大位，乘车马，服民心，而为弭乱开治之王。不叶者乃无德小人，破祖败家，伤亲犯上，纵有技艺，亦无用于世。岁运逢之，在仕有权柄；在士得荐举，逢知已而名就；在庶俗而谨慎奉公守法，斯有庇覆，而可保无虞；经营者多生意，或修造宫室。数凶变坤上爻，其血玄黄之象，防下人侵损，死丧将临，少年不利，有子不孤。

【注解】上九居剥之终，其德刚直，当诸爻俱剥成阴之时，而阳实独存，故有硕果未被摘食之喻。君子喻阳刚，小人喻阴柔；得舆为乘大车，喻济世获吉；剥庐是剥落屋宇，喻害民；意从正反设喻，上九若以君子获此硕果则吉，若为小人窃此硕果则凶。

䷗复卦（二十四）

【原文】《象》曰：雷在地中，复；先王以至日闭关，商旅不行，后不省方。

坤宫一世卦，属十一月，纳甲是庚子、庚寅、庚辰、癸丑、癸亥、癸酉，借用乙丑、乙亥、乙酉，生于十一月及纳甲者，功名富贵之人也，又有二月生者，及时，余占福浅。

【注解】复卦下震为雷，上坤为地；雷在地中，隐隐隆隆，阳来而复，来而天下昭融。至指冬至，闭关，关闭关阙。先王效法复象，于冬至阳气复生之际静养，以利进一步发展。后指君主，与先王同义；省方，省视四方，再申天下静养以助微阳回复之理。

【原文】初九：不远复，无祇悔，元吉。

此爻是善事其心，斯可以进于道者也。故叶者有刚大之才，顺理而行，知机固守，为开基创始之吉人，而富贵福泽以厚其生。不叶者修身养性，乐道忘势，不求文华，而为潇洒清修之士。岁运逢之，在仕则位高清而近君赞化，在士则进取夺高魁，经营获利。

【注解】初九以一阳居群阴之下，为复之始，最得复道，故有不远即“复”之象。祇悔，乃灾患之义。初九不远即复之吉，既可无灾无悔，又能大获吉祥。

【原文】六二：休复，吉。

此爻是因人以复善，斯善而皆为已有者也。故叶者中正君子，不骄不傲，事上以诚，待下以信，足以立功名，享富贵。不叶者亦安贫君子，知命达天；仁之一字，为生意，为长寿，为生育。岁运逢之，在仕谪贬者复职，在士停降者复取，在庶俗得倚富豪而获利。临危者得安，有疾者得愈；或数之凶者，有休官下第之兆。

【注解】休，美也。六二当阳复之时，阴居阴位，柔中居正，下比初阳，如亲仁下贤，故以回复休美而获吉。

【原文】六三：频复，厉，无咎。

此爻是改过不吝，既斥而复与之者也。故叶者迁善敏德，不为贵人，未免乍进乍退，或是或非。不叶者难中取易，短中求长，忧虑抑郁。岁运逢之，在仕爵难稳，更变无定；在士则变明夷，有得其大首之象，而名可成；在庶俗求速应迟，事多反复，疑惑差错，而无定主。

【注解】频，颦蹙，皱眉之状。六三居下卦之上，失正无应，承乘皆阴，复善多艰，故有皱眉勉强回复之象。六三处位虽多危厉，但能审慎立行“复”道，则仍无咎害。

【原文】六四：中行独复。

此爻是美其逐于众，而美其不昧于所从者也。故叶者生乱世不为之污，处污俗不为之浼，挺然自拔，以从乎中道而居位食禄，富贵清标。不叶者为行旅，为兵师，为孤独。岁运逢之，在仕复职，在士显名，庶俗获利。

【注解】中行，言六四处五个阴爻之中，其位得正，犹“居中行正”；独，言专，群阴惟六四应初，其情专，故有独复之象。

【原文】六五：敦复，无悔。

此爻是能复于善者，斯与道为一者也。故叶者涵养熟操存固；敦之一字，为君子厚重之德，中之一字，为仕宦官职之名。不叶者，虽非贵人，亦有田谷广积。岁运逢之，在仕有迁除，在士则登荐，在庶俗有积蓄，但要防服制，盖考字不利于父故也。

【注解】敦，敦厚。六五柔居尊位，持中不偏，有敦厚自察，笃诚向善之象，故虽失位无应，也能“敦复”免“悔”。

六五《象》曰：“敦复无悔，中以自考也。”自考乃自察之意，非先考之意；原书解释与易理不甚相合，牵强也。

【原文】上六：迷复，凶，有灾眚；用行师，终有大败；以其国，君凶；至于十年不克征。

此爻是终迷不复而得凶者也。故叶者改过自新，释回增美，亦可常保其富贵而为吉人；盖变为颐，厉吉。不叶者愚昧昏蒙，为疾厄伤残，为破祖破家，为误国累主。岁运逢之，在仕有贪位之诮，在士有取擢之辱，在庶俗有执迷取孽之嗟，静吉而动否也。

【注解】迷复，迷而不复；灾自外来，眚由自作。上六阴居卦极，上无所承，下无所应，昏迷不知复之象，故谓凶，有灾眚。

上六既迷不知复，若用为行师、治国，必待败绩害君；十年喻数之终，意终久；征，前行，含振兴之意，言若任用上六，必带来深重危害，不能兴起也。

䷘无妄卦（二十五）

【原文】《象》曰：天下雷行，物与无妄；先王以茂对时育万物。

此卦最喜二月至八月，为及时，得禄深；余月为失时，得福浅。巽宫四世卦，纳甲是庚子、庚寅、庚辰、壬午、王申、壬戌，生于所属之本月及纳甲者，功名富贵之人也。

【注解】与，皆也。无妄上乾为天，下震为雷，雷威震动，万物皆不敢妄为。茂，盛也，指天雷震奋之强盛威势；对，配合，对时即顺天合时；先王效法无妄卦象，用“天下雷行”之强盛威势以配合天时，养育万物，使之各不妄为。

【原文】初九，无妄，往吉。

此爻是以诚而动，则行无不得者也。故叶者重德清名，知时识势，谋犹大展，志愿大遂，必为国家之重器而福禄攸崇。不叶者亦为吉人，彼无恶，此无射，心有诚实，事无妄举，平生安稳。岁运逢之，在仕则得君得民，在士则进取成名，庶俗主获利。

【注解】初九以阳居无妄之初，处阴柔之下，有谦恭不妄为之象，故往必获吉。

【原文】六二：不耕获，不菑畬，则利有攸往。

此爻是心之公而行之利者也。故叶者中正之才，柔顺之德，不谋利而自得，不计功而功自至，富贵天然，平生安逸。不叶者怠荒自恣，流荡自骄，生计艰难，不务根本，志向无定。岁运逢之，在仕则进职；在士则中试，皆不劳心；富人或进田产，商贾外求获利；在庶俗则末利多而梁稻寡。

【注解】菑音兹，言开垦，与耕互文；畬音余，三岁曰畬，这里指耕作多年之良田，原意是不妄耕，不妄畬。六二当无妄之时，柔正居中，上应九五，不敢妄为而安守臣道，故以不妄耕求获，不妄垦求畬为喻，如此则“利有攸往”。

【原文】六三：无妄之灾，或系之牛，行人之得，邑人之灾。

此爻是本无致灾之由，而灾自至者也。故叶者德足以禳灾，善足以遗祸，而富贵福泽，可以保于无虞。不叶者奔波诡诈，招忧启祸，得失无常，忧乐不一，家业难兴。岁运逢之，在仕利于郡守，行人之得也，不利邑宰，邑人之灾也；田家或进牛财，商贾多获利息；在庶俗或闲事系绊，破财损己；在士人必主难于进取。

【注解】六三居下卦之终，失正躁动，虽不妄为，也可能引来无故灾殃，就如行人顺手牵羊，邑人横遭飞祸一样。

【原文】九四：可贞，无咎。

此爻是能守正自安，斯可以寡过者也。故叶者才德君子，守正不阿，执德不回，独善其身，福量宽洪。不叶者亦平生安逸，衣食丰足。岁运逢之，在仕守其常职，在士保其常分，在庶俗守其旧业，图谋有实，不致虚浮。

【注解】九四居近君危地，下无应与，本有咎害，但阳处阴位，比近九五，能谦己奉君，守正不妄，遂获无咎。

【原文】九五：无妄之疾，勿药有喜。

此爻是君臣一德而拟以意外之变，不劳而弥之者也。故叶者有阳刚中正之德，足以拯溺亨屯，御灾捍患，上有益于朝廷，下有益于身家，矜式当时，标准后世。不叶者有福之人，而灾害不生，喜庆多至。岁运逢之，在仕进之列者，纵有变生不测，祸起无虞，不辩自明，不解自释；在庶俗有病不药自愈，谋为有成，生育可喜。

【注解】九五当无妄之时，阳刚中正，居尊善治，其下均不敢妄为，纵使偶遇小灾，亦非生于“妄”，故可不治以听其自消，就如小病不治可以自愈。

【原文】上九：无妄，行有眚，无攸利。

此爻是信之固而卒用于信者也。故叶者执而能通，固而知变，足以防危杜患，身家可保，福泽无亏。不叶者志大谋拙，驰驱不停，孤独不倚，灾眚不离。岁运逢之，在仕不达于政而贬逐离道，在士不达于理而耻辱难逃，在庶俗不谙于世而是非迭生；惟变通以驱时免祸，数凶不保其终。

【注解】上九处无妄之极，时穷难行，动则遭灾。

☶大畜卦（二十六）

【原文】《象》曰：天在山中，大畜；君子以多识前言往行，以畜其德。

艮宫二世卦，属十二月，纳甲是甲子、甲寅、甲辰、丙戌、丙子、丙寅，借用壬子、壬辰、壬寅。如生于十二月及纳甲者，功名富贵之人也。

【注解】大畜卦下乾为天，上艮为山，止莫若山，大莫若天，天在山中，大畜之象也。识音志，即记也。前言往行，指古代圣贤之言行；君子效法大畜卦象，多记前言往行，以畜美德。

【原文】初九：有厉，利已。

此爻是不利于进而利于退者也。故叶者明哲保身，知机以图存，灾不犯而福有余。不叶者处常处变，随时定计。岁运逢之，在仕宜去位，在士宜待时，在庶俗宜守旧；不然变生不测，祸将临矣。

【注解】厉者，危也；已者，止也。初九处大畜之初，阳德卑微，为六四所畜止规正；此时若急于求进则危，若暂停不进，自畜己德则利。

【原文】九二：舆说輹。

此爻是深拟其自止之象也。故叶者变为贲，有“与上兴”之象，必有才德，心性明敏，闻见广博，守正不移，时上之用，或急流勇退，或挂冠致仕。不叶者幼小不行，老大足疾，或生腰疾；数凶者难于寿考，岁运逢防失脱灾非。

【注解】说音脱，通脱，脱卸；輹音复，车轴輹也，即大车下钩住大车轮轴的木制器件。九二当大畜之时，阳刚居下处中，被六五畜止规正，能自度其势，停止不前。

【原文】九三：良马逐，利艰贞；日闲舆卫，利有攸往。

此爻是拟其同升之象，而示以允升之道者也。故叶者文章学问如良马之捷，如大舆之坚，兵卫之临，足以胜朝廷重任；“马”字，“卫”字，是节制、军马、茶马、司簿、转运，皆佳兆也。不叶者难与君子合志，或妄举躁动，不自爱重，损失难免，纵有成就，亦起于艰辛。岁运逢之，在仕则有五马朱旛之应；在士则有飞腾之应；在庶俗得尊上施用，知己相助，以济其艰，或奔走劳役而后方可有获。

【注解】以良马奔走喻九三畜德既充，强健至上，又与上九阳刚合志，故可施展才用；但三位多惧，恐其刚亢过甚，冒进有失，故诫其“利艰贞”。闲，熟练，舆卫，指车马防卫；九三不可自恃其刚，忘乎艰难，应不断练习“舆卫”之技，方“利有攸往”。

【原文】六四：童牛之牿，元吉。

此爻是止恶于初，而因善其占者也。故叶者或为童科，或为魁元，富贵双全。不叶者为童仆近贵，或力小不能任重，或见浅而拙于谋。岁运逢之，进取领解；盖牛为解星，常人有喜添牛财，在仕有升迁之喜。

【注解】童牛言小牛，或无角牛，喻初九；牿音固，牛触人。六四在初九过恶未萌之初，先施以“畜止”，妥为规正，如在无角童牛上加牿，使其无法牿人，故吉。

【原文】六五：豮豕之牙，吉。

此爻是制恶于著，而因善其占者也。故叶者大才大德，出类拔萃，足以立大功，享富贵。不叶者志气卑微，小小规模，生计狭隘，亦有喜事。岁运逢之，在仕则升擢，在士则高迁，在庶俗多有吉庆而营谋克遂；元气失者，福量浅狭。

【注解】豮音坟，阉割；豕音始，即猪。猪被阉割之后，凶性已除，其牙则不足惧；以此喻九二脱卸车輹，停止不前，六五居尊畜二，自能使其接受规正，故而获吉。

【原文】上九：何天之衢，亨。

此爻是畜极而通，而其道之所施者广矣。故叶者间世奇英，当时重望，功高千古，名扬四夷，道德充大，足以开太平，继绝学。不叶者志大心高，机深祸重；变泰上爻，有“城复于隍”之象。岁运逢之，在仕者得荐举登天，在士者进取成名，庶俗谋为皆利；“天衢”二字应兆非轻。

【注解】何，感叹词；衢是四面畅通的大路。上九处大畜之终，止健至极，畜德至盛，如“多识前言往行”的君子，故其时大通，如置身于四面畅通的大道，所向必亨。

䷚颐卦（二十七）

【原文】《象》曰：山下有雷，颐；君子以慎言语，节饮食。

巽宫四世卦，属八月；纳甲是庚子、庚寅、庚辰、丙戌、丙子、丙寅；如生于八月及纳甲者，功名富贵人也。二月至八月为及时，九月后则非其时矣。

【注解】颐卦上艮为山，下震为雷，山止于上，雷动于下，颐之象也。君子效法颐卦养正之道，慎言养德，节食养身。

【原文】初九：舍尔灵龟，观我朵颐，凶。

此爻是自丧其所守，而深鄙之者也。故叶者因人成己，他邦立基而贫贱，贪而有失，所得者少，所失者多。不叶者为不义之人，贪污之士，必遭凶祸。岁运逢之，在仕则遭失廉之辱，在士则有荒淫之诮，在庶俗则有悖逆争财之祸。大抵惟守正道则吉，士子进取有食廪之兆，盖因朵颐欲食故也。

【注解】尔指初九；灵龟喻阳刚美质；我指六四；朵，颐下动之状；颐是口腮。当颐养之时，初九上应六四，如以阳之实求养于阴虚，养身不得其道；故爻辞借六四口吻责之曰："汝弃尔灵龟，贪我垂腮之食，必致凶险。"

【原文】六二：颠颐；拂经，于丘颐，征凶。

此爻是求养失其类者也。故叶者守正不动，保身养性，可耐岁月之久。不叶者更变无定，习学不专，交下先欺，亲上见斥，或患难颠强拘束。岁运逢之，在仕防谪；在士防辱；在庶俗作事进退，事非不一；数凶者多病至死。

【注解】颠者，倒也。六二无应于五，反向下求养于初，有失颐道，故曰颠颐。拂，违也；经，常理；丘喻上九。六二不能以柔顺中正自养，既颠颐求初，又违背奉上之常理，向上九索取颐养，以此往前必凶。

【原文】六三：拂颐，贞凶，十年勿用，无攸利。

此爻是所养非其道而取凶者也。故叶者改过自新，窒欲自惩，则变为"贲如，濡如"，光华润泽之文，亦可作小小规模。不叶者扶扬违正，悖义放肆，祸不旋踵，身家破损。岁运逢之，在仕有丧名失节之患，在士有纵欲败度之虞，在庶俗有荒淫无忌之祸，甚则丧身，悲伤之至。

【注解】六三当颐之时，阴居阳位，违中失正，恃其有应于上九而求养不已，故为大悖颐道之象。贞凶即守正防凶；六三既颐养失正，当疾速改邪趋正，谨守防凶，并十年之久不可施用，用之必无所利。

【原文】六四：颠颐，吉；虎视眈眈，其欲逐逐，无咎。

此爻是任贤以养民，而为德泽之普者也。故叶者大才重望，端谨威严，以正驱邪，立太平之基业，成格天之事功；“虎”字之吉兆为虎将、虎符之类。不叶者多颠倒拂乱，纵欲耽乐，损财破家，甚则为虎所伤，为斥逐而难以容生。岁运逢之，在仕则为太守，得尊上光宠；在士则进取成名；在庶俗得好人赞助而营谋遂；数凶者，防摈斥驱逐是非之危。

【注解】六四阴居上卦，得初九应和，如上者向下求养，再用以养下，故虽颠颐，却能获吉。眈眈，专一注视；逐逐，连接不绝。六四求初九专一不二，虽需求连继不绝，但求之有道，必无害。

【原文】六五：拂经；居贞吉，不可涉大川。

此爻是赖大臣以养民，而因戒占者也。故叶者多享现成富贵，或承祖宗之恩，或倚权内之贵。不叶者平生不受辛苦，得人助力，亦有受用。运岁逢之，在仕则因人成功而位可保，不可明白主事以招咎；在士则进取得人引拔而小就；在庶俗则作为有倚靠而志可得；不可乘舟涉险。

【注解】六五处君位，失正无应，阴柔无实，唯承上九；如自己不能养人，反赖上者养己以兼养天下，有背君主“养贤以及万民”之理，故曰“拂经”。六五既失正不刚，宜趋正以居，从阳补阴，不可率意犯难涉险。

【原文】上九：由颐；厉吉，利涉大川。

此爻是人臣任天下之重，当敬事而尽其力者也。故叶者位尊德重，常怀忧惕；上承天宠，下系民望，功勋冠世，福泽深远。不叶者亦有福寿之人，推戴仰望者多，而为乡里之善士。岁运逢之，在仕爵禄崇重，在士必为魁解，在庶俗谋为光显，无往不利。

【注解】由颐，由之以颐，犹言“天下赖以获养”。上九处颐极，阳刚充沛，有臣贤于君，君赖之以养天下之象；担此重任，知危能慎则吉，排难涉险方利。

䷛大过卦（二十八）

【原文】《象》曰：泽灭木，大过；君子以独立不惧，遁世无闷。

震宫四世卦，属二月；纳甲是辛丑、辛亥、辛酉、丁亥、丁酉、丁未；如生于二月及纳甲者，功名富贵人也。

【注解】大过卦上兑为泽，下巽为木；泽虽可润养木，然灭没于木，则过甚，故为“大过”。君子观大过之象，悟知当以“大过人”之举处“大过”之时，方能“独立不惧，遁世无闷”。

【原文】初六：藉用白茅，无咎。

此爻是著以敬慎之象，而示以寡过之占者也。故叶者德行高洁，誉望清廉，处下以谦恭，得上以信任，富贵福泽，优悠坚牢。不叶者志谋清虚，隐迹山林，知足不贪，谦厚无失。岁运逢之，在仕谨持而禄位固，在士谨密而德业修，在庶俗谨约而财利周；数凶者，防孝服之忧。

【注解】藉是衬垫；白茅是洁白的草。初六一阴在下，应当极为敬慎承事上之阳刚，才能免咎；故爻辞以白茅衬地承物奉上为喻，言慎之至矣。

【原文】九二：枯杨生稊，老夫得其女妻；无不利。

此爻是阳得阴助，两拟其象而善其占者也。故叶者特立独奋，持危扶颠，拨乱反正，建大业，立大功。不叶者难中求易，死处逢生，早年辛苦，晚景荣华，或妻少子迟。岁运逢之，在仕则去位者复职，在士久淹者复超；在庶俗或妻娶，或生子，或纳妾；僧道或进徒弟，君子得少妻义子。

【注解】稊音题，通荑，树木之新芽。此爻拟象非常生动，以枯杨生新枝，老夫娶少妻，喻九二以过甚之阳处于中位，下比初六柔弱之阴而能刚柔相济，各自获益，意无不利矣。

【原文】九三：栋桡，凶。

此爻是过刚而无益于事者也。故叶者勇于立功，力于济世，但伤于暴戾，非惟不足以奏天下之功，而适足以偾天下之事；非惟不足以底天下之绩，而适足以成覆餗之危。不叶者凶暴猜狠，祸患叠至，且变“困于石”之象，而其刑伤损折可知。岁运逢之，在仕必防谪，在士宜防危，在庶俗须防倾覆之患，或有足目之疾。

【注解】桡，折也。九三阳居下卦之极，刚亢过甚，又应于上六，刚势益烈，正如栋之中体愈刚，本末愈弱，故有栋桡之象，倾其室，是以凶也。

【原文】九四：栋隆，吉；有它，吝。

此爻是刚柔相济而拟以大臣克任之象，而戒其不可过于柔者也。故叶者禀刚大之才，为国家栋梁，功勋盖世，誉望冠伦。不叶者亦有才德誉望，虽不为世用，家业兴隆，福量深厚。岁运逢之，在朝必为宰任，初入仕当重任；在士进取成名；在庶俗多有修造之举，皆宜执见，论事不一，堕于柔奸以取吝；数凶者，为室制是非。

【注解】隆是隆起，下桡之势平复也。言九四处上卦之始，阳居阴位，如自损过刚之质，以救本末之“桡”，使栋体隆起平复而获吉祥。有它，有应于他方，指应初六；九四与初有应，特设诫辞，谓六四既已损过刚而使栋隆，若再趋下应初，则为过柔，反不能救挠而致吝。

【原文】九五：枯杨生华，老妇得其士夫，无咎无誉。

此爻是刚柔不足以济世，而难以致誉者也。故叶者刚过之极，所遇非其人，好狎小人，所资非其良，不足以图事功而名誉不著，足食足衣，无荣无辱。不叶者，或妻年高而性悍，或嗣悭而寿脆，碌碌庸常，成立艰辛。岁运逢之，在仕不可久任，在士难于进取，在庶俗难于营谋；或喜中生忧，美事成丑，或有老妇之差，治母之厄；枯杨生华，先逆后顺之象。

【注解】九五刚健之阳犹士夫，亲比上六衰极之阴犹老妇，二者勉力调济，阴阳和合，故有枯杨生新华之象。九五勉力拯救本末弱之反常局面，虽老妇也与相配，以期刚柔调济，不失大过人之举，故无咎；但极强配极弱，终难善，对偶不适，故亦无誉。

【原文】上六：过涉灭顶，凶，无咎。

此爻是拟以死难之象，而因以致其许国者也。故叶者有德有位，当大难，临大危，而杀身以成仁，舍生以取义，名标青史，望重华夷。不叶者志大谋小，轻动妄举，取祸招孽，难容于世。岁运逢之，在仕有震主身危之祸，在庶俗有疾首蹙额之危，惟士子求取则可以夺魁，顶字之义故也。

【注解】上六阴处大过之终，虽下比九五阳刚，竭力取阳济阴，但因才力过弱，终究难免亡身；然视其独立不惧的救时毅力，结局虽凶，而“杀身成仁”之义则无咎；原书解“顶”字可以夺魁，与易理不符，牵强也，附会也。

䷜坎卦（二十九）

【原文】《象》曰：水洊至，习坎；君子以常德行，习教事。

坎宫六世卦，属十月；纳甲是戊寅、戊辰、戊午、戊申、戊戌、戊子，生于及时与纳甲者，功名富贵之人也。

【注解】洊，音荐，叠连之意。坎卦上下皆为水之象，故为两坎相习，水流仍洊之象也。常，恒久保持；习，熟习；教事，政教之事。君子观坎之象，悟知守德行当如水流不息，行教事当如两坎相受，时时熟习。

【原文】初六：习坎，入于坎窞，凶。

此爻是无济险之道，而终无出险之功也。故叶者知机守节，不失其道而行险，而不入于险也。不叶者才弱志怯，所遇非时，所处非地，汩没泥途，超接无路。岁运逢之，在仕防摈斥之嗟，在士防黜降之辱，在庶俗防陷溺之危；惟僧道隐逸者可以免矣。

【注解】窞音旦，深坑也。初六以阴处重坎之下，柔弱失正，难以出险，故有深陷坎窞而致凶之象。

【原文】九二：坎有险，求小得。

此爻当艰难之际，而求济险之道者也。故叶者有刚中之德，身当变故之秋，虽未能大有所成，可以靖天下之难，而犹能扶植乎天运而不流于倾覆之危。不叶者不能大有施设，亦作小小规模。岁运逢之，在仕则历任小成而未大，在士则利于小试而未出身，在庶俗则经营小就，在女命或为侍妾，凶者防险难或生心腹血气之疾；宜以“未出中”三字详之，或仕寓朝中，在士业学中，常人处于家中。

【注解】小得，小言阴柔，又言小事，小处。九二处下坎之中，阳居阴位，失正罹险，但以刚居中，孚比上下二阴，故求有小得而渐谋脱险之象。

九二《象》曰：“求小得，未出中也”。九二此时并未脱出险难之中，原书言仕寓朝中，士业学中，常人处家中之义与易理不合。

【原文】六三：来之坎坎，险且枕，入于坎窞，勿用。

此爻是往来皆险，而终不能以济险也。故叶者虽无拯溺亨屯之才德，亦能斡旋以保固，区画以图存，而身家不至倾危。不叶者才弱志短，动辄掣肘，贫难艰苦，终无出日。岁运逢之，在仕则宜退步，在士惟宜修藏，在庶俗多坎坷争讼之事。

【注解】来之即来去。六三阴居阳位，意欲行险，又处上下坎之间，故有来去皆坎，动辄罹险之象。六三前后皆险，动处均无凭依，当此陷入“坎窞”之时，不可强行施用。

【原文】六四：樽酒簋贰，用缶，纳约自牖，终无咎。

此爻是与其善于格君，而功可成者也。故叶者诚实谦厚，不事浮华，足以取险济难而德业昌荣。不叶者易成易破，骤荣忽散，衣食俭约，福泽浅薄。岁运逢之，在仕有祭酒修读之兆，在士则遭际之难，在庶俗有交缔结姻之应；数凶者或丧祭之忧。

【注解】簋，音鬼，盛食物的器具，簋贰即两簋食；缶，瓦器；牖是窗户。六四处上坎之下，前后亦均为险穴，但柔顺得正，上承九五，能以虔诚之心与之结交，如奉薄酒一杯，淡食两簋，盛物于瓦缶，虽简朴亦可呈现于尊者（九五），开诚布公地相交，如纳约于明窗，便可得阳刚相助，终获无咎。

【原文】九五：坎不盈，祇既平，无咎。

此爻是尽济险之道，而成济险之功者也。故叶者刚明之才，中正之德，倾否为泰，而措斯世于平康；易危为安，而拯天下于陷溺；上足以应天命，下足以慰民心，而功业非小补。不叶者小有才能，排忿解厄，一世平宁而坎坷少致。岁运逢之，或显仕，或为平章评事，而官小亦有职无危；在士利于小就而未大；在庶俗谋为平坦而无危。

【注解】祇与坻通，小丘也。九五处险之时，阳刚中正，下比六四，为居尊而履险有方之象，故险陷之深穴虽未满盈，穴旁之小丘已被铲平，长此以往，必能渐填陷穴而道路开通，脱出险境而无咎。

【原文】上六：系用徽纆，寘于丛棘，三岁不得，凶。

此爻是无才而居险极，深著其危亡之象者也。故叶者抱道自重，隐逸于山林，付世事于不知，或僧道安置于丛林之中。不叶者伤亲破祖，骨肉难合，寿算难远，招辱犯刑。岁运逢之，在仕防缚绑安置之忧，在庶俗防缧绁牢狱之灾，惟士子则鏖战棘闱之兆。

【注解】缪音墨，徽缪均为绳索之名。上六以柔居险之极，历险之深，如被缚置于丛棘之中的牢狱，三年不得解脱，故凶。

☲离卦（三十）

【原文】《象》曰：明两作，离；大人以继明照于四方。

离宫六世卦，属四月，纳甲是己卯、己丑、己亥、己巳、己未、己酉；生于四月、五月、六月及纳甲者，功名富贵人也。

【注解】明两作，两言接连，作是起意；离卦上下离均为明之象；《正义》曰：离为日，日为明，今有上下二体，故云“明两作”也。大人效法离卦光明连继之象，绵延不断地用“明德”照临天下。

【原文】初九：履错然，敬之，无咎。

此爻是其著妄行之象，而示以敬慎之占也。故叶者刚明是用，敬慎是持，审事机之会而损过就中，酌物理之宜而纠缪归正，功业竟成，缙绅钦仰。不叶者亦能改行率德，始焉行多拂戾，终焉福颇受享。岁运逢之，在仕防躁妄不谨之咎，在士防差讹之辱，在庶俗防越理犯分之危，行者防跌足之疾。

【注解】错然，错落有致。初九阳刚处下，于行将“附丽”之时，行事能郑重不苟，恭敬谨慎，必获“无咎”。

【原文】六二：黄离，元吉。

此爻是人臣有中德以丽君，斯足以成文明之化者也。故叶者以谦柔之德，行中正之道，忠顺不失，上足以相文明之君，仁慈丕阐；下足以成文明之化，福量宽洪，器识远大。不叶者亦诚实谨厚，家业兴隆，平生安乐。岁运逢之，在仕得君，黄阁伟器；在士必得魁解；在庶俗必沽利息。

【注解】黄为中之色，喻六二居中，能以柔顺中正之道附丽于物，故获“元吉”。

【原文】九三：日昃之离，不鼓缶而歌，则大耋之嗟，凶。

此爻是值天运将衰之时，而无能以挽之者也。故叶者深知盛衰循环之理，盈虚消索之常，乐天知命，安士敦仁，以挽回乎天命，而福泽无损。不叶者必致损身伤财，刑妻克子。岁运逢之，在仕告休，在士防辱，在庶俗乐中生悲，吉中生愁，险难迭至，丧亡无日。

【注解】缶是瓦器，可用为节乐；耋音迭，年八十曰耋，大耋言极老。九三处下离之终，阳极将衰，未能长久附丽于物，若不及时鼓缶作歌行乐，要勉强进取，则致“大耋之嗟”，必有凶险，故以太阳偏西为喻。

【原文】九四：突如其来如，焚如，死如，弃如。

此爻是人臣恃刚以革政，自速其斃者也。故叶者守旧安常，循章约法，上不犯刑宪，下不招仇怨；盖变为贲有“终无忧”之兆，而身家性命可保。不叶者不中不正，无逊无让，进逼乎尊，率意妄行，罪不容死。岁运逢之，在仕者凌逼之嫌，在士有作聪之谬，在庶俗有逆忤长上之愆，或遭兵火，或死亡弃逐而百孽难逃矣。

【注解】九四处上离之下，急于上进附丽于六五，但阳居阴位而失正，欲速不达，犹晓日朝霞突喷而起，有烈焰焚如之象；但霞光终究不能上附高天，瞬息间即消散不存，只有“死如，弃如”的结局。

【原文】六五：出涕沱若，戚嗟若，吉。

此爻是戒人君尽保泰之道而得安者也。故叶者柔丽乎中，谦以致和，其操心也危，虑患也深，而强梁不得以乘其隙，刚暴不得以肆其志，而富贵福泽可以长保于无虞。不叶者柔弱昏暗，权出乎人，或丽王公大人而志意颇伸，先难后易。岁运逢之，在显仕者得志，退职者多险危，进取者难成名，经营者多蹇滞，甚则忧愁思虑，悲泣嗟号之难逭矣。

【注解】沱，泪流滂沱之状；戚即慽，忧伤。六五阴居阳位，为九四之势所迫，遂致忧伤，哀泣；但丽著于君位，终获众助，故先伤泣而后吉。

【原文】上九：王用出征，有嘉折首，获匪其丑，无咎。

此爻是人君之位，而征伐能以正也，故得无咎。故叶者刚明远振，用刑不滥，文武全才，足以开太平之事基。不叶者或为兵卒，或为商旅，碌碌奔走衣食，或头目带疾，声名丑恶。岁运逢之，在仕出师历任而功业就，在士进取作魁，常俗见喜，经营获利；数凶者变丰，有“阒其无人”之象。

【注解】上九以阳居离之极，附丽之大道成。众皆亲附，若有不亲附者，则可征伐讨罪。嘉，嘉美之功；首，敌方首级；匪其丑，非其类，指不愿附从之异己。上九出征取胜，俘获异己，当可无咎。

卷二下　下经三十四卦

䷞咸卦（三十一）

【原文】《象》曰：山上有泽，咸；君子以虚受人。

兑宫三世卦，属正月，纳甲是丙辰、丙午、丙申、丁亥、丁酉、丁未，如生于正月及纳甲者，功名富贵人也。

【注解】咸卦下艮为山，上兑为泽。《正义》曰："泽性下流，能润于下；山体上承，能受其润，以山感泽。所以为咸。"受，言容纳。君子效法咸象，虚怀接物，以成"感应"之道。

【原文】初六：咸其拇。

此爻是不当感而感也，故为咸其拇焉。叶者分虽卑而志高，力虽微而谋远，成名于青年，食禄于晚景。不叶者中年离祖，身谋未遂。岁运逢之，京官出，闲官起，进取有待而未速；庶俗宜远商，僧道宜游行。大抵值此爻者，虽急急营求，亦多难于成就。

【注解】拇指足大指。初六以阴处咸之始，上应九四，所感尚浅，未动于心，故以感于拇为喻，言其欲动而未动。

【原文】六二：咸其腓，凶；居吉。

此爻是利于静而不利于动者也。故叶者相时而进，虑善以动，上顺乎君而不敢越分以要功，下顺乎民而不敢违道以干誉，灾害不生，吉祥自至。不叶者志大心高，贪得无厌，奔走衣食，辛苦成家。岁运逢之，在仕居位者叶吉，差遣者有厄；在士难逢佳会；在庶俗奔波徒劳；大抵宜静而不宜动也。

【注解】腓是小腿肚。六二处下卦之中，阴居阴位，柔正应五，犹交感至腓，为动象；但躁动必凶，故爻辞先戒以凶险，再勉其静居守正，方吉。

【原文】九三：咸其股，执其随，往吝。

此爻是主于有感，则非其正矣，故不免于往吝之失者也。故叶者度时而进，知机而止，或为股肱执政之大臣，而悔吝不及。不叶者谋巧见拙，志在随人，多致败失。岁运逢之，在仕为宰执，防谪降之咎；常俗为执干；在士子考校则随人下，而无出类之美也。

【注解】股，大腿；执，执意；随，盲从泛随，心无专主。九三处下卦之终，阳盛刚亢，应于上六，交感至股；股动随足而行，故言相感不专，执意泛随，以致有往必吝。

【原文】九四：贞吉，悔亡；憧憧往来，朋从尔思。

此爻是能王霸之效者也。故叶者刚正君子，无思无虑，诚足以格君，惠足以感民，功业盛大，爵位崇高。不叶者心多暗昧，交情偏疏，奔走劳役，求逐不暇，器宇小成，未得光大。岁运逢之，在仕秉公执政而迁除有阶；在士小有利而未光；在庶俗朋友相倚，小谋可就，大用则亏，心绪少安。

【注解】九四阳居阴位，本有失正之悔，但亦有谦退之象，犹能趋正自守，与所应之初六以诚相待，静候心志通同之日，故吉而悔亡。憧憧，心意不定而频频往来之状；朋，指初六；尔，指九四。言九四从悔至悔亡，至友朋意志通感，倾心相从之过程。

【原文】九五：咸其脢，无悔。

此爻是不能感物之象，而与其可以无累者也。故叶者崇尚之志而孤介以自立，虽无功业以见于世，亦无尤悔以累其功。不叶者志昏量狭，弃本逐末，斗筲鄙夫，福气浅薄。岁运逢之，在仕执一，多失同僚之欢；在士进取难为；在庶俗人情乖离，而营谋微小。

【注解】脢，音梅，背脊肉，位于心之上，口之下。九五阳刚居尊，虽与六二有应，却不能大感，如在脢上，其心难通，故无大成而仅获无悔。

【原文】上六：咸其辅颊舌。

此爻是感人以言者也。故叶者有德有言，或居言路，或掌词翰，必得君而行道，有以来众口之称誉。不叶者鼓簧口以乱俗，招忧启祸，尘世难容。岁运逢之，在仕防谮论，或遭言责；在士庶为游说，为技艺，为评论，为毁谤。

【注解】辅，脸颊之上，指上牙床。上六以阴居卦终，感极而反，其应徒在口头言语而已。

䷟恒卦（三十二）

【原文】《象》曰：雷风，恒；君子以立不易方。

震宫三世卦，属正月；纳甲是辛丑、辛亥、辛酉、庚午、庚申、庚戌；如生于正月及纳甲者，功名富贵人也；九月至十二月，失时为福浅。

【注解】恒卦上震为雷，下巽为风，雷风相遇，刚柔皆应，恒也。方，道也。君子效法恒象，立身于恒久不变之道。

【原文】初六：浚恒，贞凶，无攸利。

此爻是执理而不度时势，不当恒者也。故叶者定其交而后求，度其势而后行，志得谋遂，亦可作贵人。不叶者不安分命，不量浅深，动辄阻滞，谋为偃蹇。岁运逢之，在仕不得于君；在士难逢知己；在庶俗不通人情，而徒遑遑于路途；惟静守则免凶尔。

【注解】浚，深也。初六处恒之始，阴柔浅下，上应九四，如急于深求恒道，则欲速不达，故有“浚恒”之象。贞凶是守正防凶。初六阴居阳位，是失正，但求恒心，故勉其趋正自守，以其避免凶险，若执意“浚恒”，必无所利。

【原文】九二：悔亡。

此爻是有中德而能寡过者也。故叶者执中行道，饰躬厉行，见善则迁，有过则改，富贵福泽，享之无亏；且“中”字是官职之名，“久”字是长远之义。不叶者亦平生不凶，老者无疾，声名清洁，寿算最久。岁运逢之，在仕谨身而无旷职之诮，在士来崇德之奖，在庶俗固守而无损耗之嗟。

【注解】九二阳居阴位，本有失正之悔，但能恒久守中不偏，遂致“悔亡”。

【原文】九三：不恒其德，或承之羞；贞吝。

此爻是不能久于其道者，而深著其不善之占者也。故叶者执德不固，而有隙以启人之诮；信道不笃，而有门以招人之议。不叶者损行灭德，失师丧名，有以来众口之讪，而无所容于天地。岁运逢之，在仕防谏议之贬，在士防损德之谤。在庶俗防毁辱争讼之挠。

【注解】承，奉也，此处言施加。九三阳刚居下卦之终，应于上六，躁动盲进，有守德不恒之象，故人或加之以羞。

【原文】九四：田无禽。

此爻是久所不当久者也。故叶者或以异术见宠于朝堂，或以他技而滥与其爵禄，或功名早退而难久于其位。不叶者谋为无实，生涯淡泊，佃田捕猎之子。岁运逢之，在仕退步，在士进取者无成，营谋费力而无益。

【注解】田，猎也。以田猎无获喻九四阳居阴位，阳刚失正，恒居不当，徒劳无益。

【原文】六五：恒其德，贞；妇人吉，夫子凶。

此爻是以柔德为恒，而不善者也。故叶者是中正有德之人，或得贤妻而助之。不叶者权出他人，拙于自谋，或妻悍为家之累。岁运逢之，在仕多阿谀于权势之门而招诮议，在士则图倖进而取辱，在庶俗则有家不善而多招毁谤损斥之虞。

【注解】德，特指柔德，因六五为阴。六五以阴居上卦之中，虽不当位，但下应九二刚中，有妇人恒久其德，守贞从夫之象，故下文有“妇人吉，夫子凶”之语。

【原文】上六：振恒，凶。

此爻是任躁动而不知固守，不能恒者也。故叶者施为当于理，不至于偾事，制作协于义，不至于越分，盖变为鼎“玉铉”之象也。不叶者好大喜功，违法妄为，纷更多事，反成覆败之祸。岁运逢之，在仕劳碌役志，多动少静，求名望利，小则有成，大则无功。女人不利夫子。

【注解】振，动也。上六居上震之终，性动不能持恒，有恒极致反，振动无常之象，故凶。

䷠遁卦（三十三）

【原文】《象》曰：天下有山，遁；君子以远小人，不恶而严。

乾宫二世卦，属六月，纳甲是丙辰、丙午、丙申、壬午、壬申、壬戌，借用甲午、甲申、甲戌；生于六月及纳甲者，功名富贵人也。

【注解】遁卦上乾为天，下艮为山，天喻君子，山喻小人，小人侵长若山之侵天，君子遁避若天之远凶。恶，音务，憎恶；严，威严，凛然不可犯；说明君子效法遁卦之象，远避小人，虽不显憎恶之情，但始终能谨严自守，不与苟同。

【原文】初六：遁尾；厉，勿用有攸往。

此爻是举遁爻之危，而戒其能遁则无患者也。故叶者先起卑微，后至高大，先历艰危，后享安逸。不叶者常怀忧虑，动受辛苦，纵有提携，不能设施。岁运逢之，在仕则见机解组，在士则藏器待时，在庶俗则营谋迍邅，安常守分则绝灾咎。

【注解】初六卑居卦下，当遁之时，未及退避而落于末尾，情状甚危，故“厉”，并戒其“勿用有攸往”。

【原文】六二：执之用黄牛之革，莫之胜说。

此爻是拟其固守之志者也。故叶者固守素志，远绝群邪，以中顺之德见用于世，必为执符黄堂，近而郡宰之官。不叶者性疏志鄙。岁运逢之先看根基，在仕位高者以宰执言路，士人进取；牛则为解星，亦为黄榜、黄门、黄堂、黄甲之兆，农人有进牛畜之喜；数凶则讼起，家人牵执不悦，或防下人侵侮，安常守分则免灾咎。

【注解】执是束缚，说通脱。言六二柔顺中正，体处艮止，上应九五之尊，如身有所依，势不能遁，须守正自持，故有束以牛革，难以解脱之象。

【原文】九三：系遁，有疾厉；畜臣妾，吉。

此爻是当遁而有所系，不能遁以取危者也。故叶者明哲以保其身，勇退以避其难，或得贤室以成其内助之功，或得童仆以足其使令之任。不叶者溺于宴安，贪才悦色，疾厉系缠，举动无措，或下句绾，奴婢连累。岁运逢之，在仕有希功固宠之虞，在士进取不能成大事，庶俗多疾厄惊危之祸；数吉者得妻之力，进人口之应。

【注解】系，言心有系德。九三处下卦之终，无应而亲比六二，心为所系，未能遁退，故诫以“有疾厉”。九三亲近六二，如畜养臣妾，只能操理小事，不能超然远遯，是有疾病危厉者也。

【原文】九四：好遁，君子吉，小人否。

此爻是决志于遁，而深有望于君子者也。故叶者卓有定见，确有定守，出仕之早而英锐足以发其志，勇进之速而利禄不足以撄其念，全身远害，福泽永远。不叶者贪得无厌，趋赴权势，或技艺立身，或官干公使，或厌世无求。岁运逢之，在仕则告休以避难，在士则际遇非时而难于进取，在庶俗虽得小人之荫庇，而终防阴祸之系缠。

【注解】九四下应初六，心情喜好，而身已退避，已有遁象，君子毅然割爱，故吉；小人则牵恋不舍，不忍避遁，故“凶”。

【原文】九五：嘉遁，贞吉。

此爻是美其遁之善，而因以示占者也。故叶者必为拨乱反正，纲维世道之大人。不叶者亦中正守己，恬淡养性，平生安乐，荣辱莫加。岁运逢之，在仕升迁必得嘉会，在士及常人必近尊贵，或招庆祉。

【注解】嘉是嘉美。九五高居尊位，刚中得正，下应六二柔中，虽可不遁，但能知机远虑，及时退避，故有嘉美之象；如若守正而行，必获吉祥。

【原文】上九：肥遁，无不利。

此爻是遁之裕者，而嘉其保身之哲也。故叶者福禄丰厚，宅心正大，而宠辱不以为忧乐；决事快便，而祸福不以为忻戚。不叶者，亦得衣食滋深，而无是无非，无荣无辱。岁运逢之，在仕退闲，在士待时，在常人营谋获利，家业肥厚，无往不利。

【注解】肥，通蜚，即飞。以飞遁喻上九居卦极，有高飞远引、遨然退避之象，遁飞畅通无阻，故无所不利。

䷡大壮卦（三十四）

【原文】《象》曰：雷在天上，大壮；君子以非礼弗履。

坤宫四世卦，属二月，纳甲是甲子、甲寅、甲辰、庚午、庚申、庚戌，借用壬子、壬辰、壬寅，生于二月及纳甲者，功名富贵人也，在春夏福深，秋冬福浅，七月，八月雷未收声，亦为及时也。

【注解】大壮卦上雷为震，下乾为天，震雷为威动，乾天主刚健，雷在天上，是刚以动，故为大壮。履言践行。说明君子观大壮卦象，悟知强盛之时必须守正履礼，善葆其壮，故非礼勿履也。

【原文】初九：壮于趾，征凶；有孚。

此爻是妄进适以取困者也。故叶者有刚明之才，从容以观变，而不躁进以取祸；含章以图机，而不遽进以取困，名节可全，身家可保。不叶者恃刚妄为，无所顾虑，困穷摧折，偃蹇艰辛。岁运逢之，在仕则防谗邪之辱，在士则遭倖图之耻，在庶俗则招争讼，动辄有悔，更防足疾。

【注解】初九处大壮之始，无应欲进，有壮于足趾之象，然躁动必伤，故戒以征凶，但阳处阳位，阳刚诚信，施位端正，故勉其以孚自守，庶可避凶。

【原文】九二：贞吉。

此爻是得反正之道，而动罔弗藏者也。故叶者矫其偏而归于正，易其过以至于中，足以为国家之重器；“中”字之义，为兆甚多，大中，给事中，中书，皆是。不叶者亦是稳实之人，衣食饶足，平生少祸。岁运逢之，在仕位居清高，在士进取成名，在庶俗谋为称意；数凶者变为“丰蔀”之忧。

【注解】九二以阳居阴失正，本有咎害，但处大壮之时，阳居阴位反是刚中守谦，故趋正自养而获吉。

【原文】九三：小人用壮，君子用罔；贞厉，羝羊触藩，羸其角。

此爻是恃其壮而难以免厉者也。故叶者亦可为君子，但轻天下之事为不足为，而不能持重以观变；视天下之人为不足畏，而不能从容以审机，事虽出乎正，亦不免于厉。不叶者多逞血气之刚而好勇斗狠，招忧起衅，损财败家。岁运逢之，在仕为祸所绊，进退难安；在士取进阻滞；在庶俗官讼牵连，孝刑多端，人财不利。

【注解】罔即无，“用罔”指不用壮。九三居下乾之终，当位应上，刚亢强盛；此时若为小人，必恃强妄动，危险立至；若为君子，则不妄用强，守正养德。贞厉，守正防厉。九三阳居阳位为位正，但阳刚过盛，又处多惧之地，故戒以守正防危，否则，则有下文“触藩”“羸角”之险。羝，音低，牡羊，泛指大羊；羸，音雷，拘累缠绕。九三若不守正，妄动用壮，凶危必将临身，就像大羊触藩，其角被缠，进退不能。

【原文】九四：贞吉，悔亡；藩决不羸，壮于大舆之輹。

此爻是反正之善，而两拟其可进之象也。故叶者矫偏从正，不极其刚，进无所阻而可以建功立业，文章发于青年，福泽裕于晚景。不叶者亦平生安逸，谋为快便，转否为泰，出险为夷，家业丰厚。岁运逢之，在仕闲散者起，进取者达；常人得福，久静者心动，动则吉；御试占高魁。

【注解】九四居上卦之下，阳居阴位，失位无应而有悔；但阳处阴位，有行谦持正之象，故获吉而悔亡。决，开也，藩篱被决开口。九四既获悔亡，则所行无阻，前行则羊触藩篱，豁然而开，车下轮輹强壮适用，道路必畅通无阻。

【原文】六五：丧羊于易，无悔。

此爻是德不足而不能进，而有为者也。故叶者以柔居中，不骄不傲，能以和顺服强暴，易艰难为平易，虽不足以建功，而亦不至于偾事。不叶者懦而无立，弱而无为，福量浅薄，寿算有损。岁运逢之，在仕为罢软荒政，在士为丧名不就，在庶俗为筹策莫展而一无所利。病者有丧身之兆。

【注解】易，通场，即田畔。六五处壮已过之时，如刚壮之羊丧失于田畔，但能以柔处上卦之中，不用刚壮，故无悔。

【原文】上六：羝羊触藩，不能退，不能遂，无攸利；艰则吉。

此爻是处壮之终，而用其壮也，此其所以无攸往也。故叶者能戒其轻动妄举之失，处以慎重敬谨之心，内审事理之机，外顺时势之宜，则善用其壮而得以遂其进。不叶者志壮才弱，不量可否，贪望太过，常遭危险。岁运逢之，在仕遭贬斥之危，在士有难进之咎，在庶俗越分悖义，是非争讼缠扰而进退无措。

【注解】上六居大壮卦之终，处震动之极，求进心切，但无奈体柔质弱，如羊触藩篱，进退两难，故无攸利。艰则吉，艰犹艰贞自守。上九虽处进退两难之际，但阴柔不刚，下应九三，若艰贞自守以待，终有阴阳相合并进之时，故云吉。

䷢晋卦（三十五）

【原文】《象》曰：明出地上，晋，君子以自昭明德。

乾宫四世卦，属二月，纳甲是乙未、乙巳、乙卯、己酉、己未、己巳，借用癸未、癸巳、癸卯；生于二月及纳甲者，功名富贵人也。

【注解】晋卦上离为明，下坤为地；日出于地，晋升于天而照地，故曰“明出地上”。昭，昭著；明德，光辉的道德。君子效法晋卦之象，不断自我修养，昭著美德。

【原文】初六：晋如摧如，贞吉；罔孚，裕无咎。

此爻是惟有德，故虽摧而终可获吉焉。叶者守义于己，不枉道以求合；知命于天，守宽裕以自守；功名之志，终得以遂而无咎。不叶者，欲有谋而屡见阻，在仕则政事怠而爵难久，在常人作为拙而寿难永。岁运逢之，在仕者当阻于邪议，进取者不见孚于主司而命难受；常人士彼此不孚，忧乐相半；静则吉而动则凶。

【注解】摧，摧折抑退。初六居晋之始，阴柔在下，前有重阴为敌，有将进即受摧折之象；此时宜以“正”自守，静俟九四之应则有吉祥。罔孚，不见信于人；裕，宽裕缓进。初六既遇前阴阻隔，始晋受摧，一时难以孚信于众，故当宽裕待时，待应九四，终消难而无咎。

【原文】六二：晋如愁如，贞吉；受兹介福，于其王母。

此爻是惟有德，故虽愁而终可受福焉。叶者有中正之德，受大福于王母，盖当畏天命，悲人穷而愁其道之不行。不叶者亦是端人正士，忧喜无常，更变无定，多得母庇或阴贵之宠任。岁运逢之，在仕则进王明；在士始挫而终得；在常人求谋称意，多得母力之扶助或得妻财。

【**注解**】六二处下卦之中，居两阴之间，上无援应，晋途坎坷，故有愁如之象，但柔顺中正，不妄躁进，则可获贞吉。介者，大也；于，其意由；王母，指祖母，即六五。六二与六五虽非正应，但五高居尊位，与二同质且俱有中德，犹二之王母，故终降介福于六二；因六二托六五君爻之福，六五为阴，故原书言多得母庇或阴贵宠任。

【**原文**】六三：众允，悔亡。

此爻是得同升之志，而进无所抑者也。故叶者同道相孚而德行修，同气相求而德业进；其始也，获丽泽之资；其终也，遂汇征之愿，事不固于外，心不歉于中，何悔之有。不叶者亦诚正善士，亲贤友能，赞助者多，仇怨者少，平生安乐，无忧无虞。岁运逢之，在仕有升迁之美，在士有荐举之休，在庶俗有得朋共事之益而营谋遂意。"悔亡"二字，防失脱人亡之兆。

【**注解**】允，信也。六三阴居阳位，失位有悔，但与下二阴均有上进之志，为其所信而共进，故得悔亡。

【**原文**】九四：晋如鼫鼠，贞厉。

此爻是德不足以称位者也。故叶者位居百僚之上，但妒忌者多。不叶者必为无德损物之人，刚狠横狂，亦无结果。岁运逢之，在士见阻于谏议，在士难图悻进，在常人难免鼠牙之讼。

【**注解**】鼫，音石，鼠，又称五技鼠。九四处上卦之下，失正不中，为身无专技，贪而畏人之象，以此晋长，其道必危。九四虽失正有危象，若能比五应初，阳刚谦处阴位，趋正自守，亦免危厉。

【**原文**】六五：悔亡，失得勿恤；往吉，无不利。

此爻是王者普无心之化，而天下成大顺之休者也。故叶者文章道德，高出一世，特立独行，不计功而自有其功，不谋利而自有其利，推无不准，动无不化，何所往而不利。不叶者亦是心明志广，识远虑深，失得付之自然，行止皆获其志。岁运逢之，在仕迁擢有喜，在士进取成名，庶俗营谋获利。

【注解】恤，忧虑。六五虽以阴居阳，不当位有悔，但居处尊高，禀受离明之德，委任得人，下者顺从，其悔遂亡；且诸事得失责之于人，已可勿恤，故往必获吉，无所不利。

【原文】上九：晋其角，维用伐邑，厉吉，无咎；贞吝。

此爻是无德虽居于上，而不免于伐邑国之羞。故叶者以刚处势分之极，但仕不显，或作县宰军官，盖有邑之象也，虽艰难亦无大害。不叶者一生刚狠，德不称才，骨肉寡合，多事争斗，或为武卒公吏。岁运逢之，仕者有食邑之荣，常人有修造屋宇之喜，士子进取而道未光；其数之凶者，主有征伐争讼之举。

【注解】角，指兽角；维，语气词；用，宜意。上九处晋卦之终，如进长至角，有晋极则反之意，光明将损之虞，故不可端居无为，宜于伐邑立功，以尽其职，虽厉可吉，终获无咎。贞吝，上九以伐邑免咎，毕竟有用武之憾，未能全吉，诫其趋正自守以防憾惜。

䷣明夷卦（三十六）

【原文】《象》曰：明入地中，明夷；君子以莅众，用晦而明。

坎宫四世卦，属八月，纳甲是己卯、己丑、己亥、癸丑、癸亥、癸酉，借用乙丑、乙亥、乙酉；生于八月及纳甲者，功名富贵人也。

【注解】明夷下离为明，上坤为地，日出地上，其明光；其入地则明伤。莅，音利，临也，莅众即治众。君子观明夷之象，悟知治理众人应当用晦明之道，则其明益显。

【原文】初九：明夷于飞，垂其翼；君子于行，三日不食，有攸往，主人有言。

此爻是见机以避伤者也。故叶者明哲足以保其身，廉洁足以饰其行，见用于治朝，免祸于乱世。不叶者志大心高，动必见挫，虽有功名，难于食禄。岁运逢之，在仕为骢马、五马之荣，大则为股肱之臣，谨防暗主之伤；在士则有捷报之兆；在常人则有灾眚，手足之伤；数吉则富人进马匹之应。

【注解】阳刚居明夷初爻，能及早潜隐避难，自悔不用，故以鸟垂翼低飞，急遁远行而不食为喻。有攸往，主人有言，指责怪。初九阳刚处下，识时过早，未必为人理解，故此时自悔有往，凡遇主人，必疑怪责让，为主人所恶也。

【原文】六二：明夷，夷于左股，用拯马壮，吉。

此爻是人臣伐暴之象，而戒以顺天之举也。故叶者勇于进德，力于行道，威望重，权势大，得以专征伐之柄，以吊民安国。不叶者多得志横行，凌上侮下，罪孽叠至，惟武卒军人颇获功利。岁运逢之，在仕当权，有阃帅之任；在士有得大魁之喜；在庶俗有灾眚之招。

【注解】拯，拯济。六二柔顺中正，当明夷之时，其志难行，故使左股伤损，自晦明智以守正，然后再借助良马拯济，缓图复壮而行，得获吉祥。

【原文】九三：明夷于南狩，得其大首；不可疾，贞。

此爻谓上下两伤，而明照有碍之象也。若不见文讼之争，亦有疾厄之苦。叶者有化工元气之全，则有修屋宇造作之兆。不叶其数者，主左股有忌夷之所伤，或乘骑千里而去，必主有忧愁分张之应也。

【注解】南，九三处离之上，方位离为南；狩是征伐；大首言元凶首恶，指上六。九三处下卦离明之上，阳刚得正，于明夷之世，志在诛灭上六暗君，以著明正德，故有南狩得大首之象。疾，急也。天下明夷已久，除暗复明之事宜渐不宜急，须持正俟时。

【原文】六四，入于左腹，获明夷之心，于出门庭。

此爻是居暗地而尚浅，而犹可得意于远去者也。故叶者则必有才德履公正，或执政命而为朝廷心腹之宠；又文有左，武有右，职司门令黄门之显。不叶者多无德行，立心诡谲，蠹物害民，不可测度。岁运逢之，在闲官必任事，在朝中者必出外郡，久于养晦者必出身成名，淹于囹圄者必脱身免祸，出外营谋者必得心交之力，妇人有孕必生子；凶者或生心腹之疾。

【注解】左含退、顺之义，喻六四柔顺处事；腹，喻六四居腹要之位，心言内情。六四居上卦坤体之始，当明夷之时，身在暗地，以柔顺退处腹要之位，故能获知明夷时之内情，遂及时抉择去从，毅然出门远遁。

【原文】六五：箕子之明夷，利贞。

此爻是当内难而能正其志者也。故叶者有正大之机谋，而能明哲保身。不叶者难遇知己，常怀忧心，经营艰难，奔驰劳苦。岁运逢之，在仕当俭德避难，在士难逢知己，在常人必有家难之祸。

【注解】六五最近暗君，身罹内难，利于守正不移，才不为昏暗所没，故以殷时箕子被纣王囚系，佯狂自晦以守志之象。

【原文】上六：不明晦，初登于天，后入于地。

此爻是无德之君，故无以保天下之大位也。故叶者志远谋大，处高位而能保，当大难而知避，且夭者，有天府、天曹之兆。不叶者恃势妄行，损人利己，早岁猖獗，晚受波涛。岁运逢之，在仕防摈斥之嗟；在士有登天之兆，后必摈斥；庶人先达后阻，老者窘而不寿。

【注解】不明晦，不明反晦。上六以阴处明夷之极，为暗君之象，故以太阳初升天而后没地，不发光明，反生黑暗为喻。

䷤家人卦（三十七）

【原文】《象》曰：风自火出，家人；君子以言有物而行有恒。

巽宫二世卦，属六月；纳甲是己卯、己丑、己亥、辛未、辛巳、辛卯；若生于六月及纳甲者，功名富贵人也。

【注解】家人卦上巽为风，下离为火，内火外风，火出之初，因风方炽；火既炎盛，还复生风，内外相成，有似家人之义。君子观家人之卦象，悟知日常居家小事亦关风化之理，故能自修小节，言行扎实不妄且有恒。

【原文】初九：闲有家，悔亡。

此爻是尽正家之道，而家无乖戾之失者也。故叶者才德广大，思虑深远，不惟能区画营为以成其家业，亦且能立纲陈纪以植其国体，富而且贵，福泽无亏。不叶者亦是谨厚之士，家给人足，一生安乐。岁运逢之，在仕闲官者则超迁而为大夫，已仕者则官带闲处；在士者进取则利于小试；庶俗谋事有成，未妻者有室家之好，僧道主持老者不利于寿。

【注解】闲，防也，防止邪恶。初九处家人之始，家道初立，宜于严防邪僻，才能保其家而悔亡。

【原文】六二：无攸遂，在中馈，贞吉。

此爻是克尽妇道，而有以获宜家之效者也。故叶者有柔顺之德，不骄不傲，平易近民而爱敬者多，家道兴隆而福泽深，女命则相夫益子而大成内助之功。不叶者足衣足食，优游幸福。岁运逢之，在仕则入朝中而有光禄之秩，常人必主营谋成家而有赀粮之增，士寓学中而有廪给之喜。

【注解】遂，成也，无攸遂言不专主其事，无所成就；馈，王之馈食；中馈，言家中饮食事宜。六二居下卦之中，柔顺中正，上应九五阳刚，有妇人顺夫之象，故无所专主，惟掌中馈，守正获吉。

【原文】九三：家人嗃嗃，悔厉，吉；妇子嘻嘻，终吝。

此爻是取其处家之严，而又以宽裕为戒也。故叶者严整以肃其威，刚断以制其义，配纳整肃，人心祇畏，吉而有终。不叶者，喜怒不常，尊卑失序，纵欲败度，家业凋零。岁运逢之，在仕严而少宽恕之恩，在士进取平等而未大，常人忧喜相半，谨防耽迷之恙。

【注解】嗃，音鹤，嗃嗃即嗷嗷，引伸为众口愁怨之声；嘻嘻，欢乐笑闹之声。九三处下卦之上，阳刚亢盛，有治家过严，家人嗃嗃愁怨之象，此时虽多悔有危，但不失正道，仍获吉祥；若反严为宽，放纵妇子嘻嘻笑闹，则失家道，终将憾惜。

【原文】六四：富家，大吉。

此爻是能裕利于国，而有德以敌之者也。故叶者有柔顺之德而居上位，善能理家聚利，使邦本固而民生遂，理义兴而和气治。不叶者亦粟帛丰厚，为乡里吉人。岁运逢之，在仕则禄以驭富而超迁有地，在士则受赏赉于考校之余，在常人谋为沽利，孤寡见亲。

【注解】六四处上卦之下，阴虚本不富，但柔顺得正，下应初九，上承九五，大得阳刚之富实，故有富家大吉之象。

【原文】九五：王假有家，勿恤，吉。

此爻是大君获内治之助，而深决其家之庆也。故叶者言行以正，标准当时，扶持有人，助赞有力，勿恤其吉而吉自来也。不叶者亦主粟帛丰盈，亲眷和睦。岁运逢之，仕路最显，进取成名；常人遇贵人提携；数凶者变贲“于丘园”，有入境土之兆也。

【注解】假，至也。九五阳刚中正，尊居君位，下应六二柔正，有以美德感格家人以保有其家之象，故勿恤而吉。

【原文】上九：有孚，威如，终吉。

此爻是能正家于其终，而吉可得者也。故叶者文章高世，威望服人，上肃朝纲，下清民俗，而为天地之全人。不叶者亦是刚柔相济之硕士，德业广大，福量宽洪。岁运逢之，在仕位高权重，在士进取成名，其在庶俗之人，主营谋称意，在妇人必主为命妇。

【注解】上九阳刚处家人之终，居一家之上，既能心存诚信，又能威严治家，故而“终吉”。

䷥睽卦（三十八）

【原文】《象》曰：上火下泽，睽；君子以同而异。

艮宫四世卦，属二月，纳甲是丁巳、丁卯、丁丑、己酉、己未、己巳；如生于二月及纳甲者，功名富贵人也。

【注解】原书自“艮宫四世卦”至解卦六三“在仕防摈斥之虞，在”缺失，本书据另本补入，特说明。

睽卦上离为火，下兑为泽，火性炎上，泽性润下，故云“睽”。同而异，即求同存异。君子观睽象而悟合睽之理，谋求事物之大同，并存不可同之小异，使之共归于治。

【原文】初九：悔亡；丧马，勿逐自复；见恶人，无咎。

此爻是著其失而复得之象也。故叶者德望足以起人之敬信，中正足以消人之暴戾，谋望难发于初年，志愿大遂于晚景。不叶者，成立艰难，遭际不遇，先贫后不贫，先孤后不孤。岁运逢之，在仕闲官复职，降谪者复升；在士难遇知己，而进取迟滞；在庶俗营为先失而后得，人事先睽而后合；谨防六畜之损，凶恶之患。

【注解】初九处睽之始，犹初与人乖睽，位卑无应，不立异自显而广和于人，则其悔自消。初九处睽之道，以丧马喻乖违，勿逐静俟自复则睽消；恶人亦喻与己乖睽，和颜相接，待其自改从善，则睽消无咎。

【原文】九二：遇主于巷，无咎。

此爻是尽诚以事君，斯于臣道无歉者也。故叶者为忠臣义士，上能格君心之非，下能挽民俗之厚；功业建而志谋遂。不叶者亦善通人情，而亲辅赞助者多；幽居闾巷，荣辱不加。岁运逢之，在仕必遇明主而升迁有期，在士必遇主司而进选有赖；

在庶俗必遇知己而营谋遂意。

【注解】主，指六五，因居尊应二故。九二当睽之时，阳居阴位，失位不安，本有咎害，但阳居阴位，守谦顺时，又处中道，终能于不期然间与所应之六五遇于巷道，睽违遂合，故获无咎。

【原文】六三：见舆曳，其牛掣；其人天且劓。无初有终。

此爻是与始睽而终合者也。故叶者禀性最敏，见事生疑，始虽见怜于人而束缚其施为，终必见合于人而求谋无不顺。不叶者多在车前马后，驱役相伤，先受劳苦，后享安乐。岁运逢之，在仕防谀邪之阻；在士考校则取于既遗之后而有登天府之兆；在庶俗进望有阻，险中求安，先迷后顺；数凶者有骨肉刑伤之厄。

【注解】曳，拖曳；掣，牵制；天，颠，古代"鬓发"之刑，即剃削罪人的鬓发；劓，音艺，古代割鼻之刑。六三处睽下卦之终，与上九正应却有睽违难合之状；三阴柔失位，上下两阳近比，造成心理威胁，如六二曳舆于后，九四掣牛于前，上九又远在外卦之极，恐其对己猜疑乃至施加惩罚，故恍如己身受"天""劓"酷刑。无初有终，初睽终合。六三虽睽违不堪，但笃情专恋上九,二、四非正应难以牵制，终致上九疑消而欢合。

【原文】九四：睽孤；遇元夫，交孚，厉无咎。

此爻是得其所遇，而深勉其慎所处也。故叶者有文才，善于交际，得良朋益友之赞助而拨乱反治，转睽合一之事业可立，先孤后不孤，先逆后不逆；女子得之，为命妇受诰。不叶者孓然自立，谦恭持己，始虽睽离，终得际遇。岁运逢之，在仕得同志荐拔，在士则见遇于主司；求婚者必配，处危者身安，遇闲者志行，外图先阻后顺。

【注解】九四以阳处阴，孤立无应，三四两阴虽上下比近，但各有专主，故独显睽孤之象。元夫，指初九，阳大称元。九四当睽孤无应之时，不强求阴阳交应，适逢初九亦独处失应，两刚引为同志，相交以诚，虽有乖睽之厉而终无咎。

【原文】六五：悔亡，厥宗噬肤，往何咎？

此爻是君臣相合之易，而利有攸往者也。故叶者德重望尊，谦恭下士，而得贤能辅助，立功名，享富贵。不叶者，多承祖宗恩泽，生来受用，不劳己力，出而营谋，多遇知己，但骨肉有噬嗑之伤。岁运逢之，在仕必有除拜之劳；在士必有登魁之应；庶俗经营获利，抬举有人，未婚者配；数凶者亲朋怨恶，骨肉刑伤，官事牵连。

【注解】宗，宗族内部，言九二应六五犹如宗亲；噬肤，咬噬柔脆之皮肤。六五不当位，本有悔，但居尊柔顺，下应九二,二正以和顺适中的噬肤之道期待遇合，往应必无咎，故获“悔亡”。

【原文】上九：睽孤，见豕负涂，载鬼一车，先张之弧，后说之弧；匪寇，婚媾；往遇雨则吉。

此爻是与应始异而终同者也。故叶者负刚明之才，过明而察，过察而疑，初涉艰难，终见平易，或重叠婚姻，或兵立功；又，雨者，福泽利人济物之兆。不叶者为孤独，为污浊，虚忤乖戾，是非不一，聚散无定。岁运逢之，在仕遭谤怨之谪，在士进取先迷后得，在常人遭污受诬，先损后益。

【注解】豕、鬼，喻上九猜疑六三之丑形；说，通脱。上九以阳处睽卦之极，与六三违离至久，孤独烦躁，妄生猜疑，遂酿成种种幻觉，或见其变猪负涂，或见鬼车奔驰，当举弧欲射之时，又发现非鬼而婚；均为上九睽极所生之心理变异。婚媾，言上九与六三正应之关系；雨，阴阳二气交合之物，喻上九与六三终至相合。上九猜疑渐消，知六三匪寇，实为良配，故前往必遇雨获吉。

䷦蹇卦（三十九）

【原文】《象》曰：山上有水，蹇；君子以反身修德。

兑宫四世卦，属八月，纳甲是丙辰、丙午、丙申、戊申、戊戌、戊子；如生于八月及纳甲者，功名富贵人也。

【注解】蹇卦下艮为山，上坎为水，山者严险，水者阻难，水积山上，弥益危难，故曰“蹇”。反身，指反求自身。君子观蹇卦之象，悟知处蹇之时，先须反身修德，道成德立，才能济蹇涉难。

【原文】初六：往蹇，来誉。

此爻是时有不可进，而人亦所当止者也。故叶者大才清誉，善处逆境，见险能止，明哲保身，初虽偃蹇，终有济遇。不叶者循途守辙，自贫乐道。岁运逢之，在仕来奖誉之加，而制诰有待；在士则待时而进；在庶俗则惟宜守旧安常。

【注解】往，即进，来，言退。初六处蹇之始，阴柔卑下，上无应与，故犯难冒进必蹇，识时退处则有誉。

【原文】六二：王臣蹇蹇，匪躬之故。

此爻是尽诚以事君者也。故叶者孝亲忠君，竭力效诚，岂菲才末技所能为。不叶者父子同受艰辛，夫妻共甘寂寞，洁身清虑，乡里钦仰。岁运逢之，在仕则效忠贞之节以靖国家，在士则所遇非时而难进取，在庶俗则涉艰历险而营谋有阻；数凶者难以保身。

【注解】臣，臣仆，喻六二；蹇蹇，努力济蹇之状；躬，言自身；故者，事也。六二当蹇难之时，柔顺居中，上应九五，志在济蹇，犹如王者之臣尽职劬劳，不为己身，志匡王室者也。

【原文】九三：往蹇，来反。

此爻是时不可进，而义亦所当止者也。故叶者见机相时，得人赞助，或居内翰、内舍、中书省、治中、中顺之职，其安乐自知。不叶者改过自能外立，归宗守祖，生涯或多得内助。岁运逢之，在仕入朝进取，利会试，位高者必翰林中书；庶俗有妻子之喜；数凶者变比六三，刑克损伤。

【注解】九三阳处下卦之上，前临坎险，下居二阴，故往则遇蹇，反则得所。

【原文】六四：往蹇，来连。

此爻是时虽不可进而义不容已，故连下合力以济者也。故叶者亲贤下士，同心者多，协力者众，而拯溺亨屯，兴衰拨乱之有赖；或上承祖爱，下续贤嗣，功名不俗，福禄允当。不叶者道克事实，得人赞助，平生安逸，或婚姻嗣续。岁运逢之，在仕连接历升之无阻，求名望利，皆有实而不虚；数凶者牵连讼非，动止蹇。

【注解】连，接连。六四当蹇之时，虽柔顺得正，但以柔乘凌九三之刚，下与初六无应，自身又处坎险之中，故有往来皆遇坎难之象。

【原文】九五：大蹇，朋来。

此爻是人君当蹇之重，而深庆其助之者也。故叶者行道执中，虚己守正，明王道信任，良朋协从而转否为泰，易乱为治，不劳力而自成；且中字之义，则为大中、中丞、中书之兆。不叶者身家虽困，常得良朋助力提携，干事中节，先蹇后泰。岁运逢之，在仕外郡者必擢清要；进取者多用关节而中试，或入大学之选；营谋者好人提举，无往不利。

【注解】九五阳居坎中，当大蹇之时，以阳刚中正之德下应六二，执德之长，不改其节，故友朋纷来，共济蹇难。

【原文】上六：往蹇，来硕，吉，利见大人。

此爻是有可进而义当从乎君者也。故叶者大才硕德，笃志事君，勋业著于当时，举望昭于千古。不叶者依附尊贵，卓然生涯，内助有人，平生安逸。岁运逢之，在仕必入内台、内翰，进取成名；庶俗近贵获利。

【注解】上六以阴居蹇卦之终，蹇极将通，若往前则不但无益而将更生蹇难，来归本位，附从九五之尊则有大功，故吉，并利见“九五”之大人。

☳☵解卦（四十）

【原文】《象》曰：雷雨作，解；君子以赦过宥罪。

震宫二世卦，属十二月，纳甲是戊寅、戊辰、戊午、庚午、庚申、庚戌；生于十二月及纳甲者，功名富贵人也。又，二月至八月，雷雨及时福重；九月至正月，失时福浅；本命月卦，不在此论。

【注解】解卦上震为雷，下坎为雨，乃“天地解而雷雨作”之意，言万物当春，因雷雨纷纷而舒发生机，故有“舒解”之象。宥，宽宥。君子效法解象，以赦过宥罪体现开释、舒缓之仁政。

【原文】初六：无咎。

此爻是有相济之德，斯可以寡过者也。故叶者刚柔相济，宽猛得宜，既足以立浑厚之体，而不至于多事以扰民；亦足以立清明之功，而不至于废事，灾难解而福泽深。不叶者立心平易，举措得宜，知己扶佐，受用无穷。岁运逢之，在仕德位相称而升迁有机，在士有登科之喜，未婚者合，经营者济。

【注解】初六当危难初解时，以柔处下，上应九四，故无咎。

【原文】九二：田获三狐，得黄矢，贞吉。

此爻是得去邪之善者也。故叶者中正不偏，德高望重，摈斥奸邪，扶植善类，上有以成君德，下有以正民俗，而为一代之元老。不叶者亦能亲贤远奸，田产丰富，婚姻重结，或虞夫矢人，亦足衣足食。岁运逢之，在仕有为三孤、三公、黄门、黄堂之兆；在士有二甲、三甲、黄榜之应；又矢者，荐也，有荐拔，荐举之佳；在庶俗有进田产之庆，或武将有征猎之举；爻利更有三谋三就之吉事也。

【注解】狐，隐伏之患；黄矢，居中刚直。九二当危难初解之后，上应六五之君，担负清除隐患之重任，故以“田获三狐”为喻；又禀阳刚之质而居中，刚柔相济，故有似“黄矢”之美德，以此趋正长守，必能解除险难，清除隐患，故曰“贞吉”。

【原文】六三：负且乘，致寇至，贞吝。

此爻是无德而有位，祸不能免者也。故叶者或起卑微而受富贵，保固周密，寇害难侵。不叶者专行险诈，窃滥贪谋，有玷名教，丑辱可耻，招忧启衅，举止无措；妇人值此，尤为不堪。岁运逢之，在仕防摈斥之虞，在士防谪降之辱，在庶俗防寇盗讼非之扰；“乘”字，士人有中选者，但祸不旋踵。

【注解】六三阴居阳位，失正，乘凌九二阳刚之上而攀附于九四，如小人窃居高位，故以负重乘车，招致强寇来夺为喻，明其居非分之位，不能长久；若六四能改邪向善，趋正自守，则无憾惜。

【原文】九四：解而拇，朋至斯孚。

此爻是严以绝邪，斯向道合志者也。故叶者为人正端，远绝群邪而与良贤相协相助于庙廊之上，所谋无不遂，所行无不成。不叶者不能远小人以亲君子，器宇不洪，事功有限。岁运逢之，在士防朋党习狎之祸，在仕防淫朋荒德之损，庶俗防奸党失事之尤。

【注解】而者，汝也，指九四；拇，足大趾；朋，指初六。九四阳居阴位，下比六三，为之所附，如足趾生患，妨碍其与初六相应，故须解其拇，方能致初六朋来，阴阳相孚之德乃见。

【原文】六五：君子维有解，吉；有孚于小人。

此爻是君子黜恶之有获，而因示其去恶之多力也。故叶者秉公持正，进贤良，退不肖，国家赖以清宁，生民赖以安息，而功业之大，非小补者比。不叶者诚信足以协上人之心，慈惠足以得小人之力，德业隆盛，福量宽洪。岁运逢之，在仕多居要路，摈斥妖邪，或兵伐重权以立功；士子成名；常人获利，讼者释而疾者愈。

【注解】六五柔中居尊，下应九二，是能舒危解难之君子，故吉。六五不但能解难，且能以孚信感化小人，使之诚服无怨。

【原文】上六：公用射隼于高墉之上，获之，无不利。

此爻是拟以解悖之象，而因以与之者也。故叶者才大志高，望尊名重，有文以绥太平，有武以勘祸乱，而为功勋之大臣。不叶者亦高堂大厦，享福优游，上为君子之推重，下为小人之畏承。岁运逢之，闲官超迁兵师之功；士子中举，有一鹗横空之兆；常人多葺门墙，谋为获利；仕途必获荐剡。

【注解】隼，恶鸟，喻六三；墉者，城也。上六处解之终，居震动之极，是舒解危难之“王公”；而六三小人窃位，如恶隼盘踞高墉之上，上六能射而获之，排除患害，故无不利。

䷨损卦（四十一）

【原文】《象》曰：山下有泽，损；君子以惩忿窒欲。

艮宫三世卦，属七月，纳甲是丁巳、丁卯、丁丑、丙戌、丙子、丙寅；生于七月及纳甲者，功名富贵人也。

【注解】损卦上艮为山，下兑为泽，泽在山下，泽卑山高，似泽之自损以崇山之象。惩，止也；窒，音至，堵塞。君子观损卦之象而知止忿堵欲，自损不善。

【原文】初九：已事遄往，无咎；酌损之。

此爻是嘉其友道之尽，而示以进言之机者也。故叶者宣力王室，而不为身谋之便，随机应变而不失其浅深之宜。事功显越，名誉著闻。不叶者，虽有才德，设施亦难，巧于人谋，拙于自为，欲进不达，欲退无机，奔走衣食，福量亏损。岁运逢之，在仕则国尔忘家，而天宠之日加；在士则上人合志，而必得优选；

在庶俗则会计允当而利无不获；数凶或因酒食费事。

【注解】已，竟也，告成也；事，修养之事；遄，音船，迅速。初九当损之始，阳刚处下，上应六四，故于自修之事初成，宜速往应四，以为辅助，即明“益上”之义。初九应六四，损刚益柔，此时不可盲目过损其刚，当以“酌损”为宜。

【原文】九二：利贞，征凶；弗损益之。

此爻是示以守正之道，而因大其效者也。故叶者含章以守贞，安土以敦仁，虽不能兴道致治，以显事功于朝廷，亦足以致顽者廉，懦者起，以维风俗于草野。不叶者敦本尚实，不务浮华，财用随足，终身无损。岁运逢之，在仕固守己职而难迁，在士确守常业而难进，庶俗则谨守常度而难于远谋。

【注解】弗损，指九二不自损；益之，指益六五。减损之道是损有余而益不足；九二阳居阴位，刚柔适中，非有余者；六五阴居阳位，亦刚柔适中，非不足者；二者虽正应，但九二不可遄往，只有不自损而长守其正，方可益上，故曰“利贞，征凶”。

【原文】六三：三人行，则损一人；一人行，则得其友。

此爻是交友多择其类者也。故叶者取仁以为辅，择善以为资，不惟能共成德业，而下有益于己；亦且共赞乎皇猷，而上有益于君。不叶者亦善交际，扶助得人，而营谋易就，福泽无损。岁运逢之，在仕同寅协恭而政事举；在士则同道为朋而有丽泽之益，或遇知己而进取升腾之有赖；在庶俗则协力者众，而营谋获利者多；未婚者配合，僧道领众。

【注解】三人，泛指人多，特指阴性；一人，前指上九，后指六三。六三居下兑上极，应于上九，悦而求之，但若群阴并行以求，必损上九一阳；若六三一人独往，则阴阳专情和合，故得友朋。

【原文】六四：损其疾，使遄有喜，无咎。

此爻是示以反性之学，而因言敏以图之为贵也。故叶者勇于从善，乐于改迁，置身于高明正大之域而不流于小人之归，功名成就，福泽深厚。不叶者有疾速医，有过速改，早年艰过心，晚景平康。岁运逢之，有灾者免，有疾者愈，晦者明，忧者喜，闲官将起，士人有喜，庶俗获利。

【注解】疾，六四思恋初九，致有相思之疾。六四柔正得位，处上卦之始，与初相应，能自损其疾，遂纳阳刚，故有喜而无咎。

【原文】六五：或益之十朋之龟，弗克违，元吉。

此爻是以德而居尊位，而必著其得贤弘治之益者也。故叶者虚中无物，得贤才之协力，君心得而治道成，人心归而天命眷，富贵福泽，尔职尔昌。不叶者亦有誉望出群而为乡邦所景仰，荣身起家，庆社并增。岁运逢之，在仕职美近天颜，士人进取中选占高魁，常人发天财；与卦小巽，须防孝服。

【注解】朋，古代双贝为朋，十朋即二十贝，喻价值昂贵。六五柔中居尊，为“虚”中自损而不自益之象，故天下纷纷益之，乃至受益“十朋之龟”，未能辞谢，遂获元吉。

【原文】上九：弗损益之，无咎，贞吉，有攸往，得臣无家。

此爻是与其益下之善，而勉以得正之道者也。故叶者存心于天下，嘉志于穷民，德足以立功勋，禄足以享富贵。不叶者，不贪不谋，自得饱暖，亲近尊贵，多好游谈，或为商旅获利，或为僧道成家。岁运逢之，在仕民归心而天宠固，在士则有得志之喜，在庶俗则得地利之多，贵人扶持，出入尤利。

【注解】上九阳刚居损之终，损下益上，必将转化为损上益下；但上九受下之益已极，毋须自损，便有以施惠其下，故云“弗损益之”。无家，不限一家。上九能弗损而益下，即可无咎；但宜守正，方可获吉，以此有往，必将大得“臣民”，不限一家；极言益下之德弘大，从而获“得臣无家”之吉。

䷩益卦（四十二）

【**原文**】《象》曰：风雷益；君子以见善则迁，有过则改。

巽宫三世卦，属七月，纳甲是庚子、庚寅、庚辰、辛未、辛巳、辛卯；若本命生于七月及纳甲者，富贵功名人也；又，二月至八月生者福重，余月福浅。

【**注解**】益卦上巽为风，下震为雷，风烈则雷迅，雷激则风怒，二者相益者也。迁，就也，向往也。君子观益卦之象，能迁善改过，以此交相增益己德。

【**原文**】初九：利用为大作，元吉，无咎。

此爻是报效于君，固多大有所为，而尤多善有所为也。故叶者任大事，建大功，周悉万全，而为经久之良图，上有以益于君，下有以利于民。不叶者亦有善行良才，安时处顺，或大有作为而小有耕作，而家兴业举。岁运逢之，在仕必有迁擢，进取者必中大魁；且大字之义，为兆甚多，大夫、大师、大中是也；僧道则有大德、大师之说，庶俗则有大谋、大有、大称心之意。

【**注解**】大作，大事。初九以阳刚居“益”之始，上应六四，为处下获益之象，宜于大有作为，故获“元吉”；唯其元吉，故虽居卑位而任大事也无咎害。

【**原文**】六二：或益之十朋之龟，弗克违，永贞吉；王用享于帝，吉。

此爻是君臣受益之善者也。故叶者虚中无私，良朋类集，上为君宠，下为民庆，或得王官，或得高年，或为配享。不叶者守己奉上，治计良久，利官近贵，受用颇足。岁运逢之，仕途荣迁，在士进取成名，商贾获利，享祀获福。

【**注解**】六二被益下之时，以柔中之德获应于九五之君，受命荣居要职，如被赐十朋之龟，无法辞谢，故当永守正固而后有吉。帝，指天帝。王用此时以享祭于帝，明灵降福，故云之。

【原文】六三：益之用凶事，无咎；有孚中行，告公用圭。

此爻是示以尽臣道而慰君心者也。故叶者为忠臣烈士，必当危难而尽心竭力，有益于生民，有益于风教；考其中字、公字、圭字之义，而官职显然矣。不叶者操危虑深，动心忍性，出险为夷，易危为安，尊贵信用，福泽晚受。岁运逢之，在仕朝贵大用，兵将立功；士子成名，选人改秩；庶俗获利；数凶者有非常之凶，官灾最忌。

【注解】凶事，指救凶平险之事。六三以阴居下卦之上，为受益至甚，位势弥壮之象；此时必须因所受之益广益于人，努力投身于拯救衰危的凶事之中，则为善处其时，遂获无咎。告，晋见，致意；圭，玉器，古代天子举行礼仪时士大夫执此以示信。六三不当位而受益至多，不可因益忘忧，纵欲妄为，而应守信持中，时时像执圭告公一样诚敬不苟，才能长保无咎。

【原文】六四：中行告公从，利用为依迁国。

此爻是人臣有益下之德，而君臣皆信从之者也。故叶者公平正大，建功立业，上得君宠，下副民望，而为一世之勋臣。不叶者亦能干办遂意，创业维新。岁运逢之，在仕责任之重而得君宠渥，在仕则得上人荐举而名可成就，在庶俗则有修造迁移之喜；讼者利官得伸。

【注解】迁国，迁国都以避害就利。六四禀柔正之德居上卦之始，近承九五阳刚，有依附君主施益下民之象，故谓其当以“中行”之德告公益下，“公”必听从；又，利于依附君主，播迁其国，以惠庶民。

【原文】九五：有孚惠心，勿问元吉；有孚惠我德。

此爻是益下者，而著其诚心诚应之机者也。故叶者才猷足以辅国，利泽足以感民，功名利达，富禄丰盈。不叶者亦厚仁存心，恩惠及物，有优游厚福，或为僧道有聪惠之誉，或为商贾有惠我之利。岁运逢之，在仕入要津，逢明主；在士进取者成名；在常俗营谋称意，僧道住持，卑贱谒尊贵，多有知遇。

【注解】惠心，施惠天下之心；勿问，毫无疑问。九五以阳刚中正之德尊居君位，下应六二，如怀有诚信惠下之心，以损己益物为念，故不待问，必有元吉。惠我德，天下感惠我（九五）之恩德。九五之吉，不但在于天下广受利益，亦体现于天下也诚信感惠于上，于是上下交信，无不至诚爱戴，以君之德泽为恩惠也。

【原文】上九：莫益之，或击之；立心勿恒，凶。

此爻是求人之益者，而至于或击之，则人之报怨者多矣。故叶者贪财损物，图名获利，立心有恒，祸可苟免。不叶者险诈，利己损人，灾祸并至，身家难保。岁运逢之，在仕有贪谋之谪，在士有夺竞之辱，在庶俗有专利取怨之祸，刑克伤损之惨。

【注解】上九居益卦之极，阳刚亢盛，贪求不已，变“损上益下”为“损下益上”，故天下莫之或益，并群起而攻之。立心，居心；恒，犹安。上九居心不能常安其位，惟贪得无厌，求益不已，故有凶。

䷪夬卦（四十三）

【原文】《象》曰：泽上于天，夬；君子以施禄及下，居德则忌。

坤宫五世卦，属三月，纳甲是甲子、甲寅、甲辰、丁亥、丁酉、丁未，借用壬子、壬辰、壬寅；如生于三月及纳甲者，功名富贵人也；乾兑二体属金，若生于秋月，亦为及时也。

【注解】夬卦上兑为泽，下乾为天，水气上天，决降成雨，故曰“夬”。禄，指恩泽；居者，积也；忌，憎恶。君子观夬泽上天之象，悟知应当果决施降恩泽于下，不可积居不施，以至民怨。

【原文】初九：壮于前趾，往，不胜为咎。

此爻是君子不能虑胜以决小人，而不免有激变之危者也。故叶者观时以尚往，见危而知避，虽不能行道济世，亦能全身远害。不叶者无德而逞志，夸能处下而争高抑薄，祸患叠生，摧抑难支。岁运逢之，在仕遭躁动之斥，在士招倖图之尤，在庶俗惧妄行之患。

【注解】初九当夬之时，阳刚处下，如壮于前趾，为果决有余、审慎不足之象；以此躁进而往，又无上应，必难取胜而终致咎患。

【原文】九二：惕号，莫夜有戎，勿恤。

此爻是有备斯可以无患者也。故叶者整治于未乱，保邦于未危，中道足以服众，威望足以弥暴，文中成名，武中有功。不叶者多谋多变，忧喜不常，或因功而得禄，或从戎以成名。岁运逢之，在仕多掌兵戎之权，在士进取武选为高，在庶俗多惊危忧号、寇盗之事。

【注解】号，呼号，亦发警；莫，古同暮。九二以刚中之德处夬，既果决刚断又小心违惧，故能时刻惕号以警，虽深夜有戎也有备无患，遂称“勿恤”。

【原文】九三：壮于頄，有凶；君子夬夬独行，遇雨若濡，有愠，无咎。

此爻是决小人过于刚，而因示以善处之道者也。故叶者才大志刚，机深虑远，为国除害而上有补于朝廷，为民除弊而下有补于风俗，功名远大，奸暴消除。不叶者好勇斗狠，招尤启衅，孤独寡亲，常怀忧惧。岁运逢之，在仕有除奸反噬之殃，在士有含愠违世之嗟，在庶俗有争讼结构之虞；大抵从正则吉，从邪则凶，宜见机，初见艰难，终受安静。

【注解】頄，音葵，颧骨。九三处下卦之极，以刚居刚，与上六为应，果决过度而急于处之，故以“壮于頄”喻其如小人怒形于色而失美善之道，故有凶。夬夬，决而又决，即刚毅果断；独行，九三独应上六；遇雨，指九三与上六阴阳相遇；濡，沾湿。君子若处九三，不怒形于色，而刚毅果决地独应上六，暂与小人周旋，待时决除，虽有遇雨沾濡之嫌，乃至被人愠怒，但最终必能制裁小人，故无咎。

【原文】九四：臀无肤，其行次且，牵羊悔亡，闻言不信。

此爻是去小人而未能，而因示以善决之术者也。故叶者才德颇高，智识稍大，立功而不逞能以争先，闻善而能乐听以信从，志得谋遂，功成名举。不叶者执迷不明，谋为顿挫，或聋跛不便，或牧养生涯。岁运逢之，在仕有才力不及之谪；在士进取落后，惟初利于殿试，盖“臀”字去月有殿头之兆；在常人必有争讼杖责之虞，或疮痍耳足之厄；盖以“且”者，不前之意也。

【注解】次且，音资居，亦作趑趄，行止困难状。九四以阳居阴，刚决不足，故当夬之时，如臀部无肤；又下凌三阳，以此而进，必多艰难，故曰之。

牵，附连；羊，强健刚劲之物，喻九五。九四虽刚决不足，但若上承九五之阳，如与强健的羊紧相系连，则可补其不足而悔亡；然六四乃失正之刚，或至闻言不信，一意孤行，则必致凶咎。

【原文】九五：苋陆夬夬，中行无咎。

此爻是人君能决，小人而不勇，而因戒以必决之为善者也。故叶者见明而不堕于小人之奸，中道而不激乎小人之变，上肃朝纲，下清民俗，事功宏大，福泽深远。不叶者畏缩而多欠乎果断，偏僻而不合乎中道，好行小惠，灾眚莫猜。岁运逢之，在仕防柔邪之侵害；在士进取小利而未光，久淹者必通，闲官者必复任；在庶俗营谋遂意，讼者伸，疾者愈。

【注解】苋陆，草名，因其性阴而借喻阴物，指上六。九五阳刚中正以居尊位，比近上六阴爻，能像斩除苋陆一样轻易决除之；但九五贵居君位，却须亲自制裁最为贴近之小人，足见其德未能光大，故当慎行中道，庶可无咎。

【原文】上六：无号，终有凶。

此爻是小人之党类已尽，而灾不能退者也。故叶者虽为富贵，多恃高压众，盗物弄权，阴贼良善，终不远大；且变为亢龙亦有悔矣。不叶者人已相忌，举目无亲，动则有悔，终不能良久。岁运逢之，在仕难于久任，而勇退为佳；在士难于进取，而藏修为愈；在庶俗难于营谋，而安常为美；甚则骨肉刑克，是非括挠，老难于寿。

【注解】号，号咷痛哭。上六阴极居夬卦之终，为小人凌高作恶之象，被下五阳共同除决，故无须号咷，终必有凶。

䷫姤卦（四十四）

【原文】《象》曰：天下有风，姤；后以施命诰四方。

乾宫一世卦，属五月，纳甲是辛丑、辛亥、辛酉、壬午、壬申、壬戌，借用甲申、甲午、甲戌；生于五月及纳甲者，功名富贵人也。

【注解】姤卦上乾为天，下巽为风，风行天下，无物不遇，故为遇象。后，君王；诰，传告，晓谕。君王效法姤卦“天下有风”之象，施令传告四方，以求上下遇合。

【原文】初六：系于金柅，贞吉；有攸往，见凶，羸豕孚蹢躅。

此爻是戒小人当自守者也。故叶者学古之勤，行道之力，虽不能设施以建立事业，亦善区画而修身保家。不叶者才短力微，妄行取困。岁运逢之，在仕有贬降之虞；在士有难进之忧；在庶俗或遇尊贵信朋，或得金帛进入，或阴人必得生育；数凶防疾讼忧生，阴人不洁之事。

【注解】柅，音尼，刹车器；金者，刚也。初六一阴居下，处巽风浮躁之体，有自从无归之状，故须专一系应于九四，长守正固，方可获吉祥。羸豕，羸弱之猪，即母猪；孚，通浮，轻浮躁动；

踯躅，音直竹，同踯躅，徘徊之状。后半句从反面设戒，言初六若急于有所前往，象母猪躁动而踯躅不静，心不专一，必有凶险。

【原文】九二：包有鱼，无咎；不利宾。

此爻是以君子而遇乎小人，以能止为正者也，故有包鱼之象。叶者有大才宽量，容物爱民，得贤者佐助，民心服从。不叶者鄙吝富人，不好宾朋，损人益己，固执不通。岁运逢之，在仕则迁除有赐金鱼、银鱼之兆；在士则门下无人，而难于宾兴之选；在庶俗有金帛水利之多，或进奴仆，妇人有孕。

【注解】包，同庖，厨房；鱼，阴物，喻初六。九二阳刚居中，初六在下近承，如庖中有鱼，不期而至，于二为无咎；但此鱼（初六）上应九四，实非己物，故不宜擅自动用，以享宾客。

【原文】九三：臀无肤，其行次且，厉，无大咎。

此爻是以刚而与人无所遇也，故不免于厉焉。叶者以之求名则不足，以之荣家则有余，盖变为讼三爻"食旧德"之象，或承祖恩，或守田业，无初有终。不叶者孤立无助，作事艰辛，或腰足生疾，福量浅狭。岁运逢之，在仕退步遭谪；在士子进取惟利于殿，盖臀字去月字有殿头之兆故也；庶俗则有灾眚杖责之虞。

【注解】义参夬九四爻解。九三过刚不中，上无其应，下无所遇，如臀无肤，欲行而趑趄难进。九三虽过刚无应，未获所遇，行止艰难而有危厉，但阳居阳位而得正，可免遭邪祸，故无大咎。

【原文】九四：包无鱼，起凶。

此爻是遇民者失其正，故有无鱼之凶者也。故叶者贵而无位，高而无民，知机固守，可免灾害。不叶者求名望利，多失机会，孤立寡与，奴仆少力。岁运逢之，在仕有摈斥之殃，在士有停降之辱，在庶俗有讼争是非之扰，在老者不利于寿。

【注解】鱼，指初六；起，作也，争执也。九四阳居阴位，阳刚失正，所应之初背己承二，如己鱼失亡，入于九二之庖；

阴为民，失鱼即失民，因失民而争，更加孤立，故有凶险。

【原文】九五：以杞包瓜；含章，有陨自天。

此爻是以阳制阴，而示以静制之道者也。故叶者宽洪大量，包纳群生，文章克积，志不舍命而富贵利泽，尔职尔昌。不叶者亦学问之勤，器量之大，虽无爵禄之荣，亦可成其富有之业。岁运逢之，在仕栋梁之材，以者加秩，“章”字为平章之类，“天”字有登天府受天恩之兆；常人必遇尊贵提携，而所获出于非望；妇人有孕育之喜；数凶者损寿。

【注解】杞者，高大之木，喻九五；包，裹，言蔽护；瓜，甜美处下，喻贤者。九五阳刚中正居尊位，当遇之时，有屈己谦下以求贤者之德，故以高大的杞树以绿叶庇护树下的甜瓜为喻。含，藏；章，美；陨，降。九五刚中居正，内含章美，以此求遇，必有贤者“自天而降”，与之应合。

【原文】上九：姤其角，吝，无咎。

此爻是以刚而与人无所遇，故不免于吝者也。叶者高名清誉，出萃冠伦，忠言正论，多阻于邪议而禄位不稳。不叶者气大志刚，不近人情，结仇构怨，劳碌不暇。岁运逢之，在仕必为僚长，防过高之诮；在士进取必居魁首；僧道住持，常人独立无助，营谋艰辛。

【注解】角，角落。上九居姤卦之终，穷高极上，如遇荒远空荡之角落，虽所遇无人而生吝；但恬然不争，不遭阴邪之伤，故亦无咎。

䷬萃卦（四十五）

【原文】《象》曰：泽上于地，萃；君子以除戎器，戒不虞。

兑宫二世卦，属六月，纳甲是乙未、乙巳、乙卯、丁亥、丁酉、丁未，借用癸未、癸巳、癸卯；生于六月及纳甲者，功名富贵人也。

【注解】萃卦上兑为泽，下坤为地，泽者卑下，流潦归之，万物生焉，故云“萃”。除，修治；戎，指兵器；不虞，不测。君子观萃之象，悟知事物久聚必生变乱，人情久聚或萌异心，故修治兵器，以防不测。

【原文】初六：有孚不终，乃乱乃萃；若号，一握为笑；勿恤，往无咎。

此爻是戒违众以从正，则无妄聚之失矣。故叶者执己见而听乎谗言，改过而必从乎正道，广大之业可保于无虞。不叶者忧喜不常，邪正不定，德薄行亏，成立艰辛。岁运逢之，在仕必遭贬逐，在士则遭蹇难，在庶俗有小人结构受诬之危；大抵皆先凶后吉，戒之为是。

【注解】初六以阴处萃之始，上应九四，但前有二阴相阻，三又承四，因此对九四疑虑重重，诚信之心不能保持至终，遂至行为紊乱而妄聚。号，呼号；一握为笑，一握之间成欢笑。初六若能呼号九四，四必来应，两者亦握手言欢，故云勿恤，往无咎。

【原文】六二：引吉，无咎；孚乃利用禴。

此爻是得人事君之诚，而因蓍卜祭之占者也。故叶者宽洪以扩其量，忠直以事其心，推贤简能，引善率德，明足以事君而德修道行，幽足以格神而德盛福隆，庙廊著迹，海宇流芳。不叶者亦存心诚实，交接好人，多得尊贵接引，谋为利达，福泽无亏。岁运逢之，在仕得人引荐，必有升除，“中”字有大中、中顺、中承、给事中之兆；在士主得上人引拔而登庸有赖；在庶俗之人，营谋得好人提举，谋为遂意。

【注解】引，牵引。六二柔中居正，必得其牵引相聚，方获无咎。禴，音跃，古代春天祭祀，属较微薄之一种。六二只要心存诚信，即使微薄之祭祀，亦可献于神灵，获其赐福。

【原文】六三：萃如嗟如，无攸利；往无咎，小吝。

此爻是萃于二阴，萃非其正也，故必往而勿恤其羞。故叶者志谋遂而四海为家，协力者众而生涯利达。不叶者六亲冷淡，家业寂寥，离祖外立，方得遂志。岁运逢之，在仕难萃于朝，而历在远方之为艰；在士进取难逢佳会；在庶俗家不安宁，六亲有损，老者凶也。

【注解】萃如，求聚不得。六三居下卦之终，失位无应，求聚心切，却不能得其类，故徒自嗟叹而无攸利。六三虽无上应，却与四比，往而相聚则获无咎；但三四均失位，两者非阴阳之正应，故又有“小吝”。

【原文】九四：大吉，无咎。

此爻是大臣有君民之寄者也，必尽其道而责斯塞焉。故叶者秉钧执政，敷道弘化，上有以致君，下有以泽民，而萃太之昌可保于无咎。不叶者虽有才志，无德可守，非凶于国，必害于家。岁运逢之，在仕防猜忌之谤，弃高就下，急流勇退为吉；在士进取有不当之咎；在庶俗谋为不从正道，皆难免祸；惟大德君子，方可改过得福。

【注解】九四下乘三阴，至获所据，故大吉；然阳居阴位而不正，本有咎，唯大吉而建树伟功，方能得免其咎。

【原文】九五：萃有位，无咎，匪孚；元永贞，悔亡。

此爻是著其君位之隆，尤必戒君德之修也。故叶者禄重位高，不以为荣，士从民悦，不以为乐，常存敬畏，富贵永久。不叶者亦能反身修德，虽无爵土之荣，亦能致其家业之兴。岁运逢之，在仕则人心未孚而志未光，在士有道德未修之歉，在庶俗则人情不合而营谋有阻。

【注解】九五虽高居尊位，其时九四已擅聚三阴，己德未能广孚于众，故只能自守刚正以免咎。元，善之长；永，久也；贞，正也。九五既禀阳刚尊长之德，则永久守持正固，必能免“匪孚”

之咎而“悔亡”。

【原文】上六：赍咨涕洟，无咎。

此爻是无才无位得天下之萃者也，故不免于惧。叶者治而不忘乱，安而不忘危，虽无所利，而尤可以自保；虽无所利，而尤可以免害。不叶者懦弱无为，忧愁度日，孤立无助，碌碌小就。岁运逢之，在仕进前不稳，事多烦扰，不能安静，或上下逼迫，长幼忧愁，退悔嗟悲，名利成虚，寿算不永。

【注解】赍，音基，赍咨，悲叹声；涕洟，痛哭流涕。上六处萃之终，穷极无应，又以阴乘凌九五阳刚尊长，求聚不得，故悲泣叹息痛苦，唯其悲泣知惧，才可免害而无咎。

䷭升卦（四十六）

【原文】《象》曰：地中生木，升；君子以顺德，积小以高大。

震宫四世卦，属八月，纳甲是辛丑、辛亥、辛酉、癸丑、癸亥、癸酉，借用乙丑、乙亥、乙酉；生于八月及纳甲者，功名富贵人也。

【注解】升卦上坤为地，下巽为木；地中生木，以微至著，故云“升”也。君子效法升卦是地中生木之象，顺行其美德，积小善以成就高大的名望事业。

【原文】初六：允升，大吉。

此爻是进而有助者，而深幸其得君行道也。故叶者有谦恭之德，获上人拔引之助，功名利达，必为国家栋梁。不叶者亦善通人情，扶持者多，谋为遂意，家业兴旺。岁运逢之，在仕超迁，在士高荐，庶俗营谋称心。

【注解】允，犹宜。初六处升之始，柔顺在下，虽与六四无应，但上承二阳，与之合志而宜于上升，故大吉。

【原文】九二：孚乃利用禴，无咎。

此爻是诚实上交之象，而著其享祀之吉占者也。故叶者大才大德，诚实中正，上有以得君，下有以得民，功业丕显，志愿大行。不叶者立心以诚，结交以正，清名曰著，德业兴隆。岁运逢之，在仕有升，或为祭酒配享之职；士子成名，常人有喜，疾者安而用者达；数凶者有丧祭之兆。

【**注解**】九二禀刚中之德，上应六五，如心存诚信，受任于尊，故有虽祭薄亦可荐神获福之象，以此而升，必能遂愿，故无咎。

【**原文**】九三：升虚邑。

此爻是仕进之易者也。故叶者南征以从王之事，而进无所摧，奋庸以熙帝之载，而动无所括，大则当要路，小则食邑郡。不叶者亦谋为遂而无所阻，家业兴而无所亏，或道习清虚，身居空洞。岁运逢之，在仕升迁，必居大郡；在士成名；在庶俗营谋遂意；数凶者变为师，或“舆尸”之象。

【**注解**】九三居下之末，阳刚得位，应于上六，将升至上卦之坤，坤阴为虚，故以“升虚邑”为喻，云上升时畅通无阻。

【**原文**】六四：王用亨于岐山，吉，无咎。

此爻是王者祀神之诚而获福者也。故叶者柔顺之至，诚信之极，明足以格君而得恩光之隆，幽足以格神而得福泽之深，功名显达，志愿大遂。不叶者诚实足以动人，求谋无阻，家业兴隆。岁运逢之，在仕得君而升必高，在士用宾于王而名成，在庶俗必得山林之利；隐者有山水之乐，僧道获祭享之益；数凶者，有归山冢追祭之兆。

【**注解**】王，当指殷王；亨，通享，祭祀；岐山，在陕西省岐山县东北。六四处升上卦之下，柔顺得正，宜似殷王到岐山设祭，周人顺从服事般固守臣位，则可获吉而无咎。

【**原文**】六五：贞吉，升阶。

此爻是人君守至正以临民，而有以致天下之顺治者也。故叶者科甲登于少年，功业建于朝廷，志量大得，福量宽洪。不叶者亦守道立身，进取有为，动皆合志，德业日新。岁运逢之，在仕超迁，在士高荐，庶人谋遂得志。

【注解】升阶，沿阶而上。六五柔中居尊，下应九二，如任用下贤不自专权，故有守正获吉，沿阶升至尊位之象。

【原文】上六：冥升，利于不息之贞。

此爻是速于上升而不知止者也。故叶者为君子，进德修业，有忠鲠清度之美誉。不叶者为小人，贪利之切，难免辱身之祸。岁运逢之，在仕告休，在士反身修德，庶俗有贪得不厌之祸。数凶者，有幽冥之非。

【注解】上六以阴处升之终，居坤阴之极，有昏昧至甚却仍上升不已之象，故当守贞不息，未可轻举妄动，或擅为物主。

䷮困卦（四十七）

【原文】《象》曰：泽无水，困；君子以致命遂志。

兑宫一世卦，属五月，纳甲是戊寅、戊辰、戊午、丁亥、丁酉、丁未；如生于五月及纳甲者，功名富贵人也。

【注解】困卦上兑为泽，下坎为水，水在泽下，泽上无水，故曰困。致命，援命；遂，成也，或实现。君子观困卦之象，悟知当困穷之时，宁可舍弃生命也要实现崇高志向。

【原文】初六：臀困于株木，入于幽谷，三岁不觌。

此爻是无济困之才，终于困而不能自拔者也。故叶者有为有守，虽不能见用于世，亦为一世之高士，而幽居之无辱。不叶者为懦弱之才，为昏暗之质，明不能以有见，困不能以自拔。岁运逢之，在仕退职，在士待时，庶俗有惊忧服制之患。

【注解】株，树干，即无枝叶之木。初六柔弱卑下，虽与九四相应，但九四阳处阴位，失位亦困，往前又临坎险，故穷恶不能自拔，如臀部困在株木下，居处难安。

三岁，泛指多年；觌，音敌，见也。初六往前既无援应，静处又难安居，只得退入幽谷，多年不露面，以待困情缓解。

【原文】九二：困于酒食，朱绂方来，利用享祀，征凶，无咎。

此爻是有刚中之德而无其时，故不能以成济困之功。叶者有才有德，必居高位，必享厚禄，明足以感结乎人君，幽足以感格乎神明，虽无拯溺之力，亦免犯难之凶。不叶者性多偏僻，贪食好酒，必入干于朱门，或为师巫，足衣足食，但不能远谋大成。岁运逢之，在仕升迁，或为祭酒、中丞、中奉、中书之类，闲官必起，天书自来；士人有庆；庶俗得贵人提携，营谋获利，静吉动凶；数凶者有丧祭之兆。

【注解】绂，音弗，古代祭服之饰带，朱绂喻荣禄。九二当困之时，虽酒食贫乏，艰难坎坷，但能刚中自守，安食乐道，故终能荣禄临身，乃至被提拔为担任主持祭祀大礼的要职。九二安于贫穷，在困中求进，固多凶险，但以刚中美德努力济困，不顾安危，舍身遂志，故能终获无咎。

【原文】六三：困于石，据于蒺藜；入于其宫，不见其妻，凶。

此爻是无才德以济困，而身不能保者也。故叶者多栖身山林与木石居，或入于宫门而为阍人，虽无妻子之庆，尤得保身之术。不叶者无才无德，出入顿挫，身孤势危，大困急迫。岁运逢之，在仕有入清禁之兆，在士有入棘围之喜，但恐遭妻妾之变；数凶者名辱身危，死期将至，况有妻子之可见乎！

【注解】石，喻九四；蒺藜，喻九二；宫，乃居室。六三阴处阳位，阴柔失正，“刚武”之至，因无应而近比九四，欲求为配偶，但四已应初，九三如困于石下，石坚难入；又乘凌九二，亦欲求配，但九二刚强不可据，则九三如错足蒺藜，棘刺难践；如此者三，虽退居其室，但只能茕茕独处，难以配人为妻，故曰不见其妻。

阍人，官名，《周礼》天官之属，掌守王公中门之禁，以时启闭；后称守门人为阍人。

【原文】九四：来徐徐，困于金车，吝，有终。

此爻是才弱不足以济初之困，而终有相与之分也。故叶者成名虽早，食禄尤迟，上进有难于速，得遇有难于近；其“金”字之义，有金榜，金门，金阶之兆。不叶者先难后易，或依附权势而后有立，或受制尊贵而不得自尊，谋为阻节，终有受用。岁运逢之，闲官超越，事有兼权而不胜其丛挫之忧；在士进取多缀朱榜；在庶俗谋望有顿挫之祸，而终有出险之喜；为商者为金车而遭困。

【注解】来，指四来应初；徐徐，迟疑缓行状；金车，喻九二。九四以阳刚居上卦之始，来下应初六，但自身以阳居阴失正，前路为九二所阻，如困于金车，故缓疑迟行；又因初四为正应，四虽有受困不能速来之憾，但谦谨而行，终有应合之时，故虽初吝但终有成。

【原文】九五：劓刖，困于赤绂，乃徐有说，利用祭祀。

此爻是本其德之足以济困，与其诚之足以格神也。故叶者勤于学古，力于行道，始焉进取艰阻，终则机会适逢，或居言路以声其中直，或为大臣以配享其祭祀。不叶者亦先受艰辛，后享安逸，或骨肉有刑，或身体有亏。岁运逢之，在仕则先阻后顺，或为奉直、中奉、社令、祭酒、祭祀之职；士子进取，先逆后顺；庶俗营谋，先挫后获；数凶者有讼刑之扰，丧祭之兆。

【注解】劓，音义，削鼻之刑；刖，音月，截足之刑。九五以阳居阳位，行事刚猛，犹如过为施用刑法以治下，乃至众叛亲离，困穷于尊位。徐，即渐；说，通脱。九五虽困于赤绂，但因有刚中之德，故能改正过猛行为，渐能摆脱困境；此时当广泛取信于人神，才能保其社稷，故曰“利用祭祀”。

【原文】上六：困于葛藟，于臲卼；曰动悔，有悔，征吉。

此爻是无济困之才德，而示以善反之道者也。故叶者改过以复于善，易恶以至于中，才足以援其危，德足以济其困。不叶者心至柔暗，身处困极，缚束而不能解，危惧而不能安；或离祖远方，方可成立。岁运逢之，在仕防刑罚缚束之虞，在士防停降之辱，在庶俗防忧惊服制之危，惟商旅则利有攸往。

【注解】藟，音垒，藤类植物；臲卼，音聂误，又作臬兀，动摇不安状。上六以阴居困之极，乘凌二刚，如困于藤蔓之缠，又如濒临危坠之地。动悔，动辄生悔，亦含后悔之意；有悔，应有所悔，悔悟。上六虽处极困之境，但困极必反，只要动悔而能有悔，吸取教训，谨慎反思其行为，必能解脱困境，终征而获吉。

䷯井卦（四十八）

【原文】《象》曰：木上有水，井；君子以劳民劝相。

震宫五世卦，属三月，纳甲是辛丑、辛亥、辛酉，戊申、戊戌、戊子；如生于三月及纳甲者，功名富贵人也。

【注解】井卦下为巽木，上为坎水，树木体内有水分津泽，由根茎向上运行，正如井水被汲上而养人，故有井之象。劳民，为民操劳；相者，助也，劝相乃劝民互助。君子观井卦之象，悟知应劳民劝相，广益于人，以效法井养而不穷之德。

【原文】初六：井泥不食，旧井无禽。

此爻是无德而为世所弃也。故叶者有才有德而难逢机会，未见其名利之遂，恒嗟其道德之穷。不叶者身处卑下，污浊昏昏，成败无定，终为废才；甚则下有痼疾，上有隔气之终寿。岁运逢之，在仕退闲，求名者不遂，营谋者阻滞，数凶者弃世。

【注解】旧，通久。初六阴柔卑下，上无应援，正如井底沉滞污泥而不出泉；井久未修，唯积淤泥，故禽不一顾，人不汲食。

【原文】九二：井谷射鲋，瓮敝漏。

此爻是德足于己，而力不足以及物者也。故叶者文章道德，屈处困时，难逢明主，养道全真，乐天知命。不叶者学业之寡，名利之薄，或生癖疾，或见妒忌，损漏之多，仅能养家。岁运逢之，在仕宜退处以自养，在士宜藏器以待时，在庶俗宜谨守以避祸。

【注解】井谷，井中之容水处；鲋，小鱼；瓮，汲水器。九二虽阳刚居中，但失位无应，未能施用于上，如井中穴窍容有清水却未见汲，而被枉作为射鲋之用；又如汲水者瓮敝水漏，无法汲引而取用。

【原文】九三：井渫不食，为我心恻；可用汲，王明并受其福。

此爻是惜其未为世用，而逆许其见用之功也。故叶者德足以求明主之用，惠足以济斯民之穷，功名利达，福泽丰隆。不叶者贵不受禄，富不受用，一筹莫展，常怀忧戚。岁运逢之，在仕难逢明主，而见机解组之为佳，在士难逢佳会，而养晦之时之为美，在庶俗安常守分之为吉；值数之凶者，主有忧惨之兆。

【注解】渫，音谢，掏去污泥，使水洁净。九三居下卦之上，阳刚得正，但下无阴爻可据，如水井修治洁净却未被汲食，故有“心恻”之叹。可用汲，指应赶快汲用。九三虽下无阴爻可据，但应上六，终有可汲之时，而君王也因汲用之明，使君臣并受福泽。

【原文】六四：井甃，无咎。

此爻是惟知自修之象，而仅许其得独善之道者也。故叶者有谨厚之德，无果断之才，虽未能建功立业，以鸣国家之盛，亦能存心养性以尽成己之美。不叶者善于会计，难于际遇，外节虽可观，内虚则可悯。岁运逢之，在仕条陈利善，而修政立事之为尚；在士则穷经学古以待用；常人则耕田凿井以厚生，或有造屋修筑之兆。

【注解】甃，音宙，用砖修井。六四柔正得位，但下无所应，故当静守修德，不可急于进取，犹如井坏能修，可使无咎。

【原文】九五：井冽，寒泉食。

此爻是德全于己，而功及于物者也。故叶者经济之术素居于己，而德泽之施普及于物，功名富贵，并隆无亏。不叶者清才达道，守义安贫。岁运逢之，在仕则德位兼隆而膺天宠，在士则名利两全而有登荐之美，在庶俗则营谋遂而获利。

【注解】冽，水清。九五阳刚中正，居井尊位，亲比上六，犹如寒泉般的清澈井水，可以汲上供人食用。

【原文】上六：井收，勿幕；有孚，元吉。

此爻是著其德泽及物之普，而示以有本之治者也。故叶者实德裕于己，有本之治自足以缚润泽之恩；至诚根于心，而有体之用自足以敷浩荡之化，事功隆于当时，而名誉昭于千古。不叶者亦养之裕而积之厚，虽无钟鼎之荣，亦有陶朱之产。岁运逢之，在仕则功高德厚而高迁，在士则道全德备而名成，在庶俗则才用充足而谋遂。

【注解】收，成也；幕，盖也。上六居井卦之终，下应九三，如井水已汲出井口，为井功大成之象，此时应心怀诚信，广施井养之德，必获元吉。

䷰革卦（四十九）

【原文】《象》曰：泽中有火，革；君子以治历明时。

坎宫四世卦，属二月，纳甲是己卯、己丑、己亥、丁酉、丁亥、丁未；如生于二月及纳甲者，功名富贵人也。

【注解】革卦上兑为泽，下离为火。火就燥而泽资湿，二物不相得，终宜易之，故曰“泽中有火”。君子观革卦之象，悟知事物变革之道理，故撰制历法，以明四时之变。

【原文】初九：巩用黄牛之革。

此爻是无变革之任，故以不革为革者也。故叶者虽有才猷，而多阻于职业之未就，安常守分，居易以俟命。不叶者自处卑下，执一不通，虽无祸患，鄙哂可耻。岁运逢之，在仕保位，不可怀出位之思；在士安己，不可图悻进之举；在庶俗谨守常度，不可存妄作之念。

【注解】巩，固也；黄，中之色，喻持中驯顺；牛之革，坚韧之物，喻守常不变。初九以阳刚卑微处革之始，上无援助，不能改变，故以黄牛之革系缚，喻必顺固守常规，不可妄为。

【原文】六二：已日乃革之，征吉，无咎。

此爻是从容以观变，得善变之道者也。故叶者能察乎时势，能烛乎事机，通变以宜民，创立于一人，达诸四海而不悖；更化于善治，建立于一时，传诸万世而无穷；上奉君宠，下系民望。不叶者，亦存心忠厚，处事得宜，革先人之弊端，成一代之规模。岁运逢之，在仕迁职，士子成名，庶俗多喜事之作。

【注解】六二柔中得正，上应九五，又居下离之中，如时当日中将昃，正值已日待变之机，故须断然奉行变革，以此有征，方可获吉而无咎。

【原文】九三：征凶，贞厉；革言三就，有孚。

此爻是当革之任，病于燥而贵于审者也。故叶者从容周密，相时以更其弊，持重详审以观其变，事功崇高，功名远大，群情允协，百代钦仰。不叶者轻举妄动，成少败多，卓立艰辛，营谋顿挫。岁运逢之，在仕有躁动失政之谪，在士有复试三就之举，在庶俗多纷华之扰安不一；数凶夭折。

【注解】贞厉，守正防危之意；革言，驾言；三，泛指多番；就，附就。九三处革下卦之上，有革道初成之象，宜审慎稳进，但九三以阳居阳，刚亢躁行；故戒其守正防危，此时变革措施宜以退求进，即三就以旧制，抚慰人心，安定大局，巩固成果，以孚诚取信于民，则能稳步推行改革。

【原文】九四：悔亡，有孚改命，吉。

此爻是协民心以革政，斯治道难新者也。故叶者道大德宏，谋远志高，补弊救偏，以成莫大之功名；革故鼎新，以成可久之制度，上有以叶乎君心，下有以孚乎民情；命字有爵命、寿命之吉兆。不叶者宅心忠厚，区画有方，先难后易，改祖外立，生涯奈久。岁运逢之，在仕者升迁之骤，在士有登荐之荣，在庶俗有增业之吉。改命二字亦有深意。

【注解】改，即革，改命即革除旧命。九三失位本有悔，但当革之时，处上卦水火更革之际，刚而能柔，正可推行变革，故悔亡；此时若能以信诚之心革除旧命，必获吉祥。

【原文】九五：大人虎变，未占有孚。

此爻是有革命之象，而因示以顺民之情者也。故叶者奇才重望，出类超群，制礼作乐，以成百代之规；修改明刑，以阐百王之秘；虎榜龙池，特其余事。不叶者福力之厚，声价之高，见事无疑，行不负志。岁运逢之，在仕有迁超之荣，在士有高荐之喜，在庶俗干为有变通先显之休，惟贱士阴人不利，余皆吉兆。

【注解】占，有疑而问；未占，不须置疑。九五以阳刚中正高居尊位，如大人全面推行变革，势若猛虎，此时革道昭著，故不须占问，九五之德自显光彩。

【原文】上六：君子豹变，小人革面；征凶，居贞吉。

此爻是变革之后，革道之成也，而其占必欲其居贞焉。故叶者下修己德，文章有豹变之美；上从君命，爵禄有荣膺之休。不叶者作聪罔法，率意妄为，强贪不厌，祸患迭生。岁运逢之，未仕者进秩，已仕者退闲；在士有文蔚之喜而名必成；庶俗有守法之心而患害免。革面主是非。

【注解】面，朝向，革面即改变倾向。上六处革卦之终，革道大成，如斑豹一样协助大人变革，从而建树功勋；此时全局已定，故小人纷纷改变倾向而顺应。上六当变革成功，大局稳定之时，宜静居持正，守成则吉；若不安守，再思变革，则过犹不及，必致凶险。

䷱鼎卦（五十）

【原文】《象》曰：木上有火，鼎；君子以正位凝命。

离宫二世卦，属十二月，纳甲是辛丑、辛亥、辛酉、己酉、己未、己巳；如生于十二月及纳甲者，功名富贵人也。

【注解】鼎卦下巽为木，上离为火，以木巽火，有烹饪之象，故为鼎也。正，端正；凝，严守，不疏失；命，使命。君子效法鼎器体正实凝之象，端正己位，严守使命，以免误入邪途。

【原文】初六：鼎颠趾，利出否；得妾以其子，无咎。

此爻是德足以革故而从新者也。故叶者舍己以从人，屈己以受善，非于进德修业，以淑在我之身心；且能革弊改旧，以新天下之耳目；文章发于少年，福禄隆于晚景。不叶者多改祖外立，先逆后顺，名轻利重，有妾有子。岁运逢之，在仕有因败致功之美而迁职；在士有因贱致贵之体而成名，在庶俗有因人成事之益，或得妾，或生子，忧者喜，贱者贵。

【注解】否，不善之物，废物。初六处鼎之始，阴处在下，为“颠鼎”之象；鼎将纳物烹煮，宜先颠转倒清废物，故曰“利出否”。妾，喻初六；子，喻九四。初六虽处卑下，但上应九四，当出否之后正可纳物烹饪，如为妾生子可以因子贵而扶为正室，亦去旧成新之义，故“无咎”。

【原文】九二：鼎有实；我仇有疾，不我能即，吉。

此爻是能以道而自守，必著其象而善其占者也。故叶者有阳刚之才德，居大臣之正位，如鼎之实，可荐于上帝奉王公养天下，所以为宗庙之重器也。不叶者秉性敦厚，谋为笃实，家基丰富，得人妒忌。岁运逢之，在仕执正秉公，谨防谗邪之谤；

在士虽有学而难逢知己；营利者虽有获亦当防外扰、下人侵害之祸，或时沾小疾而无害。

【注解】九二居下卦之中，阳刚充实，故曰鼎有实。我，九二；仇，匹配，指六五；不我能即，不能就我，即，就也。九二上应六五，五乘刚犹如有疾而不能就九二，九二由是免增负荷，不致使实鼎充溢，故吉。

【原文】九三：鼎耳革，其行塞，雉膏不食；方雨亏悔，终吉。

此爻是鼎之贤，拟其睽于始而合于终也。故叶者德蕴于己而充积之有素，但嘉会难遇而科第多阻于初年，然大德不废，爵禄终膺于晚景。不叶者有德不能见用，有才不能施行，或足疾而艰于步，或悖义而专于利，早岁艰辛，晚景安逸。岁运逢之，在仕多阻于邪议，而始摧终得；在士则难于进取；在庶俗营谋多无初有终，老者受福，幼者少遂。

【注解】雉，野鸡，雉膏即野鸡羹；方，待到；雨，阴阳和合；亏，消也。九三处下卦之上，当鼎耳之位，以阳居阳，刚实不能虚中，如鼎耳中空处变异堵塞，无法插杠举鼎运行，故曰“鼎耳革，其行塞”；又因九三与上九俱阳不应，九三艰难无援，故九三徒有鼎器而无用，虽有雉膏而不能食。九三虽阳刚过甚，有耳革、行塞、不食之悔，但居巽为阴卦，若能取阴调阳，则有阴阳和合之雨可消其悔，终获吉祥。

【原文】九四：鼎折足，覆公餗，其形渥，凶。

此爻是大臣用人之非，以倾覆国家者也。故叶者贵为大臣，但委任非人，必有累己之祸。不叶者有才无德，弃正从邪，恃强妄作，成败无常，破祖外立，聚散不一。岁运逢之，在仕有贬逐之虞，在士有难进之失，在庶俗有破损之灾或生足疾；数凶者折寿。

【注解】餗者，鬻也；形，指鼎身；渥，沾濡之状。九四上承六五，所任已重，又下应初六，且阳居阴位，失正不中，有行事不自量力之象；如鼎难承重荷而致折足，覆悚，其体亦遭沾渥，故凶。

【原文】六五：鼎黄耳金铉，利贞。

此爻是拟其任贤图治之象，而免以克终允德之占焉。故叶者德重位尊，虚己纳贤，上以承天宠，下以系民望。不叶者亦秉性忠直，善通人情，家业丰厚，福量宽洪。岁运逢之，在仕则进，吉兆甚多，盖鼎有三台之象，黄字有黄甲、黄榜、黄堂，金字有金鱼、金榜、金紫，中字有中奉、大中、给事中之兆，治中，中书省之应；商农获利，僧道住持。

【注解】黄，中色，喻六五柔中；金，刚坚之物，喻六五居阳位又与阳爻相应；铉，鼎杠。六五柔中处尊，既居阳位又获九二之应，如鼎器配黄耳，插入金铉，适可举移以供烹饪，故利于守正，必尽鼎用之美。

【原文】上九：鼎玉铉，大吉，无不利。

此爻是鼎之居上者，象其德之美而要其功之成也。故叶者为富为贵，知进知退，左选则为玉堂，右选则为建节；女子可为节妇，命妇。不叶者清明重望，隐避岩谷，金玉满籯，福泽深远。岁运逢之，在仕未仕者进职，已仕者退闲；在士子有高荐之喜；在庶俗安稳利达而谋成；数凶者身亡，但德小者不能当之。

【注解】玉，刚坚温润之物，喻上九以刚处柔。此句言上九居卦之终，阳处阴位，如用刚润之玉所制之鼎杠；此时上不系应于九三，意在广应下者，如玉铉极其举鼎之用，为鼎功大成之象，故大吉祥，无所不利。

䷲震卦（五十一）

【原文】《象》曰：洊雷，震；君子以恐惧修省。

震宫六世卦，属十月，纳甲是庚子、庚寅、庚辰、庚午、庚申、庚戌；如生于十月及纳甲者，功名富贵人也。

【注解】洊，音见，再也，犹叠连；《正义》曰："洊者，重也，因仍也。"雷声因仍，乃为威震也，此是重震之卦，故曰"洊雷"。君子观震卦之象，悟知应当恐惧天威，自我修省。

【原文】初九：震来虩虩，后笑言哑哑，吉。

此爻是知所惧而惧焉，故后可以有则也。故叶者禀刚大之才，文章足以补衮，威望足以服众，事功远大，爵禄崇高。不叶者亦能恐惧修省，先涉艰辛，后享福祉，次则或足失为暗哑。岁运逢之，在仕有先惊后喜之应；在士有一鸣惊人之兆，有为县宰、社令、主祭之职；在庶俗多有虚惊，后或进喜。

【注解】虩虩，音隙，恐惧。初九阳刚在下，慎守勿用，先能恐惧修省，后致笑言哑哑，故吉。

【原文】六二：震来，厉；亿丧贝，跻于九陵，勿逐，七日得。

此爻是知所惧而惧，故终可以有得者也。故叶者有才重望，深思长虑，遭事变而有转移之术，惧祸害而有区画之谋，虽不能创立新居，亦能守保旧业。不叶者履危险而不知避，贪货贝而不能舍，常虑常忧，奔驰四野，先逆后顺，先危后安。岁运逢之，在仕有遭阴险奸邪之虑，在士有先迷后得之兆，在庶俗有争讼失脱之虑；老者寿险，少者心惊，七日者乃刻期之应。

【注解】亿，言大；跻，登也；九，阳极之数，九陵言最高之陵；七日，借取日序周期，象征转移迅速。六二以柔承刚，故震来将有危。六二将致大失财币，但此爻又禀柔中之德，虽遇危却能守中不躁，自避于九陵而不顾其贝，如此可无虑。六二既以柔中之德趋正自守，能不顾丧贝而跻九陵避之，则不用追寻失贝，七日即可复得。

【原文】六三：震苏苏，震行无眚。

此爻是无德致祸之象，而示以改过之端者也。故叶者安而不忘危，治而不忘乱，虽不能奋发勇为以扩大其事业，亦能恐惧修省以保全其常分，素位而行，清修日著。不叶者，柔懦不能立，惊惶失志，进退无定，利名皆虚。岁运逢之，在仕有尸位之诮，在士有废业之患，在庶俗有灾害忧惧之损，谨戒之免凶耳。

【注解】苏苏，不安；震行，震惧而行；眚，音省，灾异，过错。六三以阴处阳，处位不当，故惶惶不安；但其无乘刚势，故能因震惧慎行而免祸。

【原文】九四：震遂泥。

此爻是纵欲惟危者也。故叶者节其欲而不至于流，损其过而不至于溺，虽不能设施以成其光大之业，亦可以图存而保其陷溺之危。不叶者局处卑下，乖失正体，尘泥汩没，生涯淡薄。岁运逢之，在仕有贬逐之危，在士有停降之祸，在庶俗卑污苟贱而一筹莫展，甚至缧泄拘系，而无光享之日。

【注解】遂，坠也。九四阳刚失位，刚德不足，又陷于上下四阴之间，故惊惶失措，坠泥泞不能自拔。

【原文】六五：震往来厉；亿无丧，有事。

此爻是无才固不免于厉矣，而求之有德，则能知惧者也。故叶者才不足而德有余，能保其前人之业，图治匡世之绩，足以振不显。不叶者存心忠厚，保固图存，早年奔驰，晚景安逸。岁运逢之，在仕常职可保，在士守其固有，在庶俗有虞或手足之忧。

【注解】亿者，大也；亿无丧，大无伤忧，万无一失；事，指祭祀之事。六五以阴柔居尊，上往则遇阴作敌，下行则乘刚有失，故往来皆厉。六五有柔中之德，能以危惧之心慎守中道，不冒然往来，故万无一失，常保祭祀之事，社稷因之常保。

【原文】上六：震索索，视矍矍，征凶；震不于其躬，于其邻，无咎，婚媾有言。

此爻是无才固不免于凶矣。故叶者患未至而先备，害未来而先防，威望服于乡邻而身家可保。不叶者不能谨畏，强狠招祸，妻妾不和，状貌委靡。岁运逢之，在仕防谪贬，在士防停降，庶俗有防则免祸害震惊之忧，修之则吉，或夫妇有刑，亲邻遭难。

【注解】索索，犹缩缩，足不正，惧极而双足畏缩难行；矍矍，音决，目不正，双目旁顾不安之状；躬，指自身；有言，指不相和合，言语争执。上六处震极，惊恐至甚，无所安适，故双足索索，两目矍矍，若以此征，必遭凶险。上六若能于雷威未震及自身，于震及近邻时，就预先戒备，及早恐惧修省，则或无咎。上六极惧之时，必多疑虑，难与外物相合，故又戒其不可急于谋求阴阳相合，急于婚媾，则难免被言。

䷳艮卦（五十二）

【原文】《象》曰：兼山，艮；君子以思不出其位。

此艮卦，属四月，纳甲是丙辰、丙午、丙申、丙戌、丙子、丙寅；生于四月及纳甲者，功名富贵人也。

【注解】兼山，指两山重叠，释艮卦上下皆为山之象；位，指本位。《正义》曰："直置一山，已能镇止，今两山重叠，止义弥大，故曰'兼山，艮'也。"君子观艮象，悟知抑止邪欲之理，故所思虑均不敢逾越本位。

【原文】初六：艮其趾，无咎，利永贞。

此爻是得其守正之道者也。故叶者从之正而无从逆之凶，守之固而得厚终之道，虽无发达之美，亦免倾危之忧。不叶者谦卑是持，谨厚是守，灾害不生，身家可保。岁运逢之，在仕保守已职而无失，在士进取落后，庶俗安常守分而不陷于纵欲之危。

【注解】初六居艮卦之下，有趾之象，其所施止，犹如施于足趾，将动之前，不使有失正道，故曰无咎。初六阴柔弱质，故应始终守正，方能常保利永贞。

【原文】六二：艮其腓，不拯其随，其心不快。

此爻是仅能成己，而歉于成物者也。故叶者乃是中正之人，才德甚高，有志事君而其谋犹难以进用，且阻于权枢而其心常怀不歉；然虽不能建于世，而亦为后世所矜式。不叶者心无定见，邪正相混，家难而不知排遣，父蛊而不能干治，卓立艰难，心绪挠括。岁运逢之，在仕无扶危持颠之才；在士无机会之美；在庶俗无求谋之遂，或驰他郡而苦于劳役，或有足疾而动止难安，或为家患而心有不快。

【注解】腓，小腿肚；拯，承也，举也，意举步上拯。六二以柔处下卦之中，外卦无应，本须上承九三之阳，但其腓被止，故曰不拯其随；当行不得行，承阳之志难遂，故曰"其心不快"。

【原文】九三：艮其限，列其夤，厉薰心。

此爻是不当止而止，失时之极者也。故叶者必为显宦执柄，贪得不足，败君误国，阻隔正路而上下之情不通，欺逆之罪难逭。不叶者，富藏金谷，必起强梗，恶事常行，善缘不作。岁运逢之，在仕显者必迁要津边阃，选人立班改职；士子前则成名；庶俗强梗不顺，破损不宁，危厉不安。数凶者老幼或为心病，或患眼，或腰疾，或阻碍刑孝破家。

【注解】限，界也，指人体上下交界处，即腰部；列，通裂；夤，音寅，夹脊肉。九三处上下卦之中，犹人体之腰，腰动被止，则脊肉断裂，故致薰心之危，其凶可知。

【原文】六四：艮其身，无咎。

此爻是时止而止，有不妄动之义者也。故叶者镇靖安稳，藏修谨厚，虽不能兼善天下，而亦可以成独善之志；虽不能以济时，而亦可以无偾事之愆。不叶者单身自谋，适己自便，或为僧道。岁运逢之，在仕安职，不可怀出位之思；未仕者不可图倖进之学；在庶俗安分，不可怀越分之谋。

【注解】身，指上身。六四居艮上卦，犹处人身上体，故有艮其身之象；以柔居柔，止得其所，遂获“无咎”。

【原文】六五：艮其辅，言有序，悔亡。

此爻是于其言而寡尤者也。故叶者有德有言，大则为辅相、为言路、为大中、中奉、给事中、中书省，小则为序首、庠序之职。不叶者而为陶情吟哦，谈今说古之幽人，或得朋友亲辅丽泽之功，而活计可以养身。岁运逢之，在仕显者必获大位，居朝堂之职，未显者则为言路之官；在士则一言而合主司，科名成就；在庶俗则公言足以合人情，而谋望遂意；若小人当此，则反有唇吻之咎，老少难于颐养。

【注解】辅，上牙床，这里指口；序，修理。六五柔居尊位，持中不偏，犹处口位，慎止其口而言有序，故悔必亡。

【原文】上九：敦艮，吉。

此爻是止于至善者也。故叶者高风劲节，必为大人君子而标准当时，福泽厚深。不叶者主诚实，不浮华，或田业之广，寿筭之高。岁运逢之，在仕迁职，在士成名，农家进田业，商贾获利，在庶俗获福；但变得谦上爻，有志未得伸之兆，数凶者亦防之。

【注解】上九处居艮卦之终，为抑止至极之象，故虽阳刚而能敦厚，以此抑制邪欲，故能获吉。

䷴渐卦（五十三）

【原文】《象》曰：山上有木，渐；君子以居贤德善俗。

艮宫六世卦，属正月，纳甲是丙辰、丙午、丙申、辛未、辛巳、辛卯；如生于正月及纳甲者，富贵功名人也。

【注解】渐卦下艮为山，上巽为木；地中生木，以时而升，山上有木，其进以渐。居，积也；善俗，善风俗。君子观渐卦之象，悟知积德善俗亦须渐进之理。

【原文】初六：鸿渐于干，小子厉，有言，无咎。

此爻是不得所安，无其时而不能进者也。故叶者清才贤德，入仕以渐而有序，非但登科及第，而且入言路以为去奸逐佞之臣。不叶者亦起立生涯，自微积累，或涉艰辛，或凭口舌，如小子之行不躐等。岁运逢之，在仕多作正言，或条陈利害，或上本谏诤而为文讼论谪；在士无应援汲引之人，而进取阻于时；在庶俗多遭其穷厄而谋为不阻。

【**注解**】鸿，大雁；干，水涯；有言，指受言语中伤。初六处渐之始，柔弱卑下，上无应援，所进尚浅，未得其安，若鸿之进于河之干，不得安宁也。初六位卑未安，故取小子有危厉及受人言语中伤为喻；只要渐进不躁，虽遭厉，有言，但终能获吉。

【**原文**】六二：鸿渐于磐，饮食衎衎，吉。

此爻足安于禄位之隆，而深幸其所遇者也。故叶者才高德重，足以措国家于磐石之安，纳君民于和衎之乐，富贵极其长久，福泽极其深厚。不叶者亦饱暖衣食，为良善之士，或逸而处于岩穴，或散而游于江湖。岁运逢之，在仕或食禄祭酒之职；在士为鹿鸣琼林之宴；在常人为金谷庖厨之事，无往不利，随处皆安。

【**注解**】磐，喻安稳之所；衎，音看，衎衎，和乐之状。六二渐进得位，柔中应五，如鸿飞至磐石上，安然得食，故获吉。

【**原文**】九三：鸿渐于陆，夫征不复，妇孕不育，凶；利御寇。

此爻是不得所安，无其德而不能进者也。故叶者有兼人之勇，济世之才，文中成名，武中有功，但艰于妻子之为尤。不叶者离祖外居，弃文就武，自高自大，亲朋寡合，妻子刑克，作事乖违。岁运逢之，在仕有谪贬之忧，在士有阻滞之虞，在庶俗有惊恐之患，人情不睦，盗贼侵害。

【**注解**】陆，较平之山顶。九三处下卦之上，有鸿飞渐至山顶之象，但与四非应相比，阴阳投合，乐而忘返，如夫征不复，遂致其妇非夫得孕，无颜生育，故为凶兆。然九三与六四虽非正应，也有和比相顺之义，故利于抵御外寇。

【原文】六四：鸿渐于木，或得其桷，无咎。

此爻是遇暴而得所安，斯可以无虞者也。故叶者德重能谦，位高能让，平生安乐，保无倾虞。不叶者生计艰苦，常见忧惧，去留无定，恭俭自约，晚有受用。岁运逢之，在仕有强暴难制之嗟，迁除无定，兼用不一；在士秋试可望，或发解；常人利于修造，家给人足而无惊忧之虞。

【注解】桷，音决，椽。六四居位柔正，上承五阳，渐进不躁，如鸿飞木杪，亦得如椽的栖处，故获无咎。

【原文】九五：鸿渐于陵，妇五岁不孕；终莫之胜，吉。

此爻是进得君位之正，终得贤臣之助而成治功者也。故叶者才高德厚，功名难发于青年，爵禄终膺于晚景。不叶者有清誉而处于岩谷，足衣足食，志愿晚遂，嗣续晚成。岁运逢之，在仕多招谤议，先暗后明；在未仕者始失后得；在常人先阻后顺，老或损寿，少或难养；数凶者，有葬丘陵之兆；惟正月生人主大富贵。

【注解】五岁，泛指多年，其他版本多作三岁。九五居于尊位，犹鸿飞陵上，九五阳刚中正，下应六二，虽间有三、四阻隔，乃至六二多年不孕，但二五为正应，终将会合，非外物所能侵阻，故获吉祥。

【原文】上九：鸿渐于陆，其羽可用为仪，吉。

此爻是超乎人外者也。故叶者有德有言，居上可法，道义可尊，或为一世之表仪，或为四方之师表，高下钦仰，遐迩皆服。不叶者多为羽衣僧道之流，而功名付于度外，或为翼从之辈而富贵难享。岁运逢之，朝臣大拜，足为天下仪刑；士子成名，有一飞冲天之兆；在庶俗得人提举而谋为卓然，祸患不侵，福泽永崇。

【注解】陆，此处指高山顶，比九三之陆要高。上九渐进上位，远居卦极，不谋其功，高洁可法，如鸿飞上高山顶巅，其行如羽堪作饰仪，故为吉祥。

䷵归妹卦（五十四）

【原文】《象》曰：泽上有雷，归妹；君子以永终知敝。

此是兑宫三世卦，属七月，纳甲是丁巳、丁卯、丁丑、庚午、庚申、庚戌；如生于七月及纳甲者，功名富贵人也。

【注解】归妹卦下兑为泽，上震为雷，雷震于上，泽随而动；阳动于上，阴悦而从，女从男之象，故曰“归妹”。永，指永久保持。君子观归妹之象，既明夫妇之道宜于永终，又知当防止淫佚，不可敝坏此道。

【原文】初九：归妹以娣，跛能履，征吉。

此爻是有德而无正应，阻于所遇而得，因分以自尽者也。故叶者有德而无时，居下而无应，虽不能大有所为，以享其厚禄，亦能小有所就以上承乎君恩。不叶者亦执守有常，舍己从人，亦起自艰辛或疾患蹒跛。岁运逢之，在仕者多助僚长而有政声；在士则有小试之喜，在庶俗则有小德而谋为颇遂，或纳婢妾，或投势豪以求活计。

【注解】娣，古代以妹陪姊同嫁一夫，称妹曰娣，犹侧室；跛能履，喻以侧室助正室。初九虽处下位，上无正应，如随姐出嫁而为娣，但初九有阳刚之贤，能以偏助正，如跛能履，故征而获吉。

【原文】九二：眇能视，利幽人之贞。

此爻是有德而不遇于君，示以守重之道者也。故叶者才德修于己，虽不逢乎明主，而忠贞靖恭之节，确乎其不可拔。不叶者寡学而无名利，有道而处山林，财帛丰足，福泽固稳，或有目疾，或好淡静。岁运逢之，在仕职位艰迁，选人求改；士子不遇机会；庶俗守旧安常，祸害不生；数凶者幽险之人，丧身幽冥之兆。

【注解】眇，音秒，偏盲，亦能视，喻九二以阳居阴，勉强相从；幽人，幽静安恬者。九二阳刚居中，有女贤之象；但上应六五阴柔不正，犹配不良，故以“眇能视”为喻，并谓“利幽人之贞”。

【原文】六三：归妹以须，反归以娣。

此爻是无德无应者也，故归妹而为娣。故叶者多阻于嘉会而不可以有为，小就则可，大用则阻。不叶者谋为迍邅，志量浅狭，倚托势豪，福泽有限。岁运逢之，在仕有降谪之祸；在士有待时之困；在庶俗有劳役悲苦之嗟，反复进退之忧；如元堂值吉，主有出妻之应，或纳宠婢。

【注解】六三处下卦之极，失正乘阳，有欲求为正室之象，故在须待；但不得其位，不可冒进，宜回头仍为侧室。

【原文】九四：归妹愆期，迟归有时。

此爻是守其道而不苟于进者也。故叶者正大之才，固守其道，待时而动，科甲无早发之休，大器有晚成之喜。不叶者虽有大德，多逢艰阻，或妻迟子晚，晚景荣华。岁运逢之，在仕外放者归朝，待制待用；在士进取待时，国学待补，求仕待阙；商旅在外未归，婚姻者就。

【注解】愆，音牵，超过（日期）。九四刚居柔位，下无其应，如贤女延期未嫁，静待良配有时。

【原文】六五：帝乙归妹，其君之袂，不如其娣之袂良；月几望，吉。

此爻是象女德之纯，而示其风化之善者也。故叶者才全德备，守古之道，宽量容物，黜浮从雅，功名利达，福泽丰隆。不叶者迎贵待贱，古直良善，富而不骄，欲而不贪。岁运逢之，在仕有升迁大中、中奉、给事中，中丞等官之兆；在士有登科及第之喜；在庶俗谋为遂志，或婚姻得财，或作国宾之贵。

【注解】帝乙，殷代国君，纣王之父；帝乙归妹，指六五尊高而下配；袂，衣袖，句中代衣饰；六五高居尊位，下应九二，如帝乙嫁出少女，位贵下嫁，德尚谦逊，故虽为正室，其袂俭朴，不如侧室美好。几望，月将圆满，喻六五德盛不盈，尊贵能谦，故吉。

【原文】上六：女承筐，无实；士刲羊，无血；无攸利。

此爻是无德无应，约婚而不终者也。故叶者有才而难获科甲，有贵而难为爵禄，有妻而难为子息。不叶者孤苦劳神，多谋愈窘。岁运逢之，在仕徒居虚位而无实禄；在士进取徒有虚名而无实胜之善；在庶俗营谋皆空，老者有丧祭之兆。

【注解】实，句中指筐中之物；刲，音亏，割杀，犹屠；承筐，刲羊，指夫妇祭祀，祭献祖宗。上六处归妹之终，位穷无所适，下又不应于六三，如子女承筐无实可盛，男子刲羊无血可取，难以献享，则夫妇祭祀之礼未成，故无攸利。

䷶丰卦（五十五）

【原文】《象》曰：雷电皆至，丰；君子以折狱致刑。

坎宫五世卦，属九月，纳甲是己卯、己丑、己亥、庚午、庚申、庚戌；如生于九月及纳甲者，功名富贵人也；又，二月至八月福重，余则福轻也。

【注解】丰卦上震为雷，下离为电（火），雷乃天之威动，电乃天之光耀，雷电俱至，威明备具，以为丰也。致刑，犹动用刑罚，说明君子效法雷之威动以折狱，电光之明以致刑，则刑狱之事，不违情实。

【原文】初九：遇其配主，虽旬无咎，往有尚。

此爻是厚其德之相敌，而要其功之相济者也。故叶者以刚大之才当盛明之世，同德相济，而丰享裕大之业，可以常保于无虞。不叶者恃才傲物，招忧启衅，谋事不称心志，刑伤多见于骨肉。岁运逢之，在仕必遇明主，必逢大臣而超迁；在士则进取成名，多遇知己；在庶俗得贵人提携，谋望克遂；凶者作为大过，必招祸殃。

【注解】配主，相匹配之主，指九四；旬，均也，言初爻、九四均为阳爻而均等。初九下处离明而上趋震动，与所遇配主阳德相等，相互光大，故无咎而往有嘉尚。

【原文】六二：丰其蔀，日中见斗，往得疑疾；有孚发若，吉。

此爻是有德而见蔽于君之象，必示以积诚之占者也。故叶者当明盛之时，居朝堂之位，在君虽昏暗而有猜疑忌疾之心，在我则诚积内蕴而有转移化导之术。不叶者无所庇荫，孤亲寡眷，惹谤招疑，先逆后顺。岁运逢之，在仕则忠言多阻于邪议，而始失终得；在未仕者有久淹发达之机；在庶俗有久困发财之美，有讼者不辨自明，有疾者不药自愈；数凶者或防长上，必有忧悲。

【注解】蔀，音剖，上声，通蔽，犹言障蔽。六二以阴处阴，如丰大其障蔽以掩阳光，又如日当中天又出现昏夜星斗，以此往见六五，必有被疑之患。六二尽管不能自丰其光明之德，但处中居正，若能发其诚信，必可摆脱昏暗，获得吉祥。

【原文】九三：丰其沛，日中见沫；折其右肱，无咎。

此爻是所遇非其君，虽明而无所用者也。故叶者虽有明德，而遇暗君，大则为股肱之臣，次则为佐贰之官，但恐有同僚毁伤之咎。不叶者伤亲破祖，秀而不实，或手足有疾，小小营谋，有才难用。岁运逢之，在仕有告休之兆，在士有难进之虞；在庶俗营谋难遂，或明而受蔽，争讼日起，或手足有厄而难于作事。

【注解】沛，通旆，幡幔也；沫，音妹，通昧。九三与上六相应，上为阴爻，所趋阴暗，如丰大其幡幔以遮光明，又如日当中午而出现午夜小星。九三所趋既为阴暗，则不可施其大用，故以折断右臂为喻，犹言屈己慎守，可免其咎。

【原文】九四：丰其蔀，日中见斗；遇其夷主，吉。

此爻是大臣有德而遇非其君，而示以同升之吉占也。故叶者有刚明之德而为柔邪所蔽，虽不能自主以显其谋猷，然同德相为，协力赞助，亦可以成其事功丰亨之时，可保福泽之亨无亏。不叶者，改祖外立，先暗后明，多倚贵戚，以求活计。岁运逢之，处于君臣之间者必有猜忌而位不安；在士则遇知己，而进取有赖；在庶俗则明而受蔽，得人解释为吉；商旅弃内就外，反有遭际；行舟者防折桅之惊。

【注解】夷，平也，与均义近，夷主指初九。九四与初九交相为主，如宾主之义也；如据初爻适四爻，是以四为主，曰“遇其配主”；若自四至初，是以初为主，则曰“遇其夷主”；二阳体敌，两主均平，故初谓四为“旬”，四谓初为“夷”。

【原文】六五：来章，有庆誉，吉。

此爻是勉人君以求贤，而因与其有得贤之善者也。故叶者先暗后明，虚心积德，舍己从人，必为显宦大贵，功名利达，福庆丰厚。不叶者亦是有声誉，文章过人，居朝堂而高爵是膺。岁运逢之，在士必获高魁而名成，在庶俗必有好人提举，谋望称意；老者有荣膺官带之兆。

【注解】六五以阴居丰尊位，体虽明柔而实含阳刚，故能召致天下章美之才，以丰大光明之德，遂有庆誉而吉祥。

【原文】上六：丰其屋，蔀其家，窥其户，阒其无人，三岁不觌，凶。

此爻是明极反暗而得凶者也。故叶者受祖宗已成之业而难堪事任，恃在己之聪明主作为妄诞，终迷不复，灾眚难逭。不叶者，主有才无德，妄自尊大，绝亲离友，拘执不定，百为成空。惟僧道隐于山林，则免灾咎。岁运逢之，在仕高而招危；在士则翱翔于天际之兆；在庶俗则有骨肉相残，离祖成家，难免讼狱口舌之忧，或困于门户之咎。

【注解】阒，音去，寂静无声；觌，音敌，见也。上六以阴居丰之极，体柔昏暗，而丰大其屋，障蔽其家，有高处深藏之象；以至窥户无人，三年不见其露面，如居丰大之世而自绝于人，故凶。

䷷旅卦（五十六）

【原文】《象》曰：山上有火，旅；君子以明慎用刑而不留狱。

离宫初世卦，属五月，纳甲是丙辰、丙午、丙申、己酉、己未、己巳；如生于五月及纳甲者，功名富贵人也。

【注解】旅卦下艮为山，上离为火，火在山上，势非长久，故为旅之象。君子观山火为旅之象，悟知用刑宜明慎，不可留狱事。

【原文】初六：旅琐琐，斯其所取灾。

此爻是处旅卑猥者也，故不免于取灾。故叶者才猷出众，而小官薄职亦可图求，事多艰阻，功终微细。不叶者习下为卑，事稍济遇，则骄溢而志张，一值蹇滞，则困迫而志穷，灾来莫测，祸至不及。岁运逢之，在仕有才力不及之叹，在士有卑污贱陋之嗟，在庶俗有局量褊浅之祸。

【注解】琐琐，猥琐卑贱之貌。初六以阴处旅之始，其位卑下，犹如行旅之初，举动猥琐卑贱，虽有上应亦无济于事，故必自取其灾。

【原文】六二：旅即次，怀其资，得童仆，贞。

此爻是旅道之善者也。故叶者文可华国，才可济世，上膺天位之荣，可得民心之戴，事业崇高，德位悠远。不叶者虽不入仕，亦有资财丰盈，堂厦华丽，童仆繁多，厚福人也。岁运逢之，在仕显耀，有师旅、仆射、资政、神童之兆；在士则进取成名；在庶俗或进修造之举，或进仆从之喜；此爻值者，多自立规模，外郡营立。

【注解】即，就也，犹就居；次，舍也，指客舍。六二柔中得正，如行旅安居客舍，上承九三之阳，犹畜资财，下乘初六，犹得童仆，故宜于守贞。

【原文】九三：旅焚其次，丧其童仆，贞，厉。

此爻是旅之高者也，故不免凶厉。故叶者有刚正之德，出风尘之表，贵而无位，高而无民，好大喜功，招尤启衅。不叶者刚明自恃，离乡改祖，动必有悔，无所容立。岁运逢之，在仕有去职之诮，在士有丧名之玷，在庶俗有焚庐之殃，损人口之厄。

【注解】九三刚亢不中，处旅躁动，下比六二之阴，如擅行施惠天下，必遭上者猜忌，而有焚舍丧仆之灾，有失小享之道，故戒其守贞防厉，稍有不慎，则会危及其身。

【原文】九四：旅于处，得其资斧，我心不快。

此爻是得处旅之善，而表其忧天下之心者也。故叶者才德足以为世用，或为武职而立功于外方，多动少静，难中见易。不叶者，多为外贾而获利，奔波险阻，心有不宁。岁运逢之，在仕必升外阃而征战有功，显者枢相资政；在士子进取难为；在为商者获利；常人在外者有成立，但美中不足，而忧惨伤悲之事作。

【注解】处，指暂栖之处；资斧，即利斧。九四阳居阴位，居位不正，如行旅不得安居，唯暂为栖处，虽获利斧以所除荆棘，其心毕竟不快。

【原文】六五：射雉，一矢亡；终以誉命。

此爻是拟其小有所失，而决大有所得者也。故叶者功名发于青年，声闻达于帝侧，富贵福泽并隆。不叶者亦有文章之美，声誉之著，德业广，为乡里之吉士。岁运逢之，在仕为荐剡而位君清要；在士为请举而名成就；在常人发则近尊上，老者推恩，妇人封诰；数凶者终不可以言吉。

【注解】六五当旅之时，处上离之中，上承上九阳刚，有文明柔顺而得中道之象，此时虽行旅在外，路有损失，但终能以“柔中、文明”之德导致吉祥，故以“射雉，一矢亡”为喻，虽仅一矢亦亡，但终获“誉命”。

【原文】上九：鸟焚其巢，旅人先笑，后号眺；丧牛于易，凶。

此爻是处旅过高者也，所以有凶。故叶者以刚明之才，处百僚之上，但骄亢足以取祸，而终难保其安荣。不叶者或流于羁旅，或奔于道途，丧家辱身，终难受福。岁运逢之，在仕难保其位，有先得后失之嗟；在士有飞腾之兆；在庶俗好中有损，或移居修造以避灾眚，或目疾火殃之危，或仕进登优；大抵先见荣处，乃祸之根也。

【注解】上九以阳刚处高亢之位，必遭祸害，故以焚巢为喻；又谓旅人先得高位而笑，后因灾凶号啕，亦言亢极致祸也。易，通场，即田畔，喻上九居穷极之地，故喻荒远之田畔。上九当旅穷之时，遭祸于外，如丧牛于荒远之田畔，无人援救，"终莫之闻"，故凶。

☴巽卦（五十七）

【原文】《象》曰：随风，巽；君子以申命行事。

巽宫本世，属四月，纳甲是辛丑、辛亥、辛酉、辛未、辛巳、辛卯；如生于四月及纳甲者，功名富贵人也；在春夏长养，为福重。

【注解】随，连继相随之意。巽上下卦皆为风，如风入物，无所不至，无所不顺，故曰"随风，巽"。行事，施行政事；君子效法风行之象，申令于众，行事于天下，无有不至，无有不顺者也。

【原文】初六：进退，利武人之贞。

此爻是拟以不果之象，而因示以果断之占者也。故叶者沉潜而不能刚克，多文中成名，武中立功，弃内出外，决意远图，先逆后顺。不叶者自处卑下，进退无定，小小营谋则可，大谋则招灾害；农工商技以弃本逐末，常得工人之力。岁运逢之，在仕则宜右选，或有差除，进退不一，或有兼权，难中有易；在士则利于武选，文选则有阻；在庶俗营为有得有失，凶者多招疑谤。

【注解】进退，犹进退忧疑之意。初六阴居巽始，卑顺太甚，当进不进，故勉以利武人之贞。

【原文】九二：巽在床下，用史巫，纷若，吉，无咎。

此爻是有得于臣道之纯者，而有以善之者也。故叶者大德辨才，接人以谦，功名显达，爵位崇高；在贵人吉兆甚多，如“史巫”字义，有太史、御史之官，又得“中”字义，有大中、中奉、给事中、中书省之类。不叶者小小规模，或为巫医、僧道，心绪多端，卓立不一。岁运逢之，在仕有迁除，非言路则在史馆；士子成名；庶俗则诚实感人，而谋图利达；凶者有巫祝之祭。

【注解】九二阳居阴位，有过卑之嫌，故以屈居床下为喻。用，施用于，此处言效法；史巫，古代事神者“祝史、巫觋”之合称；纷若，盛多。告诫九二不可以卑顺屈事于权威，勉其守持中道，效法史巫以卑功事神，则可获纷多之吉，不致咎害。

【原文】九三：频巽，吝。

此爻是不能巽者，故无以免其咎也。故叶者过刚不中，无下人之资，挟人之势，高焉而不能自卑，亢焉而不能自屈，志意穷极，为世所忌。不叶者多适己自便，招衅启尤，志骄意悍，穷迫难容。岁运逢之，在仕有谪降之嗟，在士有损失之虞，在庶俗有穷困之厄；宦途有差遣者，或兼用，或再干，屡得屡失，羞吝难免。

【注解】频，即颦，颦蹙忧郁之意；吝，耻辱。九三居下卦之终，上为四阴所乘，压抑颦蹙，志穷委屈而顺从，是以“吝”也。

【原文】六四：悔亡，田获三品。

此爻是不见害于人，而因表其获多取之功也。故叶者清才美誉，柔顺谦恭，或为三公、大夫、大祀、山川社稷之大祀；或为总制军门，而有战胜攻取之略。不叶者亦先难后易，虽非仕路之宾，亦不失为田舍翁，丰衣足食，安乐自如。岁运逢之，在仕入用或为边阃以总制三军，或为祭酒；在士功名成就；在庶俗获利获福。

【注解】三品，犹三类，指田猎所获之物的三种效用，即供“干豆”（将猎物晒成肉干置于豆器）“宾客”“充庖”三用。六四因乘刚而有悔，但以阴居阴得位，其顺承九五之阳，故悔亡；以此奉行君命，必能除暴建功，获益之大，故以“田获三品”为喻。

【原文】九五：贞吉，悔亡，无不利；无初有终；先庚三日，后庚三日，吉。

此爻是君德之未纯，既举其得正之功，复示其更化之善也。故叶者矫偏以归于正，损过以就乎中，思虑之深，谋为之审，谋猷难发于初年，功业终成于晚景。不叶者先难后易，改祖外立，事见重叠，谋为反复，虽不能大用，亦清誉结果。岁运逢之，在仕虽有迁除，先阻后顺，三日先后皆刻期之日，事有兼权；“中正”字为官职之兆。其余人谋望皆有转移之方，无初有终；士子成名，常人获利获福。

【注解】九五以阳居阳，似有不谦逊之悔，但以中正之德，为申命之君，故悔亡而吉利。九五以刚直申命，初未能服众，但终能以正胜邪，其令畅行。庚，天干，居第七位，为过中之数，古人取其象征变更，此处为更布新令之象；九五申命当慎守中道，渐行其事，才能深入人心，上下顺从而获吉祥。

【原文】上九：巽在床下，丧其资斧；贞凶。

此爻是过于巽者也，故失其阳刚之德以取凶。故叶者心平气和，谦恭足以服强暴，巽顺足以服刚狠，虽不能见用于名世，亦可以明哲以保身。不叶者器识鄙陋，图谋艰辛，凶灾难除。岁运逢之，在仕有罢职之嗟，在士有上穷之损，在庶俗有损疾之虞，但变得井上爻之佳，凶中有救，绝处逢生，反有成功之喜。

【注解】上九处巽之极，以阳刚之资而顺从过甚，有巽在床下之象；如丧其利斧而失刚断之性，颇有凶险，故诫其守贞防凶。

䷹兑卦（五十八）

【原文】《象》曰：丽泽，兑；君子以朋友讲习。

纯兑卦，属十月，纳甲是丁巳、丁卯、丁丑、丁亥、丁酉、丁未；如生于十月及纳甲者，功名富贵人也。

【注解】丽，犹连也，兑卦上下皆为泽象，二泽相附，丽也；两泽相丽，交相侵润，互有滋益之象。讲习，讲其所未明，习其所未熟。君子效法兑两泽相连而互悦之象，乐与朋友相互讲习。

【原文】初九：和兑，吉。

此爻是和以处众，斯得民心之应者也。故叶者神情凝远，器宇冲和，道德润身，专心圣贤之学；文章华国，耀乎星河之焕，功名早遂，福泽愈洪。不叶者安常处顺，和气同尘，虽无爵禄之荣，亦有田园之广。岁运逢之，在显仕者臣邻赓歌于一堂之上，次则同寅协恭而政事有声；在士朋友有丽泽之益，而且利于进取；在庶俗人情和合而百谋皆遂；在夫妇有相守之宜；数凶变困初爻，有幽冥官讼之兆。

【注解】初九以阳居下，不系应于九四，有广泛和悦待人之象；且以刚健为质，行为不邪，人所不疑，故吉。

【原文】九二：孚兑，吉，悔亡。

此爻是人臣一诚以结乎君心，斯得之尊而无媚悦之非者也。故叶者才德出众，诚信之至，上可以得乎君，下可以得乎民，事功成垂于一世，声名播及于海宇。不叶者亦能结交以信，处事以和，吉祥叠至，休咎不生。岁运逢之，在仕有升迁之兆，在士有进取之喜，在庶俗有百为和顺之休，暗昧者由是而光明，结构者由是而和解。

【注解】九二以阳居阴，虽有失位之悔，但刚中有信，能孚诚欣悦待人，故吉而悔亡。

【原文】六三：来兑，凶。

此爻是佞悦以取凶者也。故叶者上结势权，下交富豪，虽不能振拔有为，以高大其事功而赞助有赖，亦可以安守其职业。不叶者阿顺为荣，逢迎为悦，非惟不足以得人之与，而且有以取天下之恶，沦于污浊，难免耻辱。岁运逢之，在仕有邪媚謟渎之尤，在士有奔竞之嗟，在庶俗有诡随苟合之祸，甚则失道忘身。

【注解】来，言来求。六三居下兑之终，阴居阳位，处位不正，与上无应而来求合二、初两阳，以谋欣悦；以此处兑，为邪佞之象，故凶。

【原文】九四：商兑未宁，介疾有喜。

此爻是绝邪以忠君，而获福之隆者也。故叶者，多见其去邪远奸，亲贤让能，物至而善于揆度，德立而介然有守，事功立于可大，德业衍于无穷。不叶者，混于贤否之间，趋向无定，心事有不宁之嗟，作为无变通之美，先逆后顺，仅可支持。岁运逢之，在仕必居要津，而为逐佞之谋，升迁有赖；在士有进选之喜；商贾获利，常人进人口；次则疾病少安，心志未宁。

【注解】商，商度思量；介，隔绝；疾，指六三邪媚之患。九四阳居阴位，阳刚失正，下比六三之佞，上乘九五之尊，故商度其悦，中心未宁；若能隔绝六三之疾，介然严守其正，则有喜庆。

【原文】九五：孚于剥，有厉。

此爻是人君有所恃，而误用奸邪以招害者也。故叶者有阳刚之德，居崇高之位，但误用奸邪，而事功有倾覆之厄。不叶者立志无定，或正或邪，任意妄作，委任非人，招尤启衅，损益不一。岁运逢之，在仕有谗邪之谤，在士有失守之嗟，在庶俗有阴邪扰害。

【注解】剥，消剥，小人道长，君子道消也，言上六为剥君子之小人。九五虽得阳刚中正，却近比上六之阴，为其引诱，孚信小人，并与相悦，故“有厉”。

【原文】上六：引兑。

此爻是专务悦人者也。故叶者上引君于正道，下引民以悦泽。和气薰于九有，福泽履于不替。不叶者为奸邪蛊惑之人，为世所忌而谋望未光。岁运逢之，在仕为引宰，为引道，同声相悦于朝堂；在士为引进，为引领，但上达有未光之欠；在庶俗为和光同尘而营谋不显，甚则害眸之厄，或受污浊之类。

【注解】引，引诱。上六以阴居兑卦之终，为一卦欣悦之主，悦极不能自已，故有引诱九五、九四两阳以相悦之意。

䷺涣卦（五十九）

【原文】《象》曰：风行水上，涣；先王以享于帝，立庙。

离宫五世卦，属三月，纳甲是戊寅、戊辰、戊午、辛未、辛巳、辛卯；如生于三月及纳甲者，功名富贵人也。

【注解】涣卦上巽为风，下坎为水。先王观风行水上之象，悟知散中有聚之理，故“享帝”“立庙”，以归系天下人心。

【原文】初六：用拯马壮，吉。

此爻是济天下之涣，而得阳刚之助，而涣无不济之者也。故叶者有才有德，力于行道，进取多遇乎知己，有谋必得乎佳会，人心归服，国势奠安。不叶者亦容易起家，不甚劳力，出乘车马，得人扶持。岁运逢之，在仕升迁之速，有五马戎马之兆；在士有飞腾之应；在庶俗得尊上提举而谋为皆遂。

【注解】拯，拯济。初六以阴居涣卦之初，上承九二，犹得壮马之助，济其阴柔之弱质；以此拯涣，不致离散，故可获吉。

【原文】九二：涣奔其机，悔亡。

此爻是所据得其地，而济涣之心可慰矣。故叶者有刚中之德，当涣散之秋，乘机观变，而匡济之功可成；养锐畜威，而兴复之谋可就，先涉艰苦，后见平易。不叶者必离祖奔逐，自营独修，勤苦艰辛，初年失志，安静丰泰，晚景得愿。岁运逢之，在仕或为百僚之长，执权柄之重，登坛拜将，运筹帷幄；士子成名；常人成家，谋望者合志，僧道受恩；数凶奔波、失脱、逃亡。

【注解】机，通几，几案，喻初六。九二身处坎险，故有悔；但阳刚居中，与初六无应相比，犹得几案凭依，阴阳相合，故悔亡。

【原文】六三：涣其躬，无悔。

此爻是人臣许身以济难，斯无可咎者也。故叶者矫偏以归于正，损过以就乎中，不为一身之谋，而有天下之虑，上足以拯君之艰，下足以救民之溺，非小器浅量者比也。不叶者远亲向疏，离祖业，立外基，无荣无辱，亦是近上之吉人，或为僧道修心养性。岁运逢之，在仕朝中者，必转迁外郡，进取者不利州县，而外试则遂；有祸厄者必散，在国学者必出身；常人获利。

【注解】六三居下卦之终，与上九相应，有涣散其身，附从上九，而无所悔恨之象；因上应上九，居于六爻卦外，故原书云在外吉，利外迁离祖创业。

【原文】六四：涣其群，元吉；涣其丘，匪夷所思。

此爻是有见于人臣尊主之象，而深致其许焉者也。故叶者见识高远，德大望重，散朋党之私，立匡世之业，上膺君宠，下一民心，信非常人思虑所能及。不叶者亦才德出众，有名有利，但多聚散不一，心持二思，志无定守。岁运逢之，在仕为百官之长，或郡县之主；在士则为超群而魁元可得；在庶俗先凶者散，谋望者合，求利者获；数凶者则不利，盖有丘葬之兆。

【注解】群，犹朋党。六四得位承五，下无应而无私，故有散其朋党之象，并获元吉。丘，山丘，喻大。六四既能散其朋党，又能化小群以聚成大群，成一天下之功，此非平常人所能思及。“涣其丘”，其他有版本作“涣有丘”。

【原文】九五：涣汗其大号，涣王居，无咎。

此爻是班王师而广王泽，君道无忝者也。故叶者位高任重，道大德宏，威声远著于华夷，惠泽覃孚于九洲，事功显赫，福泽宽宏。不叶者志大心高，好胜出众，纵非富贵，亦有声誉。岁运逢之，在仕有升迁之荣，未士者宜进取，有凶者散，求利者遂。盖王居，“王”字有大魁、大拜、大夫、王公、起居舍人、正奏正言之兆。

【注解】九五尊居君位，阳刚中正，所发号令如发汗般出而不反，又须散发居积，收聚民心，则必无咎。

【原文】上九：涣其血，去逖出，无咎。

此爻是大臣而有济涣之功，斯无悔于臣道者也。故叶者才大识广，壮肝义胆，救天下之险难，拯斯民之陷溺，功成业就，禄重位尊。不叶者度时而进，知机而退，遨游远方，卓立外郡，出险为夷，易危为安。岁运逢之，在仕朝中者外选，武将靖难；在士必有出潜离隐之兆；在庶俗有出险就安之美；在讼狱者必散，在疾厄者必愈，在幽暗者必明；数凶有血气、泣血之殃。

【注解】血，通恤，犹忧恤；逖，通惕，即惕惧。上九居涣之极，散极然后四方聚合，出现天下归于一统，非复前日之离散景象，故能离忧出惕而无咎。

䷻节卦（六十）

【原文】《象》曰：泽上有水，节；君子以制数度，议德行。

坎宫初世卦，属十一月，纳甲是丁巳、丁卯、丁丑、戊申、戊戌、戊子；如生于十一月及纳甲者，功名富贵人也。

【注解】节卦下兑为泽，上坎为水，侯果曰：“泽上有水，以堤防为节。”数度，礼数法度；议，评议，商度。君子效法节象，制定礼法作为节制之准则，议人德行之优劣，以期任用得宜。

【原文】初九：不出户庭，无咎。

此爻是因时以自守，斯无枉道之辱者也。故叶者学足而贯古今，识广而知通塞，显仕则不出于内京，或为门下，平章，或户部，或内翰；次则不出于州县，以理人丁户口之任。不叶者或谨守正道，不争不竞；或拙守祖业，无灾无害。岁运逢之，在仕入朝中者不出外郡，闲居亦不迁；士人进取不利；常人守旧；数凶者有坎陷之兆。

【注解】户庭，户外庭院。初九居节卦之始，上应六四，但前有九二阻塞，故节制慎守，不出户庭，则可免咎。

【原文】九二：不出门庭，凶。

此爻是守己昧时，而深著其不善之占者也。故叶者有才而不知设施，遇时而不知进取，怀宝迷邦，洁身乱伦。不叶者鄙吝拘革，不通人情，困守无为，难免尤悔。岁运逢之，在仕有失时之厄；在士无援引之人而难于进取；在庶俗有不通之祸；有谋者当干不干，居家者当出不出；大抵宜动不宜静，不出门故也。

【注解】门庭，门内庭院。九二阳居阴位，拘于节制，当二阴待于前，路途畅通之际，仍怀失正之忧而不出门庭，以致凶险。

【原文】六三：不节若，则嗟若，无咎。

此爻是不能节以自致其忧者也。故叶者虽居位食禄，但不能节以制度，未免伤财害民而自贻悲戚。不叶者，专行邪媚，躐等犯分，衣食无余，终遭阻滞。岁运逢之，在仕有穷奢极欲之厄，在士有不恒其德之羞，在庶俗有费出不经之嗟。

【注解】嗟，伤叹。六三阴居阳位，处节下卦之终，乘凌二阳，有骄奢而不能节制之象，但若能嗟伤自悔，亦可无咎。

【原文】六四：安节，亨。

此爻是大臣能顺其君，而辅治之功成矣。故叶者则君以自治而不忘乎宪章之法，事君以自显而不忘乎效顺之节，名位于是乎永保，福祉于是乎永绥。不叶者亦平生安稳而无倾覆之患，在妇人能任承夫子以克家。岁运逢之，在仕或上承天宠，下抚八方，节制承直承务，女子或为安人节妇；在士有遵王章之喜而名可成；在庶俗奉公承上而福可获。

【注解】六四柔正得位，顺承九五，有安行节制之象，故亨。

【原文】九五：甘节，吉，往有尚。

此爻是能安节之善，而两有以嘉其占者也。故叶者制度数，议德行，推之无不准，动之无不化，事功显立于当时，名誉昭垂于千古。不叶者不争不竞，不奢不华，乐道安贫，谨身节用。岁运逢之，在仕则迁擢，其节字、中字、居字，为节制、起居、大中之类；未仕者有上达之美，在庶俗谋望遂意。

【注解】甘，美也。九五阳刚中正，下乘重阴，为节卦之主，能甘美而恰到好处地施行节制，故获吉而往有嘉尚。

【原文】上六：苦节；贞凶，悔亡。

此爻是节之大甚而自招尤者也。故叶者恭俭自持，廉洁自守，省费以示天下之朴，崇简以节天下之流，虽若拂乎人情物理之宜，亦不至伤财害民之嗟。不叶者鄙吝之徒，纵有先业，不知变通，人情寡合，悔尤难逭。岁运逢之，在仕有过执之尤；在士有过疑之嗟；在庶俗有失度之愆，求名望利，皆无益也；老者不利寿。

【注解】贞凶，义守正防凶。上六处节卦之极，有节制过苦，人所不堪之象；但以柔居上，未失其正，故爻辞勉之曰：守正防凶，则可悔亡。

䷼中孚卦（六十一）

【原文】《象》曰：泽上有风，中孚；君子以议狱缓死。

艮宫四世卦，属八月，纳甲是丁巳、丁卯、丁丑、辛未、辛巳、辛卯；如生于八月及纳甲者，功名富贵人也。

【注解】中孚卦下兑为泽，上巽为风；风行泽上，无所不周；其犹信之被物，无所不至，故曰“泽上有风，中孚”。君子效法中孚之象，广施信德，乃至慎议刑狱，宽缓死刑。

【原文】初九：虞吉，有它不燕。

此爻是著以从正之善，因示以贞一之道者也。故叶者柔顺而中，精诚而明，启沃得其人，而道德昭崇高之美；辅翼有其助，而事功极丰隆之盛。不叶者动静无常，趋向不一，谋望多不协于思维，身世不得于燕安。岁运逢之，在仕有荐拔之美；在士有汲引之佳；在庶俗则贵人提举而谋克遂，但喜中有忧，甚至人财破损；凡在士庶之类，欲有为者，宜操守以图其成，不可宴安以视其败。

【注解】虞，犹安；有它，有应于他方，指六四；燕，通宴，亦安义。初九以阳居中孚之始，能安守诚信则吉；虽与六四有应，但九二在前为阻，欲往应则不安宁。

【原文】九二，鸣鹤在阴，其子和之；我有好爵，吾与尔靡之。

此爻是两拟其同德相孚之象者也。故叶者志同于上下之交，心契于明良之会，不惟建明尽善以彰其美于前，且接武有人而传其盛于后。不叶者，德行可尊，文章可法，贵人提携，贤子承袭，清高一世，灾害不生。岁运逢之，在仕者进职；未仕者愿遂；在庶俗则获利；益生子或寿命，无往不利也；惟老者有疾，在阴之兆也。

【注解】鹤，喻九二；阴，山阴，喻九二处二阴之下或阴位；其子，喻九五。九二阳刚居中，笃实诚信，声闻于外；九五处上，亦以诚德遥相应和。我、吾，均指九二；爵，饮器，借指酒；尔，指九五；靡与共同。九二与九五诚信相互感通，犹如有美酒而共饮共乐。

【原文】六三：得敌，或鼓或罢，或泣或歌。

此爻是不能有所主者也。故叶者内无贤父兄，外无贤师友，以致德业无成，执守不定，虽处富贵之地，亦或鼓而起，或罢而止，或泣而怨，或乐而歌。不叶者，诚信少，诈伪多，成败进退，鳏寡孤独。岁运逢之，在仕则同僚不睦，或先进职，或后退位；在士庶或喜中有忧，或悲中生乐，求名谋利，得失相仍。

【注解】敌，六三、六四俱阴，故称敌；罢，与疲通。六三阴居阳位，阴柔失正，与四为敌，有存心不诚而躁动之象，故击鼓欲进；但六四守正，六三进而不能取胜，只有疲惫而退，又惧六四反击，不免忧惧悲泣，然六四守正，不加侵害，遂无忧而歌。

【原文】六四：月几望，马匹亡，无咎。

此爻是大臣履盛志私以事君，斯无负于责者也。故叶者散其私党，宾于王庭，秉精白以承休，笃忠贞以效命，势不招而自集，而望隆于百僚之尊；权不张而自大，而宠冠于群工之表。不叶者徒有机谋而志难遂，纵有圆成之时，复有缺损之日，或婚姻有伤，或父亲有损。岁运逢之，在仕有高迁之荣，在士有步月之庆，在庶俗有上人提拔之休；但谓之“马匹亡”者，有失配偶或丧马匹之忧。

【注解】几望，月亮将满未盈；匹，配也，指六四与初九阴阳互应。六四柔顺居正，上承九五，如阴德方盛而不盈，遂有“月几望”之象；既已专诚事五，则不可分心应初，故必如马匹其亡，与初割绝，才能“无咎”。

【原文】九五：有孚挛如，无咎。

此爻是君臣以相信而无所失者也。故叶者至诚盛德，治邦而民斯从，感物而民斯应，涉险则险斯平，动天则天斯助，享大福，立大功，富贵特其余事。不叶者亦有德之人，上者敬信，下者服从，享用丰足，寿筭优长。岁运逢之，在仕则君臣一心而宠任加；在士则进取成名；在庶俗则人情和合，而百谋克遂，无往不利。

【注解】挛，牵系。九五阳刚居中，为中孚之主，能以诚信广系天下之心，则天下亦以诚信相应，故无所咎害。

【原文】上九：翰音登于天，贞凶。

此爻是信非所信，不能变则反误于信者也。故叶者科甲发于青年，名位极其崇高，但多执一无变，难于长久。不叶者家本微而骤兴，势本弱而乍强，执拗不通，灾害难免，惟身居洞天，足达天台，清虚乐天之吉利也。岁运逢之，在仕有近天颜之喜；在士有名登天府之兆；在常人则争高抑强而困迫无路，在商贾物或招损；数凶者，寿不长年。

【注解】翰，高飞，翰音指飞鸟鸣音。上九居中孚之极，诚信衰而虚伪起，遂有翰音虚于天之象；但毕竟具备阳刚本质，只要守贞，仍能防凶。

䷽小过卦（六十二）

【原文】《象》曰：山上有雷，小过；君子以行过乎恭，丧过乎哀，用过乎俭。

兑宫四世卦，属二月，纳甲是丙辰、丙午、丙申、庚午、庚申、庚戌；如生于二月及纳甲者，功名富贵人也。

【注解】小过卦下艮为山，上震为雷，雷震于山上，其声过常，故为小过。君子效法小过之象，在行止之恭，丧事之哀，用费之俭这些寻常小事上，稍能过越，以正俗弊。

【原文】初六：飞鸟以凶。

此爻是宜下之义，而自招孽者也。故叶者功名发于科甲，官位极于台阁，上承天宠，下系民望，但多志骄意满，自孽难活，不叶者恃势傲物，招尤启衅，破家殒命，追悔莫及。岁运逢之，在仕则有骤进取祸之尤，在士则有一飞冲天之兆，在庶俗则有好招损之危。

【注解】以，而。初六处小过之始，本当宜下，却如飞鸟逆势上翔，往应九四，故有凶险。

【原文】六二：过其祖，遇其妣；不及其君，遇其臣；无咎。

此爻是尽人臣之分，而与其可以寡过者也。故叶者，文章智略蕴于己而有超众盖世之誉，守正安分以事君而无犯分越礼之愆。不叶者谦恭自持，谨厚是守，遇知己而谋望克遂，绳祖武而家声益振。岁运逢之，在仕则克尽己职而高迁如愿；在士则见遇主司而进取有成；在庶俗则贵人汲引而凡谋克遂，或得阴人之利；数凶者有妣号之兆，多伤母也。

【注解】祖，祖父，喻九四；妣，祖母，与下文君皆喻六五；臣，喻六二，遇其臣即言君得其臣。六二柔顺居中，其进可越三而超过四祖，得遇六五之妣，但六五君位，六二不敢逾越，而以臣事之，五遂得遇其臣，故又曰“不及其君，遇其臣”；六二必须如此既过而又不过，才能获得无咎。

【原文】九三：弗过防之，从或戕之，凶。

此爻是失防阴之道而阴祸之必至者也。故叶者祸未至而先为之备，害未生而先为之防，刚德足以服人，明哲足以保身。不叶者自恃刚强，多招妒忌，祸害迭生，身家难保。岁运逢之，在仕防阴邪之害，在士防停降之虞，在庶俗防阴祸邪群之伤。

【注解】防，防备；从，随着；戕，害也。九三居下卦之上，处阴过阳之时，阳刚得正，自恃强盛，不愿过为防备，则将为人所害，故凶。

【原文】九四：无咎，弗过遇之；往厉必戒，勿用永贞。

此爻是过乎恭，不致于骄傲以招尤者也。故叶者位高而处之以卑，功高而居之以让，上不亢于君，下不骄于民，随时变通而福泽深厚。不叶者，亦不失谨厚之士，平易安静，无荣无辱。岁运逢之，在仕安常守职而无虞，在士多于际遇而利于小试，在庶俗安贫守分而无损弊之嗟。

【注解】弗过，九四阳居阴位，不过刚；遇之，谓得遇初六；往，指前往应初。九四阳居阴位，不为过刚，遂能得遇下卦之初，有宜下之象，故无咎；但已失正，若主动前往应初，则失自慎静守之道，故云“往厉”，勿用永贞。

【原文】六五：密云不雨，自我西郊；公弋取彼在穴。

此爻是乖乎宜下之道，而无成功者也。故叶者才大而阻于机会，志高而限于时势，虽不能大有所为，亦可以图其小就。不叶者骄亢自恣，人情乖戾，僻处幽居，志愿莫遂。岁运逢之，在仕有告休之危，士之在岩谷者有见取于王公之兆，常人不利于远谋而守旧为佳，惟老者、病者皆不宜也。

【注解】六五以阴居尊位，下无阳应，如西郊阴方唯浓云密布，无阳而不能化雨，象旨正合小过者，不可大事之义。公，指六五；弋，音义，用细绳系在箭矢上射；在穴，藏于穴中之狡兽，喻隐患，弊端。六五虽不能治天下，但作为王公则能行其臣职，竭力除害矫弊。

【原文】上六：弗遇过之，飞鸟离之，凶，是谓灾眚。

此爻是过之已亢而招祸者也。故叶者骄盈自恣，而不胜其矜口夸人之念；高亢自持，而不胜其恃势傲物之私，功名虽得于志愿，而福泽终难于己有。不叶者，恃强妄作，贪高图远，灾害并至，身家难保。岁运逢之，在仕有过刚则折之嗟，在士有飞腾之兆，在庶俗有越分致孽之尤；甚则变“旅”上爻，有服制之忧。

【注解】上六居小过之终，阴处穷高，过越至极；不仅不能应合在下之阳，且己身之亢已超过阳刚，故谓弗遇过之。离，通罹，谓遭受，此指飞鸟遭射；灾眚，灾殃祸患。以飞鸟穷飞遭射之象，喻上九过极，自取灾凶。

䷾既济卦（六十三）

【原文】《象》曰：水上火下，既济；君子以思患而豫防之。

坎宫三世卦，属正月，纳甲是己卯、己丑、己亥、戊申、戊戌、戊子；如生于正月及纳甲者，功名富贵人也。

【注解】既济卦上坎为水，下离为火，水在火上，炊爨之象，饮食以之而成，性命以之而济，故云“水火既济”。豫，即预。君子观“既济”卦象，知初吉终乱之理，故能思其后患而预为防备。

【原文】初九：曳其轮，濡其尾，无咎。

此爻是两拟其谨始之象，而因善其占者也。故叶者制治于未乱，而邦家可以享无疆之休；固存于未忘，而社稷可以获无虞之庆，功业伟茂，爵位崇高。不叶者心明志巧，进退无定，机会多迟，名利无实。岁运逢之，有职未受，有位未登，营为进取，欲动未动，将济不济，谨戒俟时，安保无虞。

【注解】初九处既济之始，上应六四，但不急于求应，有谨慎守成之象，故取曳轮不会猛行，濡尾不使快进为喻；事成之初，能如此谨守，则无咎。

【原文】六二：妇丧其茀，勿逐，七日得。

此爻是其有德而不见用之象，而因示以守重之道者也。故叶者德蕴于己，足以为黼黻皇猷之治；道积厥躬，足以为旋张治具之本，始虽难行其道而志愿未遂，终必会逢其适而功名晚成。不叶者识见有定，执守有常，早岁郁抑艰难，老年衣食丰足。岁运逢之，在仕有先逆后顺之美，在士有先失后得之佳，在庶俗有先难后易之休，数凶者，丧亡之兆。

【注解】妇，喻六二；茀，古代贵族妇女所乘车辆上的蔽饰；七日，喻时快。六二上应九五，犹五之妇而柔顺中正，故能丧茀不寻，静俟自复；心不失所成，遂致七日又复得其茀。黼黻：

音斧伏，黼是古代礼服上绣的半黑半白之花纹；黻是古代礼服上绣的半青半黑之花纹；这里指朝官之服而喻朝官之义。

【原文】九三：高宗伐鬼方，三年克之，小人勿用。

此爻是拟以行师之象，而示以任将之道者也。故叶者才猷虽蓄于有素，功效则难于速成，大则为将帅之职，小则为督捕之任。不叶者率意妄为，欺公罔上，不用则怨生，用之则骄盈，好争喜讼，力疲财匮。岁运逢之，在仕有差遣征伐之举，在士进取有久而后克之嗟，在庶俗有结怨争讼之损。

【注解】高宗，殷王武丁之号；鬼方，古代西北部族名。九三以阳刚居下卦之终，如事成之后仍致力于排除余患，故以高宗伐鬼方为喻；告戒此时虽仅存余患，也需要以“三年克之”的持久精神而努力，才能安保其成，若任用焦躁激进的小人，则必致危乱，故云“小人勿用”。

【原文】六四：繻有衣袽，终日戒。

此爻是大臣思患而预防之，可以得保治之道者也。故叶者图危于安，而惊天动地之谋既无所不用其极；制乱于治，而戒谨恐惧之念无所不致其全，富贵可保于无虞，福泽可享于悠久。不叶者亦不失为谨厚之士，多疑多虑，防虞杜怨，衣食充足。岁运逢之，在仕有预防之计而爵禄稳固；在士养之有素而进取无辱；在庶俗有活计，有备用，而无倾覆之危；行舟者隙漏之惊。

【注解】繻，音儒，彩色丝帛，这里指美服；有，或，犹将要之意；袽，音如，败絮，指衣服败敝。六四柔顺得正，居上卦之始，既济之道将有转化，如美服将会变为敝衣，故勉其守正防患，“终日戒”也。一说，繻，通濡，沾湿；衣袽，所以塞舟漏也。

【原文】九五：东邻杀牛，不如西邻之禴祭，实受其福。

此爻是人君处时之过，不如人臣得时于下者也。故叶者周思远虑，而事不敢以轻动；持盈守成，而法不敢以轻变，既济之业可保于无虞，大有之福可享于无疆。不叶者，多务华靡而少诚实，终无益于世教，损物害人，身家难全；惟山林幽客可受其福。岁运逢之，在仕必居宗庙祭祀之职，而有过时招尤之失；未仕者有从事失时之厄；在庶俗谋远则成虚，谋近则有实；谋望者不利东方，而利于西也。

【注解】东邻，西邻，假设之辞，犹言彼此；杀牛，指举行盛大祭祀；禴（音月）祭：薄祭。九五高居尊位，阳刚中正，事成物盛，故以东、西邻祭祀设戒，勉其敬慎修德，则可受福而免受灾害。

【原文】上六：濡其首，厉。

此爻是才足以济世，拟其象而危其占者也。故叶者安而不忘危，治而不忘乱，天命永固，人心永怀，而既济之业不致于终乱。不叶者志高意满，恃才妄作，天厌人怨，丧亡无日。岁运逢之，在仕有过高则折之厉，在士有沉溺难进之危，在庶俗有小人濡染之患，行舟者防溺水之患。

【注解】上六以阴居既济之极，济极终乱，故有狐渡河而水湿其首之象，其势必危厉。

䷿未济卦（六十四）

【原文】《象》曰：火在水上，未济；君子以慎辨物居方。

离宫三世卦，属七月，纳甲是戊寅、戊辰、戊午、己酉、己未、己巳；生于七月及纳甲者，功名富贵人也。

【注解】未济上离为火，下坎为水，火在水上，不成烹饪，未能济物，故曰“未济”。居，处也；方，犹所。君子观未济卦水火刚柔居位不当之象，悟知未济之时，必须审慎辨物，使各居其所，则可促成既济。

【原文】初六：濡其尾，吝。

此爻是无才无德无时而难以有济者也。故叶者虽有经济之才，难逢机会之美，守己安分，荣辱不加。不叶者身微运弱，妄动轻举，或学小成，有头无尾，心不知足，危殆难免。岁运逢之，在仕路险阻，不能前进；或士进选，或得末榜；常人经营，终不称意；涉水行舟，谨防濡溺。

【注解】初六柔处坎险之下，时当未济，却急于上应九四而不能谨守持中，故为小狐濡尾之象，再前行，必更凶险，故云吝。

【原文】九二：曳其轮，贞吉。

此爻是能守臣道之正，而深与之者也。故叶者宅之以中顺之心，持之以谨畏之念，上焉见信于君而宠渥不衰，下焉见信于民而名成不毁。不叶者，亦不失为谨厚之士，和以处众，与物无忤，中以行正而处事不偏，财禄衣食，丰足不欠。岁运逢之，在仕克难厥职，而得宠任之专；在士有上往不前之咎；在庶俗则安常守分而谋望遂，不可妄行取困。

【注解】九二阳刚居中，虽应六五，但尚未出险，谨慎而不敢轻进，故有曳轮之象，以此谨慎守正，故吉。 .

【原文】六三：未济，征凶，利涉大川。

此爻是才弱不足以有为，惟因人可以济事者也。故叶者多拙于守己而力不能为，而所以经济其世者，有弗克负荷之愆；然乐于从人，则人为我格，而所以鼓舞其利者，有倡和成能之美。不叶者柔奸阴险，寸步难行，可与同患难，不可与同安乐。岁运逢之，在仕则己德不足，而有因人成事之美；在士则有尚往不胜之吝；在庶俗则有摧抑之患；在商旅则涉川历险而利可获，登山陆走者不宜。

【注解】六三当未济之时，以柔居坎险之上，力弱失正，此时不宜躁进，故征必有凶。六三下比九二，若能不自求进，与九二同舟共济，涉难排险，则可脱出坎险，济成其事，故利在“涉川”。

【原文】九四：贞吉，悔亡；震用伐鬼方，三年有赏于大国。

此爻是勉其从正之效，而必象其成功之难者也。故叶者变化气质之偏，求合中和之正，发科甲虽迟，受恩光则大。不叶者亦是能迁善改过之人，得贵人提举之力，谋遂志行，无往不臧。岁运逢之，在武职或有阃外之寄而专征伐；在文职则位极人臣，功高天下而受恩赐之重，封诰之荣；士子进取有魁元之兆；常人获利，必得好人提举。数凶者有鬼录之惨。

【注解】九四以阳处未济上卦之始，事将可济，虽阳处阴位，失正有悔，但能努力趋正，则吉而悔亡。震，雷震之势；伐鬼方，参既济九三注；有赏于大国，即被封为大国诸侯。九四必须勉力持久求成其事，故以“伐鬼方、三年有赏”为喻。

【原文】六五：贞吉，无悔；君子之光，有孚，吉。

此爻是大君得资之佐，而因与其成德之美者也。故叶者求贤理政而赞化出治之有赖，文章事业涣赫在当时，而为休休断断之大臣。不叶者亦正大高明之君子，大业隆富有之盛，景福有昌炽之美。岁运逢之，在仕必有超选之荣，在士亦必有文光之喜，在庶俗则谋为光显而金帛有积蓄之休。

【注解】君子之光，喻六五居上卦离明之中。六五处未济盛位，体禀文明，能持正必将获吉无悔；且应二比四，如焕发君子之光，其时可济，故吉。

【原文】上九：有孚于饮酒，无咎；濡其首，有孚失是。

此爻是能善顺乎天命，而因戒其当尽人事也。故叶者有拯溺亨屯之才，当乱极复治之日，上有以凝天休，下有以一民心，事功著于当时，名誉隆于昭代。不叶者纵欲而不知节，悖义而不知返，覆坠之易，成立之难。岁运逢之，在仕必超迁而有祭酒、知府、节度使之职；士人进取必居首选；在庶俗有出险为夷之佳；在耆老有乡饮燕享之举；数凶者有溺水之厄，纵酒之祸。

【注解】孚，信也。上九以阳居未济之极，物极至反，遂成既济，成既济则诸事皆当，心无烦忧，故信任于下，自可饮酒逸豫，无所咎害。濡其首，与既济上九爻义同；是，正也，失是，犹有失正道。上九若自逸无度，荒废其事，将有濡首之危，是过分信任于人而失正道。

至此，六十四卦详解已全部注完，但须注意以下两个问题。

一、六十四卦原书注解有许多矛盾之处，如节卦九二爻云："叶者有才而不知设施，遇时而不知进取，怀宝迷邦，洁身乱伦。"既能洁身，又何以乱伦？既曰乱伦，又何能洁身？又如渐卦初六详注云："在士无应援汲引之人而进取阻于时，在庶俗多遭其穷厄而谋为不阻。"既遭穷厄，行为必阻；既谋为不阻，则必无穷厄。诸如此类，当以《易经》爻辞为主，万勿拘泥原书。

二、书中的"叶"字作"吉"字解。叶者为吉者，不叶者为不吉者。其爻是吉是凶，爻辞或可参考，主要则以元气、化工和天地数来分吉凶。分辨之法，详参前"论六爻""贵命十吉体""贱命十不吉体"等章。

卷三　六十四卦诗诀

何以附诗诀

【原文】夫六十四卦有解矣，兹又附之以诗者，何也？盖《易》变动不拘，不可为典要者也，苟执卦爻之辞而不知变通以趋时，几何而不为诬《易》也哉！是以此诗之作，皆先正不得已之意，中间各寓机括，如“龙蛇兴变”“一阴始升”等语，各有所指，非孟浪无根之谈也。学者诚能引而伸之，触类而长之，又何患乎数之不明不行也哉。凡欲知切要者，只玩点处便可意会。

【注解】本节标题“何以附诗诀”为注者所加。

易者，变也；读《易》之法，贵在通变，万勿拘泥。如乾卦，生于四月为得时，若生于十月则为失时，甲壬戌亥人得之为有元气，乙人得之则为鬼气。得元气、化工者，蛇变为龙；得鬼气失时且数凶者，则龙化为蛇。若知变化，则《易》理通矣。

☰乾卦（一）

【原文】　　　　乾卦总诀三首

其一、运覆无穷立建功，乾分四德万方同。

　　龙飞变化九天去，男子升腾定位隆。

其二（阳）、佳谋密用且潜藏，逆理枉图必见伤。

　　直待龙蛇兴变日，从前名利始亨昌。

其三（阴）、望桂蟾宫远，求珠海水深；终须名利足，只恐不坚心。

【注解】四德：乾卦“元、亨、利、贞”四字。《子夏传》云：“元，始也；亨，通也；利，和也；贞，正也。”言此卦之德，有纯阳之性，自然能以阳气始生万物，而得元始、亨通，能使物性和谐，各有其利，又能使物坚固贞正得终。后便以此四字为四德。

男子升腾：因乾为男，若男子得之为元气、化工，必见升腾；女子得之，则非佳美。

其二（阳），其三（阴）：阴是指逢阴年，阳是指逢阳年。后皆同，不再说明。

【原文】 乾卦初爻诀二首

其一、阳气方生昧未明，潜藏勿用破幽荣。
离明一照四方火，进位高攀便出群。

其二、玉韫石，珠藏渊，羽翼一旦上青天，
名利须知有异缘。

乾卦二爻诀三首

其一、得意宜逢贵，如龙已出渊；利名终有望，十五月团圆。

其二、已出尘泥迹，声名动四方；风云将际会，千载遇明良。

其三、龙见田中立，身心同贵人；利名应可见，进退有科名。

乾卦三爻诀二首

其一、步履行无阻，先忧后必昌；飞龙形不见，西北是其乡。

其二、忧且不成忧，忧里笑盈眸；声名相久遇，目下暂淹留。

乾卦四爻诀二首

其一、欲行怀珠，片帆千里。玉藏远山，徘徊未已。

其二、天布彤云色，花繁落影多；霏霏斜日照，帆便泛汉波。

乾卦五爻诀三首

其一、隐姓埋名实待时，飞龙天上大人辉。
正当守位动无咎，终保声名四海知。

其二、上下皆同德，风云际遇时；如天施雨露，万物尽光辉。

其三、日边音信至，佳会在风云；青紫人相引，时和到处春。

乾卦上爻诗诀三首

其一、知进当知退，居安必虑危；心中无过咎，虽悔必堪追。

其二、安静宜无咎，思来便有灾；前途飞走处，忧事更防来。

其三、心戚戚，口啾啾，一番思虑一番忧；
　　宜欲休时便好休。

【注解】原书自乾卦至泰卦均将其“上爻”称作“六爻”，为使全书统一并符合习惯，整理者均改作“上爻’

䷁坤卦（二）

【原文】　坤卦总诀三首

其一、水面生鱼蛋，杨花满路傍；佳人双美玉，得地始辉光。

其二、厚德载万物，承天则顺昌；马行疆地远，坤厚有辉光。

其三、今朝明朝，今日明日，到了欢欣，不成忧戚。

坤卦初爻诀二首

其一、阴气方浓始履霜，待时亨动见阳刚；
　　云中一力扶持起，水畔行人在北方。

其二、事每因驯致，知成戒履相；善应有余福，不善有余殃。

坤卦二爻诀二首

其一、万丈波涛无点乱，一天风雨更幽闲。
　　客行已在经纶内，名利何劳自作难。

其二、敬义存中正，前程事事通；自然无不利，不习已成功。

坤卦三爻诀三首

其一、待命含章终必吉，强谋前进未亨昌。
　　兔衔刀到黄金上，万里鹏程羽翼忙。

其二、始则难，终则易；相合相从，天时地利。

其三、含章虽有喜，进退且需时；丹诏从天下，风云际会时。

坤卦四爻诀三首

其一、路不通，门闭塞；谨提防，月云黑。

其二、守慎宜无咎，包藏似括囊；震雷轰发后，利涉总安康。

其三、事机宜谨慎，无是亦无非；守静宜恬退，深虞陷祸机。

坤卦五爻诀二首

其一、世道垂衣治，安身文史中；不须操武略，名利在西东。

其二、安居中守分，能顺以承天；至美利元吉，西南喜庆全。

坤卦上爻诀三首

其一、镜破钗分，月缺花残；行来休往，事始安然。

其二、刚柔两战伤，其血须玄黄；龙马生悔吝，极终已悔亡。

其三、有名无实效，谋事更迟迟；讼病多刑克，施为总未宜。

【注解】厚德载物：坤卦《象》曰“厚德载物”，言大地厚实，能载万物。

承天：《文言》曰“坤道其顺乎，承天而时行”，言坤顺而承天之意。

水畔行人在北方：先天坤居坎位，坎为水，为北方，故云之。

西南喜庆全：后天坤居西南，故云之。

䷂屯卦（三）

【原文】 屯卦总诀二首

其一（阴）、逢屯好展经纶手，遇敌方知政治通。

进步悔生多不足，危前守后有春风。

其二（阳）、施设不须多，提携出纲罗；

一登平稳地，从此少风波。

屯卦初爻诀二首

其一、不当进步且盘桓，一得民心含此章。驻马问人溪上事，水中还有万人观。

其二、守不失，求不成；近谋远遂，贵客通津。

屯卦二爻诀三首

其一、屯难由来已十年，一朝反本便更迁。

婚姻不利谋斯卜，有个佳音在水边。

其二、事迟志速，尚且反覆；等闲家间，花残果熟。

其三、迍邅方不利，欲进阻前程；凡事宜求缓，婚姻久乃成。

屯卦三爻诀二首

其一、逐鹿还失鹿，求名未得名；林中有佳信，去后尚萦萦。

其二、无虞而即鹿，妄动必无功；君子能先见，毋令往反穷。

屯卦四爻诀

乘马班如进，求婚媾吉贞；得人相济助，何事不光亨。

屯卦五爻诀二首

其一、门前小事吉，心下大谋凶；一片山前处，防生反复蒙。

其二、西向宜求望，秋冬渐出屯；不须更犹豫，尽可自经纶。

屯卦上爻诀二首

其一、持刀井畔立，井畔舞佳人；出马四足病，防生泣血声。

其二、居屯谋尽用，忧惧不惶宁；要问前程路，还同风里灯。

䷃蒙卦（四）

【原文】 蒙卦总诀三首

其一、有疑须要决，一决勿重为；鸡唱天明后，回头喜又施。

其二（阳）、隔江惊晓不成危，木尽烟消总作灰。

阳气复来先报喜，雪寒观笑赏江梅。

其三（阴）、进退意沉吟，心疑事未成；

欲逢名与利，直待一阳生。

【注解】 一阳生：冬至一阳生，指待到冬至后方才吉庆。

【原文】 蒙卦初爻诀三首

其一、门户起干戈，亲姻两不和；朱衣临日月，始觉笑呵呵。

其二、惊忧成损总堪悲，匹马东西未见归。

马啸有风宜坐守，不防冬去不防危。

其三、蒙昧须当发，惟宜在小惩；即惩应暂舍，不尔反侵凌。

【注解】 惊忧成损：蒙卦初六变初九成损卦，故此变凶。

【原文】 蒙卦二爻诀二首

其一、花谢枝头果实多，好音来矣莫蹉跎。

含容纳妇宜家吉，不比初谋悔吝过。

其二、片月渐圆明，花残子又青；半途不了事，此举一回新。

蒙卦三爻诀二首

其一、聘女无攸利，花开又值秋；严霜将降土，退步不堪求。

其二、切忌花间酒，莫贪无义金；失身无所利，暗室枉欺心。

蒙卦四爻诀二首

其一、久困犹嫌未济来，江边水阔有河开。

文书有口不当说，当得从心果不谐。

其二、穷困方蒙昧，中心吝可忧；须求诚实者，方可免贻羞。

【注解】久困句：山水蒙卦四爻阴变阳为火水未济。

【原文】 蒙卦五爻诀二首

其一、君象吉童蒙，身安应在东；大川涉无咎，海际得帆风。

其二、乘病马，上危坡；防失跌，莫蹉跎。

蒙卦上爻诀二首

其一、率师战万里，威武冠群英；借问成功日，须还四八寻。

其二、彼且方蒙昧，何须用意攻；但当宜谨密，自固免遭凶。

䷄需卦（五）

【原文】 需卦总诀三首

其一、胡僧引路未相通，始见丰姿便应龙。

闻说垂杨苍翠候，骑龙御马到仙宫。

其二、得信方通棹急流，前途先塞后途忧。

候人执箭杨边立，此去亨衢得志秋。

其三、有道须逢泰，先防一女灾；思乡人未到，愁亦虑伤怀。

需卦初爻诀三首

其一、见险虽难退，暂休且喜安；离明听北角，天外见飞鸾。

其二、过尽前滩与后滩，前滩纵险不为难。

一朝若得清风便，相送遍舟过远山。

其三、需须宜且待，欲速反为灾；宁静方无咎，安常福自来。

需卦二爻诀二首

其一、欲进不防危，安居必虑之；桃开际禄会，花发不违时。

其二、险难将相及，刚中且待时；浮言虽小害，终是吉无疑。

需卦三爻诀三首

其一、户要牢关，物宜谨守；休往休来，终为长久。

其二、有阻亦有节，先忧见后昌；水边难退步，进步不相伤。

其三、用刚求速进，寇盗自先招；谨慎终无败，灾消祸亦消。

需卦四爻诀二首

其一、进不稳，退便休；宜守宜顺，可望可求。

其二、君子终升小人阻，提防征战主离苦。

前头自有吉人迎，信在白羊成一楚。

需卦五爻诀三首

其一、所需今已得，有欲尽从心；宴饮耽和乐，居亨吉庆临。

其二、凤阁鸾台去有家，亨衢进退莫咨嗟。

桃溪咫尺青云路，便见东风可散花。

其三、久历撑波艇，乘风得到瀛，太平身职起，目下有来音。

需卦上爻诀三首

其一、人立危桥下，舟行起怒涛；兢兢未登地，思虑转煎熬。

其二、期会三人至，成荣自敬之；得全名利日，恩泽四方施。

其三、先是身悲险，那逢意外忧；待客宜敬顺，终吉免他求。

䷅讼卦（六）

【原文】　讼卦总诀三首

其一（阳）、黄犬嗷嗷两度危，金猪初唤见亨期。

若逢午鼠前途去，一向安荣事事宜。

其二（阴）、言防口舌易成功，不说须归两大中。

赖有高人相喜合，终须人语不为凶。

其三、举步往荆棘，见凶须要防；若逢天占口，荣顺不须伤。

讼卦初爻诀二首

其一、嘹亮征鸿独出群，高飞羽翼未离分。

正宜奋翅行前进，好个声音处处闻。

其二、处事宜中正，当知不可长；但当明辩说，终是获休祥。

讼卦二爻诀三首

其一、目下皆仇怨，时闻理义明；且宜先退让，方可免灾危。

其二、不进须当退，方无否塞忧；贵人相祐下，王事出奇留。

其三、事不足，防反复；月落寒江，一荣一辱。

讼卦三爻诀三首

其一、积德相随便可期，庭前枯木凤来栖。

好将短事成长事，莫听旁言说是非。

其二、运方兴，笑语频；降玉女，在河边。

其三、守旧安居正，虽危获吉亨；狂谋图进用，枉费觉无功。

讼卦四爻诀三首

其一、遇时方未利，词辨未能宁；改变从贞吉，应须不失情。

其二、名惧亲君位，安贞吉有余；得人相赠处，择地有安居。

其三、风吹云散月华明，枯木开花满户庭。

旧恨新欢且休问，须知从此复安荣。

讼卦五爻诀三首

其一、心中从正道，听讼得其平；公讼如逢此，公庭理必伸。

其二、元吉无迍事所宜，君尊临下有功归。

策鞭可取木边子，便见平生不负亏。

其三、檐前鹊噪喜翩翩，忧虑潜消理自然。

一人进兮一人退，末梢却有好姻缘。

【注解】木边子：天水讼卦，互卦上巽为木，故云木边子。

【原文】　讼卦上爻诀二首

其一、有赐不须欢，时当隐遁安；困来宜择避，枯木奈严寒。

其二、口啾啾，人事尚须忧；心戚戚，恍惚两三头。

【注解】困来：天水讼卦上爻阳变阴为泽水困卦，故云困来。

䷆师卦（七）

【原文】　师卦总诀三首

其一、众力推排处，无心遂有权；虽然烦与冗，利禄胜当年。

其二、手操持大节，劈划丈夫心；众力扶邦正，廷绅即有升。

其三（阴）、凶事终成吉，功名未便亨；

且图安乐处，莫恋百花生。

师卦初爻诀三首

其一、出律方无咎，提防破克功；一轮明月蚀，自觉否臧凶。

其二、心郁郁，事匆匆，荣而未有功。

危桥立尽休回首，此去青云路可通。

其三、凡百事当谋，善始可善终；师道宜和众，犹忧失律凶。

师卦二爻诀二首

其一、朱能堪服众，方遇贵人持；别有非常道，乘龙到玉墀。

其二、赐命从天降，承之宠泽贞；师权当健德，佳信发天津。

师卦三爻诀三首

其一、六三爻不定，虽吉也成凶；若也能专一，终当立大功。

其二、进退皆无位，舆尸出众凶；马奔坤地远，天道又疑东。

其三、青毡终复旧，枝上果生风；莫为一时利，重为此象凶。

师卦四爻诀二首

其一、择地堪居左，师行左次贞；牛行西北地，触目自光辉。

其二、进行退，退行进；进退好随机，眼前人不信。

师卦五爻诀二首

其一、禽作田禾叛入邦，皆当系缚执思伤。

一朝天赐佳音至，功业阶勋冠万邦。

其二、恩成怨，怨成恩；和合两相番，灾咎恐外生。

师卦上爻诀二首

其一、君子当思吉，爻辞厉小人；邦保民可保，邦固自咸宁。

其二、吉士时逢泰，承家日渐丰；小人当此象，得宠反成凶。

䷇比卦（八）

【原文】 比卦总诀四首

其一、建国安邦比牧侯，和民畜众乐忘忧。

群鸿列阵飞霄汉，彩凤移时万里游。

其二（阳）、林木春将近，芳菲景物新；

花开易居宿，一箭中红心。

其三（阴）、口舌终须有，金樽恐有伤；

污泥难出没，持援在忠良。

其四、有利先居比，安贞在草头；名利两可展，他吉进来秋。

【注解】牧侯：指李牧，战国赵将，大破匈奴及秦，封武安君。

【原文】 比卦初爻诀二首

其一、比贵相亲辅，虽常尽信诚；所为元有素，他吉亦相成。

其二、一人去，一人来，清风明月两疑猜，获得金麟下钓台。

比卦二爻诀三首

其一、己身无过失，家宅亦安宁；所得惟中正，安然自吉亨。

其二、遇险方成福，逢凶皆可升；佳珍良匠琢，得宝在逡巡。

其三、老蚌产珠，石中怀玉；海稳波平，云中人鹿。

比卦三爻诀三首

其一、蹇难先谋避，行舟风雨多；片帆撑逆浪，去计苦蹉跎。

其二、无端风雨欺春去，落尽枝头桃李花；

枕畔有人歌且笑，教君心绪乱如麻。

其三、比贵相亲附，皆非可信人；提防为鬼贼，侵害反伤身。

比卦四爻诀三首

其一、羊猴衔信至，人国利宾亨；外比贞无咎，移根本自荣。

其二、东方催促便登舟，歌笑徘徊古渡头。
云外佳音终有望，锦鳞钓得在金钩。

其三、所交宜谨择，贞正可无虞；亲附贤君子，优游吉自如。

比卦五爻诀二首

其一、一得其中一失期，当时何用苦伤悲。
地中雷震随时起，询问白羊归未迟。

其二、舍一人，就一人；明月上层楼，光辉万里秋。

比卦上爻诀三首

其一、有始无终实可嗟，田头方足未堪夸。
跨鹿无足失马放，黑云外人更脱靴。

其二、独行居北极，无援更无依；始善终方吉，终凶悔莫追。

其三、喜未稳，悲已遭，骤雨狂风吹古木，人人尽道不坚牢。

☴小畜卦（九）

【原文】　小畜卦总诀三首

其一、旱亢云生满太虚，禾苗枯槁实堪悲。
大人有意懿文德，细雨霏霏自有时。

其二、云散暮天晴，寒溪一带青；音书终有望，水畔见其真。

其三、欲过重山去，家乡事颇危；横舟对明月，悽惨有谁知？

小畜卦初爻诀三首

其一、一舟离岸复回来，浪急掀天去不谐。
堤畔草头人着力，园中花木尽争开。

其二、当守居正道，吉庆自然谐；遇夏多迍塞，仍防家口灾。

其三、驾去舟，离新岸；喜得来，愁得散。

小畜卦二爻诀三首

其一、同心方合志，牵复亦相成；守静安常道，前程自显荣。

其二、小过居贞吉，千山鹿远惊；云端佳信至，有约在彭城。

其三、金鳞入手，得还防走；若论周旋，闭言缄口。

小畜卦三爻诀三首

其一、睽离东西事可伤，夫妻反目不相当。

断桥走马悔中厉，尤恐前途吝莫量。

其二、前程多难阻，居家致内争；密云方掩翳，消散复光明。

其三、阴长又阳消，家门悔吝挠；夫妻犹反目，车辄未坚牢。

小畜卦四爻诀二首

其一、怀忠居位辅明君，天边远信鹿来迎。

离明马走西南去，枯木逢春得再荣。

其二、独立嗟无援，惊忧恐致伤；但从诚实念，灾咎自消亡。

小畜卦五爻诀三首

其一、上下相孚信，乌能通有无；他时逢患难，众力亦相扶。

其二、石韫玉，铁成金，翔凤隐隐入云程；不须疑虑独劳心。

其三、有势安和鹿马新，水中有集足移根。

小舟千里方回岸，重口官人助禄名。

小畜卦上爻诀三首

其一、阴盛阳刚亦可伤，堪嗟立业一时亡。

江边女子号啼泣，虽得荣华坠洛阳。

其二、拟欲迁时未可迁，提防喜处惹勾连。

前途若遇贵人引，变化鱼龙在大渊。

其三、密云今已雨，上下渐亨通；凡事难成就，迟疑未可行。

☱履卦（十）

【原文】 履卦总诀三首

其一、上下之可居，居山家必迁；去处无忧患，楚地既周旋。
其二、见立未安身，传斯用破心；几回惊险处，方得遇知音。
其三、逢山须作险，遇水亦防忧；得遂乡关日，方知二尾牛。

履卦初爻诀三首

其一、素来繇正道，务实去浮嚣；独守行常理，他人莫动摇。
其二、努力求谋事已通，天边守旧亦难冲。
孤飞鸿雁湘江远，见个佳人书二封。
其三、不远不近，似难似易；等闲入手，云中笑指。

履卦二爻诀三首

其一、几番风雨送行舟，空惹离人一转愁。
便使掀天擎地手，不同虾蟹逐波流。
其二、幽人能独守，喜庆自来临；常切提防志，他人暗地侵。
其三、月落事未完，物见人不见；好借一番风，奇哉逢快便。

履卦三爻诀三首

其一、视履皆非正，乘危必见伤；有为皆小利，切戒用刚强。
其二、有足不能行，有目眇能观；虎尾一惊防，危处自退避。
其三、桃李谢春风，西来又复东；家中无意绪，船在浪波中。

履卦四爻诀二首

其一、孚信心方惧，鹿行当近君；马飞更改吉，愬愬道居身。
其二、前忧后，后忧前；彼此意流连，人圆月也圆。

履卦五爻诀三首

其一、位尊施德薄，刚乘则防刑；睽擲孤飞雁，衔芦过远山。
其二、狂风吹起黑云敛，日低人心遮不得。
时间多事暂相关，到老依然无刑克。
其三、戒意无凝滞，前程速着鞭；登山并涉险，莫放马蹄闲。

履卦上爻诀三首

其一、处事须中正，终当无后灾；周旋皆中体，万福自骈来。

其二、万国周旋靡不安，上宫有庆喜严寒。

四方幸有安家处，好向深波下钓竿。

其三、古镜重磨扫旧尘，梅花先报陇头春。

天边贵客齐相接，推出长霄碧玉轮。

䷊泰卦（十一）

【原文】 泰卦总诀三首

其一、否泰循环太过通，喜知生育得时丰。

固基保守前程吉，千里张帆得便风。

其二、来时盛暑去时春，历尽经年险与迍。

此去亨衢终不远，推轮终待陇西人。

其三、龙剑久埋光射斗，大鹏初展翼垂天。

龙蛇一举终无碍，始觉从兹不滞淹。

泰卦初爻诀三首

其一、三阳方始泰，君子道通时；同类皆升进，前程事事宜。

其二、职居臣位禄非一，外进良朋好结交。

功业一朝期有地，秋回方觉起英豪。

其三、东边事，西边成；风扫月华明，高楼弄笛声。

【注解】三阳：子为一阳，丑为二阳，寅为三阳；泰为正月消息卦，故云“三阳”。

【原文】 泰卦二爻诀三首

其一、中道无悔吝，安静也防虞；垂钓江头鲤，山前起两扉。

其二、拟泛孤舟出翠微，花边钓处白鱼肥。

就中无限烟波景，钓罢金鳞满载归。

其三、用刚能果断，荒秽尽包容；遐迩无遗爱，无私道得中。

泰卦三爻诀三首

其一、和不和，同不同；翻云覆雨已成空，进退须防终有功。

其二、进步忽生疑，居安有福基；月圆云散后，万里见光辉。
其三、往而须必复，安处用防危；居正存诚信，灾消福自随。

泰卦四爻诀三首

其一、失实谩高飞，宾鸿去未归；山前一子立，只是好前施。
其二、小人将害正，以类自相从；君子宜深戒，须防或致凶。
其三、心不足，事不足；一面之东又向西，透彻重关亦有时。

泰卦五爻诀二首

其一、进女皆居正，居尊元吉亨；高人携木至，十八子惊春。
其二、添一人，得一宝；事周圆，门外讨。

泰卦上爻诀三首

其一、逢乱命不行，终久数复否；行师外可忧，蓄众内防毁。
其二、悲似喜，喜似悲；蹙破远山眉，门前事惹疑。
其三、泰极将成否，人心不顺从；未宜有施用，虽正亦惟凶。

䷋否卦（十二）

【原文】　否卦总诀三首

其一、居禄不容禄，谋高位未高；自酬君子志，一进挺英豪。
其二、去路纵如千里远，冲天难得一回飞。
　　彩云秋后真堪羡，酌酒高歌对落晖。
其三、天时未至且韬光，逐禄求名事可伤。
　　但得良辰光欲发，此时着力又何妨。

否卦初爻诀三首

其一、守静而株退不宜，济时否泰两来期。
　　鹿行前进本无咎，鼠带文书可预知。
其二、相引更相牵，阴阳喜自然；施为无利禄，愁事转团圆。
其三、前途方否塞，同众且安常；静守无非吉，狂图便致灾。

否卦二爻诀三首

其一、否塞临时利小人，大人处正也无屯。

孤鸿飞去云霄外，顿觉前程不乱群。

其二、居下为身计，为当曲奉承；大人坚自守，虽否亦亨通。

其三、时下乱意绪，可求不可图；蓦地清风白，一场欢笑娱。

否卦三爻诀三首

其一、否居尊位自包羞，阴气将隆理可求。

直待马行千里远，临期正应在三秋。

其二、人情方未顺，动作可疑猜；休信谗邪语，提防祸有胎。

其三、无踪亦无迹，远近终难觅；平地起风波，悲怨反成泣。

【注解】三秋：否卦是七月消息卦，生在三秋为得时。

【原文】 否卦四爻诀二首

其一、把命持权日，威名大振通；用者无咎吉，君子幸时逢。

其二、穷达皆天命，何须更怨尤；得时行正道，福祉及朋俦。

否卦五爻诀三首

其一、危世居尊利大人，小舟还岸反生惊。

晋明守固保无咎，猴与蛇行非可轻。

其二、太盛方休否，安中每致危；人当先事虑，防患未然时。

其三、身不安，心不安；两两意相看，忧来事却难。

否卦上爻诀三首

其一、蹇后道还通，否过终成泰；一遇木边人，百事成吉大。

其二、浊波无处有清流，新喜迎来破旧愁。

从此自然临大造，更无一事挂心头。

其三、事当穷则变，既变乃能通；否极应还泰，千门喜事重。

䷌同人卦（十三）

【原文】 同人卦总诀三首

其一、久否终能济，当于笑后招；大川无不利，进步上青霄。

其二、玉兔衔刀借力时，此时平地上天梯。
不惭虚誉流传事，方得成名不失期。
其三、谁家女子倒戈矛，利禄须知向此求。
到得岭头须快乐，更防忻喜却成忧。

同人卦初爻诀三首

其一、十里同人会遇时，断金仁义孰能为。
承时迎风九霄去，月畔人来喜笑嘻。
其二、中心无系吝，内外自和同；怨咎皆消释，千门喜气隆。
其三、心和同，事和同；门外好施功，交加事有终。

同人卦二爻诀三首

其一、宗系同人吝，山前有二峰；青松四时秀，西日又升东。
其二、本是同家党，人人各系私；未能同一志，羞吝自相疑。
其三、爱一人，恶一人；憎爱处，吝难分。

同人卦三爻诀三首

其一、伏兵林内久，三岁不能兴；守吉无他望，妄行不免惊。
其二、意淳淳，心戚戚；要平安，防出入。
其三、前路多荆棘，图谋欲进升；但宜当自用，不可信他人。

同人卦四爻诀三首

其一、乘势攻人短，将来自致凶；何如谦退守，吉庆日相逢。
其二、亮攻多见败，退隐内无凶；家有祥光照，江边一事通。
其三、浅水起波澜，平地生荆棘；言语虚参商，犹恐无端的。

同人卦五爻诀三首

其一、执直行正道，他人未顺从；必须资众力，相遇乃成功。
其二、阴阳相隔绝，后笑克师征；二五吉相遇，离宫有贵人。
其三、悲一番，笑一番；相战又相战，其中事却欢。

【注解】二五吉相遇：九五与六二相应；离宫有贵人亦同此义，因同人卦下卦为离故。

【原文】 同人卦上爻诀三首

其一、人情多阻隔，内外不同忧；离方行得志，终须无悔尤。

其二、一水绕一水，一山旋一山；水穿山尽处，名利不为难。

其三、求合事和同，功名未足夸；堪嗟志悲悴，他却亦荣华。

☲大有卦（十四）

【原文】 大有卦总诀三首

其一、善扬天降福，大有福之余；火照乾天上，秋深获一珠。

其二、欲进又徘徊，心危事不危；贵人相指引，名利得荣归。

其三、汩没困埃尘，逢羊事事新；要求真与实，木口是恩人。

大有卦初爻诀三首

其一、逊退敛无咎，进谋忌有忧；无风吹火起，千里泛归舟。

其二、心事谩愁烦，休言用处难；难中行得了，得了亦周旋。

其三、富贵易骄盈，当存敬畏心；艰难常在念，灾患永无侵。

大有卦二爻诀三首

其一、宽厚事成多，高明意自过；往亨佳女吉，进步不蹉跎。

其二、大有方始盛，人宜大有为；如车乘重载，不至有倾危。

其三、一重水，一重山；壶中别有天，风波到底然。

大有卦三爻诀三首

其一、偏宜君子道，求利与求名；贵客相提奖，前程自显荣。

其二、小用必防险，王亨大事宜；牛归加禄重，岭表鹿衔旗。

其三、南山一片石，石中藏真玉；莫问是和非，得者非常福。

大有卦四爻诀三首

其一、彭盛尚谦退，道身计莫通；猴边金信至，阻棹得帆风。

其二、遇险不为忧，风波不足惧；若遇草头人，指出青云路。

其三、日过中必昃，物过盛还衰；明知能先见，谨之植福基。

【注解】彭盛：彭盛似无其人，仅查到殷时有大夫名彭咸，谏君不听，投水而亡，疑盛是咸字之误。

草头人：指姓带草字头者，如苏、范、花、蔡、萧、蓝等。

【原文】　大有卦五爻诀三首

其一、整肃威如吉，交孚内外和；只因良辅弼，随处喜星多。

其二、一雁白云边，孤舟野水天；佳音来日下，金玉等闲增。

其三、上下交相际，中心在信孚；柔当刚以济，不怒亦威如。

大有卦上爻诀三首

其一、满极能招损，谦谦不自居；上天神眷祐，吉庆得相扶。

其二、志气凌霄奋发时，自天之祐吉无疑。
山前有个人相引，报道佳音庆也宜。

其三、奇、奇、奇，地利合天时；灯花传信后，动静总相宜。

䷎谦卦（十五）

【原文】　谦卦总诀三首

其一、山之高大在地中，谦退有终益爻详。
先后喜得居尊上，利禄涉川在他乡。

其二、众理事牵连，忧疑莫向前；若逢明镜照，挠括任虚传。

其三、运蹇时乖莫强谋，得安身处且优游。
若逢天上人开口，便当生涯决意求。

谦卦初爻诀三首

其一、常吉真君子，谦谦自处卑；大川虽至险，利涉亦无危。

其二、有禄不居尊，乘车马横奔；积金盈币帛，进退得无屯。

其三、进取名利归，前程进步来；水边上下鹤，触目有光辉。

谦卦二爻诀三首

其一、柔顺行谦道，纯诚贵内充；有言皆正顺，吉庆自相逢。

其二、久滞理名不可升，鸣谦名利又驰声。
猴人贞吉皆亨利，好去求名莫问莺。

其三、事可托，喜信传；寂寞莫忧煎，人与事俱圆。

谦卦三爻诀三首

其一、万民钦服禄尤高，男子英雄志气豪。

好把九牛垂大饵，即期可获巨鳌鳌。

其二、有功而不伐，君子保成功；以此行谦道，何人不听从。

其三、劳心复劳心，劳心终有成；清风能借力，忻笑见前程。

谦卦四爻诀二首

其一、撝谦无不济，手足得良朋；雷在山下发，扁舟顺水行。

其二、平地风云会，其间事易成；目前虽未稳，久后自敷荣。

谦卦五爻诀三首

其一、以谦而接下，心服众皆归；或恐谦柔过，尤当济以威。

其二、霖雨藏身久待时，位高禄厚利谋随。

前程有信通南北，可报升腾万里期。

其三、曲直事难除，黑暗明千里；还同倾刻间，变态风云里。

【注解】“变态风云里”句，原书漏，现据他本补足。

【原文】 谦卦上爻诀三首

其一、圆月云中翳还缺，山前风顺朦胧彻。

行师征国捷佳祥，千夜青天光皎洁。

其二、风云际会出云端，一望天高宇宙春。

万里风帆应不远，幽人从此出尘埃。

其三、行极今已极，众所共闻知；未得行其志，秉刚克己私。

䷏豫卦（十六）

【原文】 豫卦总诀三首

其一、蛰藏宇宙待阳和，一奋春雷变化多。

花果园林皆茂盛，建侯逢旅月迁高。

其二、任稳心休息，安身务见机；门前防暴客，早备不须疑。

其三、一卷文书事未完，番来覆去致淹然。
木逐贵客如开眼，方得从兹事再全。

豫卦初爻诀三首

其一、多言成口过，凶祸必相临；得宠还思辱，尤防暴客侵。
其二、轰雷震地远，鸣豫震初凶；穷至生悽惨，怀忧井路中。
其三、梦中人，潭里月；有影无形，圆中防缺。

豫卦二爻诀二首

其一、守正坚如石，图谋遇贵人；吉生天上口，明月又西升。
其二、凿石得玉，淘沙见金；眼前目下，奚用劳心。

豫卦三爻诀三首

其一、求望无所遂，须当亟改图；莫怀犹豫志，无悔亦无尤。
其二、大事不须视，渐贞尚悔亡；金风吹木叶，走马在东方。
其三、闻不闻，见不见；只缘好事也多愁，更防暗中人放箭。

豫卦四爻诀三首

其一、际遇明良是盍簪，不防重整旧冠缨。
正四六有佳音转，万里鹏抟达去程。
其二、文字重重喜，声名渐渐高；推诚结知己，提携出草蒿。
其三、利名成就罢忧煎，万里春风道坦然。
得意便垂三尺钓，长江获得锦鳞鲜。

豫卦五爻诀三首

其一、君位居贞疾，人臣职反刚；秉权堪倚仗，惟恐动中伤。
其二、独钓向碧潭，中途兴已阑；水寒鱼不饵，小艇竟空还。
其三、宴安耽逸豫，酖毒已中藏；懦弱不能振，因循幸未亡。

豫卦上爻诀二首

其一、动晦久而静，奔驰始见安；犬嗷居此地，悲起反为欢。
其二、日月蔽蒙胧，光辉不可通；几多江海客，进退未成功。

䷐随卦（十七）

【原文】 随卦总诀三首

其一、阳出阴居德，随利顺居贞；傲霜松柏秀，耐久岁寒心。

其二、时节多亨奋，迁延未遇间；桃黄三月发，不在杏花天。

其三、反目相看事意乖，名场利路两难谐。

东堂女子须防谤，一见羊蛇定恼怀。

随卦初爻诀三首

其一、门内妻言信不私，出门功业有前施。

进步一获山前鹿，芳草亨衢利可知。

其二、事势将更易，惟当正可从；出门交正事，无失有成功。

其三、欲渡江心阔，波深未息流；前程风浪静，始可钓鳌头。

随卦二爻诀三首

其一、系小还失大，从公却害私；事久难两得，择善可随从。

其二、阴盛阳潜遁，提防失丈夫；四方鸡唱晓，忧虑释然无。

其三、一事已成空，作事还宜退；若遇口边人，心下堪凭委。

随卦三爻诀二首

其一、易小终成大，随家改故新；马羊奔走处，利涉大川行。

其二、舍一人，就一人；谋望有喜，贵人相亲。

随卦四爻诀三首

其一、千里长途转輹舆，有人未得见者须。

音来便遇木边贵，晦滞重明得一车。

其二、所求皆有得，居正亦为凶；守道存诚信，惟明可有功。

其三、鱼上钓，丝纶弱；收拾难，力再着。

随卦五爻诀三首

其一、爵禄飞来吉有孚，震惊百里笑声呼。

月边自有人推毂，喜气临门不可拘。

其二、五居中正位，上下尽孚诚；舍己能从善，斯为大吉亨。

其三、收拾丝纶罢钓竿，青山绿水更幽闲。
江清得意归来早，舟溜金陵指顾间。

随卦上爻诀三首

其一、君子防危后必兴，小人勿怨事多迍。
随时月落防忧讼，若进终凶日又昏。
其二、拘系复加维，人心固结时；诚能专享祀，端可格神祇。
其三、一事去，两头牵；恍惚有忧煎，心坚事未坚。

䷑蛊卦（十八）

【原文】

蛊卦总诀三首

其一（阳）、赐带事虽美，须防三褫中；
宠荣难可恃，且忌辱来重。
其二、弃旧从新别创家，先忧后乐振民邦。
始施恩泽掌权柄，绯紫增荣志自赊。
其三（阴）、宝月有亏盈，长河浊又清；
纵然逢大事，端坐不须惊。

蛊卦初爻诀三首

其一、欲成好事必先危，成败多生进退疑。
蛇与猪来皆喜遂，好求方便上云梯。
其二、极弊宜修整，前人旧有规；意承须改变，损益亦随时。
其三、可以委，可以记；迟迟事，无差错。

蛊卦二爻诀三首

其一、以刚行内事，执一竟难成；贵得中常道，惟当顺以承。
其二、母道不可贞，谓性难存正；从顺事宜成，后道密且谨。
其三、暗去不明来，忧心事未谐；终须成一笑，眼内莫疑猜。

蛊卦三爻诀三首

其一、玉石望蒙昧，那堪小悔多；终来无大咎，先忌哭声过。
其二、父差母蛊往东西，腊肉餐餐不可期。

困卧高堂忧小处，直须遇有出灾危。

其三、久弊应难革，须防损失多；见机知进退，终是保安和。

蛊卦四爻诀二首

其一、有路步难去，中途鄙吝忧；蛇行并马走，莲绽值深秋。

其二、路远多险阻，居安得自宜；休将万事足，从此亦随时。

蛊卦五爻诀三首

其一、克家去干蛊，田业更重增；用誉成先志，为能善继承。

其二、有德临尊位，阳和德在春；猴吹骑白鹿，名誉到天津。

其三、一月出层云，长江彻底清；湛然无点翳，谋望等闲成。

蛊卦上爻诀三首

其一、弃职休官便可归，王侯不事可无为。

蛊忧进取深防吝，巨浪扁舟去不回。

其二、奔趋人世事，其苦竟难谐；不事王侯贵，何如隐去来。

其三、深渊鱼可钓，幽林禽可获；只用长久心，不用生疑惑。

䷒临卦（十九）

【原文】 临卦总诀三首

其一、阴彻阳微晋地凶，临民保正事无穷。

断桥一马须防失，外事纷纷忧我衷。

其二、平生欲奏五弦琴，流水高山未遇音。

一旦乘槎到蓬岛，始知金阙万重深。

其三、妄行罗网地，轻举入天罗；谨节能知止，身安保太和。

临卦初爻诀三首

其一、一逢临辅扶持起，有个佳音在兑乡。

谁向老来为伴侣，一枝梅蕊雪霜旁。

其二、积小成功路渐通，好将舟楫顺西风。

腰间宝剑横牛斗，求利求名有始终。

其三、义气方相授，繇来心感心；所行须正大，吉庆自来临。

临卦二爻诀三首

其一、本自咸临吉，惟忧未称心；喜中须不足，乐处忽悲生。

其二、利顺今临命，居中反复中；一阳生长后，帆便借东风。

其三、和合事，笑谈成；喜信在半程，平步踏青云。

临卦三爻诀三首

其一、夜雨纷纷实有伤，既伤众理接非常。
改修其道归真主，远汉云间见太阳。

其二、立志多巧佞，临事未如心；忧里能迁善，灾消祸不侵。

其三、龙争一珠，有得有失；所望在亨通，何须空费力。

临卦四爻诀二首

其一、正位居臣职，门中二女逢；急承云中鹿，水涸应三冬。

其二、事团圆，物周全；一往一来，平步升天。

临卦五爻诀二首

其一、知大能临下，柔高可胜刚；太阳光彩处，神拥照东方。

其二、月重圆，花再发；谋望成，音信达。

临卦上爻诀三首

其一、临吉敦无咎，春风桃李多；一枝花在手，去棹急如梭。

其二、朦胧秋月照朱扃，意外谁知喜意生。
自有贵人相接引，不须巧语似流莺。

其三、常存忠义德，贵客暗相扶；强暴无侵害，自然灾咎无。

䷓观卦（二十）

【原文】　观卦总诀三首

其一、上观民教下辨民，乐以忘忧物外天。
西北有音来报禄，中天明月又重圆。

其二、弓满定穿杨，登楼有一觞；西中还失足，于我又何妨。

其三、安身利处行，观风察俗情；秋来闻促织，见虎不须惊。

观卦初爻诀三首

其一、君子当时举，重山更悔多；见欢忌悲哭，愁起奈如何！

其二、野鬼张弓射主人，睛中一箭胆魂惊。
忽然红日浮沧海，照破虚空事不成。

其三、观望求为益，终须无悔尤；未能多识见，君子反贻羞。

【注解】观望求为益：风地观初爻阴变阳，为风雷益卦是。

【原文】 观卦二爻诀三首

其一、妇守桃花喜回春，佳人执箭在侯门。
云梯欲上未能上，危险方知眼底分。

其二、卦体俱柔顺，惟宜利女贞；达人当大显，窥视岂刚明。

其三、明中人，暗中人；明暗两关心，花残子又成。

观卦三爻诀三首

其一、进退不妨，去住不决；审实而行，知难而退。

其二、亲友来相庆，金珠复倍常；歌声遍阡陌，风快有归帆。

其三、双燕衔书舞，指日一齐来；寂寞淹留客，从兹下钓台。

观卦四爻诀三首

其一、人藏霖雨淹丝纶，几度花开不改春。
云内文书成国器，欲观变化在逡巡。

其二、仕逢多显达，得志在亨衢；所用应多吉，门庭庆有余。

其三、事正可记，心正可约；眼底心中，无差无错。

观卦五爻诀三首

其一、观民先审己，己正以治人；上下皆相化，斯为大吉亨。

其二、君位刚居吉，名成利亦通；如鱼游远水，山外有清风。

其三、云叆叇，月朦胧；一雁在云中，残花谢晚风。

观卦上爻诀三首

其一、高眼垂青处，幽居必见贞；一封书锦字，千里去帆轻。

其二、君子能观省，修身克尽诚；不观心自化，心志始安平。

其三、去就疑迟，进退不定；到了依然，许多争竞。

䷔噬嗑卦（二十一）

【原文】 噬嗑卦总诀二首

其一、用狱法当明，谋为好进程；老椿生茂叶，蛇走一边荣。

其二、自是嫦娥宫里人，桂花分得一枝春。
化工不负辛勤业，蓝绶归来嘉气新。

噬嗑卦初爻诀三首

其一、举步多艰阻，功名路未通；玉逢良匠琢，花发待春风。

其二、人倚楼，意多忧；淡然退步，事始坚牢。

其三、防失于未兆，千里勿迟延；小失不知改，因循致大愆。

噬嗑卦二爻诀三首

其一、内外相牵引，门中暗昧生；切须宜谨戒，方可保安宁。

其二、雨过佳人正折桃，花残冷落太劬劳。
日前别有一春景，望断佳音渐渐高。

其三、进亦难兮退亦难，登车上马亦盘桓。
他时若得风云便，稳泛扁舟恣往还。

噬嗑卦三爻诀二首

其一、峻岭车行去甚难，崎岖千里谩空还。
先防小吝忧心悔，后已迍邅在即间。

其二、有事暗中闻，疑虑浑无实；转眼黑云收，拥蔽扶桑日。

噬嗑卦四爻诀三首

其一、刑狱事难明，先防群小人；若无坚实德，安得事和平。

其二、弓开矢方射，一箭中孤鸿；触目天边手，鸡鸣福自隆。

其三、始虽难，终容易；箭入云中，吉无不利。

噬嗑卦五爻诀三首

其一、逞逞夜逐阳兔走，遂克先难后易身。
　　金地获成生德泽，回头满地掷金珠。
其二、守正除奸佞，他人自服辜；常怀危惧志，怨咎自然无。
其三、珠在掌，空劳攘；人事和同，自然稳当。

噬嗑卦上爻诀三首

其一、灭耳何由致，多因耳不聪；不能依劝戒，更有灭贞凶。
其二、遇凶不哭，愁来却笑；巨浪轻舟，前途可到。
其三、枕边忧，门里闹；意结勾连，心神颠倒。

䷕贲卦（二十二）

【原文】 贲卦总诀三首

其一、文字生光日象昭，薰风吹动海门潮。
　　可将巨浪通天表，咫尺如梭达九霄。
其二、禄从天上降，喜至不须求；昔日忧愁事，逢牛始见周。
其三、行舟无险阻，舟泛自通津；雨露从天降，求谋事渐新。

贲卦初爻诀三首

其一、乘车不用镇徒行，千里驰驱道未平。
　　林内虎声惊复啸，几回忧事更纷纷。
其二、去伪存诚实，徒行却乘车；不须增饰贲，俭简是良图。
其三、可求未可求，可信未可信；波影见重光，退步不成进。

贲卦二爻诀三首

其一、攀龙原有分，独运竟难成；遇鼠逢牛日，因人为发明。
其二、暗室复明辉，阳明实气时；云雷方散后，万里一星飞。
其三、好借东风力，轻船稳到家；大人来接引，明月寄芦花。

贲卦三爻诀三首

其一、坎宫须大吉，离地不堪行；江畔文书至，天边秋月升。
其二、一物可守，一事带口；水落月圆，自然长久。

其三、门庭多吉庆，润色更增光；直待龙逢虎，金兰自有香。

贲卦四爻诀三首

其一、中心虽欲速，行奈却迁延；守正无仇患，居安福自天。

其二、翰马多清洁，孤鸿难远留；衔芦江上雁，东上岸边游。

其三、曲中还有直，心里须成戚；云散月重明，千里风帆急。

贲卦五爻诀三首

其一、福禄从天降，门中喜气新；去奢从俭约，终保大元亨。

其二、内包戋戋帛，丘园志士心；吉中无咎克，东南有佳音。

其三、旧事淹流过，而今已变通；草头人笑后，宜始不宜终。

【注解】东南有佳音：山火贲五爻阴变阳，为风火家人，属巽宫卦，为东南故。

【原文】　贲卦上爻诀三首

其一、务本归诚实，何须更饰非；春风依旧到，花发去年枝。

其二、素质内无彩，天星照远空；一朝乘骑气，霄汉片时冲。

其三、明月团圆，颜色欣然；风云相会，和合万年。

䷖剥卦（二十三）

【原文】　剥卦总诀二首

其一、厚下且安宅，先防不测灾；动中主悔吝，忧戚总难开。

其二、剥至事虽伤，阴人恐在床；朝云无定处，得雨始无妨。

剥卦初爻诀三首

其一、床足顿云剥，于人失所安；既无真正道，于祸可胜言。

其二、凶象灭床足，其中蔑贞凶；断桥人莫过，其中犬吠同。

其三、上接下不稳，上安下不获；绞绕更相缠，平地风波始。

剥卦二爻诀三首

其一、承势陷他人，须防损自身；若能长守正，反可免灾迍。

其二、床剥转侵残，谋安未见安；晚江桃李绽，惊直雪霜寒。

其三、事相干，人相牵；去住尚悠然，一关复一关。

剥卦三爻诀二首

其一、九九未能前，淹留进莫先；西南交一友，同棹过蓬川。

其二、上下分，忧愁失；千嶂云，一轮月。

【注解】西南交一友：山地剥下卦为坤，三爻为坤上爻，坤为西南故。

【原文】剥卦四爻诀二首

其一、困梦何时解，重春喜可来；山摧因附地，移竹就园栽。

其二、枕畔不堪闻，渺茫如暗日；风雨急然来，移身别处立。

剥卦五爻诀三首

其一、遇时方不利，迁善可有终；引类同升进，将来获宠荣。

其二、失贯群鱼在水边，佳人相遇汲清泉。

尘埃年见不能奋，便趁行人赴楚园。

其三、圆又缺，缺又圆，低低密密要周旋，问之来时始有缘。

剥卦上爻诀三首

其一、君子存天理，生生道不穷；小人多昧此，难免剥庐凶。

其二、君德覆群阴，爻辞君子贞；一朝丹诏至，期待一时迎。

其三、意迟迟，心怀疑；交加犹豫，贵客相持。

䷗复卦（二十四）

【原文】复卦总诀二首

其一、五马西行进难阻，更宜守旧亲相辅。

万里鹏程化杳冥，五个佳人江上舞。

其二、一生名利总成虚，临久名疆有进时。

明户鼎来真可恼，不堪回首梦魂孤。

【注解】五个佳人江上舞：复卦为十一月消息卦，十一月为冬至，为坎为水，一阳上有五阴，故云之。

【原文】　　复卦初爻诀二首

其一、阳长修身吉，重山耸翠青；马行东北去，遇鼠计方昌。

其二、垂钓向沧浪，金鳞看入手；行客过重山，目下当回首。

复卦二爻诀二首

其一、仁者善亲邻，前江一鲤存；获来临泗水，变化在逡巡。

其二、悲后笑嘻嘻，中行道最宜；所求终有望，且莫皱双眉。

复卦三爻诀三首

其一、屡失应屡获，多败亦多成；择善宜坚守，何有怨咎生。

其二、局促未开时，云中一鸟飞；他谋皆悔吝，守旧乃方知。

其三、一关复一关，进退两头难；虑望难久远，心事不曾安。

复卦四爻诀二首

其一、囊实好谋归，归来喜又随；莫嗟中道发，笑后又成悲。

其二、放钓又收来，分明绝尘埃；巨鳌随手得，何用苦疑猜。

复卦五爻诀三首

其一、列阵飞鸿排九霄，乘骑千里不辞劳。
　　移根接下天边木，皓首成家在楚桥。

其二、乱者复治，往者复还；凶者复吉，危者复安。

其三、五湖波浪静，明月照扁舟；稳把钓下饵，鲸鳌钓几头。

复卦上爻诀二首

其一、进退徘徊无定处，欲暮春风吹柳絮。
　　半途行客又离忧，枕畔佳人无意绪。

其二、机迷终不复，难以免灾危；所向皆非利，要终不可行。

䷘无妄卦（二十五）

【原文】　　无妄卦总诀二首

其一、震雷一震好乘时，威令施张茂盛宜。
　　匪正悔生宜改正，有人相引上云梯。

其二、入仕本从科甲出，奋身不在禹门中。

筑岩钓渭非常士，须信英雄立大功。

【注解】钓渭：指姜子牙未贵前在渭水直钩不设饵垂钓事。

【原文】 无妄卦初爻诀二首

其一、坐中千里至，暂伴便前行；虎兔林中走，长途山上青。

其二、车相扶，在迷途；反复终可图，风波一点无。

无妄卦二爻诀三首

其一、本无期望志，所得出无心；有往皆有利，相将遇好人。

其二、不耕不获有吉利，不菑不畬往无成。

鸡鸣获菑方应候，一番利帛外方来。

其三、休妄想，且诚心，须防平地起荆棘，万里青山万里程。

无妄卦三爻诀二首

其一、一得还一失，逢刚勿自先；系牛牛不定，进步有升迁。

其二、旧喜惹新愁，事事多争竞；也虑暗中人，风波尤未定。

无妄卦四爻二首

其一、德广位尤谦，亲君臣道尽；静守方无虞，即有佳音报。

其二、琢器成环器未完，上天未定志尤坚。

虽然不是中秋月，亦有神光射九天。

无妄卦五爻诀

疾过无用药，未来事不忧；一更西北转，帆便逐行舟。

无妄卦上爻诀

妄动提防不必求，随谋守旧始成宜。

水边一朵月中桂，花开正值岁寒时。

☶大畜卦（二十六）

【原文】 大畜挂总诀

瞥然一棹去如梭，万里风波得意过。

十倍钓鳌终有得，蓬瀛此去路无多。

大畜卦初爻诀二首

其一、疾病方生处，天边雁侣孤；空中斜日坠，帆便恨平湖。

其二、蜗角刀头利，关心事不同；暗云风卷尽，明月又当空。

大畜卦二爻诀二首

其一、推车登高路，半道舆脱辐；天上一星飞，佳人水边哭。

其二、镜面破当中，行人过断桥；事须宜谨慎，深恐不坚牢。

大畜卦三爻诀二首

其一、乘骑求谋进不贞，傲霜松柏四时青。
云中相送仍相赠，龙虎成名禄再荣。

其二、千里过了几重关，只有一关何虑难。
等待金风疏落叶，江波随处下长竿。

大畜卦四爻诀二首

其一、跨牛行地远，金菊暗伤情；江畔人行处，前程去有因。

其二、鹊噪高枝上，人行古渡头；半途不可到，日暮转生愁。

大畜卦五爻诀二首

其一、德大功勋重，常居辅佐臣；于中还正坎，继躁克师贞。

其二、浪静波平好下钓，何须疑虑两三头。
事和天上一轮月，云散月明天正秋。

大畜卦上爻诀二首

其一、天衢一道总亨通，深浅根基漫费工。
一个妇人携锦服，龙牙虎爪伏场中。

其二、事有喜，物有光；始终好商量，壶中日月长。

䷚颐卦（二十七）

【原文】　颐卦总诀

丹桂飘香日，功名事不迟；人行千里外，触景正芳菲。

颐卦初爻诀二首

其一、舍东以就西，重山可立基；江边人过处，一女遇寒啼。

其二、红紫无颜色，飘零一叶风；邻鸡惊晓梦，心事转成空。

颐卦二爻诀二首

其一、龙走拥东去，羊行带水归；一堆金未见，双果坠花枝。

其二、秉烛正东西，漏舟行险水；纵使达平津，尤恐波浪起。

颐卦三爻诀二首

其一、主旧拂顺凶，十年宜勿用；化翅九霄飞，雷振威权重。

其二、事宜休，理多错；日坠云中，诚恐多剥。

【注解】日坠云中：山雷颐卦第三爻阴变阳为离，为日，上下皆阴爻，故云“日坠云中”。

【原文】 颐卦四爻诀二首

其一、虎视眈眈吉可舒，山前上紧度须臾。
前程自有泰来处，急浪惊涛反自如。

其二、一事防颠坠，无非仍有是；求望自然成，先难而后易。

颐卦五爻诀二首

其一、动躁事生忧，强谋事不周；大川坠难涉，篇户待名求。

其二、退则安，进不可；上下相从，明珠一颗。

颐卦上爻诀二首

其一、久持忠节不成功，一旦逢君塞外雄。
巨舟平浪垂钓去，六鳌拥出大波中。

其二、迢迢临水复临山，路出西南涉险难。
若得东风相借力，几多名利得非难。

䷛大过卦（二十八）

【原文】 大过卦总诀二首

其一、独立高楼阴失色，有期不到两成非。

园林别种仙桃果，但遇良朋振羽衣。

其二、心有余，力不足；倚仗春风，一歌一曲。

大过卦初爻诀

先微当后发，首尾破还全；西北歌声动，成荣在北泉。

大过卦二爻诀二首

其一、得妻户内利何多，日照高堂职近戈。

猪走犬来皆曰早，小船经历几风波。

其二、满目好风光，红花又更香；蟠桃三结子，一子熟非常。

大过卦三爻诀二首

其一、有妇终无事，逢难宜急走；欲免哭声随，切忌西方西。

其二、荆棘生平地，风波起四方；幽窗人懊恼，无语对斜阳。

大过卦四爻诀二首

其一、峻岭崎岖马阻行，如今平地好安亨。

几多名利人同至，西方亨衢坦坦平。

其二、心事有迟速，逢龙是变乡；月光明映户，便有好商量。

大过卦五爻诀二首

其一、枯杨生华未可夸，得逢可丑事咨嗟。

却宜静处平生节，且息思为进欲奢。

其二、一事两意，一人两心；新花枯树，须待新春。

大过卦上爻诀二首

其一、羊背披衣裳，文书匣内藏；不须多望想，春雨溅斜阳。

其二、水边忧，山下愁；要平安，休往游。

☵坎卦（二十九）

【原文】

坎卦总诀

坎险元当便习通，保邦保国自相容。

半天立阵寒鸦鹊，一雁从空彻上穹。

坎卦初爻诀二首

其一、海底珠难觅，堪防坎窞凶；失中扶木起，独立待春风。

其二、不慎将来恨，贪观落叶红；栽培无限力，春尽一场空。

坎卦二爻诀二首

其一、险难伤无援，求安得小宁；水边平地立，悔吝陆吴亭。

其二、几回梦里说东江，波平浪静下钓难。
云外利名终有望，主人目下未开颜。

坎卦三爻诀二首

其一、舟行防水厄，车破不堪行；且守坎中险，防危勿用惊。

其二、不可近，不可亲；雨中花易落，浪里月重明。

坎卦四爻诀二首

其一、瓦缶樽醪实自羞，无咎终安得遇侯。
君上有亲臣下睦，信来孚去不须求。

其二、莫谓事迟留，休言不到头；长竿看人手，一钓上金钩。

坎卦五爻诀二首

其一、盈缩还不溢，溢满咎当无；千里片帆速，仿佛泛巨舻。

其二、喜鹊噪檐楹，惊回梦不成；虽然无事至，也虑是非行。

坎卦上爻诀二首

其一、三辰不得实堪忧，果实应须正值秋。
直待独行东北去，极中离处便时休。

其二、疑，疑，疑，一番笑罢复生悲。
落花满地无人扫，独立秋风蹙黛眉。

☲离卦（三十）

【原文】 离卦总诀

久厌高林雨，方施一旦明；太阳当下照，万国继升平。

离卦初爻诀二首

其一、勤俭终无咎，逢明必敬之；天书鸾递至，触景有光辉。
其二、风动水生波，关心事若何；错然履无咎，依旧笑呵呵。

离卦二爻诀二首

其一、中道明元吉，光辉四野同；水中人送宝，鹏翅好飞冲。
其二、事已定，心何忧；明月上层楼，云中客点头。

离卦三爻诀二首

其一、日中须有昃，盛满意防亏；大耊嗟凶吝，风波小艇危。
其二、日沉西，人断魂；悲欣未足，易缺难成。

离卦四爻诀二首

其一、一人无足立，有足却无头；千里来追至，防生五七休。
其二、遇不遇，逢不逢；日沉海底，人在梦中。

离卦五爻诀二首

其一、注尽江边水，还惊一水灾；女人挥一笠，回首又花开。
其二、泛泛维舟尚未定，一头牵往一头牵。
前途贵客来相举，又见新颜破旧颜。

离卦上爻诀二首

其一、诛戮邦中利出征，一番获丑在王庭。
风衔一信归杨畔，得个佳音四海荣。
其二、自有青云路，须当着力求；佳人宜更早，行路泛孤舟。

【注解】原文称“离卦六爻”，为统一改作“上爻”。

䷞咸卦（三十一）

【原文】　咸卦总诀二首

其一、一得西南女，门庭日渐荣；园林桃李发，门外二山青。
其二、相感本无心，须知夙契深；此时宜娶妇，遇喜见黄金。

咸卦初爻诀二首

其一、进用不须疑，何劳苦自迷；小贞终大吉，咸感又相随。

其二、意在闲山事有涯，野人暗地自徘徊。
天边雁足传书信，一点眉端愁自开。

咸卦二爻诀二首

其一、船在危滩上，人行道已迷；月低潮又落，骤雨又狂风。
其二、不宜轻进动，躁妄反为凶；守静宜安分，居然吉庆隆。

咸卦三爻诀二首

其一、休道事无成，其中进退多；桂轮圆又缺，光彩要楷磨。
其二、不宜专自用，执志在随人；所占凡事吝，大抵利婚姻。

咸卦四爻诀三首

其一、千里车行远，忧疑已悔迟；鹤衔天书至，户牖见光辉。
其二、一动一静，一出一入；秋月春花，事须费力。
其三、人情初交日，咸志在于勤；贞正宜坚守，忠诚久不渝。

咸卦五爻诀三首

其一、满目开花未见花，金边一女遇方佳。
利名只见逢麋鹿，一去亨衢照落霞。
其二、事了物未了，人圆月未圆；要知端的信，月影上琅玕。
其三、进退无拘束，中心不陟私；虽然无所感，无是亦无非。

【注解】琅玕：像珠的美石，《山海经》：“昆仑山有琅玕树。”

【原文】 咸卦上爻诀三首

其一、感舌虽无咎，居安又另迁；经纶水上断，缺月又重圆。
其二、有似无，无似有；每劳心，闲费口。
其三、多言本招辱，图事竟难明；尊上相邀阻，都缘无实成。

䷟恒卦（三十二）

【原文】 恒卦总诀二首

其一、君子居安不必迁，前途无滞复周全。
日边一鹿持书至，遐迩声名四海传。

其二、凤引雏飞入九霄，岂辞云路山逍遥。
　　翔翔得遇西风便，从此升腾总不劳。

恒卦初爻诀二首

其一、居浅欲求深，身卑位作尊；往成还不利，危处却迎深。
其二、势利相交际，犹临万丈渊；水深凶更甚，退避可安然。

恒卦二爻诀二首

其一、悔吝消亡日，东行北者灾；急涛求巽顺，倾刻笑颜开。
其二、人存中正德，守己自然安；久久行其道，终身悔吝亡。

恒卦三爻诀三首

其一、不为恒德久，贞吝复何如；霜重花枝瘦，成荣也不迟。
其二、不长久，错商量；交加缠，休要忙。
其三、就北原无益，依南却未安；居贞为久计，尽可利盘桓。

恒卦四爻诀三首

其一、藏器待时时未通，徒劳功业慢嗟吁。
　　守旧更当宜整顿，夕阳西坠日方舒。
其二、井底探明月，风前拂羽毛；工夫何太拙，只恐未坚牢。
其三、田猎皆无获，求谋尽未通；极劳身计尽，虽久亦无功。

恒卦五爻诀二首

其一、妇道宜贞一，惟能善顺从；丈夫当果决，从妇反为凶。
其二、慢传言妇吉，得女更宜贞；试问前程事，阴消望夜晴。

恒卦上爻诀三首

其一、机动多不稳，更改振无凶；缺月明西北，孤鸿振羽霓。
其二、生意不和同，骤雨更狂风。
　　东风何事不相惜，吹落残花满地红。
其三、处恒宜静守，振作大无功；躁动频更变，将来反致凶。

䷠遁卦（三十三）

【原文】 遁卦总诀二首

其一、莫叹常迍蹇，久兹事渐通；欲知成就处，须在马牛中。

其二、危厄不须防，灾消福渐昌；所为迟则发，阴小却须防。

遁卦初爻诀三首

其一、避遁林中吉，须当自谓通；求谋忌吝咎，守静喜离冲。

其二、遁者宜恬退，阴阳叠盛衰；晦藏能静守，自可灭灾迍。

其三、路险更途穷，飞腾入水中；退藏宜自守，进用大无功。

遁卦二爻诀三首

其一、穷达皆前定，前程未易论；若能坚固守，吉庆可胜言。

其二、中位职中执，先谋心匪摇；当时能坚固，不动吉安繇。

其三、兀兀尘埃久待时，幽深静处有谁知。
运逢青紫人相引，财利声名始可期。

遁卦三爻诀三首

其一、疾遁须防吝，非阴小事坚；壮心谋大计，歧路要音传。

其二、进退两艰难，都缘用意吝；旧亲多四散，月在暗云间。

其三、阴私相牵丝，速去莫迟迟；低恐生忧患，因循或致非。

遁卦四爻诀三首

其一、舍小高谋不可筹，临危不觉总堪忧。
离明骑马报音信，渐进前程爵禄优。

其二、君子存刚德，为能绝己私；小人牵所爱，陷辱致身危。

其三、一得一失，欲先欲后；路通大道，心自安逸。

遁卦五爻诀三首

其一、正值宜嘉遁，迢迢去路长；宝中金玉出，贞吉庆无伤。

其二、时正与时行，佳祥日日臻；谋事得良策，前进坦然平。

其三、灯破几残花，池莲绽异葩；一门和气合，喜信到天涯。

遁卦上爻诀三首

其一、肥遁无不利，初非反复心；悔言诚感动，回首二三番。

其二、上九无淹滞，飘飘物外人；绰然有余裕，何事不比亨。

其三、一番桃李一番春，欲识阳春气象新。

休下水边为活计，利人心下快人心。

䷡大壮卦（三十四）

【原文】　大壮卦总诀三首

其一、堂上持权酌轻重，因人借力事方成。

虎前龙后宜求望，头角峥嵘自此亨。

其二、守志休谋望有灾，当逢天水好和谐。

立身正大无虚险，自守林中一果开。

其三、财利须防失，忻情恐见悲；常人终喜悦，桡夜叙绸缪。

【注解】虎前龙后：大壮卦属二月消息卦，二月建卯，正月建寅为虎，三月建辰为龙，二月正当虎前龙后，故云之。

【原文】　大壮卦初爻诀三首

其一、用壮而行事，应难保始终；进谋须招祸，守正可无凶。

其二、居下每凌上，征凶且忌虞；清河人济遇，鼠叫利时舒。

其三、江阔复无船，惊涛怒拍天；月斜云影淡，音信复难传。

大壮卦二爻诀三首

其一、履中居得位，退守自谦光；守己行中正，斯为大吉昌。

其二、谦谦居正位，贞吉自无凶；木女东边笑，千里耸出峰。

其三、梨花开，正是春；若言心下事，宜得一番新。

大壮卦三爻诀三首

其一、君子如行壮，深虞戒过刚；触藩能进退，虽正可无伤。

其二、一遇网罗人不利，角羸何忌各生忧。

始逢阴极峰峦秀，得进良田万顷畴。

其三、平地里，起风烟；时来未能守，高处觅姻缘。

大壮卦四爻二首

其一、一封书上写鹏程，千里东风不用惊。
正好度时又失脚，洪涛万倾任君行。

其二、久静宜思动，灾消福自随；自然无阻隔，万里快亨衢。

大壮卦五爻诀二首

其一、正宜静守，妄动兴灾；名利通达，花柳争开。

其二、一牛二尾，一月初坠；长道崎岖，风波鼎沸。

大壮卦上爻诀二首

其一、忧患消亡一马飞，木边有庆不须疑。
枝头双缀垂春蕊，曾对仙人拥日辉。

其二、不了戊眉寿，肘下事交加；云浓不碍月，雨骤不妨花。

䷢晋卦（三十五）

【原文】 晋卦总诀三首

其一、二姓合新婚，资财满目前；从今百事泰，两处保团圆。

其二、建侯安万国，赐命日三来；利禄荣千百，佳音远地来。

其三、云蔽月当空，牛前鼠后逢；张弓方欲挽，一箭定成功。

晋卦初爻诀三首

其一、进身许国名当重，退步宜防悔吝摧。
四水有鱼孚自信，寒江花影再相随。

其二、大宜图进用，小阻亦何妨；功成无躁进，终虽保吉昌。

其三、须着力，莫蹉跎，长竿持向蟾蜍窟，宜行云端钓巨鳌。

晋卦二爻诀三首

其一、日从云外复光辉，枯木生花再盛开。
莫笑旧时淹恨事，须知从此脱尘埃。

其二、进谋须有患，守正可无屯；自迩来多福，推诚以事亲。

其三、一悲复一喜，介福远临延；受介于王母，春风桃李妍。

晋卦三爻诀三首

其一、欲进前程路，幽阴渐向明；众人俱信服，百事尽光亨。

其二、庶人众久心，内外悔俱亡；皎月再明时，多成遂其志。

其三、两日意和同，轻帆遇顺风；道途人得意，歌笑急流中。

晋卦四爻诀二首

其一、念念多忧失，谋营又害身；持孤一女子，鼠叫厉方贞。

其二、见才不见才，见喜不见喜；去处任他人，自身不由己。

晋卦五爻诀三首

其一、有德居高位，何人不听从；前程无不利，吉庆自雍容。

其二、一失还一得，吉无不利之；柔能居正位，门户转光辉。

其三、万里涉江上，风波尽日闲；已通钩上饵，何必虑波澜。

晋卦上爻诀二首

其一、禄位虽临险，名高自振然；师贞千里外，巨浪送归船。

其二、成未成，合未合；云遮月暗，风吹叶落。

䷣明夷卦（三十六）

【原文】　明夷卦总诀三首

其一、因甚艰难无不成，时宜莅众晦时明。

　　无伤尤有迍邅志，进步亨衢指日升。

其二、惊重损失两重灾，谨密须防暗内来。

　　虎尾蛇头如度得，身安尤自恐伤才。

其三、人人地中伏，明夷事必伤；阳人须保卫，疾病恐难量。

明夷卦初爻诀二首

其一、垂翼遥飞去，皆因避远行；一途涯际室，又是满青春。

其二、一足踏两船，一镜照两边；团圆专费力，费力又团圆。

明夷卦二爻诀三首

其一、所伤尤未甚，速可救禳之；得时春光至，灾消福禄垂。

其二、左股忌夷伤，浓云翳太阳；乘骑千里去，忧重恐分张。

其三、若问行藏事，行藏意可求；暗云风卷尽，明月满层楼。

明夷卦三爻诀三首

其一、向明为得地，大利有施为；凡事须当缓，轻恐致灾危。

其二、一奔南北狩，多少事悲伤；得遇海南客，成名过北塘。

其三、虚名虚举久沉沉，禄马当来未见真。
一片彩云秋后至，旧时风物一时新。

明夷卦四爻诀三首

其一、恐见伤心事不宜，月明两畔暗云飞。
门庭一女怀悲怨，成器荣身果子疑。

其二、阴贵相遭遇，忧危已脱身；更宜图进用，名利得从心。

其三、箭射檐前鹊，巢深子不伤；一件恶烦恼，翻成大吉祥。

明夷卦五爻诀三首

其一、遇时方暗昧，当且悔其明；自守当贞正，终能保吉亨。

其二、一登尊禄位，不可望凌高；恐有夷伤日，垂钩阻饵鳌。

其三、重关深锁闭，谨要小提防；若不知谨戒，因循成大殃。

明夷卦上爻诀二首

其一、远诏自天来，争地事反复；人地不明时，佳人水边哭。

其二、莫道事难为，美中事不宜；东风轻借力，吹了又芳菲。

䷤家人卦（三十七）

【原文】 家人卦总诀三首

其一、未乱先须谨，逢凶不见灾；立首东兔壮，好事又将来。

其二、良金美玉内含英，陶琢须凭巧匠成。
大器年来方见用，渭川贤士秉台衡。

其三、家道年来盛，阴功在祖宗；沛恩泽二子，两子又攀龙。

【注解】渭川贤士：姜子牙未助武王时，曾在渭水垂钓，故云渭川贤士。

【原文】　家人卦初爻诀二首

其一、正家元有道，所贵在提防；成法宜先定，当于未变闻。

其二、桃李照门庭，溪山绕屋青；天风疑不断，风送逐时荣。

家人卦二爻诀三首

其一、食禄皆从女上逢，飘香玉桂逐百风。

牛行别有生成路，远汉云间月正中。

其二、一镜破，照两人；凶中吉，合同心。

其三、处中能正顺，家道自然成；所作皆如意，图谋尽称情。

家人卦三爻诀二首

其一、残花落地何曾悔，蜡烛影红可有图？

治家不妨生悔吝，猪行犬吠悔应无。

其二、家人怨，妇女嘻；凡事吉，少留迟。

家人卦四爻诀二首

其一、有禄方成福，成名却是稽；有人未引处，水畔立金鸡。

其二、珠玉走盘中，日用足阜丰；休言望未遂，此去一时通。

家人卦五爻诀三首

其一、中正居尊位，六相爱六亲；自然家道顺，勿惜亦安欣。

其二、位尊皆有喜，勿惜总成昌；士走东西地，抬头见太阳。

其三、相爱相助，和气盈前；名成利就，不用忧煎。

家人卦上爻诀二首

其一、名重威权重，先危后见昌；万山松柏秀，走马履坚霜。

其二、心下事悠然，周全尚未全；遇龙终有庆，人月又团圆。

䷥睽卦（三十八）

【原文】　睽卦总诀二首

其一、刘郎别后路滔滔，鸿雁来传有信牢。
欲问故园当日事，东方依旧绽红桃。

其二、睽背生离事可伤，孤鸿空外谩高翔。
一因酒食生荆棘，扶上危桥恐见伤。

【注解】刘郎：据《幽明录》，东汉永平年间，刘晨、阮肇在天台山桃源洞遇仙，太康年间两人重到天台，后将刘晨称为刘郎。

【原文】 睽卦初爻诀三首

其一、走马西南地，近音东北忧；先忧后无咎，顺水一孤舟。

其二、两尾牛，一口鼠；相桡同遇，得彼失此。

其三、悔吝虽无有，时乖道遇穷；恶人将害己，终是不为凶。

睽卦二爻诀二首

其一、陷久人逢救，孤舟又剡舟；此回宜自悔，莫待又归秋。

其二、舍一处，就一处，事要委曲无不成，眼底时间两分明。

睽卦三爻诀三首

其一、曳舆峻岭多难阻，一树桃花逢夜雨。
再把睽离成萃聚，也忧芳蕊当春暮。

其二、大灾防不测，上下更交攻；离合皆常理，无初却有终。

其三、鼎沸起狂波，孤舟奈苦何；巧中成拙事，人事转奔波。

睽卦四爻诀三首

其一、独立虽无援，相逢有故知；自怀忧惧志，亦可免灾危。

其二、修道一遇时，家信云中至；好问水边人，音信从新利。

其三、心不足，意不足，为云为雨何翻覆；一去一来方成福。

睽卦五爻诀二首

其一、可惜成功未得名，山前有禄遇艰辛。
睽亡或见有成败，此往方成无祸侵。

其二、忧闷惧消散，先难后合时；所行无不利，吉庆自相随。

睽卦上爻诀三首

其一、诡计无为有，中心自欲迟；忽然疑虑决，会合免睽违。
其二、遇雨发旱苗，张弓箭又收；忽然疑虑决，后有好音由。
其三、恐惧正忧惊，虚空霹雷声；须臾风雨过，圆月出层云。

䷦蹇卦（三十九）

【原文】　蹇卦总诀三首

其一、一对鸳鸯水上浮，菱荷风暖日方西。
山前山后故人会，始觉从兹路不迷。
其二、蹇利西南吉，须防东北屯；德修名自显，云内一佳人。
其三、蹇躁有谁知，逢羊始戾时；螭头方见立，终到凤凰池。

蹇卦初爻诀三首

其一、往蹇重重庆，疑忧不用忧；利名两遂志，花卉又经秋。
其二、岸畔水深船易落，径荒苔险路难行。
蛇行自有通津路，目下幽窗日未明。
其三、人方防险难，戒勿强施为；美誉将来振，何如且待时。

蹇卦二爻诀三首

其一、蹇中还遇蹇，臣子尽忠谋；虽不成功业，终当无悔尤。
其二、匪躬多蹇蹇，鸿雁折趋迁；策马西南去，先愁后喜欣。
其三、不动且安心，心安是坦平；静中心地大，喜色上眉棱。

蹇卦三爻诀三首

其一、进而逢遇险，蹇难见多端；内喜宜湍反，方能保所安。
其二、舟漏虽难济，危颠去莫前；往来多险阻，猴遇禄安然。
其三、事虑淹留，人不彻头；往来闭塞，要见无由。

蹇卦四爻诀三首

其一、与人干患难，其志不同谋；大抵当诚实，方能济难忧。
其二、海溟轻鲠跃，事急且回头；万里方能进，守终名日忧。
其三、欲上青云路未通，几番思虑转成空。

水边音信重回复，则利声名有始终。

蹇卦五爻诀二首

其一、普地同来敬，西来更有朝；命将双日至，好植帅师旗。

其二、道路足忻叶，风波一点无；时闲心绪乱，全仗贵人扶。

蹇卦上爻诀三首

其一、一见东风日自昏，西方始有月辉莹。

蟾中丹桂须远折，倒缀仙桃向禁庭。

其二、前进方迍邅，惟当顺听从；贵人相协助，转祸可为功。

其三、江阔水茫茫，执钩鱼未收；休言难捉摸，终久见因由。

䷧解卦（四十）

【原文】 解卦总诀二首

其一、一径西南别是家，秋风吹谢满园花。

经纶又钓长江畔，若获佳鱼庆自赊。

其二、本是龙门客，年来始跨鲸；瀛州留不住，金殿缀公卿。

解卦初爻诀二首

其一、万物从春发，一书遥送来；旧愁将远尽，新喜始方回。

其二、黑云笼月桂，欲攀攀不得；终后见团圆，时下定嗟恻。

解卦二爻诀二首

其一、获狐遂得矢，贞吉往优游；一箭射直远，佳人在水头。

其二、万水波涛静，一天风月清；利名无阻障，行客出重关。

解卦三爻诀三首

其一、小人当负荷，乘马反为忧；自我招戎寇，虽贞亦致羞。

其二、喜极怨还生，虽忧不足行；二三逢九数，水畔舞人乘。

其三、指实无实，两三劳役；到了还休，无由端的。

解卦四爻诀三首

其一、万里风波泛小舟，相将达岸赴蓬人。

　　之人宜涉亲携手，触目繁华处处鲜。
其二、解散群邪党，朋来正直人；信诚相迎接，灾散福来臻。
其三、泛泛一孤舟，飘然何处游；若逢人与虎，名利一时休。
解卦五爻诀三首
其一、一信自西至，佳音有禄来；解中终得吉，进用莫疑猜。
其二、牛解借刀，衣剥借力；雾卷云收，一轮红日。
其三、险难今消散，云开见日明；自然无阻隔，何事不光亨。
解卦上爻诀二首
其一、藏器于身久，高墉可获禽；七年逢五数，荣利总成名。
其二、一箭青云路，营求指望成；许多闲口嘴，反作笑嘻声。

䷨损卦（四十一）

【原文】　损卦总诀三首
其一、望断浮云事转虚，相逢陌上意皆殊。
　　当时许我平生事，及到终时不似初。
其二、旱沼鱼逢雨，云龙际会中；有孚元吉在，明月五更钟。
其三、月下欢欣事，番成梦一场；散云初散处，日暮始光亨。
损卦初爻诀三首
其一、益人须损己，事济更宜休；斟酌行中道，须防过后羞。
其二、损己速益上，终迎一吉来；凤凰飞两处，到了得和谐。
其三、喜喜喜，还不美，夺得蛟龙项下珠，忽然失却还如水。
损卦二爻诀三首
其一、勿益元无损，交情成妄求；居贞元有吉，躁进反成忧。
其二、一关又一关，长道远难还；看尽白云影，心闲事未闲。
其三、悔吝不宜前，淇涛泛上船；中秋今夜月，独蚀不重圆。
损卦三爻诀三首
其一、三雁高飞一雁伤，重山骑马得良朋。

佳人舞水宜先恐，平井横刀此必强。

其二、心未平，事未圆；疑虑少，始亨通。

其三、致志当专一，过三则有疑；中心有定见，且戒妄依随。

损卦四爻诀三首

其一、心事喜团圆，分明岂偶然；借他良匠手，凿出宝光鲜。

其二、畔疾已成思，遇之终非吝；天上一人逢，或在天风姤。

其三、心未平，事未圆；疑虑久，始亨通。

损卦五爻诀二首

其一、先损后当益，良朋克元吉；询问雪中花，相将迎暖日。

其二、凿石见玉，拨土见珠；眼前目下，何用踌躇。

损卦上爻诀三首

其一、惠而无所之，酌损得其宜；人乐来归己，安然福禄随。

其二、二岭一堆玉，双飞四朵花；好书天上至，别立外人家。

其三、有月不沾云，何须暗与明；若逢龙与虎，欣喜见前程。

䷩益卦（四十二）

【原文】 益卦总诀三首

其一、贵人暗相助，行藏且待时；莫爱花开早，须知结实迟。

其二、益损之三爻，见善则改迁；林鹿自春来，成荣多感慨。

其三、平地起雷声，云开月渐明；小人宜有恨，终又不相刑。

益卦初爻诀三首

其一、乘时宜进用，大作可施为；得志亨衢上，功成自有期。

其二、大事可成荣，有益为无咎；云内执鞭人，富在三秋后。

其三、风急上云高，鹏程六翮秋；尺书天外至，名姓上鳌头。

益卦二爻诀三首

其一、不求元自益，龟策弗能违；根本岩禋祀，精神在此时。

其二、得损还有益，获宝可荣归；千里片帆远，其中三雁飞。

其三、欲动还稳，可羡可求；水滨活计，名利得宜。

益卦三爻诀三首

其一、薰心忧事亦防危，有吉来言不必传。
一片石中逢巧匠，龙行佳报在身边。

其二、济人于患难，孚信以中行；举动皆由命，应无灾咎生。

其三、动还静，静还动；意非真，如春梦。

益卦四爻诀二首

其一、桂子十分香，琼瑶映玉堂；一朝乘快便，枝折看翱翔。

其二、得中行正道，益下以为功；到处无相碍，何人不听从。

益卦五爻诀三首

其一、持竿江上钓鳌鱼，获却金鳞一颗珠。
青霄一箭宜推毂，名利双全禄自殊。

其二、诚信施仁惠，何须问吉凶；德心休且逸，天道亦相从。

其三、子结花成蕊，花开枯木枝；屋头春意闹，双喜笑嘻嘻。

益卦上爻诀三首

其一、求益不知止，人情恐恶盈；立心无定止，外变忽然生。

其二、遇益终无益，问津何处觅；旱海莫行船，何劳多费力。

其三、当进逢凶，当退亡危；水边木上，花残月亏。

䷪夬卦（四十三）

【原文】　夬卦总诀二首

其一、主讼多丰足，施恩及下宜；大人宜相见，有励不成危。

其二、绿柳堤畔贵人来，半是忧疑半是猜。
好把旧谋重改变，莫教空去却空回。

夬卦初爻诀二首

其一、欲决未决，遇行未行；为吝尚多咎，忧患气盈门。

其二、暗中明，明中暗；去就两无功，莫下饵鱼线。

夬卦二爻三首

其一、惕若无忧惧，号呼须自防；卒然防祸患，终可免灾殃。

其二、浪内萍无定，山前木有凋；穿窬生悔吝，无望鹤冲霄。

其三、勿信暗中忧，到老展眉头；孤舟烟火静，只恐向中流。

夬卦三爻诀三首

其一、情虑生私爱，除之决不疑；时间虽愠怒，终可免忧疑。

其二、伏虎前来去莫狂，足生一疾去东方。
独行遇雨期无咎，满日花开道路旁。

其三、人在舟中，幸得入海；到底无言，一时惊骇。

夬卦四爻诀二首

其一、牵生反次且，如何云生泽；悔吝有道贞，四九无咎责。

其二、意踌躇，心恍惚；一朝云卷舒，清风和明月。

夬卦五爻诀三首

其一、处正攻邪佞，谁人敢抗衡；用刚无大过，贵在得中行。

其二、大君为立德，夬决在中行；无咎乐日至，天然庆及庭。

其三、难难难，忽然平地起波澜；易易易，谈笑成功终有遂。

夬卦上爻诀二首

其一、女泣江边水，冥行终有凶；一逢西北去，弃鹿却寻功。

其二、千里其徘徊，休倾别后杯；暮天人影散，迟日照松梅。

䷫姤卦（四十四）

【原文】 姤卦总诀二首

其一、婴女方多不足忧，巨涛归去一孤舟。
马行托始直无咎，后命将施恐未周。

其二、天边缺月又重圆，原上枯枝色更鲜。
不识桃园归去路，谁知今日遇神仙。

姤卦初爻诀三首

其一、小人将道长，杜绝在防微；静正方为吉，攸行终致非。
其二、谣言羸壮豕，居卑却上尊；见凶宜莫进，佳信复临门。
其三、动静莫急，急路莫登；道途危且阻，来往绝行人。

姤卦二爻诀二首

其一、莫信光也月，宜知不利宾；正身无夺犯，喜气向江滨。
其二、人方相会遇，其志在于专；取舍由诸己，终为无咎愆。

姤卦三爻诀二首

其一、当行不可行，要行防小厉；怯过无大咎，小艇怕连系。
其二、前进足次且，求安失所居；须危无大咎，妄动有灾危。

姤卦四爻诀三首

其一、民远君臣俱失居，庖厨何必再缘鱼。
一朝风起防蛇大，遗却当年所得珠。
其二、居上当亲下，人心易散离；事机从此失，万事尽皆隳。
其三、物失八体，虑在两头；云烟相隔，心事淹留。

姤卦五爻诀三首

其一、中正居尊命有施，地基生杞自当时。
果然守正相逢遇，猴兔牛蛇再有辉。
其二、以尊而接下，附己以招延；为蕴忠臣德，休祥降即天。
其三、鸡成凤，鱼化龙；大器欲成就，功名路必通。

姤卦上爻诀二首

其一、志谋进非遇，情深岂不悲；有期何姤角，时利夺疑基。
其二、见不见，也须防；背面遇不遇，到底无凭据。

䷬萃卦（四十五）

【原文】　萃卦总诀二首

其一、大人一见喜匆匆，万里云程好奋冲。
缺月又圆云翳散，自然门户得春风。

其二、阴合阳来事未期，造船经济水边危。
落花结实庭前果，西北将行事有疑。

萃卦初爻诀二首

其一、离明当道达，生涯未足通；牛行防水厉，迷此自无踪。
其二、一心成两心，一事成两事；成就也艰难，抚气亦抚志。

萃卦二爻诀三首

其一、萃大光亨耀里闾，利各有路笑声徐。
有孚千里威名震，二犬方同一旦除。
其二、人才多吉庆，守正位居中；薄菲将诚意，神明亦可通。
其三、笑颜生不泣，内外生悲哭；云散月光辉，转祸方成福。

萃卦三爻诀三首

其一、上下皆相应，中心自叹嗟；求人无小吝，无咎亦无佳。
其二、父母有通日，性狂涉大川；佳音天外至，门外有声传。
其三、细雨满桃腮，离情莫恨猜；东风须着意，花落又重开。

萃卦四爻诀三首

其一、韬光藏晦已多年，秋月当空喜见圆。
待等鸡鸣天日晓，一封名字四方传。
其二、上下皆相会，斯为大吉亨；必须当正道，方可免无屯。
其三、参商言语，风波鼎沸；事久名扬，时间不利。

萃卦五爻诀二首

其一、嗟如春着梦，无咎又生灾；星下牛居处，鸡鸣已未成。
其二、月已圆，花再发；事休休，无合杀。

萃卦上爻诀二首

其一、笑处起悲声，园中过却新；涕洟无大咎，天外一飞龙。
其二、失中多灾滞，所为先有忌；
路险风波事更疑，要得如心须借势。

䷭升卦（四十六）

【原文】　升卦总诀二首

其一、积大先须小，求升好在卑；园中双李绽，明月满天辉。

其二、攸往利东南，清天日正长；命荣灾自去，名利得成双。

升卦初爻诀二首

其一、欲问前程路，求谋大吉昌；佳人候秋至，六合喜声扬。

其二、明月为钓，清风作线；举网江波，锦鳞易见。

升卦二爻诀二首

其一、东风吹着树稍莺，幽谷高迁出上林。
　　　晴霁闲云皆卷尽，秋江轮月十分明。

其二、处事无虚诞，常存诚敬心；非惟灾可免，随有喜来临。

升卦三爻诀三首

其一、舟离古道月离云，人出重关问远途。
　　　好向月前求去处，何须思虑两三头。

其二、上下相交接，前程事事宜；自然无阻滞，亨利更何如。

其三、守北多屯蹇，征南怕犬当；云端人着力，乘马始升昌。

升卦四爻诀三首

其一、建国当门大吉亨，金人忧患不须更，
　　　将来别立安家计，禁在雷轰信始兴。

其二、顺下兼亲上，谦恭德有容；所为无过咎，吉庆每相从。

其三、曲须直，顺不逆；故旧从新，鹊传消息。

升卦五爻诀二首

其一、尊位委柔顺，平刚居得钦；一荣前道雨，两次后园春。

其二、佳人入门闾，欣欣见笑颜；一旦飞腾去，披云上九天。

升卦上爻诀二首

其一、上六冥升利，须还不息贞；知音来报信，又见坠流云。

其二、阴云不起，故曰重辉；心中思虑，事久无危。

䷮困卦（四十七）

【原文】 困卦总诀三首

其一、一得防一失，一悲复一喜；惟困吾水泽，其中果木宜。

其二、因嗟涸辙困金鳞，未是西郊破密云。

得遇江河升斗水，直须寅地见光辉。

其三、天刑终不改，金木恐牵缠；鼠蠹虽无害，灾危在目前。

困卦初爻诀三首

其一、困于木，入幽谷；守三岁，方见哭。

其二、前途未便退边觅，休事宜高自意宽。

此意此心君未见，云间孤雁信难传。

其三、久困嗟沉滞，前途难又难；幽景宜固守，始可渐图安。

困卦二爻诀二首

其一、一杯酒上带愁来，祀享何须善用猜。

大抵凶中未为利，风波万里一帆开。

其二、暂时遭困厄，贵禄待将来；天道相交感，征行必致灾。

困卦三爻诀二首

其一、既困于石，据于蒺藜；妻犹不见，不祥可知。

其二、居困当谦下，乘刚更强为；至家难保守，名辱更身危。

困卦四爻诀二首

其一、人方防困厄，犹豫未能赒；处正虽终吉，时间小吝羞。

其二、处位不当，安得济物；果决而行，救灾拯溺。

困卦五爻诀二首

其一、用刚当致弱，求益反多亏；同德相资助，斯为受福基。

其二、上劓而下刖，何当困益深；若能恭祭祀，福庆自然臻。

困卦上爻诀二首

其一、前路虽难进，安居事未成；穷当思变动，动则百事亨。
其二、葛藟非宜困，君当识变迁；莫贪鞶带赐，有悔福无边。

䷯井卦（四十八）

【原文】　井卦总诀二首

其一、井居无善地，冬岭秀孤松；林内生金栗，其中一缀荷。
其二、九仞居成后，千山岁不劳；要逢忻乐地，先必见咷号。

井卦初爻诀三首

其一、下流居众恶，旧习绝成功；时舍人皆弃，修藏免致凶。
其二、井泉复混浊，山峰叠翠多；一成还一退，轻艇泛风波。
其三、月在云中，昏蒙道路；云散月明，且宜退步。

井卦二爻诀二首

其一、安静虽平仞，空中雁影秋；花开逢骤雨，水畔女颜愁。
其二、居贞无应援，困辱更何尤；井以清为贵，人常戒妄求。

井卦三爻诀二首

其一、有求皆济急，时可大施为；一旦逢知己，期为受福基。
其二、春色到枝头，纷芬映玉楼；行藏犹可待，红紫笑淡收。

井卦四爻诀二首

其一、开屋重修整，看看巧匠逢；青松四时修，不畏雪霜风。
其二、人留物，物留人；人留事挂心，分付水边人。

井卦五爻诀三首

其一、能存清俭德，天必降休祥；人自成诸己，施为万事昌。
其二、寒泉洌可食，晓月又升东；分派东流去，山前耸翠峰。
其三、始有终，终有始；美中甘，甘中美。

井卦上爻诀三首

其一、博施无悭吝，中心贯信诚；有常休厌倦，元吉大亨通。
其二、屋外东风急，山前峰又青；烟横迍已解，井静水华清。

其三、可储可蓄，尺土寸珠；停停稳稳，前去良图。

䷰革卦（四十九）

【原文】 革卦总诀三首

其一、久乱须当振，谋安一阜无；治明无暗晦，满目自鲜妍。

其二、本是迍邅下，虽忧不足疑；取新宜去旧，方得两相宜。

其三、革故仍还新，施为利变更；东南为稳当，西北是深坑。

革卦初爻诀三首

其一、乘牛一向乘前去，跨马何须问后津。

逢着水边人有力，此时名利一番新。

其二、坚心宜固守，小利有施为；切莫轻更改，安身自致危。

其三、意违事不违，事宽心不宽；欲知端的信，犹隔两重关。

革卦二爻诀三首

其一、革故逢秋巳地好，看他来处待蛇行。

白马行防有阻挡，孤鸿飞去自无邅。

其二、改革宜从缓，非宜遽变更；前程无阻隔，吉庆保元亨。

其三、暖日当庭树色新，望中家信事难传。

舟行或达应非晚，从此欣欣四光荣。

革卦三爻诀三首

其一、躁进轻更革，攸行反致凶；当怀危惧志，正顺以从公。

其二、一成复一废，一静忌仍迁；万事征逢远，言孚恐不全。

其三、黑白滔光，往来不通；云倦未分明，云开方见月。

革卦四爻诀三首

其一、利害纷纷际，施为更变时；事宜先有断，闲语总成非。

其二、改革元危险，安中家吉康；云端逢月处，冬岭秀孤松。

其三、革故始知期，更新事更宜；东风传信息，春色上花枝。

革卦五爻诀三首

其一、鱼龙变化莫蹉跎，倾刻之间奋志过。
　　传与时人一嗟怨，天生资质冀风流。
其二、幸遇文明世，方当虎变时；所行无不利，何必问蓍龟。
其三、豹变南山别有期，主人目下尚狐疑。
　　雁音嘹亮黄花落，尽是光明变俊仪。

革卦上爻诀三首

其一、君子更新日，他人亦面从；但宜居正吉，征治反为凶。
其二、革终须豹变，墙内一更高；群雁东西失，孤鸿自笑翱。
其三、只可后，不可前；楼上月，缺未圆。

䷱鼎卦（五十）

【原文】

鼎卦总诀二首

其一、取新革故鼎初生，玉器须知长子荣。
　　三足若全须大用，他年调鼎一时新。
其二、调羹须用鼎，三足特时安；一举鹏程翅，何妨彻广寒。

鼎卦初爻诀二首

其一、鼎颠倾出否，因败已成功；得妾以其子，还如颠趾同。
其二、少女出门庭，青史出四经；莫愁颠倒虑，花谢子还成。

鼎卦二爻诀三首

其一、久困待时时未起，鼎中有疾二三止。
　　缺月明时便更摧，急处到头停未已。
其二、去处徘徊未称心，须防欣喜还成嗔。
　　相仇相疾非真实，顷刻逢花不称情。
其三、我仇当远去，不可令相欺；自守能中正，终当吉庆临。

鼎卦三爻诀二首

其一、有物不能食，有马不能骑；悔吝终防有，其中月露兮。
其二、风雨阻长途，行人逢有阻；客归还未归，未许还未许。

鼎卦四爻诀三首

其一、不堪胜重任，覆悚反招凶；力小图谋大，将来不克终。

其二、去旧欲自新，革故阻防病；其渥则匪凶，四八落瘴厉。

其三、鼎折足，车脱辐；有二人，重整犊。

鼎卦五爻诀二首

其一、鼎新中有实，调羹获全功；幸遇文明世，明良千载逢。

其二、和气蔼门庭，乘风万物荣；化工施妙手，花卉一时新。

鼎卦上爻诀三首

其一、堪求堪避不须疑，桂子飘香荣地归。
一去网罗人夺利，追蛇逐兔到天辉。

其二、贵客自相亲，功名刺指成；扶摇抟九万，稳步上青云。

其三、温温君子德，居上见宜民；大展经纶手，皇家鼎鼎臣。

䷲震卦（五十一）

【原文】 震卦总诀二首

其一、月桂飘香七里闻，云中人至矢矫弯。
半空鹏翼未为易，更有清高渐渐闲。

其二、紫府门阙特地开，恩波逐一向阳来。
乘猪跨鼠当无日，从此亨光缀上台。

震卦初爻诀三首

其一、独步山陵多见阻，雁字成行阵阵伤。
亦有路凶防恶犬，到头断处亦须防。

其二、虩虩方震惧，周旋要谨防；笑言还自适，灾祸变为祥。

其三、霹雳暗中闻，知音不见形；交加犹未信，口口称人心。

震卦二爻诀三首

其一、震动方惊惧，逢财恐有亡；升高宜远避，事遇复如长。

其二、沧海波涛涌，轻舟未保存；神人轻助力，好好进求名。

其三、无踪亦无迹，猛省中难觅；平地起方波，似笑还成泣。

震卦三爻诀二首

其一、行人不久住，久住不行人；
　　红轮西没月东出，好看云山改更行。

其二、展轮千里去，举步正艰辛；二鼠大东忧，中年事必成。

震卦四爻诀二首

其一、去处皆无厉，居迁总未宜；长空明月上，顺水片帆归。

其二、白玉隐尘泥，黄金埋粪土；久久自光辉，也安人相举。

震卦五爻诀二首

其一、处世惊危至，心飞若火刀；佳人试言事，有约在坤爻。

其二、心若千围甑，底事明如镜；进退有猜疑，风波犹未定。

震卦上爻诀三首

其一、风打清江若遇艟，孤舟捉网浪波冲。
　　私情招望安居处，须待为人好借风。

其二、灾忧将及己，前进却为难；修省虽无咎，姻缘亦有言。

其三、烟雨日蒙蒙，江边路未通；道途人未达，凭仗借东风。

䷳艮卦（五十二）

【原文】　艮卦总诀二首

其一、征行趋北又趋东，干禄求财事事通。
　　去就朝天终有路，不惟成始又成终。

其二、宜取山中鹿，休推水上车；行也终须吉，镇位庆时佳。

艮卦初爻诀二首

其一、非理宜循理，安居不用迁；已久书到屋，佳信自来传。

其二、一往攸攸，两志未周；有终有始，只恐迟留。

艮卦二爻诀三首

其一、从正于其损益中，宜居中道终成吉。

良心不放少年人，别有生涯到头出。

其二、躁进轻施用，时间未快心；阳春回暖律，东北遇知音。

其三、人进退，事交加；浑如春梦，有似梅花。

艮卦三爻诀三首

其一、乱事心熏烁，事后不见人；守忧心利主，其禄位来迎。

其二、深潭月，明镜影；一场空，报于信。

其三、忧在萧墙内，将来必见伤；预防于未见，可变祸为祥。

艮卦四爻诀二首

其一、身居臣位亨，正靖自无咎；在外获嘉祥，名利都成就。

其二、所为无悔吝，惟是反诸身；若遇猪鸡贵，春来喜事新。

艮卦五爻诀

言皆中正理，悔吝自然亡；莫叹成功晚，春来福禄昌。

艮卦上爻诀

敦厚真君子，淹留未济间；忽逢通大运，爵禄喜高迁。

䷴渐卦（五十三）

【原文】 渐卦总诀二首

其一、已达平安地，前途好进程；绿杨芳草地，风快马蹄轻。

其二、几度江边钓，游鱼未上钩；潇湘一片景，将久快心头。

渐卦初爻诀二首

其一、养志在林泉，休听谗佞言；如云浮白日，君子道弥昌。

其二、心危事不危，路险人不险；云散月重圆，水落舟泊岸。

渐卦二爻诀二首

其一、盘桓不容进，一进彻青云；自有天书诏，何忧不禄身。

其二、闲苑一时春，庭前花柳新；鹊声传好语，草木亦欣欣。

渐卦三爻诀二首

其一、征鸿二箭中，旅雁不曾归；水畔人悲泣，山前一子微。

其二、花落雨泥中，摧残照夜风；幽窗休叹息，可在梦魂中。

渐卦四爻诀二首

其一、柔顺居贞立处迁，重山好处又团圆。

桃李枝头重缀蕊，利名成就菊花鲜。

其二、欲捉月中兔，须愁桃李梯；高人相接引，双喜照双眉。

渐卦五爻诀三首

其一、九五最高位，丘陵也见高；且须离犬吠，顺水一帆风。

其二、蟠桃一果结方成，乃是神仙多眷属。

刚健东方柳絮枝，人人笑里奴眉蹙。

其三、久否未通泰，前途渐坦夷；终须借素愿，折取最高枝。

渐卦上爻诀三首

其一、人存清远志，脱迹离尘埃；万里人扶上，端为庙廊材。

其二、鸿渐云逵陆，蟠桃品结成；流芳当旧举，像吉女归真。

其三、事足心不足，心安事不安；一场欢喜事，不久出重关。

䷵归妹卦（五十四）

【原文】　归妹卦总诀三首

其一、春花秋月两相思，好展眉头折桂枝。

一得九重恩信及，须知车马庆回归。

其二、喜合闺门庆吉祥，因欢成恼也须防。

北堂女子宜防谨，水石消持又火殃。

其三、归妹成于始，香浮水岸中；桃李开一朵，只可待春风。

归妹卦初爻诀二首

其一、蛇行主不足，开屏未见明；待其羊走急，苑囿尽生春。

其二、天意两和同，浑如月里宫；有时云不藏，日久路头通。

归妹卦二爻诀三首

其一、触目重山翠，孤舟去莫疑；雪霜凝冷日，梅蕊绽南枝。

其二、有望门中外事多，惆怅阴人多遇合。

世间空招珠泪流，终久快畅人欢合。

其三、眇者虽能视，安能及远方；但宜幽静守，元变乃为常。

归妹卦三爻诀三首

其一、妄动非为吉，因而失所依；所行无不利，但可顺乎卑。

其二、巽女今归后，安家福有余；白衣人送喜，喜得一封书。

其三、旧事迟，新事骤；花开月圆，几多时候。

归妹卦四爻诀三首

其一、园林花发待新春，去棹多疑久却宜。

江上佳人一声叫，忽然门户有支持。

其二、既有贤明德，何忧进用迟；道同相遇合，必有待乎时。

其三、缺月渐重圆，枯枝色更鲜；一条坦夷路，翘首望苍天。

归妹卦五爻诀二首

其一、月缺圆方朗，逢人在太原；一随荣有过，久后遇青春。

其二、心存柔顺德，中正以谦行；如月方几望，惟当戒满盈。

归妹卦上爻诀三首

其一、满目花开未是时，重山劈破乃男儿。

丈夫元有冲霄志，岂不承时始可期。

其二、祖宗常祭祀，筐篚可无承；必也有诚敬，中心有战兢。

其三、渴穿井，饥画饼；谩劳心，利推秉。

䷶丰卦（五十五）

【原文】 丰卦总诀三首

其一、有约还如梦，无缘人阻程；若求亨泰处，须用见寅辰。

其二、利禄手中足，园花绽异葩；方开一枝秀，落日有红霞。

其三、进退意沉吟，心疑事未成；若逢龙虎日，百事得元亨。

丰卦初爻诀三首

其一、过尽风波三五里，波平浪静又无风。
　　从兹已达青云路，用舍行藏不费功。
其二、静动互相资，攸往无滞阻；群鸿度远空，云路直高峰。
其三、上下相交遇，和平福自来；相资成事业，求胜反为灾。

丰卦二爻诀二首

其一、蔀阴须欠明，往则有疑疾；佳音千里逢，牛象纵成吉。
其二、明暗未分，曲直未定；笑里藏刀，信而未信。

丰卦三爻诀三首

其一、强弱许纷纷，搬戏独掩门；脸眉人惆怅，灯火伴黄昏。
其二、日中辰见斗，先暗后须明；遇主西南地，门屏气象成。
其三、日中何见昧，明直反成昏；遇事无成用，如人折右肱。

丰卦四爻诀

近折路迢行不远，当时大事俱非常。
万里云腾去太迟，能行天下方无咎。

丰卦五爻诀二首

其一、明外佳音来，飞章俱有庆；名利一更迁，雁飞终拆阵。
其二、云外一天书，门多长者车；肴添兰室味，纵步入蟾宫。

丰卦上爻诀三首

其一、当时丰盛世，退缩却为凶；大展经纶手，施为大有功。
其二、暗室当迁退，成云不可奢；三年多不足，悔吝忌前遮。
其三、花落未茂枝，歌来却似悲；夕阳催晚景，斜月上朱扉。

䷷旅卦（五十六）

【原文】　旅卦总诀三首

其一、客旅迢迢绕，乘车万里过；用利不留复，人处喜声多。
其二（五阳）、旅巢倾覆更遭焚，谨事当无狱难迍。
　　若见出行千里去，须闻哭泣在私门。

其三（五阴）、羁人失所已多时，未见羊猴未见归。

柱石贵人头带斗，星回斗柄复光辉。

旅卦初爻诀二首

其一、杂地不堪行，灾生切迫身；光辉秋月夜，四望出阴云。

其二、如鹤混群鸿，冲天路渐迷；临歧当自择，须向稳中栖。

旅卦二爻诀二首

其一、旅中安次舍，得位正居中；童仆勤心力，资财那有丰。

其二、旅遇一迁鼎，以获童仆贞；马行平坦地，触目好青山。

旅卦三爻诀三首

其一、迍旅焚其次，俄然灾咎侵；资财多丧失，童仆亦离心。

其二、无端风雨催春去，落尽枝头桃李花。

枕畔有人歌自叹，那堪心事乱如麻。

其三、进逢灾次舍，丧其童仆凶；孤鸿天外泪，中箭亦难冲。

旅卦四爻诀三首

其一、外事虽云吉，犹防后患侵；自身多暗昧，百事未如心。

其二、可止宜可止，违行不可行；从头得金斧，犹自悔中藏。

其三、落花正逢春，人行在半程；事成及可就，萦绊二三心。

旅卦五爻诀二首

其一、雉走开弓一矢亡，终然物命受岩章。

禄从天降应千里，先适安身到地昌。

其二、改旧从新事再图，须知浑尔废工夫。

云霄有意来相照，平步扶摇上太虚。

旅卦上爻诀二首

其一、屋下牛多病，林中鸟失巢；笑悲双月至，小过不须高。

其二、憔悴无休歇，闹中听杜鹃；一轮山店月，千古暗魂消。

☴巽卦（五十七）

【原文】　巽卦总诀三首

其一、山头顾我无青眼，水畔相亲始有依。
物小在初终大获，到头遇主得荣归。

其二、忧极乐还来，春阳一旦回；满园桃李大，丹桂一枝开。

其三、秘策勿轻传，经成众里权；一朝风雨顺，功业至掀天。

巽卦初爻诀二首

其一、进退忽生疑，由来利武威；荣身岂小畜，车前三山歧。

其二、进退莫猜疑，疑猜事莫谐；影端形自直，一举花纤埃。

【注解】小畜：巽卦初六由阴变阳为风天小畜卦。

【原文】　巽卦二爻诀三首

其一、心下未安宁，居尊莫厌卑；尽诚求恳得，吉庆保无危。

其二、嘹亮宾鸿一只飞，来家移向竹林西。
渐中自有禄星至，随带重明凌地辉。

其三、知者见先机，其中路不迷；日前为合意，曾免是和非。

【注解】渐中：巽卦九二由阳变阴为风山渐卦，故云渐中。

【原文】　巽卦三爻诀三首

其一、先险防在前，顺巽刚中吝；万里泛巨舟，东北声名震。

其二、足趦趄，口躡嚅；无限意，竟成虚。

其三、志穷非得已，颦蹙自忧烦；一到龙蛇日，因人事始全。

巽卦四爻诀三首

其一、禀令诛强暴，将相奏凯还；好风今借便，功业便掀天。

其二、遇如水中善，田获三品功；一阴始升后，雁侣各西东。

其三、江海雨悠悠，烟波下钓钩；六鳌连得获，歌笑向中流。

巽卦五爻诀三首

其一、图前当虑后，揆度复叮咛；举事虽先阻，终须获吉亨。

其二、常人安贞吉，危疑尽悔亡；两庚申命令，权柄自然昌。

其三、鹤声如报喜，燕语自传情；百舌无人解，虽贞自苦贞。

巽卦上爻诀二首

其一、井浊不可食，丧斧失贞凶；园内花千朵，愁惊午夜风。

其二、过谦卑已甚，不断失于刚；待至龙逢虎，依前再吉昌。

䷹兑卦（五十八）

【原文】 兑卦总诀三首

其一、得用在西方，讲习自悦怿；桃李遇春风，化龙千里疾。

其二、悦怿事当先，行人暂息肩；暂无劳苦挠，争得事迍邅。

其三、利怿秋天盛，恩沾在此时；名成兼利就，口舌不须疑。

兑卦初爻诀三首

其一、去就无牵制，何须谀佞为；上交和且悦，吉庆更何疑。

其二、和兑之和，利名奔波；一遇木君，遂意琢磨。

其三、两两和同，一举成功；休疑休虑，风虎云龙。

兑卦二爻诀二首

其一、友朋同讲习，所责在孚诚；信实无私意，应当悔吝轻。

其二、玉出昆山上，舟离古渡头；行藏俱有望，用舍不须忧。

兑卦三爻诀二首

其一、一决城崩倒，来修未见功；钓纶涉危岭，山兑有艰辛。

其二、思虑许多般，心难事亦难；路危舟未稳，休往复休还。

兑卦四爻诀三首

其一、利害相交际，纷纷尚未宁；介然能守正，吉庆自来临。

其二、介疾亦当避，客来时未宁；吹嘘千里信，感动四方心。

其三、易非易，难非难，只恐年来少歌笑，笑歌须听两三番。

兑卦五爻诀三首

其一、一堆草里蛙鸣鼓，三犬巢边夜吠家。

剥历有时终解散，一轮明月照丹霞。

其二、小人轻信用，君子反相疏；自己防侵害，尤当戒不虞。

其三、莺语燕呢喃，花开满院间；北窗春梦觉，无语自消魂。

兑卦上爻诀二首

其一、秋月与春花，光辉景物佳；只缘时未到，心事乱如麻。

其二、兑添言是说，口舌戒凯觎；有月还为脱，同心悦有余。

䷺涣卦（五十九）

【原文】 涣卦总诀三首

其一、莫将好事只如闲，切恐因循事不安。
不戒履霜驯致后，坚冰散释事尤难。

其二、双凤翔翱入九霄，长江泛艇渡危桥。
重防得处亦防失，山外青山可四绕。

其三、梦入天台路，登山事可期；异香春色好，重发旧花枝。

涣卦初爻诀二首

其一、有信传家去，南征事想行；名利通达子，孚鱼有黄金。

其二、云静日当中，祥光到处通；道途逢快便，千里快哉风。

涣卦二爻诀三首

其一、水行不利陆安贞，浅涉家人执折寻。
雾起云非风雨急，片航归云恐伤心。

其二、危获安，理御气；不须忧，终遂志。

其三、时方当涣散，当有所依承；俯就知心事，危中事可凭。

涣卦三爻诀二首

其一、柔顺克其功，倾波远迩通；神人助其力，楚地却有终。

其二、望鹿隔重山，高深渐可攀；举头天上看，明月出人间。

涣卦四爻诀二首

其一、宾主两同心，同心事可成；江风吹好梦，驾鹤上青云。

其二、大人利见，大川利涉；元吉前程，光大可决。

涣卦五爻诀三首

其一、居尊施号令，在下若风从；险难随冰释，泰然和气融。

其二、不归一，劳心力；贵人旁，宜助力。

其三、一与童蒙告再三，王居无咎笑声喧。
好音送至云霄路，万里鹏程展翅天。

涣卦一爻诀二首

其一、去血斯无咎，安居大可忧；桃花方结实，去计怕经秋。

其二、远之不伤，近之不律；相反相违，笑颜如泣。

䷻节卦（六十）

【原文】 节卦总诀二首

其一、一鸿天下孤飞翼，花有明香月有斜。
满园桃李无结实，一枝惊缀入秋葩。

其二（五阳）、前途险阻不堪行，顺处安身道乃亨。
守节操心无过虑，须知乐处恐交争。

其三（五阴）、欢乐中生祸，骄淫罔克终；
节贪并谨事，守静却无凶。

节卦初爻诀三首

其一、户庭不出姓名香，久滞林中未见伤。
如待四方重照日，直持节往西北方。

其二、深居宜简出，可免祸来侵；尤贵知通塞，时行则可行。

其三、真假莫辨，曲直莫分；动则宜止，静则宜奔。

节卦二爻诀三首

其一、门庭不出祸尤生，夜雨淋漓草木寒。
兔走泥堆远近逐，水边女立倚栏杆。

其二、时进须当进，迟疑却反凶；前途逢贵援，节止自相通。

其三、休眷恋，奔前程；终闹乱，失门庭。

节卦三爻诀二首

其一、先嗟后笑，败屋重修；有个木君，扶时在秋。

其二、笑里要提防，歌声不久长；机谋须是谨，方可免灾殃。

节卦四爻诀三首

其一、立身从俭约，财禄自丰盈；安节常能守，施为尽吉昌。

其二、守节应君求，前程遇鹿宜；上安贞姤事，贞侯应佳期。

其三、用则行，舍则藏；一鹿出重关，佳音咫尺间。

节卦五爻诀二首

其一、安居君位尤奇特，东海相逢月半缺。

前途若遇大威权，夜雨消疏红叶落。

其二、喜鹊噪孤枝，何愁是与非；灯花传信后，稳步上云梯。

节卦上爻诀三首

其一、物当穷则变，事极贵能通；苦节常贞守，因循反致凶。

其二、乐极须悲，贞凶可忌；一日悔亡，鼠行牛地。

其三、事不美，休怀疑；人在车上，船行水底。

䷼中孚卦（六十一）

【原文】　中孚卦总诀三首

其一、信及豚鱼吉，羊奔报喜音；猴来乘龙喜，平步踏青云。

其二（五阳）、鹤鸣和子本诚心，千里相传自有音。

所望须诚图必遂、两重喜事在秋深。

其三（五阴）、预备到头能谨备，有危终见保无危。

一心当作有亡计，富贵安荣事不亏。

中孚卦初爻诀三首

其一、万卉芬菲未是丰，雷声一震四方同。

利名咫尺堪求进，回首青山叠叠峰。

其二、人能专一志，吉庆萃门阑；设若有他意，终须不燕安。

其三、一点着阳春，枯枝点点荣；志专万事合，切忌两三心。

中孚卦二爻诀三首

其一、千载风云会，明良际遇时；忠诚贯金石，君爵亦羁縻。

其二、孚道内外和，安居何处有；羊走欢不顾，猴来莫贞守。

其三、皎皎上层楼，团圆月挂钩；银蟾千里共，光彩满清秋。

中孚卦三爻诀三首

其一、进退无得失，悲观亦不同；谁能知鸩毒，生向燕安中。

其二、积小可成大，逢危似不危；云中人举手，平步上天梯。

其三、多阻多忧，或悲或喜；摇动猖狂，得止且止。

中孚卦四爻诀三首

其一、德业终成日，声名迥出群；风云相际遇，一举人青云。

其二、居卑未宜迟，时行道则行；功名成太晚，花怕五更风。

其三、翠减红妆醉倚栏，惆怅望归求异缘。

好向目前频叹息，只见惊啼不见人。

中孚卦五爻诀二首

其一、重山青耸翠，翔凤独栖梧；询得飞腾变，荣身得巨鳌。

其二、倾一怀，展双眉；地利合天时，从此快施为。

中孚卦上爻诀二首

其一、宜进不宜妄，旧事一改迁；长江千里棹，好下钓鱼竿。

其二、落叶又重新，庭前几度春；若成丹九转，莫作白头人。

䷽小过卦（六十二）

【原文】 小过卦总诀二首

其一、子午年中喜，逢猪先立根；鹿从天上至，二象满门阑。

其二、小船千里顺，帆挂一江风；巨艇水深涉，飞鸟不可同。

小过卦初爻诀三首

其一、飞鸟高飞畏网罗，留鱼旱沼苦何多。
女生江畔休嗟叹，桃柳枝头风已过。
其二、飞虫能致孽，或恐有非灾；为事宜求下，凶消吉自来。
其三、物不牢，人断桥；重整理，慢心高。

小过卦二爻诀二首

其一、去就意淹留，乐来不用忧；只恐无一定，江海意悠悠。
其二、凡人于小事，不可过其常；守正行中道，自然无旧殃。

小过卦三爻诀三首

其一、倾危逢处众皆惊，涉水操舟不可行。
凶象或成贞忌却，云中一箭雁哀鸿。
其二、小人方道长，当预过于防；自已先为正，深虞乃我伤。
其三、深户安牢扃，提防暗里人；行行须远虑，只恐不坚盟。

小过卦四爻诀三首

其一、遇主勿治正，求遇其遇群；欲往危必防，伤却少年心。
其二、参商事，须沉滞；要周全，须借势。
其三、九四元无咎，乘刚得吝时；真宜贞固守，必也在随时。

小过卦五爻诀三首

其一、阴阳反复总堪悲，反日梧桐凤不栖。
异种蟠桃千岁缀，落花不俟日沉西。
其二、空、空、空，空里得成功；蟠桃千岁熟，不怕五更风。
其三、所作皆迍滞，又皆来顺从；密云何不雨，终是未成功。

小过卦上爻诀二首

其一、方寸乱如麻，行人未到家；尊友哀人切，空夜两飞花。
其二、以阴居过极，飞鸟致凶灾；若能自谦抑，家门福庆来。

䷾既济卦（六十三）

【原文】　既济卦总诀三首

其一、治安方自乱，遇泰忌生屯；小利贞西北，花新日又明。

其二（五阳）、仙舟已到绿阳堤，险难今经已别离。

福去祸来终不错，不须回首预前期。

其三（五阴）、莫待禄高荣，须思祸与凶；

预防兼早备，方可保初终。

既济卦初爻诀三首

其一、时方云既济，遽进却非宜；思虑惟能谨，灾消吉自随。

其二、鹿逐云中出，人从日下归；新欢生脸下，不作皱双眉。

其三、推车濡尾，无咎可忧；千里人行，既济孤舟。

既济卦二爻诀三首

其一、时虽云可济，欲速即难成；直固宜长守，时行则可行。

其二、虚雷无雨过，有雨不沾衣；到头成一笑，目下未开眉。

其三、月出云遮晦，双飞失伴迷；七辰头上得，门户自生光。

既济卦三爻诀二首

其一、有禄自天来，伐鬼三年灾；追求在斗地，一进一退财。

其二、入而易，出而难；淹淹利再三，交加意不堪。

既济卦四爻诀三首

其一、事虽云既济，尤虑吉成凶；戒谨勤终日，方能保始终。

其二、有功无禄位，有禄无印权；好戒退一步，附势去分欢。

其三、落花满地乱交加，一点中心事若麻。

若得高人相引后，春风桃李又开花。

既济卦五爻诀三首

其一、积德施功有子孙，杀牛祭祀及西邻。

利名两字成圆日，回首山头万物新。

其二、礼薄将诚意，施为贵适宜；自然蒙福祐，凡事在先施。

其三、拟欲求东却往西，精神用尽事迍迍。

到底可求并可望，秋风黄菊绽东篱。

既济卦上爻诀三首

其一、更改事相宜，闲言有是非；切须防暗箭，独见早思惟。

其二、小舟防滞患，秋木忌凋残；踏遍千人市，兵戈一顷间。

其三、心事望团圆，心坚事未全；一枝枯木上，花落又还鲜。

䷿未济卦（六十四）

【原文】　未济卦总诀三首

其一、乘龙防有失，濡尾有淹留；若得高人力，殊无戚与忧。

其二、一牛二尾事难全，财禄须防两不完。

过了破田方有气，若逢寅卯是根源。

其三、蛰虫泥脱得春回，谁谓春天不见雷。

忽听轰雷惊百里，化龙飞起一都魁。

未济卦初爻诀二首

其一、孤渡汹汹起，濡尾真有凶；前途休进步，坐上待春风。

其二、桑榆催晚景，缺月恐难圆；若遇刀主客，方知有异缘。

未济卦二爻诀二首

其一、展轮千里去，平坦俱无阻；一见水边人，勿击午时鼓。

其二、险难危疑际，经纶拯救时；居中行正道，凶散吉相随。

未济卦三爻诀二首

其一、挂帆风得便，不觉舟顺速；守旧有征凶，后笑还先哭。

其二、千里片帆轻，波平浪不惊；舟行无阻滞，远处即通津。

未济卦四爻诀三首

其一、得志行其道，方离险难中；事因迟乃济，乃可保初终。

其二、亲君掌大权，伐鬼三年克；有赏于大国，别种仙桃核。

其三、目下事悠然，周全尚未全；久远还不望，人与月团圆。

未济卦五爻诀二首

其一、虚心求助已，柔以济乎刚；信实无虚誉，斯为君子光。

其二、芰荷香里沐恩阶，桂魄圆时恩爱来。

从此成名山岳重，光风玉节位三台。

未济卦上爻诀二首

其一、中心安义命，自然保泰和；耽酒不知节，时哉可奈何。

其二、勿饮卯时酒，濡其首可昏；有孚因失是，自我致灾殃。

【注解】注完各卦爻诗诀，思其义，甚不以为然，语句俚俗，甚者不通，如困卦四爻诀一曰“处正虽终吉，时间小吝羞”；革卦上爻诀二曰“革终须豹变，墙内一更高”；鼎卦三爻诀一曰“悔吝终防有，其中月露兮”；震卦三爻诀二曰“二鼠大东忧，中年事必成”等。此类诀甚多，不一一再举。或是年久日长，传抄之误，遂成弊端，故当以《易》爻辞为准，以化工、元气为纲，此诀仅可参考而已，万勿拘泥。

卷四　流年（年卦）

☰乾卦（一）

【原文】

初	二	三	四	五	上
阳 阴 不 必	阳 阴 不 必	阳 阴 不 必	阳 阴 不 必	阳 阴 不 必	阳 阴 不 必
变	变	变	变	变	变
乾 姤	乾 同人	乾 履	乾 小畜	乾 大有	乾 夬
初	二	三	四	五	上
小畜 巽	大有 离	夬 兑	姤 巽	同人 离	履 兑
四	五	上	初	二	三
巽 小畜	离 大有	兑 夬	巽 姤	离 同人	兑 履
初	二	三	四	五	上
渐 家人	噬嗑 睽	节 需	蛊 鼎	丰 革	困 讼
二	三	四	五	上	初
观 益	颐 损	临 泰	升 恒	小过 咸	萃 否
三	四	五	上	初	二
否 无妄	益 中孚	损 大畜	泰 大壮	恒 大过	咸 遁
四	五	上	初	二	三
晋 噬嗑	屯 节	家人 噬嗑	明夷 丰	解 困	蹇 渐
五	上	初	二	三	四
豫 震	比 坎	剥 艮	复 震	师 坎	谦 艮
上	初	二	三	四	五
震 豫	坎 比	艮 剥	震 复	坎 师	艮 谦
初	二	三	四	五	上

【注解】《河洛理数》把人所得之卦称之为大象，每卦所行流年称之为小象，所谓流年卦者，即小象游变之法。其法有阳年和阴年之分。若阳爻初行之爻逢阳年（甲、庚、戊、丙、壬），则该爻不变，即以大象本爻为本年小象，第二年变应爻为小象，第三年则变本爻为小象，第四年变本爻前一位为小象，以后逐年游变，自下而上，复变至本爻为止，共得九年变完，另换上爻为大象。如本文所举乾卦例，以乾卦初爻为大象，逢阳年初爻不变，仍为乾；第二年变阳爻第四爻为风天小畜；第三年再至本爻为纯巽卦；第四年变第二爻为风山渐；第五年变第三爻为风地观；第六年变第四爻为天地否；第七年变第五爻为火地晋；第八年变上爻为雷地豫；第九年复变本爻为纯震卦。以后六十三卦中阳爻逢阳年所变均同此例，不再加注。

若阳爻初行小象之年逢阴年（乙、丁、己、辛、癸），第一年本爻阳变阴为小象，第二年变应爻为小象，第三年再变本爻复还阳爻为小象，第四年变本爻前一爻为小象，以后逐年游变，法与阳年同。如本文所举乾卦例。第一年，小象初爻阳变阴为天风姤；第二年，变应爻为纯巽卦；第三年，复至本爻将阴变阳，为风天小畜；第四年变第二爻，为风火家人；第五年变第三爻，为风雷益；第六年变第四爻，为天雷无妄；第七年变五爻，为火雷噬嗑；第八年变上爻，为纯震卦；第九年复至本爻，为雷地豫卦。以后六十三卦中阳爻逢阴年所变皆同，不再加注。

☷坤卦（二）

【原文】

初六	六二	六三	六四	六五	上六
复	师	谦	豫	比	剥
初	二	三	四	五	六
临	升	小过	萃	观	颐
二	三	四	五	上	初
泰	恒	咸	否	益	损
三	四	五	上	初	二
大壮	大过	遁	无妄	中孚	大畜
四	五	上	初	二	三
夬	姤	同人	履	小畜	大有
五	上	初	二	三	四
乾	乾	乾	乾	乾	乾
上	初	二	三	四	五

【注解】阴爻逐年小象之法，与阳爻不同。其法无论初行逢阳年还是阴年，皆从大象本爻变起，一年变一爻，自下而上，直至六年游变完毕，再换上爻为大象。以本文坤卦初爻为例，第一年变初爻阴为阳，是地雷复卦；第二年变二爻，为地泽临卦；第三年变第三爻，为地天泰卦；第四年变第四爻，为雷天大壮卦；第五年变第五爻，为泽天夬卦；第六年变上爻，为纯乾卦。后六十三卦中阴爻皆同，不再加注。

须要注意的是，阳爻小象共有九年，阴爻小象则只有六年，故所变之法不同，定要分别。

䷂屯卦（三）

【原文】

初	六二	六三	六四	五	上六
阳 阴 不 必				阳 阴 不 必	
变				变	
屯 比	节	既济	随	屯 复	益
初	二	三	四	五	上
随 萃	需	革	震	节 临	观
四	三	四	五	二	初
萃 随	夬	丰	噬嗑	临 节	涣
初	四	五	上	五	二
困 兑	大壮	离	晋	损 中孚	巽
二	五	上	初	上	三
大过 夬	大有	旅	未济	蒙 涣	姤
三	上	初	二	初	四
井 需	大壮	鼎	鼎	剥 观	鼎
四	初	二	三	二	五
升 泰				艮 渐	
五				三	
蛊 大畜				旅 遁	
上				四	
大畜 蛊				遁 旅	
初				五	

䷃蒙卦（四）

【原文】

初六	二	六三	六四	六五	上
	阳 阴 不 必 变				阳 阴 不 必 变
损	蒙 剥	蛊	未济	涣	蒙 师
初	二	三	四	五	上
颐	涣 观	鼎	讼	坎	蛊 升
二	五	四	五	上	三
贲	观 涣	姤	困	节	升 蛊
三	二	五	上	初	上
离	渐 巽	大过	兑	屯	泰 大畜
四	三	上	初	二	初
同人	遁 姤	夬	随	既济	明夷 贲
五	四	初	二	三	二
革	旅 鼎	革	革	革	复 颐
上	五	二	三	四	三
	小过 恒				震 噬嗑
	上				四
	丰 大壮				随 无妄
	初				五
	大壮 丰				无妄 随
	二				上

䷄需卦（五）

【原文】

初	二	三	六四	五	上六
阳 阴 不 必	阳 阴 不 必	阳 阴 不 必		阳 阴 不 必	
变	变	变		变	
需 井	需 既济	需 节	夬	需 泰	小畜
初	二	三	四	五	上
夬 大过	泰 明夷	小畜 中孚	大壮	既济 明夷	巽
四	五	上	五	二	初
大过 夬	明夷 泰	中孚 小畜	大有	明夷 既济	渐
初	二	三	上	五	二
咸 革	复 临	履 乾	鼎	贲 家人	观
二	三	四	初	上	三
萃 随	震 归妹	睽 大有	旅	艮 渐	否
三	四	五	二	初	四
比 屯	随 屯	归妹 大壮	晋	蛊 巽	晋
四	五	上	三	二	五
坤 复	无妄 履	解 恒		蒙 涣	
五	上	初		三	
剥 颐	否 讼	豫 小过		未济 讼	
上	初	二		四	
颐 剥	讼 否	小过 豫		讼 未济	
初	二	三		五	

䷅讼卦（六）

【原文】

初六	二	六三	四	五	上
	阳 阴 不 必		阳 阴 不 必	阳 阴 不 必	阳 阴 不 必
	变		变	变	变
履	讼 否	姤	讼 涣	讼 未济	讼 困
初	二	三	四	五	上
无妄	未济 晋	巽	履 中孚	否 晋	姤 大过
二	五	四	初	二	三
同人	晋 未济	蛊	中孚 履	晋 否	大过 姤
三	二	五	四	五	上
家人	履 鼎	升	损 睽	豫 萃	夬 乾
四	三	上	五	上	初
贲	艮 蛊	泰	临 归妹	震 随	革 同人
五	四	初	上	初	二
明夷	渐 巽	明夷	师 解	归妹 兑	随 无妄
上	五	二	初	二	三
	蹇 井		坤 豫	谦 夬	屯 益
	上		二	三	四
	既济 需		谦 小过	泰 需	复 颐
	初		三	四	五
	需 既济		小过 谦	需 泰	颐 复
	二		四	五	上

☷师卦（七）

【原文】

初六	二		六三	六四	六五	上六
	阳不变	阴必变				
临	师	坤	升	解	坎	蒙
初	二		三	四	五	上
复	坎	比	恒	困	涣	损
二	五		四	五	上	初
明夷	比	坎	大过	讼	中孚	颐
三	二		五	上	初	二
丰	蹇	井	姤	履	益	贲
四	三		上	初	二	三
革	咸	大过	乾	无妄	家人	离
五	四		初	二	三	四
同人	小过	恒	同人	同人	同人	同人
上	五		二	三	四	五
	旅	鼎				
	上					
	离	大有				
	初					
	大有	离				
	二					

䷇比卦（八）

【原文】

初六	六二	六三	六四	五	上六
				阳　阴 不　必 变	
屯	坎	蹇	萃	比　坤	观
初	二	三	四	五	上
节	井	咸	豫	坎　师	益
二	三	四	五	二	初
需	大过	小过	晋	师　坎	中孚
三	四	五	上	五	二
夬	恒	旅	噬嗑	蒙　涣	小畜
四	五	上	初	上	三
大壮	鼎	离	睽	损　中孚	乾
五	上	初	二	初	四
大有	大有	大有	大有	颐　益	大有
上	初	二	三	二	五
				贲　家人	
				三	
				离　同人	
				四	
				同人　离	
				五	

䷈小畜卦（九）

【原文】

初	二	三	六四	五	上
阳 阴 不 必	阳 阴 不 必	阳 阴 不 必		阳 阴 不 必	阳 阴 不 必
变	变	变		变	变
小畜 巽	小畜 家人	小畜 中孚	乾	小畜 大畜	小畜 需
初	二	三	四	五	上
乾 姤	大畜 贲	需 节	大有	家人 贲	中孚 节
四	五	上	五	二	三
姤 乾	贲 大畜	节 需	大壮	贲 家人	节 中孚
初	二	三	十	五	上
遁 同人	颐 损	兑 夬	恒	明夷 既济	坎 涣
二	三	四	初	上	初
否 无妄	噬嗑 睽	归妹 大壮	小过	谦 蹇	比 观
三	四	五	二	初	二
观 益	无妄 履	睽 大有	豫	升 井	蹇 渐
四	五	上	三	二	三
剥 颐	随 兑	未济 鼎		师 坎	咸 遁
五	上	初		三	四
坤 复	萃 困	晋 旅		解 困	小过 旅
上	初	二		四	五
复 坤	困 萃	旅 晋		困 解	旅 小过
初	二	三		五	上

䷉履卦（十）

【原文】

初	二	六三	四	五	上
阳 阴 不 必	阳 阴 不 必		阳 阴 不 必	阳 阴 不 必	阳 阴 不 必
变	变	变	变	变	
履 讼	履 无妄	乾	履 中孚	履 睽	履 中孚
初	二	三	四	五	上
中孚 涣	睽 噬嗑	小畜	讼 涣	无妄 噬嗑	乾 夬
四	五	四	初	二	三
涣 中孚	噬嗑 睽	大畜	涣 讼	噬嗑 无妄	夬 乾
初	二	五	四	五	上
观 益	离 大有	泰	蒙 未济	震 随	大过 姤
二	三	上	五	上	初
渐 家人	贲 大畜	升	师 解	豫 咸	咸 遁
三	四	初	上	初	二
遁 同人	家人 小畜	谦	临 归妹	解 困	萃 否
四	五	二	初	二	三
旅 离	既济 需		复 震	恒 大过	比 观
五	上		二	三	四
小过 丰	蹇 井		明夷 丰	升 井	坤 剥
上	初		三	四	五
丰 小过	井 蹇		丰 明夷	井 升	剥 坤
初	二		四	五	上

䷊泰卦（十一）

【原文】

初	二	三	六四	六五	上六
阳 阴 不 必	阳 阴 不 必	阳 阴 不 必			
变	变	变			
泰 升	泰 明夷	泰 临	大壮	需	大畜
初	二	三	四	五	上
大壮 恒	需 既济	大畜 损	夬	小畜	蛊
四	五	上	五	上	初
恒 大壮	既济 需	损 大畜	乾	巽	艮
初	二	三	上	初	二
小过 丰	屯 节	睽 大有	姤	渐	剥
二	三	四	初	二	三
豫 震	随 兑	履 乾	遁	观	晋
三	四	五	二	三	四
坤 复	震 归妹	兑 夬	否	否	否
四	五	上	三	四	五
比 屯	噬嗑 睽	困 大过			
五	上	初			
观 益	晋 未济	萃 咸			
上	初	二			
益 观	未济 晋	咸 萃			
初	二	三			

【注解】从本卦五爻至随卦二爻原书缺失，今据他本补足，特说明。

䷋否卦（十二）

【原文】

初六	六二	六三	四	五	上
			阳 阴 不 必 变	阳 阴 不 必 变	阳 阴 不 必 变
无妄	讼	遁	否 观	否 晋	否 萃
初	二	三	四	五	上
履	姤	渐	无妄 益	讼 未济	遁 咸
二	三	四	初	二	三
乾	巽	艮	益 无妄	未济 讼	咸 遁
三	四	五	四	五	上
小畜	蛊	谦	颐 噬嗑	解 困	革 同人
四	五	上	五	上	初
大畜	升	明夷	复 震	归妹 兑	夬 乾
五	上	初	上	初	二
泰	泰	泰	坤 豫	震 随	兑 履
上	初	二	初	二	三
			师 解	丰 革	节 中孚
			二	三	四
			升 恒	明夷 既济	临 损
			三	四	五
			恒 升	既济 明夷	损 临
			四	五	上

䷌同人卦（十三）

【原文】

初	六二	三	四	五	上
阳 阴 不 必		阳 阴 不 必	阳 阴 不 必	阳 阴 不 必	阳 阴 不 必
变		变	变	变	变
同人 遁	乾	同人 无妄	同人 家人	同人 离	同人 革
初	二	三	四	五	上
家人 渐	履	革 随	遁 渐	乾 大有	无妄 随
三	四	上	初	二	三
渐 家人	中孚	随 革	渐 遁	大有 乾	随 无妄
初	四	三	四	五	上
巽 小畜	损	屯 既济	艮 旅	大壮 夬	萃 否
二	五	四	五	上	初
涣 中孚	临	复 明夷	谦 小过	恒 大过	困 讼
三	上	五	上	初	二
讼 履	师	颐 贲	明夷 丰	小过 咸	大过 姤
四	初	上	初	二	三
未济 睽		剥 艮	泰 大壮	豫 萃	井 巽
五		初	二	三	四
解 归妹		蒙 蛊	临 归妹	坤 比	升 蛊
上		二	三	四	五
归妹 解		蛊 蒙	归妹 临	比 坤	蛊 升
上		三	四	五	上

䷍大有卦（十四）

【原文】

初	二	三	四	六五	上
阳 阴 不 必	阳 阴 不 必	阳 阴 不 必	阳 阴 不 必		阳 阴 不 必
变	变	变	变		变
大有 鼎	大有 离	大有 睽	大有 大畜	乾	大有 大壮
初	二	三	四	五	上
大畜 蛊	乾 同人	大壮 归妹	鼎 蛊	夬	睽 归妹
四	五	上	初	上	三
蛊 大畜	同人 乾	归妹 大壮	蛊 鼎	大过	归妹 睽
初	二	三	四	初	上
艮 贲	无妄 履	临 泰	巽 姤	咸	解 未济
二	三	四	五	二	初
剥 颐	益 中孚	师 震	井 大过	萃	豫 晋
三	四	五	上	三	二
晋 噬嗑	颐 损	中孚 小畜	需 夬	比	小过 旅
四	五	上	初	四	三
否 无妄	复 临	涣 巽	既济 革		谦 艮
五	上	初	二		四
萃 随	睽 师	观 渐	屯 随		蹇 渐
上	初	二	三		五
随 萃	师 睽	渐 观	随 屯		渐 蹇
初	二	三	四		上

䷎谦卦（十五）

【原文】

初六	六二	三	六四	六五	上六
		阳 阴 不 必 变			
明夷	升	谦 坤	小过	蹇	艮
初	二	三	四	五	上
泰	师	艮 剥	咸	渐	贲
二	三	上	五	上	初
临	解	剥 艮	遁	家人	大畜
三	四	三	上	初	二
归妹	困	晋 旅	同人	小畜	损
四	五	四	初	二	三
兑	讼	否 遁	乾	中孚	睽
五	上	五	二	三	四
履	履	萃 咸	履	履	履
上	初	上	三	四	五
		随 革			
		初			
		兑 夬			
		二			
		夬 兑			
		三			

䷏豫卦（十六）

【原文】

初六	六二	六三	四	六五	上六
			阳 阴		
			不 必		
			变		
震	解	小过	豫 坤	萃	晋
初	二	三	四	五	上
归妹	恒	谦	震 复	否	升
二	三	四	初	上	初
大壮	升	蹇	复 震	无妄	睽
三	四	五	四	初	二
泰	井	渐	屯 随	履	大有
四	五	上	五	二	三
需	巽	家人	益 无妄	乾	大畜
五	上	初	上	三	四
小畜	小畜	小畜	观 否	小畜	小畜
			初		
			涣 讼		
			二		
			巽 姤		
			三		
			姤 巽		
			四		

䷐随卦（十七）

【原文】

初	六二	六三	四	五	上六
阳 阴 不 必			阳 阴 不 必	阳 阴 不 必	
变			变	变	
随 萃	兑	革	随 屯	随 震	无妄
初	二	三	四	五	上
屯 比	夬	既济	萃 比	兑 归妹	否
四	三	四	初	二	初
比 屯	需	明夷	比 萃	归妹 兑	讼
初	四	五	四	五	二
坎 节	泰	贲	坤 豫	睽 履	姤
二	五	上	五	上	三
井 需	大畜	艮	剥 晋	未济 讼	巽
三	上	初	上	初	四
大过 夬	蛊	蛊	颐 噬嗑	晋 否	蛊
四	初	二	初	二	五
恒 大壮			损 睽	旅 遁	
五			二	三	
鼎 大有			大畜 大有	艮 渐	
上			三	四	
大有 鼎			大有 大畜	渐 艮	
初			四	五	

【注解】从本卦第三爻以上至泰卦第四爻，本书均缺失，今据他本补足，特说明。

䷑蛊卦（十八）

【原文】

初六	二	三	六四	六五	上
	阳　阴 不　必	阳　阴 不　必			阳　阴 不　必
	变	变			变
大畜	蛊　艮	蛊　蒙	鼎	巽	蛊　升
初	二	三	四	五	上
蹇	巽　渐	升　师	姤	井	蒙　师
二	五	上	五	上	三
颐	渐　巽	师　升	大过	需	师　蒙
三	二	三	上	初	上
噬嗑	观　涣	解　恒	夬	既济	临　损
四	三	四	初	二	初
无妄	否　讼	困　大过	革	屯	复　颐
五	四	五	二	三	二
随	晋　未济	讼　姤	随	随	明夷　贲
上	五	上	三	四	三
	豫　解	履　乾			丰　离
	上	初			四
	震　归妹	无妄　同人			革　同人
	初	二			五
	归妹　震	同人　无妄			同人　革
	二	三			上

䷒临卦（十九）

【原文】

初	二	六三	六四	六五	上六
阳 阴 不 必	阳 阴 不 必				
变	变				
临 师	临 复	泰	归妹	节	损
初	二	三	四	五	上
归妹 解	节 屯	大壮	屯	中孚	蒙
四	五	四	五	上	初
解 归妹	屯 节	夬	履	涣	剥
初	二	五	上	初	二
豫 震	既济 需	乾	讼	观	艮
二	三	上	初	二	三
小过 丰	革 夬	姤	否	渐	旅
三	四	初	二	三	四
谦 明夷	丰 大壮	遁	遁	遁	遁
四	五	二	三	四	五
蹇 既济	离 大有				
五	上				
渐 家人	旅 鼎				
上	初				
家人 渐	鼎 旅				
初	二				

䷓观卦（二十）

【原文】

初六	六二	六三	六四	五	上
				阳 阴 不 必 变	阳 阴 不 必 变
益	涣	渐	否	观 剥	观 比
初	二	三	四	五	上
中孚	巽	兑	晋	涣 蒙	渐 蹇
二	三	四	五	二	三
小畜	姤	旅	豫	蒙 涣	蹇 渐
三	四	五	上	五	上
乾	鼎	小过	震	师 坎	既济 家人
四	五	上	初	上	初
大有	恒	丰	归妹	临 节	需 小畜
五	上	初	二	初	二
大壮	大壮	大壮	大壮	复 屯	节 中孚
上	初	二	三	二	三
				明夷 既济	兑 履
				三	四
				丰 革	归妹 睽
				四	五
				革 丰	睽 归妹
				五	上

䷔噬嗑卦（二十一）

【原文】

初	六二	六三	四	六五	上
阳 阴 不 必			阳 阴 不 必		阳 阴 不 必
变			变		变
噬嗑 晋	睽	离	噬嗑 颐	无妄	噬嗑 震
初	二	三	四	五	上
颐 剥	大有	贲	晋 剥	随	离 丰
四	三	四	初	上	三
剥 颐	大畜	家人	剥 晋	萃	丰 离
初	四	五	四	初	上
蒙 损	小畜	既济	观 否	困	小过 旅
二	五	上	五	二	初
蛊 大畜	需	蹇	比 萃	大过	恒 鼎
三	上	初	上	三	二
鼎 大有	井	井	屯 随	井	解 未济
四	初	二	初	四	三
姤 乾			节 兑		师 蒙
五			二		四
大过 夬			需 夬		坎 涣
上			三		五
夬 大过			夬 需		涣 坎
初			四		上

䷕贲卦（二十二）

【原文】

初	六二	三	六四	六五	上
阳 阴 不 必		阳 阴 不 必			阳 阴 不 必
变		变			变
贲 艮	大畜	贲 颐	离	家人	贲 明夷
初	二	三	四	五	上
离 旅	损	明夷 复	同人	既济	颐 复
四	三	上	五	上	二
旅 离	睽	复 明夷	革	蹇	复 颐
初	四	三	上	初	上
鼎 大有	履	震 丰	咸	井	坤 剥
二	五	四	初	二	初
未济 睽	兑	随 革	大过	坎	师 蒙
三	上	五	二	二	二
蒙 损	困	无妄 同人	困	困	升 蛊
四	初	上	三	四	三
涣 中孚		否 遁			恒 鼎
五		初			四
坎 节		讼 姤			大过 姤
上		二			五
节 坎		姤 讼			姤 大过
初		三			上

䷖剥卦（二十三）

【原文】

初六	六二	六三	六四	六五	上
					阳 阴 不 必 变
颐	蒙	艮	晋	观	剥 坤
初	二	三	四	五	上
损	蛊	旅	否	比	艮 谦
二	三	四	五	上	三
大畜	鼎	遁	萃	屯	谦 艮
三	四	五	上	初	上
大有	姤	咸	随	节	明夷 贲
四	五	上	初	二	初
乾	大过	革	兑	需	泰 大畜
五	上	初	二	三	二
夬	夬	夬	夬	夬	临 损
上	初	二	三	四	三
					归妹 睽
					四
					兑 履
					五
					履 兑
					上

䷗复卦（二十四）

【原文】

初	六二	六三	六四	六五	上六
阳　阴 不　必 变					
复　坤	临	明夷	震	屯	颐
初	二	三	四	五	上
震　豫	泰	丰	随	益	剥
四	三	四	五	上	初
豫　震	大壮	革	无妄	观	蒙
初	四	五	上	初	二
解　归妹	夬	同人	否	涣	升
二	五	上	初	二	三
恒　大壮	乾	遁	讼	巽	鼎
三	上	初	二	三	四
升　泰	姤	姤	姤	姤	姤
四	初	二	三	四	五
井　需					
五					
巽　小畜					
上					
小畜　巽					
初					

䷘无妄卦（二十五）

【原文】

初	六二	六三	四	五	上
阳 阴 不 必			阳 阴 不 必	阳 阴 不 必	阳 阴 不 必
变			变	变	变
无妄 否	履	同人	无妄 益	无妄 噬嗑	无妄 随
初	二	三	四	五	上
益 观	乾	家人	否 观	履 睽	同人 革
四	三	四	初	二	三
观 益	小畜	贲	观 否	睽 履	革 同人
初	四	五	四	五	上
涣 中孚	大畜	明夷	剥 晋	归妹 兑	咸 遁
二	五	上	五	上	初
巽 小畜	泰	谦	坤 豫	解 困	大过 姤
三	上	初	上	初	二
姤 乾	升	升	履 震	豫 萃	困 讼
四	初	二	初	二	三
鼎 大有			临 归妹	小过 咸	坎 涣
五			二	三	四
随 大壮			泰 大壮	谦 蹇	师 蒙
上			三	四	五
大壮 随			大壮 泰	蹇 谦	蒙 师
初			四	五	上

䷙大畜卦（二十六）

【原文】

初	二	三	六四	六五	上
阳 阴	阳 阴	阳 阴			阳 阴
不 必	不 必	不 必			不 必
变	变	变			变
大畜 蛊	大畜 贲	大畜 损	大有	小畜	大畜 泰
初	二	三	四	五	上
大有 鼎	小畜 家人	泰 临	乾	需	损 临
四	五	上	五	上	三
鼎 大有	家人 小畜	临 泰	夬	井	临 损
初	二	三	上	初	上
旅 离	益 中孚	归妹 比	大过	蹇	师 蒙
二	三	四	初	二	初
晋 噬嗑	无妄 履	兑 夬	咸	比	坤 剥
三	四	五	二	三	二
剥 颐	噬嗑 睽	履 乾	萃	萃	谦 艮
四	五	上	三	四	三
观 益	震 归妹	讼 姤			小过 旅
五	上	初			四
比 屯	豫 解	否 遁			咸 遁
上	初	二			五
屯 比	解 豫	遁 否			遁 咸
初	二	三			上

䷚颐卦（二十七）

【原文】

初	六二	六三	六四	六五	上
阳 阴 不 必					阳 阴 不 必
变					变
颐 剥	损	贲	噬嗑	益	颐 复
初	二	三	四	五	上
噬嗑 晋	大畜	离	无妄	屯	贲 明夷
四	三	四	五	上	三
晋 噬嗑	大有	同人	随	比	明夷 贲
初	四	五	上	初	上
未济 睽	谦	革	萃	坎	谦 艮
二	五	上	初	二	初
鼎 大有	夬	咸	困	井	升 蛊
三	上	初	二	三	二
蛊 大畜	大过	大过	大过	大过	师 蒙
四	初	二	三	四	三
巽 小畜					解 未济
五					四
井 需					困 讼
上					五
需 井					讼 困
初					上

䷛大过卦（二十八）

【原文】

初六	二	三	四	五	上六
	阳　阴	阳　阴	阳　阴	阳　阴	
	不　必	不　必	不　必	不　必	
	变	变	变	变	
夬	大过　咸	大过　困	大过　井	大过　恒	姤
初	二	三	四	五	上
革	恒　小过	姤　讼	夬　需	咸　小过	乾
二	五	上	初	二	初
随	小过　恒	讼　姤	需　夬	小过　咸	同人
三	二	三	四	五	二
屯	豫　解	涣　巽	泰　大壮	旅　遁	无妄
四	三	四	五	上	三
复	坤　师	蒙　蛊	大畜　大有	离　同人	益
五	四	五	上	初	四
颐	比　坎	师　升	蛊　鼎	大有　乾	颐
上	五	上	初	二	五
	观　涣	临　泰	艮　旅	睽　履	
	上	初	二	三	
	益　中孚	复　明夷	剥　晋	损　中孚	
	初	二	三	四	
	中孚　益	明夷　复	晋　剥	中孚　损	
	二	三	四	五	

䷜坎卦（二十九）

【原文】

初六	二	六三	六四	五	上六
	阳　阴 不　必			阳　阴 不　必	
	变			变	
节	坎　比	井	困	坎　师	涣
初	二	三	四	五	上
屯	师　坤	大过	解	比　坤	中孚
二	五	四	五	二	初
既济	坤　师	恒	未济	坤　比	益
三	二	五	上	五	二
革	谦　升	鼎	睽	剥　观	家人
四	三	上	初	上	三
丰	小过　恒	大有	噬嗑	颐　益	同人
五	四	初	二	初	四
离	咸　大过	离	离	损　中孚	离
上	五	二	三	二	五
	遁　姤			大畜　小畜	
	上			三	
	同人　乾			大有　乾	
	初			四	
	乾　同人			乾　大有	
	二			五	

☲离卦（三十）

【原文】

初	六二	三	四	六五	上
阳 阴 不 必		阳 阴 不 必	阳 阴 不 必		阳 阴 不 必
变		变	变		变
离 旅	大有	离 噬嗑	离 贲	同人	离 丰
初	二	三	四	五	上
贲 艮	睽	丰 震	旅 艮	革	噬嗑 震
四	三	上	初	上	三
艮 贲	损	震 丰	艮 旅	咸	震 噬嗑
初	四	三	四	初	上
蛊 大畜	中孚	复 明夷	渐 遁	大过	豫 晋
二	五	四	五	二	初
蒙 损	节	屯 既济	蹇 咸	困	解 未济
三	上	五	上	三	二
未济 睽	坎	益 家人	既济 革	坎	颐 鼎
四	初	上	初	四	三
讼 履		观 渐	需 夬		升 蛊
五		初	二		四
困 兑		涣 巽	节 兑		井 巽
上		二	三		五
兑 困		巽 涣	兑 节		巽 井
初		三	四		上

䷞咸卦（三十一）

【原文】

初六	六二	三	四	五	上六
		阳 阴	阳 阴	阳 阴	
		不 必	不 必	不 必	
		变	变	变	
革	大过	咸 萃	咸 蹇	咸 小过	遁
初	二	三	四	五	上
夬	困	遁 否	革 既济	大过 恒	同人
二	三	上	初	二	初
兑	坎	否 遁	既济 革	恒 大过	乾
三	四	三	四	五	二
节	师	观 渐	明夷 丰	鼎 姤	履
四	五	四	五	上	三
临	蒙	剥 艮	贲 离	大有 乾	中孚
五	上	五	上	初	四
损	损	坤 谦	艮 旅	离 同人	损
上	初	上	初	二	五
		复 明夷	蛊 鼎	噬嗑 无妄	
		初	二	三	
		临 泰	蒙 未济	颐 益	
		二	三	四	
		泰 临	未济 蒙	益 颐	
		三	四	五	

䷟恒卦（三十二）

【原文】

初六	二	三	四	六五	上六
	阳　阴	阳　阴	阳　阴		
	不　必	不　必	不　必		
	变	变	变		
大壮	恒　小过	恒　解	恒　升	大过	鼎
初	二	三	四	五	上
丰	大过　咸	鼎　未济	大壮　泰	姤	大有
二	五	上	初	上	初
震	咸　大过	未济　鼎	泰　大壮	乾	离
三	二	三	四	初	二
复	萃　困	蒙　蛊	需　夬	同人	噬嗑
四	三	四	五	二	三
屯	比　坎	涣　巽	小畜　乾	无妄	颐
五	四	五	上	三	四
益	临　师	坎　井	巽　姤	益	益
六	五	上	初	四	五
	剥　蒙	井　需	渐　遁		
	上	初	二		
	颐　损	屯　既济	观　否		
	初	二	三		
	损　颐	既济　屯	否　观		
	二	三	四		

䷠遁卦（三十三）

【原文】

初六	六二	三	四	五	上
		阳 阴 不 必	阳 阴 不 必	阳 阴 不 必	阳 阴 不 必
		变	变	变	变
同人	姤	遁 否	遁 渐	遁 旅	遁 咸
初	二	三	四	五	上
乾	讼	咸 萃	同人 家人	姤 鼎	否 萃
二	三	上	初	二	三
履	涣	萃 咸	家人 同人	鼎 姤	萃 否
三	四	三	四	五	上
中孚	蒙	比 蹇	贲 临	恒 大过	随 无妄
四	五	四	五	上	初
损	师	坤 谦	明夷 丰	大壮 夬	兑 履
五	上	五	上	初	二
临	临	剥 艮	谦 小过	丰 革	夬 乾
上	初	上	初	二	三
		颐 贲	升 恒	震 随	需 小畜
		初	二	三	四
		损 大畜	师 解	复 屯	泰 大畜
		二	三	四	五
		大畜 损	解 师	屯 复	大畜 泰
		三	四	五	上

䷡大壮卦（三十四）

【原文】

初	二	三	四	六五	上六
阳 阴 不 必	阳 阴 不 必	阳 阴 不 必	阳 阴 不 必		
变	变	变	变		
大壮 恒	大壮 丰	大壮 归妹	大壮 泰	夬	大有
初	二	三	四	五	上
泰 升	夬 革	大有 睽	恒 升	乾	鼎
四	五	上	初	上	初
升 泰	革 夬	睽 大有	升 恒	姤	旅
初	二	三	四	初	二
谦 明夷	随 兑	损 大畜	井 大过	遁	晋
二	三	四	五	二	三
坤 复	屯 节	中孚 小畜	巽 姤	否	剥
三	四	五	上	三	四
豫 震	复 临	节 需	小畜 乾	观	观
四	五	上	初	四	五
萃 随	颐 损	坎 井	家人 同人		
五	上	初	二		
否 无妄	剥 蒙	比 蹇	益 无妄		
上	初	二	三		
无妄 否	蒙 剥	蹇 比	无妄 益		
初	二	三	四		

䷢晋卦（三十五）

【原文】

初六	六二	六三	四	六五	上
			阳　阴		阳　阴
			不　必		不　必
			变		变
噬嗑	未济	旅	晋　剥	否	晋　豫
初	二	三	四	五	上
睽	鼎	艮	噬嗑　颐	萃	旅　小过
二	三	四	初	上	三
大有	蛊	渐	颐　噬嗑	随	小过　旅
三	四	五	四	初	上
大畜	巽	蹇	益　无妄	兑	丰　离
四	五	上	五	二	初
小畜	井	既济	屯　随	夬	大壮　大有
五	上	初	上	三	二
需	需	需	比　萃	需	归妹　睽
上	初	二	初	四	三
			坎　困		临　损
			二		四
			井　大过		节　中孚
			三		五
			大过　井		中孚　节
			四		上

䷣明夷卦（三十六）

【原文】

初	六二	三	六四	六五	上六
阳不 阴必		阳不 阴必			
变		变			
明夷 谦	泰	明夷 复	丰	既济	贲
初	二	三	四	五	上
丰 小过	临	贲 颐	革	家人	艮
四	三	上	五	上	初
小过 丰	归妹	颐 贲	同人	渐	蛊
初	四	三	上	初	二
恒 大壮	兑	噬嗑 离	遁	巽	蒙
二	五	四	初	二	三
解 归妹	履	无妄 同人	姤	涣	未济
三	上	五	二	三	四
师 临	讼	随 革	讼	讼	讼
四	初	上	三	四	五
坎 节		萃 咸			
五		初			
涣 中孚		困 大过			
上		二			
中孚 涣		大过 困			
初		三			

䷤家人卦（三十七）

【原文】

初	六二	三	六四	五	上
阳 阴 不 必		阳 阴 不 必		阳 阴 不 必	阳 阴 不 必
变		变		变	变
家人 渐	小畜	家人 益	同人	家人 贲	家人 既济
初	二	三	四	五	上
同人 遁	中孚	既济 屯	离	小畜 大畜	益 屯
四	三	上	五	二	三
遁 同人	履	屯 既济	丰	大畜 小畜	屯 益
初	四	三	上	五	上
姤 乾	睽	随 革	小过	泰 需	比 观
二	五	四	初	上	初
讼 履	归妹	震 丰	恒	升 井	坎 涣
三	上	五	二	初	二
涣 中孚	解	噬嗑 离	解	谦 蹇	井 巽
四	初	上	三	二	三
蒙 损		晋 旅		坤 比	大过 姤
五		初		三	四
师 临		未济 鼎		豫 萃	恒 鼎
上		二		四	五
临 师		鼎 未济		萃 豫	鼎 恒
初		三		五	上

䷥睽卦（三十八）

【原文】

初	二	六三	四	六五	上
阳　阴 不　必	阳　阴 不　必		阳　阴 不　必		阳　阴 不　必
变	变		变		变
睽　未济	睽　噬嗑	大有	睽　损	履	睽　归妹
初	二	三	四	五	上
损　蒙	履　无妄	大畜	未济　蒙	兑	大有　大壮
四	五	四	初	上	三
蒙　损	无妄　履	小畜	蒙　未济	困	大壮　大有
初	二	五	四	初	上
剥　颐	同人　乾	需	涣　讼	萃	恒　鼎
二	三	上	五	二	初
艮　贲	家人　小畜	井	坎　困	咸	小过　旅
三	四	初	上	三	二
旅　离	贲　大畜	蹇	节　兑	蹇	豫　晋
四	五	二	初	四	三
遁　同人	明夷　泰		屯　随		坤　剥
五	上		二		四
咸　萃	谦　升		既济　革		比　观
上	初		三		五
萃　咸	升　谦		革　既济		观　比
初	二		四		上

䷦蹇卦（三十九）

【原文】

初六	六二	三	六四	五	上六
		阳 阴 不 必		阳 阴 不 必	
		变		变	
既济	井	蹇 比	咸	蹇 谦	渐
初	二	三	四	五	上
需	坎	渐 观	小过	井 升	家人
二	三	上	五	二	初
节	困	观 渐	旅	升 井	小畜
三	四	三	上	五	二
兑	解	否 遁	离	蛊 巽	中孚
四	五	四	初	上	三
归妹	未济	晋 旅	大有	大畜 小畜	履
五	上	五	二	初	四
睽	睽	豫 小过	睽	贲 家人	睽
上	初	上	三	二	五
		震 丰		颐 益	
		初		三	
		归妹 大壮		噬嗑 无妄	
		二		四	
		大壮 归妹		无妄 噬嗑	
		三		五	

䷧解卦（四十）

【原文】

初六	二	六三	四	六五	上六
	阳 阴 不 必 变		阳 阴 不 必 变		
归妹	解 豫	恒	解 师	晋	未济
初	二	三	四	五	上
震	困 萃	升	归妹 临	讼	睽
二	五	四	初	上	初
丰	萃 困	井	临 归妹	履	噬嗑
三	二	五	四	初	二
明夷	咸 大过	巽	节 兑	无妄	离
四	三	上	五	二	三
既济	蹇 井	小畜	中孚 履	同人	贲
五	四	初	上	三	四
家人	谦 升	家人	涣 师	家人	家人
上	五	二	初	四	五
	艮 蛊		观 否		
	上		二		
	贲 大畜		渐 遁		
	初		三		
	大畜 贲		遁 渐		
	二		四		

䷨损卦（四十一）

【原文】

初	二	六三	六四	六五	上
阳 阴	阳 阴				阳 阴
不 必	不 必				不 必
变	变				变
损 蒙	损 颐	大畜	睽	中孚	损 临
初	二	三	四	五	上
睽 未济	中孚 益	大有	履	节	大畜 泰
四	五	四	五	上	三
未济 睽	益 中孚	坎	兑	坎	泰 大畜
初	二	五	上	初	上
晋 噬嗑	家人 小畜	夬	困	比	升 蛊
二	三	上	初	二	初
旅 离	同人 乾	大过	萃	蹇	谦 艮
三	四	初	二	三	二
艮 贲	离 大有	咸	咸	咸	坤 剥
四	五	二	三	四	三
渐 家人	丰 大壮				豫 晋
五	上				四
蹇 既济	小过 恒				萃 否
上	初				五
既济 蹇	恒 小过				否 萃
初	二				上

䷩益卦（四十二）

【原文】

初	六二	六三	六四	五	上
阳 阴 不 必				阳 阴 不 必	阳 阴 不 必
变				变	变
益 观	中孚	家人	无妄	益 颐	益 屯
初	二	三	四	五	上
无妄 否	小畜	同人	噬嗑	中孚 损	家人 既济
四	三	四	五	二	三
否 无妄	乾	离	震	损 中孚	既济 家人
初	四	五	上	五	上
讼 履	大有	丰	豫	临 节	蹇 渐
二	五	上	初	上	初
姤 乾	大过	小过	解	师 坎	井 巽
三	上	初	二	初	二
巽 小畜	恒	恒	恒	坤 比	坎 涣
四	初	二	三	二	三
蛊 大畜				豫 蹇	困 讼
五				三	四
升 泰				小过 咸	解 未济
上				四	五
泰 升				咸 小过	未济 解
初				五	上

䷪夬卦（四十三）

【原文】

初	二	三	四	五	上六
阳 阴	阳 阴	阳 阴	阳 阴	阳 阴	
不 必	不 必	不 必	不 必	不 必	
变	变	变	变	变	
夬 大过	夬 革	夬 兑	夬 需	夬 大壮	乾
初	二	三	四	五	上
需 井	丰 大壮	乾 履	大过 井	革 丰	姤
四	五	上	初	二	初
井 需	大壮 丰	履 乾	井 大过	丰 革	遁
初	二	三	四	五	二
蹇 既济	震 归妹	中孚 小畜	升 恒	离 同人	否
二	三	四	五	上	三
比 屯	复 临	损 大畜	大畜 大有	鼎 姤	剥
三	四	五	上	初	四
萃 随	屯 节	临 剥	蛊 鼎	旅 遁	观
四	五	上	初	二	五
豫 震	益 中孚	师 升	贲 临	未济 讼	
五	上	初	二	三	
晋 噬嗑	观 涣	坤 谦	颐 噬嗑	蒙 涣	
上	初	二	三	四	
噬嗑 晋	涣 观	谦 坤	噬嗑 颐	涣 蒙	
初	二	三	四	五	

䷫姤卦（四十四）

【原文】

初六	二	三	四	五	上
	阳 阴 不 必	阳 阴 不 必	阳 阴 不 必	阳 阴 不 必	阳 阴 不 必
	变	变	变	变	变
乾	姤 遁	姤 讼	姤 巽	姤 鼎	姤 大过
初	二	三	四	五	上
同人	鼎 旅	大过 困	乾 小畜	遁 旅	讼 困
二	五	上	初	二	三
无妄	旅 鼎	困 大过	小畜 乾	旅 遁	困 讼
三	二	三	四	五	上
益	晋 未济	坎 井	大畜 大有	小过 咸	兑 履
四	三	四	五	上	初
颐	剥 蒙	师 升	泰 大壮	丰 革	随 无妄
五	四	五	上	初	二
复	观 涣	蒙 蛊	升 恒	大壮 夬	革 同人
上	五	上	初	二	三
	比 坎	损 大畜	谦 小过	归妹 兑	既济 家人
	上	初	二	三	四
	屯 节	颐 贲	坤 豫	临 节	明夷 贲
	初	二	三	四	五
	节 屯	贲 颐	豫 坤	节 临	贲 明夷
	二	三	四	五	上

䷬萃卦（四十五）

【原文】

初六	六二	六三	四	五	上六
			阳 阴 不 必 变	阳 阴 不 必 变	
随	困	咸	萃 比	萃 豫	否
初	二	三	四	五	上
兑	大过	蹇	随 屯	困 解	无妄
二	三	四	初	二	初
夬	井	谦	屯 随	解 困	履
三	四	五	四	五	二
需	升	艮	复 震	未济 讼	谦
四	五	上	五	上	三
泰	蛊	贲	颐 噬嗑	睽 履	小畜
五	上	初	上	初	四
大畜	大畜	大畜	剥 颐	噬嗑 无妄	大畜
上	初	二	初	二	五
			蒙 未济	离 同人	
			二	三	
			蛊 鼎	贲 家人	
			三	四	
			鼎 蛊	家人 贲	
			四	五	

䷭升卦（四十六）

【原文】

初六	二	三	六四	六五	上六
	阳 阴 不 必	阳 阴 不 必			
	变	变			
泰	升 谦	升 颐	恒	井	蛊
初	二	三	四	五	上
明夷	井 蹇	蛊 蒙	大过	巽	大畜
二	五	上	五	上	初
复	蹇 井	蒙 蛊	姤	小畜	贲
三	二	三	上	初	二
震	比 坎	未济 鼎	乾	家人	颐
四	三	四	初	二	三
随	萃 困	讼 姤	同人	益	噬嗑
五	四	五	二	三	四
无妄	豫 解	困 大过	无妄	无妄	无妄
上	五	上	三	四	五
	晋 未济	兑 夬			
	上	初			
	噬嗑 睽	随 革			
	初	二			
	睽 噬嗑	革 随			
	二	三			

䷮困卦（四十七）

【原文】

初六	二	六三	四	五	上六
	阳 阴 不 必 变		阳 阴 不 必 变	阳 阴 不 必 变	
兑	困 萃	大过	困 坎	困 解	讼
初	二	三	四	五	上
随	解 豫	井	兑 节	萃 豫	履
二	五	四	初	二	初
革	豫 解	升	节 兑	豫 萃	无妄
三	二	五	四	五	二
既济	小过 恒	蛊	临 归妹	晋 否	同人
四	三	上	五	上	三
明夷	谦 升	大畜	损 睽	噬嗑 无妄	家人
五	四	初	上	初	四
贲	蹇 井	贲	蒙 未济	睽 履	贲
上	五	二	初	二	五
	渐 巽		剥 晋	大有 乾	
	上		二	三	
	家人 小畜		艮 旅	大畜 小畜	
	初		三	四	
	小畜 家人		旅 艮	小畜 大畜	
	二		四	五	

䷯井卦（四十八）

【原文】

初六	二	三	六四	五	上六
	阳 阴	阳 阴		阳 阴	
	不 必	不 必		不 必	
	变	变		变	
需	井 蹇	井 坎	大过	井 升	巽
初	二	三	四	五	上
既济	升 谦	巽 涣	恒	蹇 谦	小畜
二	五	上	五	二	初
屯	谦 升	涣 巽	鼎	谦 蹇	家人
三	二	三	上	五	二
随	坤 师	讼 归妹	大有	艮 渐	益
四	三	四	初	上	三
震	豫 解	未济 升	离	贲 家人	无妄
五	四	五	二	初	四
噬嗑	萃 困	解 恒	噬嗑	大畜 小畜	噬嗑
上	五	上	三	二	五
	否 讼	归妹 大壮		损 中孚	
	上	初		三	
	无妄 履	震 丰		睽 履	
	初	二		四	
	履 无妄	丰 震		履 睽	
	二	三		五	

䷰革卦（四十九）

【原文】

初	六二	三	四	五	上六
阳 阴 不 必		阳 阴 不 必	阳 阴 不 必	阳 阴 不 必	
变		变	变	变	
革 咸	夬	革 随	革 既济	革 丰	同人
初	二	三	四	五	上
既济 蹇	兑	同人 无妄	咸 蹇	夬 大壮	遁
四	三	上	初	二	初
蹇 既济	节	无妄 同人	蹇 咸	大壮 夬	姤
初	四	三	四	五	二
升 需	临	益 家人	谦 小过	大有 乾	讼
二	五	四	五	上	三
坎 节	损	颐 贲	艮 旅	鼎 姤	涣
三	上	五	上	初	四
困 兑	蒙	复 明夷	贲 离	旅 遁	蒙
四	初	上	初	二	五
解 归妹		坤 谦	大畜 大有	晋 否	
五		初	二	三	
未济 睽		师 升	损 睽	剥 观	
上		二	三	四	
睽 未济		升 师	睽 损	观 剥	
初		三	四	五	

䷱鼎卦（五十）

【原文】

初六	二	三	四	六五	上
	阳 阴 不 必 变	阳 阴 不 必 变	阳 阴 不 必 变		阳 阴 不 必 变
大有	鼎 旅	鼎 未济	鼎 蛊	姤	鼎 恒
初	二	三	四	五	上
离	姤 遁	恒 解	大有 大畜	大过	未济 解
二	五	上	初	上	三
噬嗑	遁 姤	解 恒	大畜 大有	夬	解 未济
三	二	三	四	初	上
颐	否 讼	师 升	小畜 乾	革	归妹 睽
四	三	四	五	二	初
益	观 涣	坎 井	需 夬	随	震 噬嗑
五	四	五	上	三	二
屯	剥 蒙	涣 巽	井 大过	屯	丰 离
上	五	上	初	四	三
	坤 师	中孚 小畜	蹇 咸		明夷 贲
	上	初	二		四
	复 临	益 家人	比 萃		既济 家人
	初	二	三		五
	临 复	家人 益	萃 比		家人 既济
	二	三	四		上

☳震卦（五十一）

【原文】

初	六二	六三	四	六五	上六
阳 阴 不 必			阳 阴 不 必		
变			变		
震 豫	归妹	丰	震 复	随	噬嗑
初	二	三	四	五	上
复 坤	大壮	明夷	豫 坤	无妄	晋
四	三	四	初	上	初
坤 复	泰	既济	坤 豫	否	未济
初	四	五	四	初	二
师 临	需	家人	比 萃	讼	鼎
二	五	上	五	二	三
升 泰	小畜	渐	观 否	姤	升
三	上	初	上	三	四
恒 大壮	巽	巽	益 无妄	巽	巽
四	初	二	初	四	五
大过 夬			中孚 履		
五			二		
姤 乾			小畜 乾		
上			三		
乾 姤			乾 小畜		
初			四		

䷳艮卦（五十二）

【原文】

初六	六二	三	六四	六五	上
		阳 阴 不 必			阳 阴 不 必
		变			变
贲	蛊	艮 剥	旅	渐	艮 谦
初	二	三	四	五	上
大畜	蒙	谦 坤	遁	蹇	剥 坤
二	三	上	五	上	三
损	未济	坤 谦	咸	既济	坤 剥
三	四	三	上	初	上
睽	讼	豫 小过	革	需	复 颐
四	五	四	初	二	初
履	困	萃 咸	夬	节	临 损
五	上	五	二	三	二
兑	兑	否 遁	兑	兑	大有 大畜
上	初	上	三	四	三
		无妄 同人			大壮 大有
		初			四
		履 乾			夬 乾
		二			五
		乾 履			乾 夬
		三			上

䷴渐卦（五十三）

【原文】

初六	六二	三	六四	五	上
		阳 阴 不 必		阳 阴 不 必	阳 阴 不 必
		变		变	变
家人	巽	渐 观	遁	渐 艮	渐 蹇
初	二	三	四	五	上
小畜	涣	蹇 比	旅	巽 蛊	观 比
二	三	上	五	二	三
中孚	讼	比 蹇	小过	蛊 巽	比 观
三	四	三	上	五	上
履	未济	萃 咸	丰	升 蹇	屯 益
四	五	四	初	上	初
睽	解	蒙 小过	大壮	泰 需	节 中孚
五	上	五	二	初	二
归妹	归妹	晋 旅	归妹	明夷 既济	需 小畜
上	初	上	三	二	三
		噬嗑 离		复 屯	夬 乾
		初		三	四
		睽 大有		震 随	大壮 大有
		二		四	五
		大有 睽		随 震	大有 大壮
		三		五	上

䷵归妹卦（五十四）

【原文】

初	二	六三	四	六五	上六
阳 阴 不 必	阳 阴 不 必		阳 阴 不 必		
变	变		变		
归妹 解	归妹 震	大壮	归妹 临	兑	睽
初	二	三	四	五	上
临 师	兑 随	泰	解 师	履	未济
四	五	四	初	上	初
师 临	随 兑	需	师 解	讼	晋
初	二	五	四	初	二
坤 复	革 夬	小畜	坎 困	否	旅
二	三	上	五	二	三
谦 明夷	既济 震	巽	涣 讼	遁	艮
三	四	初	上	三	四
小过 丰	明夷 泰	渐	中孚 履	渐	渐
四	五	二	初	四	五
咸 革	贲 大畜		益 无妄		
五	上		二		
遁 同人	艮 蛊		家人 同人		
上	初		三		
同人 遁	蛊 艮		同人 家人		
初	二		四		

䷶丰卦（五十五）

【原文】

初	六二	三	四	六五	上六
阳 阴 不 必		阳 阴 不 必	阳 阴 不 必		
变		变	变		
丰 小过	大壮	丰 震	丰 明夷	革	离
初	二	三	四	五	上
明夷 谦	归妹	离 噬嗑	小过 谦	同人	旅
四	三	上	初	上	初
谦 明夷	临	噬嗑 离	谦 小过	遁	鼎
初	四	三	四	初	二
升 泰	节	颐 贲	蹇 咸	姤	未济
二	五	四	五	二	三
师 临	中孚	益 家人	渐 遁	讼	蒙
三	上	五	上	三	四
解 归妹	涣	屯 既济	家人 同人	涣	涣
四	初	上	初	四	五
困 兑		比 蹇	小畜 乾		
五		初	二		
讼 履		坎 井	中孚 履		
上		二	三		
履 讼		井 坎	履 中孚		
初		三	四		

䷷旅卦（五十六）

【原文】

初六	六二	三	四	六五	上
		阳 阴	阳 阴		阳 阴
		不 必	不 必		不 必
		变	变		变
离	鼎	旅 晋	旅 艮	遁	旅 小过
初	二	三	四	五	上
大有	未济	小过 豫	离 贲	咸	晋 豫
二	三	上	初	上	三
睽	蒙	豫 小过	贲 离	革	豫 晋
三	四	三	四	初	上
损	涣	坤 谦	家人 同人	夬	震 噬嗑
四	五	四	五	二	初
中孚	坎	比 蹇	既济 革	兑	归妹 睽
五	上	五	上	三	二
节	节	观 渐	蹇 咸	节	大壮 蛊
上	初	上	初	四	三
		益 家人	升 大过		泰 大畜
		初	二		四
		中孚 小畜	坎 困		需 小畜
		二	三		五
		小畜 中孚	困 坎		小畜 需
		三	四		上

䷸巽卦（五十七）

【原文】

初六	二	三	六四	五	上
	阳 阴 不 必	阳 阴 不 必		阳 阴 不 必	阳 阴 不 必
	变	变		变	变
小畜	巽 渐	巽 涣	姤	巽 蛊	巽 井
初	二	三	四	五	上
家人	蛊 艮	井 坎	鼎	渐 艮	涣 坎
二	五	上	五	二	三
益	艮 蛊	坎 井	恒	艮 渐	坎 涣
三	二	三	上	五	上
无妄	剥 蒙	困 大过	大壮	谦 蹇	节 中孚
四	三	四	初	上	初
噬嗑	晋 未济	解 恒	丰	明夷 既济	屯 益
五	四	五	二	初	二
震	否 讼	未济 鼎	震	泰 需	既济 家人
上	五	上	三	二	三
	萃 困	睽 大有		临 节	革 同人
	上	初		三	四
	随 兑	噬嗑 离		归妹 兑	丰 离
	初	二		四	五
	兑 随	离 噬嗑		兑 归妹	离 丰
	二	三		五	上

䷹兑卦（五十八）

【原文】

初	二	六三	四	五	上六
阳 阴 不 必	阳 阴 不 必		阳 阴 不 必	阳 阴 不 必	
变	变		变	变	
兑 困	兑 随	夬	兑 节	兑 归妹	履
初	二	三	四	五	上
节 坎	归妹 震	需	困 坎	随 震	讼
四	五	四	初	二	初
坎 节	震 归妹	泰	坎 困	震 随	否
初	二	五	四	五	二
比 屯	丰 大壮	大过	师 解	噬嗑 无妄	遁
二	三	上	五	上	三
蹇 既济	明夷 泰	蛊	蒙 归妹	晋 否	渐
三	四	初	上	初	四
咸 革	既济 需	艮	损 睽	未济 讼	艮
四	五	二	初	二	五
小过 丰	家人 小畜		颐 噬嗑	鼎 姤	
五	上		二	三	
旅 离	渐 巽		贲 离	蛊 巽	
上	初		三	四	
离 旅	巽 渐		离 贲	巽 蛊	
初	二		四	五	

䷺涣卦（五十九）

【原文】

初六	二	六三	六四	五	上
	阳 阴 不 必			阳 阴 不 必	阳 阴 不 必
	变			变	变
中孚	涣 观	巽	讼	涣 蒙	涣 坎
初	二	三	四	五	上
益	蒙 剥	姤	未济	观 剥	巽 井
二	五	四	五	二	三
家人	剥 蒙	鼎	解	剥 观	井 巽
三	二	五	上	五	上
同人	艮 蛊	恒	归妹	坤 比	需 小畜
四	三	上	初	上	初
离	旅 鼎	大壮	震	复 屯	既济 家人
五	四	初	二	初	二
丰	遁 姤	丰	丰	临 节	屯 益
上	五	二	三	二	三
	咸 大过			泰 需	随 无妄
	上			三	四
	革 夬			大壮 夬	震 噬嗑
	初			四	五
	夬 革			夬 大壮	噬嗑 震
	二			五	上

䷻节卦（六十）

【原文】

初	二	六三	六四	五	上六
阳 阴 不 必	阳 阴 不 必			阳 阴 不 必	
变	变			变	
节 坎	节 屯	需	兑	节 临	中孚
初	二	三	四	五	上
兑 困	临 复	夬	归妹	屯 复	涣
四	五	四	五	二	初
困 兑	复 临	大壮	睽	复 屯	观
初	二	五	上	五	二
革 随	井 泰	大有	未济	颐 井	渐
二	三	上	初	上	三
咸 革	丰 大壮	鼎	晋	剥 观	遁
三	四	初	二	初	四
蹇 既济	革 夬	旅	旅	蒙 涣	旅
四	五	二	三	二	五
谦 明夷	同人 乾			大有 巽	
五	上			三	
艮 贲	遁 姤			鼎 姤	
上	初			四	
贲 艮	姤 遁			姤 鼎	
初	二			五	

䷼中孚卦（六十一）

【原文】

初	二	六三	六四	五	上
阳 阴 不 必	阳 阴 不 必			阳 阴 不 必	阳 阴 不 必
变	变			变	变
中孚 涣	中孚 益	小畜	履	中孚 损	中孚 节
初	二	三	四	五	上
履 讼	损 颐	乾	睽	益 颐	小畜 需
四	五	四	五	二	三
讼 履	颐 损	大有	归妹	颐 益	需 小畜
初	二	五	上	五	上
否 无妄	贲 大畜	大壮	解	履 屯	井 巽
二	三	上	初	上	初
遁 同人	离 大有	恒	豫	坤 比	蹇 渐
三	四	初	二	初	二
渐 家人	同人 乾	小过	小过	师 坎	比 观
四	五	二	三	二	三
艮 贲	革 夬			升 井	革 否
五	上			三	四
谦 明夷	咸 大过			恒 大过	豫 晋
上	初			四	五
明夷 谦	大过 咸			大过 恒	晋 豫
初	二			五	上

䷽小过卦（六十二）

【原文】

初六	六二	三	四	六五	上六
		阳不变　阴必变	阳不变　阴必变		
丰	恒	小过　豫	小过　谦	咸	旅
初	二	三	四	五	上
大壮	解	旅　晋	丰　明夷	遁	离
二	三	上	初	上	初
归妹	师	晋　旅	明夷　丰	同人	大有
三	四	三	四	初	二
临	坎	井　艮	既济　革	乾	睽
四	五	四	五	二	三
节	涣	观　渐	家人　同人	履	损
五	上	五	上	三	四
中孚	中孚	比　蹇	渐　遁	中孚	中孚
上	初	上	初	四	五
		屯　既济	巽　姤		
		初	二		
		节　需	涣　讼		
		二	三		
		需　节	讼　涣		
		三	四		

䷾既济卦（六十三）

【原文】

初	六二	三	六四	五	上六
阳 阴		阳 阴		阳 阴	
不 必		不 必		不 必	
变		变		变	
既济 蹇	需	既济 屯	革	既济 明夷	家人
初	二	三	四	五	上
革 咸	节	家人 益	丰	需 泰	渐
四	三	上	五	二	初
咸 革	兑	益 家人	离	泰 需	巽
初	四	三	上	五	二
大过 夬	归妹	无妄 同人	旅	大畜 小畜	涣
二	五	四	初	上	三
困 兑	睽	噬嗑 离	鼎	蛊巽	讼
三	上	五	二	初	四
坎 节	未济	震 丰	未济	艮 渐	未济
四	初	上	三	二	五
师 临		豫 小过		剥 观	
五		初		三	
蒙 损		解 恒		晋 否	
上		二		四	
损 蒙		恒 解		否 晋	
初		三		五	

䷿未济卦（六十四）

【原文】

初六	二	六三	四	六五	上
	阳 阴		阳 阴		阳 阴
	不 必		不 必		不 必
	变		变		变
睽	未济 晋	鼎	未济 蒙	讼	未济 解
初	二	三	四	五	上
噬嗑	讼 否	蛊	睽 损	困	鼎 恒
二	五	四	初	上	三
离	否 讼	巽	损 睽	兑	恒 鼎
三	二	五	四	初	上
贲	遁 姤	井	中孚 履	随	大壮 大有
四	三	上	五	二	初
家人	渐 巽	需	节 兑	革	丰 离
五	四	初	上	三	二
既济	艮 蛊	既济	坎 困	既济	震 噬嗑
上	五	二	初	四	三
	谦 升		比 萃		复 颐
	上		二		四
	明夷 泰		蹇 咸		屯 益
	初		三		五
	泰 明夷		咸 蹇		益 屯
	二		四		上

卷五　月卦

䷀乾卦（一）

【原文】

初九	九二	九三	九四	九五	上九
正　八	正　八	正　八	正　八	正　八	正　八
同人　损	履　泰	小畜　恒	大有　咸	夬　否	姤　益
二	三	四	五	上	初
三　十	三　十	三　十	三　十	三　十	三　十
无妄　明夷	中孚　解	大畜　蹇	大壮　晋	大过　屯	遁　蒙
三	四	五	上	初	二
五　十二	五　十二	五　十二	五　十二	五　十二	五　十二
益　豫	损　比	泰　剥	恒　复	咸　师	否　谦
四	五	上	初	二	三
七　二	七　二	七　二	七　二	七　二	七　二
颐　离	临　兑	升　巽	小过　离	萃　兑	观　巽
五	上	初	二	三	四
九　四	九　四	九　四	九　四	九　四	九　四
复　随	师　涣	谦　明夷	豫　归妹	比　井	剥　旅
上	初	二	三	四	五
十一　六	十一　六	十一　六	十一　六	十一　六	十一　六
坤　观	坤　颐	坤　临	坤　升	坤　大过	坤　萃
初	二	三	四	五	上

【注解】所谓月卦者，即当月所主之卦。游变之法，以正月、三月、五月、七月、九月、十一月，六个单月为阳月。六阳月依次序从本年小象前一爻变起，自下而上，直变至小象本爻为止，此为六阳月卦。以二月、四月、六月、八月、十月、十二月，六个双月为阴月，六阴月则从阳月卦之应爻变起，即变正月卦之应爻为二月卦，变三月卦之应爻为四月卦，变五月卦之应爻为六月卦，变七月之应爻卦为八月卦，变九月卦之应爻为十月卦，变十一月卦之应爻为十二月卦。

以乾卦初爻作本年小象为例。正月变乾初爻之上一爻九二，为天火同人卦；三月变乾九三爻，为天雷无妄卦；五月变乾九四爻，为风雷益卦；七月变乾九五爻，为山雷颐卦；九月变乾上爻，为地雷复卦；十一月变小象本爻初九，为纯坤卦。正月天火同人卦六二之应爻在九五，变为纯离卦，主二月；三月天雷无妄卦六三应爻在上九，变为泽雷随，主四月；五月风雷益卦六四应爻在初九，变为风地观，主六月；七月山雷颐卦六五应爻在九二，变为山泽损，主八月；九月地雷复卦上六应爻在九三，变为地火明夷，主十月；十一月坤卦初六应爻在六四，变为雷地豫，主十二月。以后六十三卦每爻变法均同，不再加注。

䷁坤卦（二）

【原文】

初六	六二	六三	六四	六五	上六
正 八	正 八	正 八	正 八	正 八	正 八
师 咸	谦 否	豫 益	比 损	剥 泰	复 恒
二	三	四	五	上	初
三 十	三 十	三 十	三 十	三 十	三 十
升 讼	小过 家人	萃 睽	观 需	颐 鼎	临 革
三	四	五	上	初	二
五 十二	五 十二	五 十二	五 十二	五 十二	五 十二
恒 小畜	咸 大有	否 夬	益 姤	损 同人	泰 履
四	五	上	初	二	三
七 二	七 二	七 二	七 二	七 二	七 二
大过 坎	遁 艮	无妄 震	中孚 坎	大畜 艮	大壮 震
五	上	初	二	三	四
九 四	九 四	九 四	九 四	九 四	九 四
姤 蛊	同人 丰	履 困	小畜 渐	大有 噬嗑	夬 节
上	初	二	三	四	五
十一 六	十一 六	十一 六	十一 六	十一 六	十一 六
乾 大壮	乾 大过	乾 遁	乾 无妄	乾 中孚	乾 大畜
初	二	三	四	五	上

䷂屯卦（三）

【原文】

初九	六二	六三	六四	九五	上六
正 八	正 八	正 八	正 八	正 八	正 八
节 丰	既济 噬嗑	随 剥	复 涣	益 井	比 夬
二	三	四	五	上	初
三 十	三 十	三 十	三 十	三 十	三 十
需 睽	革 艮	震 讼	颐 升	观 乾	坎 小过
三	四	五	上	初	二
五 十二	五 十二	五 十二	五 十二	五 十二	五 十二
夬 蛊	丰 姤	噬嗑 恒	剥 大有	涣 旅	井 未济
四	五	上	初	二	三
七 二	七 二	七 二	七 二	七 二	七 二
大壮 临	离 家人	晋 萃	蒙 临	巽 家人	大过 萃
五	上	初	二	三	四
九 四	九 四	九 四	九 四	九 四	九 四
大有 小畜	旅 咸	未济 归妹	蛊 贲	姤 否	恒 师
上	初	二	三	四	五
十一 六	十一 六	十一 六	十一 六	十一 六	十一 六
鼎 大壮	鼎 大壮	鼎 离	鼎 晋	鼎 蒙	鼎 巽
初	二	三	四	五	上

䷃蒙卦（四）

【原文】

初六	九二	六三	六四	六五	上九
正　八	正　八	正　八	正　八	正　八	正　八
剥　姤	蛊　困	未济　节	涣　复	师　贲	损　旅
二	三	四	五	上	初
三　十	三　十	三　十	三　十	三　十	三　十
艮　萃	鼎　需	讼　震	坎　家人	临　小过	颐　乾
三	四	五	上	初	二
五　十二	五　十二	五　十二	五　十二	五　十二	五　十二
旅　既济	姤　丰	困　同人	节　咸	复　夬	贲　随
四	五	上	初	二	三
七　二	七　二	七　二	七　二	七　二	七　二
遁　观	大过　升	兑　睽	屯　观	明夷　升	离　睽
五	上	初	二	三	四
九　四	九　四	九　四	九　四	九　四	九　四
咸　谦	夬　大有	随　否	无妄　井	丰　归妹	同人　益
上	初	二	三	四	五
十一　六	十一　六	十一　六	十一　六	十一　六	十一　六
革　离	革　遁	革　大过	革　兑	革　屯	革　明夷
初	二	三	四	五	上

䷄需卦（五）

【原文】

初九	九二	九三	六四	九五	上六
正　八	正　八	正　八	正　八	正　八	正　八
既济　归妹	节　大有	夬　蛊	泰　渐	小畜　比	井　随
二	三	四	五	上	初
三　十	三　十	三　十	三　十	三　十	三　十
屯　离	兑　蒙	大壮　遁	大畜　坤	巽　无妄	蹇　解
三	四	五	上	初	二
五　十二	五　十二	五　十二	五　十二	五　十二	五　十二
随　剥	归妹　否	大有　豫	蛊　噬嗑	离　未济	比　旅
四	五	上	初	二	三
七　二	七　二	七　二	七　二	七　二	七　二
震　明夷	睽　中孚	鼎　大过	艮　明夷	观　中孚	萃　大过
五	上	初	二	三	四
九　四	九　四	九　四	九　四	九　四	九　四
噬嗑　益	未济　困	旅　丰	剥　损	否　姤	豫　节
上	初	二	三	四	五
十一　六	十一　六	十一　六	十一　六	十一　六	十一　六
晋　萃	晋　震	晋　睽	晋　渐	晋　艮	晋　观
初	二	三	四	五	上

䷅讼卦（六）

【原文】

初六	九二	六三	九四	九五	上九
正　八	正　八	正　八	正　八	正　八	正　八
否　蛊	姤　师	涣　归妹	未济　随	困　同人	履　渐
二	三	四	五	上	初
三　十	三　十	三　十	三　十	三　十	三　十
遁　坤	巽　大壮	蒙　屯	解　离	兑　蹇	无妄　大畜
三	四	五	上	初	二
五　十二	五　十二	五　十二	五　十二	五　十二	五　十二
渐　丰	蛊　既济	师　贲	归妹　谦	随　泰	同人　复
四	五	上	初	二	三
七　二	七　二	七　二	七　二	七　二	七　二
艮　晋	夬　大过	离　中孚	震　晋	萃　大过	家人　中孚
五	上	初	二	三	四
九　四	九　四	九　四	九　四	九　四	九　四
谦　咸	泰　小畜	履　剥	丰　恒	既济　节	贲　噬嗑
上	初	二	三	四	五
十一　六	十一　六	十一　六	十一　六	十一　六	十一　六
明夷　家人	明夷　艮	明夷　升	明夷　临	明夷　震	明夷　革
初	二	三	四	五	上

䷆师卦（七）

【原文】

初六	九二	六三	六四	六五	上六
正　八	正　八	正　八	正　八	正　八	正　八
坤　大过	升　讼	解　中孚	坎　颐	蒙　明夷	临　小过
二	三	四	五	上	初
三　十	三　十	三　十	三　十	三　十	三　十
谦　否	恒　小畜	困　噬嗑	涣　既济	损　旅	复　夬
三	四	五	上	初	二
五　十二	五　十二	五　十二	五　十二	五　十二	五　十二
小过　家人	大过　离	讼　革	中孚　遁	颐　乾	明夷　无妄
四	五	上	初	二	三
七　二	七　二	七　二	七　二	七　二	七　二
咸　比	姤　蛊	履　归妹	益　比	贲　蛊	丰　归妹
五	上	初	二	三	四
九　四	九　四	九　四	九　四	九　四	九　四
遁　艮	乾　大壮	无妄　萃	家人　巽	离　睽	革　屯
上	初	二	三	四	五
十一　六	十一　六	十一　六	十一　六	十一　六	十一　六
同人　丰	同人　咸	同人　姤	同人　履	同人　益	同人　贲
初	二	三	四	五	上

䷇比卦（八）

【原文】

初六	六二	六三	六四	九五	上六
正 八	正 八	正 八	正 八	正 八	正 八
坎 小过	蹇 晋	萃 颐	坤 中孚	观 需	屯 大过
二	三	四	五	上	初
三 十	三 十	三 十	三 十	三 十	三 十
井 未济	咸 贲	豫 履	剥 泰	益 姤	节 丰
三	四	五	上	初	二
五 十二	五 十二	五 十二	五 十二	五 十二	五 十二
大过 大畜	小过 乾	晋 大壮	颐 鼎	中孚 离	需 睽
四	五	上	初	二	三
七 二	七 二	七 二	七 二	七 二	七 二
恒 师	旅 渐	噬嗑 随	损 师	小畜 渐	夬 随
五	上	初	二	三	四
九 四	九 四	九 四	九 四	九 四	九 四
鼎 巽	离 革	睽 解	大畜 艮	乾 无妄	大壮 临
上	初	二	三	四	五
十一 六	十一 六	十一 六	十一 六	十一 六	十一 六
大有 夬	大有 恒	大有 旅	大有 噬嗑	大有 损	大有 小畜
初	二	三	四	五	上

䷈小畜卦（九）

【原文】

初九	九二	九三	六四	九五	上九
正 八	正 八	正 八	正 八	正 八	正 八
家人 睽	中孚 大壮	乾 升	大畜 蹇	需 观	巽 无妄
二	三	四	五	上	初
三 十	三 十	三 十	三 十	三 十	三 十
益 丰	履 师	大有 咸	泰 剥	井 随	渐 未济
三	四	五	上	初	二
五 十二	五 十二	五 十二	五 十二	五 十二	五 十二
无妄 乾	睽 萃	大壮 晋	升 震	蹇 解	观 小过
四	五	上	初	二	三
七 二	七 二	七 二	七 二	七 二	七 二
噬嗑 贲	归妹 节	恒 姤	谦 贲	比 节	否 姤
五	上	初	二	三	四
九 四	九 四	九 四	九 四	九 四	九 四
震 屯	解 讼	小过 离	坤 临	萃 大过	晋 艮
上	初	二	三	四	五
十一 六	十一 六	十一 六	十一 六	十一 六	十一 六
豫 否	豫 噬嗑	豫 归妹	豫 恒	豫 谦	豫 比
初	二	三	四	五	上

䷉履卦（十）

【原文】

初九	九二	六三	九四	九五	上九
正 八	正 八	正 八	正 八	正 八	正 八
无妄 大畜	乾 临	中孚 解	睽 萃	兑 遁	讼 家人
二	三	四	五	上	初
三 十	三 十	三 十	三 十	三 十	三 十
同人 复	小畜 恒	损 比	归妹 旅	困 既济	否 蛊
三	四	五	上	初	二
五 十二	五 十二	五 十二	五 十二	五 十二	五 十二
家人 小过	大畜 蹇	临 艮	解 明夷	萃 升	遁 坤
四	五	上	初	二	三
七 二	七 二	七 二	七 二	七 二	七 二
贲 噬嗑	泰 夬	师 涣	豫 噬嗑	咸 夬	渐 涣
五	上	初	二	三	四
九 四	九 四	九 四	九 四	九 四	九 四
明夷 革	升 巽	坤 颐	小过 大壮	蹇 坎	艮 豫
上	初	二	三	四	五
十一 六	十一 六	十一 六	十一 六	十一 六	十一 六
谦 渐	谦 贲	谦 泰	谦 师	谦 豫	谦 咸
初	二	三	四	五	上

䷊泰卦（十一）

【原文】

初九	九二	九三	六四	六五	上六
正 八	正 八	正 八	正 八	正 八	正 八
明夷 兑	临 乾	大壮 巽	需 艮	大畜 坤	升 震
二	三	四	五	上	初
三 十	三 十	三 十	三 十	三 十	三 十
复 同人	归妹 涣	夬 旅	小畜 比	蛊 噬嗑	谦 困
三	四	五	上	初	二
五 十二	五 十二	五 十二	五 十二	五 十二	五 十二
震 观	兑 晋	乾 萃	巽 无妄	艮 讼	坤 遁
四	五	上	初	二	三
七 二	七 二	七 二	七 二	七 二	七 二
随 既济	履 损	姤 恒	渐 既济	剥 损	豫 恒
五	上	初	二	三	四
九 四	九 四	九 四	九 四	九 四	九 四
无妄 颐	讼 解	遁 革	观 中孚	晋 鼎	萃 蹇
上	初	二	三	四	五
十一 六	十一 六	十一 六	十一 六	十一 六	十一 六
否 豫	否 随	否 履	否 姤	否 渐	否 剥
初	二	三	四	五	上

䷋否卦（十二）

【原文】

初六	六二	六三	九四	九五	上九
正　八	正　八	正　八	正　八	正　八	正　八
讼　艮	遁　坤	观　震	晋　兑	萃　乾	无妄　巽
二	三	四	五	上	初
三　十	三　十	三　十	三　十	三　十	三　十
姤　师	渐　丰	剥　节	豫　大有	随　井	履　贲
三	四	五	上	初	二
五　十二	五　十二	五　十二	五　十二	五　十二	五　十二
巽　大壮	艮　需	坤　大畜	震　升	兑　明夷	乾　损
四	五	上	初	二	三
七　二	七　二	七　二	七　二	七　二	七　二
蛊　未济	谦　咸	复　益	归妹　未济	夬　咸	小畜　益
五	上	初	二	三	四
九　四	九　四	九　四	九　四	九　四	九　四
升　大过	明夷　家人	临　蒙	大壮　大过	需　屯	大畜　睽
上	初	二	三	四	五
十一　六	十一　六	十一　六	十一　六	十一　六	十一　六
泰　小畜	泰　蛊	泰　谦	泰　复	泰　归妹	泰　夬
初	二	三	四	五	上

䷌同人卦（十三）

【原文】

初九	六二	九三	九四	九五	上九
正　八	正　八	正　八	正　八	正　八	正　八
乾　颐	无妄　明夷	家人　小过	离　大过	革　讼	遁　中孚
二	三	四	五	上	初
三　十	三　十	三　十	三　十	三　十	三　十
履　泰	益　豫	贲　井	蛊　未济	咸　节	姤　剥
三	四	五	上	初	二
五　十二	五　十二	五　十二	五　十二	五　十二	五　十二
中孚　解	颐　坎	明夷　蒙	小过　临	大过　坤	讼　升
四	五	上	初	二	三
七　二	七　二	七　二	七　二	七　二	七　二
损　大有	复　随	谦　渐	恒　大有	困　随	涣　渐
五	上	初	二	三	四
九　四	九　四	九　四	九　四	九　四	九　四
临　兑	坤　观	升　大畜	解　震	坎　蹇	蒙　鼎
上	初	二	三	四	五
十一　六	十一　六	十一　六	十一　六	十一　六	十一　六
师　涣	师　损	师　复	师　谦	师　恒	师　困
初	二	三	四	五	上

䷍大有卦（十四）

【原文】

初九	九二	九三	九四	六五	上九
正　八	正　八	正　八	正　八	正　八	正　八
离　中孚	睽　需	大畜　大过	乾　小过	大壮　晋	鼎　颐
二	三	四	五	上	初
三　十	三　十	三　十	三　十	三　十	三　十
噬嗑　既济	损　困	小畜　谦	夬　否	恒　复	旅　涣
三	四	五	上	初	二
五　十二	五　十二	五　十二	五　十二	五　十二	五　十二
颐　革	中孚　坤	需　观	大过　屯	小过　坎	晋　蹇
四	五	上	初	二	三
七　二	七　二	七　二	七　二	七　二	七　二
益　同人	节　归妹	井　蛊	咸　同人	豫　归妹	剥　噬嗑
五	上	初	二	三	四
九　四	九　四	九　四	九　四	九　四	九　四
屯　震	坎　蒙	蹇　家人	萃　兑	坤　升	观　遁
上	初	二	三	四	五
十一　六	十一　六	十一　六	十一　六	十一　六	十一　六
比　剥	比　益	比　节	比　井	比　咸	比　豫
初	二	三	四	五	上

䷎谦卦（十五）

【原文】

初六	六二	九三	六四	六五	上六
正　八	正　八	正　八	正　八	正　八	正　八
升　萃	坤　遁	小过　家人	鼎　大畜	艮　临	明夷　解
二	三	四	五	上	初
三　十	三　十	三　十	三　十	三　十	三　十
师　姤	豫　益	咸　大有	渐　节	贲　未济	泰　随
三	四	五	上	初	二
五　十二	五　十二	五　十二	五　十二	五　十二	五　十二
解　中孚	萃　睽	遁　兑	家人　讼	大畜　无妄	临　乾
四	五	上	初	二	三
七　二	七　二	七　二	七　二	七　二	七　二
困　井	否　剥	同人　丰	小畜　井	损　剥	归妹　丰
五	上	初	二	三	四
九　四	九　四	九　四	九　四	九　四	九　四
讼　蒙	无妄　需	贲　大有	中孚　观	睽　离	兑　需
上	初	二	三	四	五
十一　六	十一　六	十一　六	十一　六	十一　六	十一　六
履　归妹	履　困	履　否	履　同人	履　小畜	履　损
初	二	三	四	五	上

☳☷豫卦（十六）

【原文】

初六	六二	六三	九四	六五	上六
正　八	正　八	正　八	正　八	正　八	正　八
解　乾	小过　观	坤　无妄	萃　坤	晋　大壮	震　升
二	三	四	五	上	初
三　十	三　十	三　十	三　十	三　十	三　十
恒　涣	谦　同人	比　损	否　夬	噬嗑　益	归妹　既济
三	四	五	上	初	二
五　十二	五　十二	五　十二	五　十二	五　十二	五　十二
升　乾	蹇　大畜	观　需	无妄　巽	睽　家人	大壮　中孚
四	五	上	初	二	二
七　二	七　二	七　二	七　二	七　二	七　二
井　困	渐　旅	益　复	履　困	大有　履	泰　复
五	上	初	二	三	四
九　四	九　四	九　四	九　四	九　四	九　四
巽　鼎	家人　明夷	中孚　坎	乾　遁	大畜　颐	需　兑
上	初	二	三	四	五
十一　六	十一　六	十一　六	十一　六	十一　六	十一　六
小畜　泰	小畜　井	小畜　渐	小畜　益	小畜　履	小畜　大有
初	二	三	四	五	上

䷐随卦（十七）

【原文】

初九	六二	六三	九四	九五	上六
正　八	正　八	正　八	正　八	正　八	正　八
兑　明夷	革　颐	屯　晋	震　讼	无妄　小过	萃　需
二	三	四	五	上	初
三　十	三　十	三　十	三　十	三　十	三　十
夬　损	既济　旅	复　涣	噬嗑　恒	晋　小畜	困　谦
三	四	五	上	初	二
五　十二	五　十二	五　十二	五　十二	五　十二	五　十二
需　鼎	明夷　巽	颐　升	晋　大畜	讼　艮	大过　蒙
四	五	上	初	二	三
七　二	七　二	七　二	七　二	七　二	七　二
泰　归妹	贲　同人	剥　比	未济　归妹	姤　同人	井　比
五	上	初	二	三	四
九　四	九　四	九　四	九　四	九　四	九　四
大畜　乾	艮　蹇	蒙　临	鼎　离	巽　观	升　解
上	初	二	三	四	五
十一　六	十一　六	十一　六	十一　六	十一　六	十一　六
蛊　井	蛊　泰	蛊　贲	蛊　剥	蛊　未济	蛊　姤
初	二	三	四	五	上

䷑蛊卦（十八）

【原文】

初六	九二	九三	六四	六五	上九
正　八	正　八	正　八	正　八	正　八	正　八
艮　讼	蒙　大过	鼎　需	巽　明夷	升　颐	大畜　晋
二	三	四	五	上	初
三　十	三　十	三　十	三　十	三　十	三　十
剥　咸	未济　节	姤　丰	井　益	泰　豫	贲　履
三	四	五	上	初	二
五　十二	五　十二	五　十二	五　十二	五　十二	五　十二
晋　屯	讼　震	大过　无妄	需　萃	明夷　兑	颐　革
四	五	上	初	二	三
七　二	七　二	七　二	七　二	七　二	七　二
否　渐	困　师	夬　大有	既济　渐	复　师	噬嗑　大有
五	上	初	二	三	四
九　四	九　四	九　四	九　四	九　四	九　四
萃　坤	兑　睽	萃　遁	屯　坎	震　大壮	无妄　家人
上	初	二	三	四	五
十一　六	十一　六	十一　六	十一　六	十一　六	十一　六
随　噬嗑	随　否	随　困	随　夬	随　既济	随　复
初	二	三	四	五	上

䷒临卦（十九）

【原文】

初九	九二	六三	六四	六五	上六
正 八	正 八	正 八	正 八	正 八	正 八
复 夬	泰 履	归妹 涣	节 剥	损 谦	师 丰
二	三	四	五	上	初
三 十	三 十	三 十	三 十	三 十	三 十
明夷 无妄	大壮 巽	兑 晋	中孚 蹇	离 蒙	坤 大过
三	四	五	上	初	二
五 十二	五 十二	五 十二	五 十二	五 十二	五 十二
丰 渐	夬 旅	履 咸	涣 同人	剥 姤	谦 否
四	五	上	初	二	三
七 二	七 二	七 二	七 二	七 二	七 二
革 屯	乾 大畜	讼 解	观 屯	艮 大畜	小过 解
五	上	初	二	三	四
九 四	九 四	九 四	九 四	九 四	九 四
同人 贲	姤 恒	否 随	归妹 小畜	旅 未济	咸 比
上	初	二	三	四	五
十一 六	十一 六	十一 六	十一 六	十一 六	十一 六
遁 小过	遁 革	遁 乾	遁 讼	遁 观	遁 艮
初	二	三	四	五	上

䷓观卦（二十）

【原文】

初六	六二	六三	六四	九五	上九
正 八	正 八	正 八	正 八	正 八	正 八
涣 旅	渐 豫	否 复	剥 节	比 小畜	益 姤
二	三	四	五	上	初
三 十	三 十	三 十	三 十	三 十	三 十
巽 解	遁 明夷	晋 兑	坤 大畜	屯 大过	中孚 离
三	四	五	上	初	二
五 十二	五 十二	五 十二	五 十二	五 十二	五 十二
姤 泰	旅 夬	豫 大有	复 恒	节 丰	小畜 归妹
四	五	上	初	二	三
七 二	七 二	七 二	七 二	七 二	七 二
归妹 蒙	小过 蹇	震 无妄	临 蒙	需 蹇	乾 无妄
五	上	初	二	三	四
九 四	九 四	九 四	九 四	九 四	九 四
恒 比	丰 同人	归妹 未济	泰 谦	夬 随	大有 损
上	初	二	三	四	五
十一 六	十一 六	十一 六	十一 六	十一 六	十一 六
大壮 乾	大壮 鼎	大壮 小过	大壮 震	大壮 临	大壮 需
初	二	三	四	五	上

䷔噬嗑卦（二十一）

【原文】

初九	六二	六三	九四	六五	上九
正　八	正　八	正　八	正　八	正　八	正　八
睽　家人	离　屯	颐　萃	无妄　解	震　鼎	晋　大畜
二	三	四	五	上	初
三　十	三　十	三　十	三　十	三　十	三　十
大有　节	贲　咸	益　师	随　姤	豫　泰	未济　渐
三	四	五	上	初	二
五　十二	五　十二	五　十二	五　十二	五　十二	五　十二
大畜　大过	家人　升	屯　巽	萃　需	解　蹇	鼎　坎
四	五	上	初	二	三
七　二	七　二	七　二	七　二	七　二	七　二
小畜　履	既济　丰	比　剥	困　履	恒　丰	蛊　剥
五	上	初	二	三	四
九　四	九　四	九　四	九　四	九　四	九　四
需　大壮	蹇　艮	坎　中孚	大过　革	升　坤	巽　讼
上	初	二	三	四	五
十一　六	十一　六	十一　六	十一　六	十一　六	十一　六
井　蛊	井　小畜	井　既济	井　比	井　困	井　恒
初	二	三	四	五	上

䷕贲卦（二十二）

【原文】

初九	六二	九三	六四	六五	上九
正　八	正　八	正　八	正　八	正　八	正　八
大畜　无妄	颐　革	离　蹇	家人　升	明夷　蒙	艮　坤
二	三	四	五	上	初
三　十	三　十	三　十	三　十	三　十	三　十
损　夬	噬嗑　比	同人　恒	既济　涣	谦　归妹	蛊　否
三	四	五	上	初	二
五　十二	五　十二	五　十二	五　十二	五　十二	五　十二
睽　坎	无妄　解	革　讼	蹇　兑	井　萃	蒙　大过
四	五	上	初	二	三
七　二	七　二	七　二	七　二	七　二	七　二
履　小畜	随　履	咸　旅	夬　小畜	师　复	未济　旅
五	上	初	二	三	四
九　四	九　四	九　四	九　四	九　四	九　四
兑　临	萃　晋	大过　乾	坎　屯	解　小过	讼　巽
上	初	二	三	四	五
十一　六	十一　六	十一　六	十一　六	十一　六	十一　六
困　未济	困　履	困　随	困　咸	困　井	困　师
初	二	三	四	五	上

䷖剥卦（二十三）

【原文】

初六	六二	六三	六四	六五	上九
正　八	正　八	正　八	正　八	正　八	正　八
蒙　遁	艮　萃	晋　屯	观　临	坤　大畜	颐　鼎
二	三	四	五	上	初
三　十	三　十	三　十	三　十	三　十	三　十
蛊　困	旅　既济	否　归妹	比　小畜	复　恒	损　同人
三	四	五	上	初	二
五　十二	五　十二	五　十二	五　十二	五　十二	五　十二
鼎　需	遁　大壮	萃　乾	屯　大过	临　革	大畜　兑
四	五	上	初	二	三
七　二	七　二	七　二	七　二	七　二	七　二
姤　涣	咸　谦	随　噬嗑	节　涣	泰　谦	大有　噬嗑
五	上	初	二	三	四
九　四	九　四	九　四	九　四	九　四	九　四
大过　升	革　离	兑　讼	需　蹇	大壮　震	乾　中孚
上	初	二	三	四	五
十一　六	十一　六	十一　六	十一　六	十一　六	十一　六
夬　大有	夬　姤	夬　咸	夬　随	夬　节	夬　泰
初	二	三	四	五	上

䷗复卦（二十四）

【原文】

初九	六二	六三	六四	六五	上六
正 八	正 八	正 八	正 八	正 八	正 八
临 革	明夷 无妄	震 观	屯 蒙	颐 升	坤 大壮
二	三	四	五	上	初
三 十	三 十	三 十	三 十	三 十	三 十
泰 履	丰 渐	遁 未济	益 井	剥 大有	师 咸
三	四	五	上	初	二
五 十二	五 十二	五 十二	五 十二	五 十二	五 十二
大壮 巽	革 鼎	无妄 大过	观 乾	蒙 遁	升 讼
四	五	上	初	二	三
七 二	七 二	七 二	七 二	七 二	七 二
夬 节	同人 贲	否 豫	涣 节	蛊 贲	恒 豫
五	上	初	二	三	四
九 四	九 四	九 四	九 四	九 四	九 四
乾 大畜	遁 小过	讼 兑	巽 家人	鼎 晋	大过 坎
上	初	二	三	四	五
十一 六	十一 六	十一 六	十一 六	十一 六	十一 六
姤 恒	姤 夬	姤 同人	姤 否	姤 涣	姤 蛊
初	二	三	四	五	上

䷘无妄卦（二十五）

【原文】

初九	六二	六三	九四	九五	上九
正　八	正　八	正　八	正　八	正　八	正　八
履　贲	同人　复	益　豫	噬嗑　困	随　姤	否　小畜
二	三	四	五	上	初
三　十	三　十	三　十	三　十	三　十	三　十
乾　升	家人　小过	颐　坎	震　鼎	萃　需	讼　艮
三	四	五	上	初	二
五　十二	五　十二	五　十二	五　十二	五　十二	五　十二
小畜　恒	贲　井	复　蛊	豫　泰	困　谦	姤　师
四	五	上	初	二	三
七　二	七　二	七　二	七　二	七　二	七　二
大畜　睽	明夷　革	坤　观	解　睽	大过　革	巽　观
五	上	初	二	三	四
九　四	九　四	九　四	九　四	九　四	九　四
泰　夬	谦　渐	师　损	恒　丰	井　比	蛊　未济
上	初	二	三	四	五
十一　六	十一　六	十一　六	十一　六	十一　六	十一　六
升　巽	升　大畜	升　明夷	升　坤	升　解	升　小畜
初	二	三	四	五	上

䷙大畜卦（二十六）

【原文】

初九	九二	九三	六四	六五	上九
正　八	正　八	正　八	正　八	正　八	正　八
贲　履	损　夬	大有　井	小畜　谦	泰　剥	蛊　噬嗑
二	三	四	五	上	初
三　十	三　十	三　十	三　十	三　十	三　十
颐　革	睽　坎	乾　小过	需　观	升　震	艮　讼
三	四	五	上	初	二
五　十二	五　十二	五　十二	五　十二	五　十二	五　十二
噬嗑　比	履　豫	夬　否	井　随	谦　困	剥　咸
四	五	上	初	二	三
七　二	七　二	七　二	七　二	七　二	七　二
无妄　家人	兑　临	大过　鼎	蹇　家人	坤　临	晋　鼎
五	上	初	二	三	四
九　四	九　四	九　四	九　四	九　四	九　四
随　复	困　未济	咸　同人	比　节	豫　恒	否　渐
上	初	二	三	四	五
十一　六	十一　六	十一　六	十一　六	十一　六	十一　六
萃　晋	萃　无妄	萃　兑	萃　大过	萃　蹇	萃　坤
初	二	三	四	五	上

䷚颐卦（二十七）

【原文】

初九	六二	六三	六四	六五	上九
正　八	正　八	正　八	正　八	正　八	正　八
损　同人	贲　随	噬嗑　比	益　师	复　蛊	剥　大有
二	三	四	五	上	初
三　十	三　十	三　十	三　十	三　十	三　十
大畜　兑	离　蹇	无妄　解	屯　巽	坤　大壮	蒙　遁
三	四	五	上	初	二
五　十二	五　十二	五　十二	五　十二	五　十二	五　十二
大有　井	同人　恒	随　姤	比　夬	师　咸	蛊　困
四	五	上	初	二	三
七　二	七　二	七　二	七　二	七　二	七　二
乾　中孚	革　明夷	萃　晋	坎　中孚	升　明夷	鼎　晋
五	上	初	二	三	四
九　四	九　四	九　四	九　四	九　四	九　四
夬　泰	咸　旅	困　履	井　未济	恒　豫	姤　涣
上	初	二	三	四	五
十一　六	十一　六	十一　六	十一　六	十一　六	十一　六
大过　鼎	大过　乾	大过　革	大过　萃	大过　坎	大过　升
初	二	三	四	五	上

䷛大过卦（二十八）

【原文】

初六	九二	九三	九四	九五	上六
正 八	正 八	正 八	正 八	正 八	正 八
咸 师	困 蛊	井 大有	恒 同人	姤 随	夬 比
二	三	四	五	上	初
三 十	三 十	三 十	三 十	三 十	三 十
萃 艮	坎 睽	升 家人	鼎 震	乾 观	萃 临
三	四	五	上	初	二
五 十二	五 十二	五 十二	五 十二	五 十二	五 十二
比 噬嗑	师 益	蛊 复	大有 剥	同人 损	随 贲
四	五	上	初	二	三
七 二	七 二	七 二	七 二	七 二	七 二
坤 小过	蒙 讼	大畜 需	离 小过	无妄 讼	屯 需
五	上	初	二	三	四
九 四	九 四	九 四	九 四	九 四	九 四
剥 否	损 节	贲 谦	噬嗑 未济	益 小畜	复 丰
上	初	二	三	四	五
十一 六	十一 六	十一 六	十一 六	十一 六	十一 六
颐 屯	颐 坤	颐 蒙	颐 需	颐 离	颐 无妄
初	二	三	四	五	上

䷜坎卦（二十九）

【原文】

初六	九二	六三	六四	九五	上六
正　八	正　八	正　八	正　八	正　八	正　八
比　恒	井　未济	困　损	师　益	涣　既济	节　咸
二	三	四	五	上	初
三　十	三　十	三　十	三　十	三　十	三　十
蹇　晋	大过　大畜	解　无妄	蒙　明夷	中孚　遁	屯　大壮
三	四	五	上	初	二
五　十二	五　十二	五　十二	五　十二	五　十二	五　十二
咸　贲	恒　同人	未济　丰	损　旅	益　大有	既济　噬嗑
四	五	上	初	二	三
七　二	七　二	七　二	七　二	七　二	七　二
小过　师	鼎　巽	睽　兑	颐　坤	家人　巽	革　兑
五	上	初	二	三	四
九　四	九　四	九　四	九　四	九　四	九　四
旅　渐	大有　夬	噬嗑　豫	贲　蛊	同人　履	丰　复
上	初	二	三	四	五
十一　六	十一　六	十一　六	十一　六	十一　六	十一　六
离　革	离　小过	离　鼎	离　睽	离　颐	离　家人
初	二	三	四	五	上

䷝离卦（三十）

【原文】

初九	六二	九三	九四	六五	上九
正　八	正　八	正　八	正　八	正　八	正　八
大有　益	噬嗑　既济	贲　咸	同人　恒	丰　未济	旅　损
二	三	四	五	上	初
三　十	三　十	三　十	三　十	三　十	三　十
睽　需	颐　萃	家人　升	革　讼	小过　临	鼎　观
三	四	五	上	初	二
五　十二	五　十二	五　十二	五　十二	五　十二	五　十二
损　困	益　师	既济　涣	咸　节	恒　比	未济　升
四	五	上	初	二	三
七　二	七　二	七　二	七　二	七　二	七　二
中孚　乾	屯　震	蹇　艮	大过　乾	解　震	蒙　艮
五	上	初	二	三	四
九　四	九　四	九　四	九　四	九　四	九　四
节　归妹	比　剥	井　小畜	困　随	师　谦	涣　姤
上	初	二	三	四	五
十一　六	十一　六	十一　六	十一　六	十一　六	十一　六
坎　旅	坎　中孚	坎　屯	坎　蹇	坎　大过	坎　解
初	二	三	四	五	上

䷞咸卦（三十一）

【原文】

初六	六二	九三	九四	九五	上六
正　八	正　八	正　八	正　八	正　八	正　八
大过　坤	萃　艮	蹇　离	小过　乾	遁　兑	革　坎
二	三	四	五	上	初
三　十	三　十	三　十	三　十	三　十	三　十
困　蛊	比　噬嗑	谦　小畜	旅　归妹	同人　涣	夬　复
三	四	五	上	初	二
五　十二	五　十二	五　十二	五　十二	五　十二	五　十二
坎　睽	坤　屯	艮　临	离　蒙	乾　颐	兑　大畜
四	五	上	初	二	三
七　二	七　二	七　二	七　二	七　二	七　二
师　恒	剥　否	贲　既济	大有　恒	履　无妄	节　既济
五	上	初	二	三	四
九　四	九　四	九　四	九　四	九　四	九　四
蒙　讼	颐　屯	大畜　升	睽　晋	中孚　家人	临　大壮
上	初	二	三	四	五
十一　六	十一　六	十一　六	十一　六	十一　六	十一　六
损　节	损　师	损　剥	损　贲	损　大有	损　履
初	二	三	四	五	上

䷟恒卦（三十二）

【原文】

初六	九二	九三	九四	六五	上六
正　八	正　八	正　八	正　八	正　八	正　八
小过　坎	解　巽	升　乾	大过　离	鼎　震	大壮　坤
二	三	四	五	上	初
三　十	三　十	三　十	三　十	三　十	三　十
豫　渐	师　履	井　贲	姤　随	大有　剥	丰　节
三	四	五	上	初	二
五　十二	五　十二	五　十二	五　十二	五　十二	五　十二
坤　无妄	坎　颐	巽　屯	乾　观	离　中孚	震　家人
四	五	上	初	二	三
七　二	七　二	七　二	七　二	七　二	七　二
比　咸	涣　未济	小畜　泰	同人　咸	噬嗑　未济	复　泰
五	上	初	二	三	四
九　四	九　四	九　四	九　四	九　四	九　四
观　晋	中孚　临	家人　蹇	无妄　讼	颐　大畜	屯　革
上	初	二	三	四	五
十一　六	十一　六	十一　六	十一　六	十一　六	十一　六
益　复	益　比	益　涣	益　小畜	益　同人	益　嗑噬
初	二	三	四	五	上

䷠遁卦（三十三）

【原文】

初六	六二	九三	九四	九五	上九
正　八	正　八	正　八	正　八	正　八	正　八
姤　剥	否　谦	渐　丰	旅　夬	咸　旅	同人　涣
二	三	四	五	上	初
三　十	三　十	三　十	三　十	三　十	三　十
讼　升	观　震	艮　需	小过　睽	革　坎	乾　颐
三	四	五	上	初	二
五　十二	五　十二	五　十二	五　十二	五　十二	五　十二
涣　归妹	剥　节	谦　损	丰　师	夬　复	履　泰
四	五	上	初	二	三
七　二	七　二	七　二	七　二	七　二	七　二
蒙　鼎	坤　萃	明夷　家人	大壮　鼎	兑　萃	中孚　家人
五	上	初	二	三	四
九　四	九　四	九　四	九　四	九　四	九　四
师　困	复　益	泰　蛊	归妹　豫	节　既济	损　大有
上	初	二	三	四	五
十一　六	十一　六	十一　六	十一　六	十一　六	十一　六
临　中孚	临　蒙	临　坤	临　明夷	临　大壮	临　兑
初	二	三	四	五	上

䷡大壮卦（三十四）

【原文】

初九	九二	九三	九四	六五	上六
正　八	正　八	正　八	正　八	正　八	正　八
丰　节	归妹　小畜	泰　姤	夬　旅	大有　豫	恒　复
二	三	四	五	上	初
三　十	三　十	三　十	三　十	三　十	三　十
震　蒙	临　讼	需　艮	乾　萃	鼎　颐	小过　坎
三	四	五	上	初	二
五　十二	五　十二	五　十二	五　十二	五　十二	五　十二
复　否	节　剥	小畜　比	姤　益	旅　涣	豫　渐
四	五	上	初	二	三
七　二	七　二	七　二	七　二	七　二	七　二
屯　革	中孚　睽	巽　升	遁　革	贲　睽	坤　升
五	上	初	二	三	四
九　四	九　四	九　四	九　四	九　四	九　四
益　噬嗑	涣　师	渐　既济	否　随	剥　蛊	比　咸
上	初	二	三	四	五
十一　六	十一　六	十一　六	十一　六	十一　六	十一　六
观　坤	观　屯	观　中孚	观　巽	观　遁	观　晋
初	二	三	四	五	上

䷢晋卦（三十五）

【原文】

初六	六二	六三	九四	六五	上九
正　八	正　八	正　八	正　八	正　八	正　八
未济　渐	旅　比	剥　随	否　归妹	豫　大有	噬嗑　蛊
二	三	四	五	上	初
三　十	三　十	三　十	三　十	三　十	三　十
鼎　坎	艮　革	观　临	萃　乾	震　升	睽　家人
三	四	五	上	初	二
五　十二	五　十二	五　十二	五　十二	五　十二	五　十二
蛊　夬	渐　泰	比　小畜	随　井	归妹　既济	大有　节
四	五	上	初	二	三
七　二	七　二	七　二	七　二	七　二	七　二
巽　讼	蹇　小过	屯　颐	兑　讼	大壮　小过	大畜　颐
五	上	初	二	三	四
九　四	九　四	九　四	九　四	九　四	九　四
井　恒	既济　贲	节　涣	夬　咸	泰　复	小畜　履
上	初	二	三	四	五
十一　六	十一　六	十一　六	十一　六	十一　六	十一　六
需　大畜	需　巽	需　蹇	需　屯	需　兑	需　大壮
初	二	三	四	五	上

䷣明夷卦（三十六）

【原文】

初九	六二	九三	六四	六五	上六
正 八	正 八	正 八	正 八	正 八	正 八
泰 随	复 同人	丰 渐	既济 蛊	贲 师	谦 归妹
二	三	四	五	上	初
三 十	三 十	三 十	三 十	三 十	三 十
临 乾	震 观	革 鼎	家人 坎	艮 蹇	升 萃
三	四	五	上	初	二
五 十二	五 十二	五 十二	五 十二	五 十二	五 十二
归妹 涣	随 未济	同人 困	渐 履	蛊 否	师 姤
四	五	上	初	二	三
七 二	七 二	七 二	七 二	七 二	七 二
兑 需	无妄 颐	遁 小过	巽 需	蒙 颐	解 小过
五	上	初	二	三	四
九 四	九 四	九 四	九 四	九 四	九 四
履 损	否 豫	姤 夬	涣 益	比 旅	困 升
上	初	二	三	四	五
十一 六	十一 六	十一 六	十一 六	十一 六	十一 六
讼 解	讼 兑	讼 无妄	讼 遁	讼 巽	讼 蒙
初	二	三	四	五	上

䷤家人卦（三十七）

【原文】

初九	六二	九三	六四	九五	上九
正　八	正　八	正　八	正　八	正　八	正　八
小畜　噬嗑	益　丰	同人　谦	贲　井	既济　涣	益　履
二	三	四	五	上	初
三　十	三　十	三　十	三　十	三　十	三　十
中孚　大壮	无妄　坤	离　大过	明夷　蒙	蹇　兑	巽　晋
三	四	五	上	初	二
五　十二	五　十二	五　十二	五　十二	五　十二	五　十二
履　师	噬嗑　困	丰　未济	谦　归妹	升　豫	涣　恒
四	五	上	初	二	三
七　二	七　二	七　二	七　二	七　二	七　二
睽　大畜	震　屯	小过　遁	升　大畜	坎　屯	讼　遁
五	上	初	二	三	四
九　四	九　四	九　四	九　四	九　四	九　四
归妹　节	豫　否	恒　大有	师　复	困　咸	未济　蛊
上	初	二	三	四	五
十一　六	十一　六	十一　六	十一　六	十一　六	十一　六
解　讼	解　睽	解　震	解　大过	解　升	解　坎
初	二	三	四	五	上

䷥睽卦（三十八）

【原文】

初九	九二	六三	九四	六五	上九
正　八	正　八	正　八	正　八	正　八	正　八
噬嗑　小畜	大有　节	损　困	履　豫	归妹　旅	未济　贲
二	三	四	五	上	初
三　十	三　十	三　十	三　十	三　十	三　十
离　屯	大畜　大过	中孚　坤	兑　遁	解　明夷	晋　巽
三	四	五	上	初	二
五　十二	五　十二	五　十二	五　十二	五　十二	五　十二
贲　咸	小畜　谦	节　渐	困　既济	豫　升	旅　比
四	五	上	初	二	三
七　二	七　二	七　二	七　二	七　二	七　二
家人　无妄	需　大壮	坎　蒙	萃　无妄	小过　大壮	艮　蒙
五	上	初	二	三	四
九　四	九　四	九　四	九　四	九　四	九　四
既济　丰	井　蛊	比　益	咸　夬	谦　节	渐　否
上	初	二	三	四	五
十一　六	十一　六	十一　六	十一　六	十一　六	十一　六
蹇　艮	蹇　家人	蹇　需	蹇　坎	蹇　萃	蹇　小过
初	二	三	四	五	上

䷦蹇卦（三十九）

【原文】

初六	六二	九三	六四	九五	上六
正　八	正　八	正　八	正　八	正　八	正　八
井　豫	比　旅	咸　贲	谦　小畜	渐　节	既济　困
二	三	四	五	上	初
三　十	三　十	三　十	三　十	三　十	三　十
坎　鼎	萃　颐	小过　乾	艮　临	家人　讼	需　震
三	四	五	上	初	二
五　十二	五　十二	五　十二	五　十二	五　十二	五　十二
困　损	豫　履	旅　归妹	贲　未济	小畜　噬嗑	节　大有
四	五	上	初	二	三
七　二	七　二	七　二	七　二	七　二	七　二
解　升	晋　观	离　革	大畜　升	中孚　观	兑　革
五	上	初	二	三	四
九　四	九　四	九　四	九　四	九　四	九　四
未济　涣	噬嗑　随	大有　恒	损　剥	复　同人	归妹　泰
上	初	二	三	四	五
十一　六	十一　六	十一　六	十一　六	十一　六	十一　六
睽　兑	睽　解	睽　晋	睽　离	睽　大有	睽　中孚
初	二	三	四	五	上

䷧解卦（四十）

【原文】

初六	九二	六三	九四	六五	上六
正　八	正　八	正　八	正　八	正　八	正　八
豫　井	恒　涣	师　履	困　噬嗑	未济　丰	归妹　谦
二	三	四	五	上	初
三　十	三　十	三　十	三　十	三　十	三　十
小过　观	升　乾	坎　颐	讼　革	睽　艮	震　需
三	四	五	上	初	二
五　十二	五　十二	五　十二	五　十二	五　十二	五　十二
谦　同人	井　贲	涣　既济	履　渐	噬嗑　小畜	丰　益
四	五	上	初	二	三
七　二	七　二	七　二	七　二	七　二	七　二
蹇　萃	巽　鼎	中孚　临	无妄　萃	离　鼎	明夷　临
五	上	初	二	三	四
九　四	九　四	九　四	九　四	九　四	九　四
渐　旅	小畜　泰	益　比	同人　姤	贲　损	既济　随
上	初	二	三	四	五
十一　六	十一　六	十一　六	十一　六	十一　六	十一　六
家人　明夷	家人　蹇	家人　巽	家人　中孚	家人　无妄	家人　离
初	二	三	四	五	上

䷨损卦（四十一）

【原文】

初九	九二	六三	六四	六五	上九
正　八	正　八	正　八	正　八	正　八	正　八
乾　颐	大畜　兑	睽　坎	中孚　坤	临　艮	蒙　离
二	三	四	五	上	初
三　十	三　十	三　十	三　十	三　十	三　十
贲　随	大有　井	履　豫	节　渐	师　丰	剥　姤
三	四	五	上	初	二
五　十二	五　十二	五　十二	五　十二	五　十二	五　十二
离　蹇	乾　小过	兑　遁	坎　革	坤　大过	艮　萃
四	五	上	初	二	三
七　二	七　二	七　二	七　二	七　二	七　二
同人　益	夬　泰	困　未济	比　益	谦　泰	旅　未济
五	上	初	二	三	四
九　四	九　四	九　四	九　四	九　四	九　四
革　明夷	大过　鼎	萃　无妄	蹇　需	小过　解	遁　观
上	初	二	三	四	五
十一　六	十一　六	十一　六	十一　六	十一　六	十一　六
咸　旅	咸　同人	咸　夬	咸　困	咸　比	咸　谦
初	二	三	四	五	上

䷩益卦（四十二）

【原文】

初九	六二	六三	六四	九五	上九
正　八	正　八	正　八	正　八	正　八	正　八
中孚　离	家人　震	无妄　坤	颐　坎	屯　巽	观　乾
二	三	四	五	上	初
三　十	三　十	三　十	三　十	三　十	三　十
小畜　归妹	同人　谦	噬嗑　困	复　蛊	比　夬	涣　旅
三	四	五	上	初	二
五　十二	五　十二	五　十二	五　十二	五　十二	五　十二
乾　升	离　大过	震　鼎	升　大壮	坎　小过	巽　解
四	五	上	初	二	三
七　二	七　二	七　二	七　二	七　二	七　二
大有　损	丰　既济	豫　否	师　损	井　既济	姤　否
五	上	初	二	三	四
九　四	九　四	九　四	九　四	九　四	九　四
大壮　需	小过　遁	解　睽	升　明夷	大过　萃	鼎　蒙
上	初	二	三	四	五
十一　六	十一　六	十一　六	十一　六	十一　六	十一　六
恒　姤	恒　大有	恒　丰	恒　豫	恒　师	恒　升
初	二	三	四	五	上

䷪夬卦（四十三）

【原文】

初九	九二	九三	九四	九五	上六
正 八	正 八	正 八	正 八	正 八	正 八
革 临	兑 大畜	需 鼎	大壮 遁	乾 萃	大过 屯
二	三	四	五	上	初
三 十	三 十	三 十	三 十	三 十	三 十
随 贲	节 未济	泰 渐	大有 豫	姤 益	咸 师
三	四	五	上	初	二
五 十二	五 十二	五 十二	五 十二	五 十二	五 十二
屯 晋	临 观	大畜 坤	鼎 颐	遁 蒙	萃 艮
四	五	上	初	二	三
七 二	七 二	七 二	七 二	七 二	七 二
复 丰	损 履	蛊 井	旅 丰	否 履	比 井
五	上	初	二	三	四
九 四	九 四	九 四	九 四	九 四	九 四
颐 无妄	蒙 坎	艮 明夷	晋 睽	观 巽	坤 小过
上	初	二	三	四	五
十一 六	十一 六	十一 六	十一 六	十一 六	十一 六
剥 比	剥 复	剥 损	剥 蛊	剥 旅	剥 否
初	二	三	四	五	上

䷫姤卦（四十四）

【原文】

初六	九二	九三	九四	九五	上九
正　八	正　八	正　八	正　八	正　八	正　八
遁　蒙	讼　升	巽　大壮	鼎　革	大过　无妄	乾　观
二	三	四	五	上	初
三　十	三　十	三　十	三　十	三　十	三　十
否　谦	涣　归妹	蛊　既济	恒　噬嗑	夬　比	同人　损
三	四	五	上	初	二
五　十二	五　十二	五　十二	五　十二	五　十二	五　十二
观　震	蒙　屯	升　颐	大壮　坤	革　临	无妄　明夷
四	五	上	初	二	三
七　二	七　二	七　二	七　二	七　二	七　二
剥　旅	师　困	泰　小畜	蛊　旅	随　困	益　小畜
五	上	初	二	三	四
九　四	九　四	九　四	九　四	九　四	九　四
萃　坤	中孚　临	明夷　艮	解　震	屯　需	离　颐
上	初	二	三	四	五
十一　六	十一　六	十一　六	十一　六	十一　六	十一　六
复　益	复　剥	复　师	复　泰	复　丰	复　随
初	二	三	四	五	上

䷬萃卦（四十五）

【原文】

初六	六二	六三	九四	九五	上六
正　八	正　八	正　八	正　八	正　八	正　八
困　谦	咸　剥	比　噬嗑	豫　履	否　夬	随　升
二	三	四	五	上	初
三　十	三　十	三　十	三　十	三　十	三　十
大过　蒙	蹇　离	坤　中孚	晋　大壮	无妄　巽	兑　明夷
三	四	五	上	初	二
五　十二	五　十二	五　十二	五　十二	五　十二	五　十二
井　大有	谦　小畜	剥　泰	噬嗑　蛊	履　贲	夬　损
四	五	上	初	二	三
七　二	七　二	七　二	七　二	七　二	七　二
升　解	艮　遁	颐　屯	睽　解	乾　遁	需　屯
五	上	初	二	三	四
九　四	九　四	九　四	九　四	九　四	九　四
蛊　姤	贲　既济	损　师	大有　旅	小畜　益	泰　归妹
上	初	二	三	四	五
十一　六	十一　六	十一　六	十一　六	十一　六	十一　六
大畜　需	大畜　升	大畜　艮	大畜　颐	大畜　睽	大畜　乾
初	二	三	四	五	上

䷭升卦（四十六）

【原文】

初六	九二	九三	六四	六五	上六
正　八	正　八	正　八	正　八	正　八	正　八
谦　困	师　姤	恒　小畜	井　贲	蛊　复	泰　豫
二	三	四	五	上	初
三　十	三　十	三　十	三　十	三　十	三　十
坤　遁	解　中孚	大过　离	巽　屯	大畜　晋	明夷　兑
三	四	五	上	初	二
五　十二	五　十二	五　十二	五　十二	五　十二	五　十二
豫　益	困　噬嗑	姤　随	小畜　否	贲　履	复　同人
四	五	上	初	二	三
七　二	七　二	七　二	七　二	七　二	七　二
萃　蹇	讼　蒙	乾　大壮	家人　蹇	颐　蒙	震　大壮
五	上	初	二	三	四
九　四	九　四	九　四	九　四	九　四	九　四
否　剥	履　归妹	同人　咸	益　涣	噬嗑　大有	随　既济
上	初	二	三	四	五
十一　六	十一　六	十一　六	十一　六	十一　六	十一　六
无妄　震	无妄　萃	无妄　讼	无妄　乾	无妄　剥	无妄　颐
初	二	三	四	五	上

䷮困卦（四十七）

【原文】

初六	九二	六三	九四	九五	上六
正　八	正　八	正　八	正　八	正　八	正　八
萃　升	大过　蒙	坎　睽	解　无妄	讼　革	兑　蹇
二	三	四	五	上	初
三　十	三　十	三　十	三　十	三　十	三　十
咸　剥	井　大有	师　益	未济　丰	履　渐	随　泰
三	四	五	上	初	二
五　十二	五　十二	五　十二	五　十二	五　十二	五　十二
蹇　离	升　家人	蒙　明夷	睽　艮	无妄　大畜	革　颐
四	五	上	初	二	三
七　二	七　二	七　二	七　二	七　二	七　二
谦　豫	蛊　姤	损　节	噬嗑　豫	同人　姤	既济　节
五	上	初	二	三	四
九　四	九　四	九　四	九　四	九　四	九　四
艮　遁	大畜　震	颐　坤	离　鼎	家人　中孚	明夷　震
上	初	二	三	四	五
十一　六	十一　六	十一　六	十一　六	十一　六	十一　六
贲　既济	贲　谦	贲　坤	贲　损	贲　噬嗑	贲　同人
初	二	三	四	五	上

䷯井卦（四十八）

【原文】

初六	九二	九三	六四	九五	上六
正　八	正　八	正　八	正　八	正　八	正　八
蹇　解	坎　鼎	大过　大畜	井　家人	巽　屯	需　萃
二	三	四	五	上	初
三　十	三　十	三　十	三　十	三　十	三　十
比　旅	困　损	恒　同人	蛊　复	小畜　否	既济　归妹
三	四	五	上	初	二
五　十二	五　十二	五　十二	五　十二	五　十二	五　十二
萃　颐	解　无妄	鼎　震	大畜　晋	家人　睽	屯　离
四	五	上	初	二	三
七　二	七　二	七　二	七　二	七　二	七　二
豫　谦	未济　涣	大有　夬	贲　谦	益　涣	随　夬
五	上	初	二	三	四
九　四	九　四	九　四	九　四	九　四	九　四
晋　观	睽　兑	离　小过	颐　蒙	无妄　乾	震　明夷
上	初	二	三	四	五
十一　六	十一　六	十一　六	十一　六	十一　六	十一　六
噬嗑　随	噬嗑　豫	噬嗑　未济	噬嗑　大有	噬嗑　贲	噬嗑　益
初	二	三	四	五	上

䷰革卦（四十九）

【原文】

初九	六二	九三	九四	九五	上六
正 八	正 八	正 八	正 八	正 八	正 八
夬 复	随 贲	既济 旅	丰 姤	同人 困	咸 节
二	三	四	五	上	初
三 十	三 十	三 十	三 十	三 十	三 十
兑 大畜	屯 晋	明夷 巽	离 解	遁 中孚	大过 坤
三	四	五	上	初	二
五 十二	五 十二	五 十二	五 十二	五 十二	五 十二
节 未济	复 涣	贲 师	旅 损	姤 剥	艮 蛊
四	五	上	初	二	三
七 二	七 二	七 二	七 二	七 二	七 二
临 大壮	颐 无妄	艮 蹇	鼎 大壮	讼 无妄	坎 蹇
五	上	初	二	三	四
九 四	九 四	九 四	九 四	九 四	九 四
损 履	剥 比	蛊 泰	未济 噬嗑	涣 渐	师 恒
上	初	二	三	四	五
十一 六	十一 六	十一 六	十一 六	十一 六	十一 六
蒙 坎	蒙 临	蒙 颐	蒙 艮	蒙 鼎	蒙 讼
初	二	三	四	五	上

䷱鼎卦（五十）

【原文】

初六	九二	九三	九四	六五	上九
正　八	正　八	正　八	正　八	正　八	正　八
旅　涣	未济　升	蛊　夬	姤　丰	恒　噬嗑	大有　剥
二	三	四	五	上	初
三　十	三　十	三　十	三　十	三　十	三　十
晋　蹇	蒙　兑	巽　明夷	大过　无妄	大壮　坤	离　中孚
三	四	五	上	初	二
五　十二	五　十二	五　十二	五　十二	五　十二	五　十二
剥　随	涣　复	井　益	夬　比	丰　节	噬嗑　既济
四	五	上	初	二	三
七　二	七　二	七　二	七　二	七　二	七　二
观　遁	坎　解	需　大畜	革　遁	震　解	颐　大畜
五	上	初	二	三	四
九　四	九　四	九　四	九　四	九　四	九　四
比　豫	节　损	既济　渐	随　困	复　泰	益　同人
上	初	二	三	四	五
十一　六	十一　六	十一　六	十一　六	十一　六	十一　六
屯　益	屯　观	屯　坎	屯　节	屯　革	屯　震
初	二	三	四	五	上

䷲震卦（五十一）

【原文】

初九	六二	六三	九四	六五	上六
正　八	正　八	正　八	正　八	正　八	正　八
归妹　既济	丰　益	复　否	随　未济	噬嗑　恒	豫　泰
二	三	四	五	上	初
三　十	三　十	三　十	三　十	三　十	三　十
大壮　中孚	明夷　遁	屯　蒙	无妄　大过	晋　大畜	解　蹇
三	四	五	上	初	二
五　十二	五　十二	五　十二	五　十二	五　十二	五　十二
泰　姤	既济　蛊	益　井	否　小畜	未济　渐	恒　涣
四	五	上	初	二	三
七　二	七　二	七　二	七　二	七　二	七　二
震　兑	家人　离	观　坤	讼　兑	鼎　离	升　坤
五	上	初	二	三	四
九　四	九　四	九　四	九　四	九　四	九　四
小畜　大有	渐　谦	涣　节	姤　同人	蛊　剥	井　困
上	初	二	三	四	五
十一　六	十一　六	十一　六	十一　六	十一　六	十一　六
巽　升	巽　需	巽　家人	巽　观	巽　讼	巽　鼎
初	二	三	四	五	上

䷳艮卦（五十二）

【原文】

初六	六二	九三	六四	六五	上九
正 八	正 八	正 八	正 八	正 八	正 八
蛊 否	剥 咸	旅 既济	渐 泰	谦 损	贲 未济
二	三	四	五	上	初
三 十	三 十	三 十	三 十	三 十	三 十
蒙 大过	晋 屯	随 大壮	蹇 中孚	明夷 解	大畜 无妄
三	四	五	上	初	二
五 十二	五 十二	五 十二	五 十二	五 十二	五 十二
未济 节	否 归妹	咸 履	既济 困	泰 随	损 夬
四	五	上	初	二	三
七 二	七 二	七 二	七 二	七 二	七 二
讼 巽	萃 坤	革 离	需 巽	临 坤	睽 离
五	上	初	二	三	四
九 四	九 四	九 四	九 四	九 四	九 四
困 师	随 噬嗑	夬 姤	节 比	归妹 丰	履 小畜
上	初	二	三	四	五
十一 六	十一 六	十一 六	十一 六	十一 六	十一 六
兑 睽	兑 讼	兑 萃	兑 革	兑 需	兑 临
初	二	三	四	五	上

䷴渐卦（五十三）

【原文】

初六	六二	九三	六四	九五	上九
正　八	正　八	正　八	正　八	正　八	正　八
巽　晋	观　小过	遁　明夷	艮　需	蹇　中孚	家人　讼
二	三	四	五	上	初
三　十	三　十	三　十	三　十	三　十	三　十
涣　恒	否　复	旅　夬	谦　损	既济　困	小畜　噬嗑
三	四	五	上	初	二
五　十二	五　十二	五　十二	五　十二	五　十二	五　十二
讼　师	晋　兑	小畜　睽	明夷　解	需　震	中孚　大壮
四	五	上	初	二	三
七　二	七　二	七　二	七　二	七　二	七　二
未济　蛊	豫　比	丰　同人	泰　蛊	节　比	履　同人
五	上	初	二	三	四
九　四	九　四	九　四	九　四	九　四	九　四
解　坎	震　无妄	大壮　鼎	临　坤	兑　革	睽　大畜
上	初	二	三	四	五
十一　六	十一　六	十一　六	十一　六	十一　六	十一　六
归妹　履	归妹　未济	归妹　豫	归妹　丰	归妹　泰	归妹　节
初	二	三	四	五	上

䷵归妹卦（五十四）

【原文】

初九	九二	六三	九四	六五	上六
正　八	正　八	正　八	正　八	正　八	正　八
震　需	大壮　中孚	临　讼	兑　晋	睽　小过	解　明夷
二	三	四	五	上	初
三　十	三　十	三　十	三　十	三　十	三　十
丰　益	泰　姤	节　剥	履　咸	未济　贲	豫　井
三	四	五	上	初	二
五　十二	五　十二	五　十二	五　十二	五　十二	五　十二
明夷　遁	需　艮	中孚　蹇	讼　家人	晋　巽	小过　观
四	五	上	初	二	三
七　二	七　二	七　二	七　二	七　二	七　二
既济　随	小畜　大有	涣　师	否　随	旅　大有	谦　师
五	上	初	二	三	四
九　四	九　四	九　四	九　四	九　四	九　四
家人　离	巽　升	观　屯	遁　乾	艮　蒙	蹇　萃
上	初	二	三	四	五
十一　六	十一　六	十一　六	十一　六	十一　六	十一　六
渐　谦	渐　既济	渐　小畜	渐　涣	渐　否	渐　旅
初	二	三	四	五	上

䷶丰卦（五十五）

【原文】

初九	六二	九三	九四	六五	上六
正　八	正　八	正　八	正　八	正　八	正　八
大壮　屯	震　家人	明夷　遁	革　鼎	离　解	小过　临
二	三	四	五	上	初
三　十	三　十	三　十	三　十	三　十	三　十
归妹　小畜	复　否	既济　蛊	同人　困	旅　损	恒　比
三	四	五	上	初	二
五　十二	五　十二	五　十二	五　十二	五　十二	五　十二
临　讼	屯　蒙	家人　坎	遁　中孚	鼎　观	解　巽
四	五	上	初	二	三
七　二	七　二	七　二	七　二	七　二	七　二
节　夬	益　噬嗑	渐　谦	姤　夬	未济　噬嗑	师　蒙
五	上	初	二	三	四
九　四	九　四	九　四	九　四	九　四	九　四
中孚　睽	观　坤	巽　需	讼　无妄	蒙　艮	坎　大过
上	初	二	三	四	五
十一　六	十一　六	十一　六	十一　六	十一　六	十一　六
涣　师	涣　节	涣　益	涣　渐	涣　姤	涣　未济
初	二	三	四	五	上

䷷旅卦（五十六）

【原文】

初六	六二	九三	九四	六五	上九
正 八	正 八	正 八	正 八	正 八	正 八
鼎 观	晋 蹇	艮 革	遁 大壮	小过 睽	离 蒙
二	三	四	五	上	初
三 十	三 十	三 十	三 十	三 十	三 十
未济 井	剥 随	渐 泰	咸 履	丰 师	大壮 益
三	四	五	上	初	二
五 十二	五 十二	五 十二	五 十二	五 十二	五 十二
蒙 兑	观 临	蹇 中孚	革 坎	大壮 屯	睽 需
四	五	上	初	二	三
七 二	七 二	七 二	七 二	七 二	七 二
涣 姤	比 豫	既济 贲	夬 姤	归妹 豫	损 贲
五	上	初	二	三	四
九 四	九 四	九 四	九 四	九 四	九 四
坎 解	屯 颐	需 巽	兑 萃	临 明夷	中孚 乾
上	初	二	三	四	五
十一 六	十一 六	十一 六	十一 六	十一 六	十一 六
节 损	节 涣	节 比	节 既济	节 夬	节 归妹
初	二	三	四	五	上

䷸巽卦（五十七）

【原文】

初六	九二	九三	六四	九五	上九
正　八	正　八	正　八	正　八	正　八	正　八
渐　未济	涣　恒	姤　泰	蛊　既济	井　益	小畜　否
二	三	四	五	上	初
三　十	三　十	三　十	三　十	三　十	三　十
观　小过	讼　临	鼎　革	升　颐	需　萃	家人　睽
三	四	五	上	初	二
五　十二	五　十二	五　十二	五　十二	五　十二	五　十二
否　复	未济　随	恒　噬嗑	泰　豫	既济　归妹	益　丰
四	五	上	初	二	三
七　二	七　二	七　二	七　二	七　二	七　二
晋　艮	解　坎	大壮　乾	明夷　艮	屯　坎	无妄　乾
五	上	初	二	三	四
九　四	九　四	九　四	九　四	九　四	九　四
豫　比	归妹　履	丰　旅	复　师	随　夬	噬嗑　贲
上	初	二	三	四	五
十一　六	十一　六	十一　六	十一　六	十一　六	十一　六
震　无妄	震　否	震　解	震　大壮	震　明夷	震　屯
初	二	三	四	五	上

䷹兑卦（五十八）

【原文】

初九	九二	六三	九四	九五	上六
正 八	正 八	正 八	正 八	正 八	正 八
随 泰	夬 损	节 未济	归妹 否	履 咸	困 既济
二	三	四	五	上	初
三 十	三 十	三 十	三 十	三 十	三 十
革 颐	需 鼎	临 观	睽 小过	讼 家人	萃 升
三	四	五	上	初	二
五 十二	五 十二	五 十二	五 十二	五 十二	五 十二
既济 旅	泰 渐	损 谦	未济 贲	否 蛊	咸 剥
四	五	上	初	二	三
七 二	七 二	七 二	七 二	七 二	七 二
明夷 震	大畜 乾	蒙 坎	晋 震	遁 乾	蹇 坎
五	上	初	二	三	四
九 四	九 四	九 四	九 四	九 四	九 四
贲 同人	蛊 井	剥 复	旅 大有	渐 涣	谦 豫
上	初	二	三	四	五
十一 六	十一 六	十一 六	十一 六	十一 六	十一 六
艮 蹇	艮 明夷	艮 大畜	艮 蒙	艮 晋	艮 遁
初	二	三	四	五	上

䷺涣卦（五十九）

【原文】

初六	九二	六三	六四	九五	上九
正 八	正 八	正 八	正 八	正 八	正 八
观 鼎	巽 解	讼 临	蒙 屯	坎 家人	中孚 遁
二	三	四	五	上	初
三 十	三 十	三 十	三 十	三 十	三 十
渐 豫	姤 泰	未济 随	师 贲	节 咸	益 大有
三	四	五	上	初	二
五 十二	五 十二	五 十二	五 十二	五 十二	五 十二
遁 明夷	鼎 革	屯 离	临 小过	屯 大壮	家人 震
四	五	上	初	二	三
七 二	七 二	七 二	七 二	七 二	七 二
旅 剥	恒 井	归妹 履	复 剥	既济 井	同人 履
五	上	初	二	三	四
九 四	九 四	九 四	九 四	九 四	九 四
小过 蹇	大壮 乾	震 晋	明夷 升	蒙 兑	离 颐
上	初	二	三	四	五
十一 六	十一 六	十一 六	十一 六	十一 六	十一 六
丰 同人	丰 旅	丰 恒	丰 归妹	丰 复	丰 既济
初	二	三	四	五	上

䷻节卦（六十）

【原文】

初九	九二	六三	六四	九五	上六
正 八	正 八	正 八	正 八	正 八	正 八
屯 大壮	需 睽	兑 蒙	临 观	中孚 蹇	坎 革
二	三	四	五	上	初
三 十	三 十	三 十	三 十	三 十	三 十
既济 噬嗑	夬 蛊	归妹 否	损 豫	涣 同人	比 恒
三	四	五	上	初	二
五 十二	五 十二	五 十二	五 十二	五 十二	五 十二
革 艮	大壮 随	睽 小过	蒙 离	观 鼎	蹇 晋
四	五	上	初	二	三
七 二	七 二	七 二	七 二	七 二	七 二
丰 复	大有 小畜	未济 困	剥 复	渐 小畜	咸 困
五	上	初	二	三	四
九 四	九 四	九 四	九 四	九 四	九 四
离 家人	鼎 大过	晋 震	艮 大畜	遁 讼	小过 坤
上	初	二	三	四	五
十一 六	十一 六	十一 六	十一 六	十一 六	十一 六
旅 咸	旅 丰	旅 大有	旅 未济	旅 剥	旅 渐
初	二	三	四	五	上

䷼中孚卦（六十一）

【原文】

初九	九二	六三	六四	九五	上九
正 八	正 八	正 八	正 八	正 八	正 八
益 大有	小畜 归妹	履 师	损 比	节 渐	涣 同人
二	三	四	五	上	初
三 十	三 十	三 十	三 十	三 十	三 十
家人 震	乾 升	睽 萃	临 艮	坎 革	观 鼎
三	四	五	上	初	二
五 十二	五 十二	五 十二	五 十二	五 十二	五 十二
同人 谦	大有 咸	归妹 旅	师 晋	比 恒	渐 豫
四	五	上	初	二	三
七 二	七 二	七 二	七 二	七 二	七 二
离 颐	大壮 需	解 讼	坤 颐	蹇 需	遁 讼
五	上	初	二	三	四
九 四	九 四	九 四	九 四	九 四	九 四
丰 既济	恒 姤	豫 噬嗑	谦 泰	咸 困	旅 剥
上	初	二	三	四	五
十一 六	十一 六	十一 六	十一 六	十一 六	十一 六
小过 遁	小过 离	小过 大壮	小过 解	小过 坤	小过 蹇
初	二	三	四	五	上

䷽小过卦（六十二）

【原文】

初六	六二	九三	九四	六五	上六
正　八	正　八	正　八	正　八	正　八	正　八
恒　比	豫　渐	谦　同人	咸　大有	旅　归妹	丰　师
二	三	四	五	上	初
三　十	三　十	三　十	三　十	三　十	三　十
解　巽	坤　无妄	蹇　小畜	遁　兑	离　家人	大壮　屯
三	四	五	上	初	二
五　十二	五　十二	五　十二	五　十二	五　十二	五　十二
师　履	比　复	渐　节	同人　涣	大有　益	归妹　小畜
四	五	上	初	二	三
七　二	七　二	七　二	七　二	七　二	七　二
坎　大过	观　晋	家人　明夷	乾　大过	睽　晋	临　明夷
五	上	初	二	三	四
九　四	九　四	九　四	九　四	九　四	九　四
涣　未济	益　复	小畜　井	履　否	损　贲	节　家人
上	初	二	三	四	五
十一　六	十一　六	十一　六	十一　六	十一　六	十一　六
中孚　临	中孚　坎	中孚　观	中孚　家人	中孚　乾	中孚　睽
初	二	三	四	五	上

䷾既济卦（六十三）

【原文】

初九	六二	九三	六四	九五	上六
正　八 需　震	正　八 屯　离	正　八 萃　艮	正　八 明夷　革	正　八 家人　坎	正　八 蹇　兑
二	三	四	五	上	初
三　十 节　大有	三　十 随　剥	三　十 丰　姤	三　十 贲　师	三　十 渐　履	三　十 井　豫
三	四	五	上	初	二
五　十二 兑　家人	五　十二 震　讼	五　十二 离　解	五　十二 艮　睽	五　十二 巽　离	五　十二 坎　鼎
四	五	上	初	二	三
七　二 归妹　泰	七　二 噬嗑　益	七　二 旅　咸	七　二 蛊　泰	七　二 益　涣	七　二 困　咸
五	上	初	二	三	四
九　四 睽　中孚	九　四 晋　萃	九　四 鼎　大壮	九　四 节　颐	九　四 讼　遁	九　四 解　升
上	初	二	三	四	五
十一　六 未济　困	十一　六 未济　归妹	十一　六 未济　噬嗑	十一　六 未济　旅	十一　六 未济　蛊	十一　六 未济　涣
初	二	三	四	五	上

䷿未济卦（六十四）

【原文】

初六	九二	六三	九四	六五	上九
正 八	正 八	正 八	正 八	正 八	正 八
晋 巽	鼎 坎	蒙 兑	讼 震	解 离	睽 艮
二	三	四	五	上	初
三 十	三 十	三 十	三 十	三 十	三 十
旅 比	蛊 夬	涣 复	困 同人	归妹 谦	噬嗑 小畜
三	四	五	上	初	二
五 十二	五 十二	五 十二	五 十二	五 十二	五 十二
艮 革	巽 明夷	坎 家人	兑 蹇	震 雪	离 屯
四	五	上	初	二	三
七 二	七 二	七 二	七 二	七 二	七 二
渐 否	井 恒	节 损	随 否	丰 恒	贲 损
五	上	初	二	三	四
九 四	九 四	九 四	九 四	九 四	九 四
蹇 小过	需 大畜	屯 观	萃 大过	明夷 临	家人 无妄
上	初	二	三	四	五
十一 六	十一 六	十一 六	十一 六	十一 六	十一 六
既济 贲	既济 渐	既济 井	既济 节	既济 随	既济 丰
初	二	三	四	五	上

卷六

参评秘诀辨

【原文】客有以《河洛》见访者，相与上下论议，谈及参评秘诀。乃曰："此数自图南传于邵氏，富贵贫贱，吉凶祸福，毫发不爽矣。今复以参评之说加之，宁不谓疣赘耶？"予谢之曰："昔孟夫子不以好辩为得已，予于斯数，敢以疣赘为讳耶。"盖河图卦中，有辞吉则吉者，有辞凶则凶者，此固易从易知。至于卦内有辞吉而理凶者，有辞凶而理吉者，此则由乎节气之浅深，爻位之当否。初学遇之，如水月镜花，未易把捉，必以此数参评品骘，庶几如着裘者之挈其领，举纲者之提其纲。考诸数内，有金玉、龙麟、桂兰、星斗之类，则为富贵子息之命。若数内有刀箭、雪霜、旱云、争斗、空缺之类，则为鳏寡孤克，非贫则夭，或多官非横祸。更数中多用故典，即须参考故典吉凶断之，如"马陵书大字"，"斗智有孙庞"，此凶数也。如"御沟一红叶，流水出深宫"，此吉数也。大运流年，一一如此参评，则虽众命森列于前，出吾之数以参别之，则如王良之驭马，庖丁之解牛，决无控闲折刃之患矣。故参评之加，虽似疣赘，然与初学解惑决疑，其亦孟氏不得已之心哉！

【注解】王良：春秋时晋善御马之人。《淮南子》："昔者王良，造父之御也，上车摄辔，马为整齐而敛谐，投足调匀，劳逸若一。"

庖丁：厨师。《庄子·养生主》载，庖丁为惠君解牛，虽在骨节之间，而刀刃游行犹有余地。马陵孙庞等见后注。

河洛参评例

【原文】一、数有水、火、木、金、土之五部，不拘男女之命，各循其部而求之，斯无错误耳。

二、此数名目，谨依皇极之例，以千百十零为定局，但彼则从右而左横下，今更而直下，盖欲学者便于观览。如水部三三三〇。乃三千三百三十，其〇者，乃零位无数也。其上层“洞门”二句，乃男子之命；其中层“闺门”二句，乃女人之命；其下层“半空”二句，乃男女相共大运流年也。其二二三一，乃二千二百三十零一数，上层“月在”二句男子命，中层“年来”二句女人命，下层“酒醒”二句男女相共大运流年也。举此二数为例，余可类推。

三、中层女命数空无字者，乃贫贱夭折之命。

四、下层大运流年数空无字者，重者损寿，轻者破耗刑克；或空一二字者，即一二分之灾咎也。

【注解】皇极：指宋邵康节所著《皇极经世书》。

【原文】起参评秘诀金锁银匙歌。

阴阳俱用两千祖，日至生时百中数。
时日皆从子上轮，十零本位月休睹。
岁君水火廿七加，木金虚度五十土。
再将一二三四五，配却水火木金土。
得策寻纳看当生，时日顺冲还共语。

起大运例。

阴阳俱用二千同，只将大运替时轮。
其余一一依前例，万命堪凭断吉凶。

起流年例。

流年之法是何如，干上同前自不殊。
只把日支对太岁，替却日时一例推。

释明用算盘打数定局。

凡学打此数，须用算盘一个，于算盘中间横梁上，先写定“千、百、十、零”四字于其上；然后照依“金锁银匙歌”，将八字逐句打上算盘，停当，看千上有几千，百上有几百，十上有几十，零数有几个；再凭年庚所属，或水、或火、或木、或金、或土，照其纳音所属之部而寻之，毫无差错。

金锁银匙之法，并不用八字天干，只用年上纳音与日支时支为重，月令干支俱弃去不用。

【**注解**】以上诸节注解详参后章。

水火木金土五部金锁银匙歌诀

【**原文**】逐句释明水部金锁银匙歌诀。

阴阳俱用二千祖——此句，假如八字是乙卯、戊子、壬戌、壬寅，不论阴阳男女，虚将二千之数先加于算盘千位上为祖，所谓“阴阳俱用二千祖”是也。

日至生时百中数——此句只就日时地支说，不用天干。如前八字是壬戌日，壬寅时，只将日支戌字数至时支寅字，戌亥子丑寅，隔五个字，一个字准一百数算，五个字作五百数算。将此五百数加于算盘百位上，所谓“日至生时百中数”是也。连前虚加二千祖，再加此五百，数共是二千五百数也。

时日皆从子上轮，十零本位月休睹——此二句亦只就日时地支说，不用天干。所谓“皆从子上轮”者，假如前壬戌日、壬寅时，除天干不用，日支是戌，从子字轮起，至日支戌字，子、丑、寅、卯、辰、巳、午、未、申、酉、戌，隔十一个字，一字准一数算，十一个字记十一数；再以壬寅时，除天干不用，时支是寅，从子字轮起，至时支寅字，子、丑、寅，隔三个字，一字准一数算，隔三个字记三数；故曰“时日皆从子上轮”是也。连前日支得十一数，时支得三数，共得十四数；以十数加于算盘十位上，以四数加于算盘零位上，所谓“十零本位”是也。连前二千五百，再加一十四，共得二千五百一十四数也。其曰“月休睹”者，谓此数只以日时为切要，月令干支俱不入数，故曰“月休睹”是也。

岁君水火廿七加——此句就当生年上纳音说，如前八字乙卯生，纳音属水，再加二十七数于算盘上，如前数二千五百一十四，再加二十七数，共得二千五百四十一数也。纳音不是水，不加二十七数。

木金虚度五十土——其曰“木金虚度”者，谓当生年上纳音属木、属金者，则不必加数，所谓“木金虚度”是也。其曰“五十土”者，谓当生年上纳音属土者，则加五十数是也，纳音不属土者不必加。

再将一二三四五，配却水火木金土——此二句亦就年上纳音说，如年纳音属水，则配以一数加之；年上纳音属火，则配以二数加之；年上纳音属木，则配以三数加之；年上纳音属金，则配以四数加之；年上纳音属土，则配以五数加之。故曰“再将一二三四五，配却水火木金土”是也。如前数二千五百四十一，今又以年上乙卯纳音属水，配加一数，共得二千五百四十二数是也。

得策寻纳看当生（策即数也，纳即纳音）——此句谓八字之数算毕，看所得之数，千上几千，百上几百，十上几十，零数几个，然后寻当生年上纳音，水火金木土五部，依其纳音所属之部而寻之便是。如前乙卯、戊子、壬戌、壬寅，总数得二千五百四十二；乙卯生人，纳音属水，即于水部去寻二五四二，其诗曰“掌中秋月扇，举动好风生”，此一武将八字也。

时日顺冲还共语（冲即逆也）——此一句因前“日至生时百中数”之句，尚欠详备，故再言此以发明之。假如人八字演出之数，其诗有两句者，有四句者，其故何也？盖由此数顺数有一个，逆数有一个；如前壬戌日、壬寅时，从日支戌字数至时支寅字，隔五个字，作五百算去；前顺算日至生时五百之数，再以逆算九百之数加上是此数得二千九百四十二，亦于水部去寻二九四二，其诗曰“玉壶无别物，赤蚁聚蜂屯”是也。顺冲之说，其法固当如此发明，然此数中间，或有顺逆各有其诗者，或顺有而逆无者，或逆有而顺无者，不可执泥也。水火木金土五部皆同。

【注解】逆算九百之数：此是从时支寅上起，数至日支戌，即寅、卯、辰、巳、午、未、申、酉、戌，共九个数，故加九百之数。从日支数至时支曰顺，从时支数至日支曰逆。

【原文】逐句释明火部金锁银匙歌诀。

阴阳俱用二千祖——此一句，假如八字是丙寅、戊戌、壬戌、辛丑，不论阴阳男女，虚将二千之数加于算盘千位上为祖，所谓“阴阳俱用二千祖”是也。

日至生时百中数——此句只就日时地支说，不用天干，假如前八字是壬戌日、辛丑时，只将日支戌字数至时支丑字，戌、子、亥、丑，隔四个字，一个字准一百数算，四个字作四百数算，所谓“日至生时百中数”是也。将此四百数加于算盘百位上，连前虚加二千祖，再加此四百，共二千四百数也。

时日皆从子上轮，十零本位月休睹——此二句亦只就日时地支说，假如前壬戌日、辛丑时，除天干不用，日支是戌，从子上轮起，至日支戌字，子、丑、寅、卯、辰、巳、午、未、申、酉、戌，隔十一个字，一字准一数，十一个字记十一数；再以辛丑时除天干不用，时支是丑，从子字轮起至时支丑字，子丑隔二个字，一字准一数，两个字记二数，故曰“时日皆从子上轮”是也。连前日支十一数，时支二数，共得十三数；以十数加于算盘十位上，以三数加于算盘零位上，所谓“十零本位”是也。连前二千四百数，再加一十三数，共得二千四百一十三数也。其曰“月休睹”者，水部已详，不再赘。

岁君水火廿七加——此句亦就当生年上纳音说，如前八字丙寅生，纳音属火，再加二十七数于算盘上，连前二千四百一十三，今加二十七数，共得二千四百四十数。纳音不属火，不加二十七数。

木金虚度五十土——木金土，水部已详，兹不再赘。

再将一二三四五，配却水火木金土——此二句亦就年上纳音说，如年上纳音属水，则加一数配之；年上纳音属火，则加二数配之；年上纳音属木，则加三数配之；年上纳音属金，则加四数配之；年上纳音属土，则加五数配之。故曰“再将一二三四五，配却水火木金土”是也。如前数二千二百四十，今又以年上丙寅，纳音属火，再加二数，共得二千二百四十二数也。

得策寻纳看当生——此句谓八字之数算毕，看所得之数多少，千上几千，百上几百，十上几十，零数几个，然后寻当生纳音；如前丙寅生，纳音属火，即于火部去寻二四四二，其诗曰“太白骑龙马，禹门波浪干”，此一参政命也。

时日顺冲还共语——此一句因前“日至生时百中数”之语，尚欠详备，故再言此以发明之；盖人八字演出之数，其诗有两句者，有四句者，何也？由此数顺数有一个，逆数有一个，如前壬戌日、辛丑时，从日支戌字数至丑字，隔四个字，作四百算，是顺也，即前二千四百四十二，其诗曰“太白骑龙马”是也；再从时支丑字数至日支戌字，丑、寅、卯、辰、巳、午、未、申、酉、戌，隔十个字，一个字准一百，十个字作一千算；如前二千四百四十二，今逆数得一千，去前顺数四百之数，以后一千加上是此数，得三千四十二数，无百数也。亦于火部寻三〇四二，若火部寻不见三〇四二，则只有前二四四二，“太白骑龙马”一个数，无第二个数也。余仿此。

【原文】逐句释明木部金锁银匙歌决。

阴阳俱用二千祖——假如八字是壬子、癸丑、己卯、己巳，不论阴阳男女，虚将二千之数，加于算盘千位上为祖，故曰“俱用二千祖”是也。

日至生时百中数——此句只就日时地支说，不用天干，如前八字是己卯日、己巳时，只将日支卯字数至时支巳字，卯、辰、巳，隔三个字，一字准一百数，三个字作三百数算，所谓“日至生时百中数”是也。将此数加于算盘百位上，连前虚加二千，共二千三百数也。

时日皆从子上轮，十零本位月休睹——此二句亦只就日时地支说，如前八字，日是己卯，则从子轮起，至日支卯字，子、丑、寅、卯，隔四个字，一字准一数，四个字记四数；时是己巳，则从子字轮起，数至时支巳字，子、丑、寅、卯、辰、巳，隔六个字，一字准一数，六个字记六数；以日支四数合时支六数，共得十数，加于算盘十上，所谓“日时皆从子上轮，十零本位”是也。连前二千三百，再加此十数，共得二千三百一十数也。“月休睹”详于水部，兹不赘。

岁君水火廿七加——此句水部已详，兹不赘。

木金虚度五十土——此句亦就年上纳音说，如前壬子生人，纳音属木，则不必加数，只虚度而已。金纳音同。其“五十土”句已详水部，兹不赘。

（再将一二三四五，配却水火木金土——此二句亦就年上纳音说，水纳音加一，火纳音加二，木纳音加三，金纳音加四，土纳音加五。如前数二千三百一十，壬子生人，纳音属木，木属三，故再加三数，共得二千三百一十三数是也。）

【注解】上段末括号中原文原书缺失，今据他本补足。

【原文】得策寻纳看当生——此句亦就年上纳音说，谓八字之数算毕，看得几千、几百、几十、零几数，然后于当生纳音所属之部寻之，如前壬子生人，纳音属木，即于木部去寻二三一三，其诗曰“禹门波浪急，冬月井中鱼”，此翁状元命也。禹门波浪本变化之象，惟冬月水旺则吉；井者，乃汲井之井，乃两个井字，谓四十上下登科及第时也；生于春夏月不利，秋稍次之。

【注解】禹门又名龙门，波浪急者有鱼跃龙门之象，言其为状元命者，合其义；然云“冬月水旺”却于实不合，禹门冬月冰冻三尺，何来浪急？

查宋代状元，并无姓翁之人，惟明万历壬辰科状元为翁正春；翁正春生于1553年，再证该书为明代人托名伪作。

【原文】时日顺冲还共语——别部已详，兹不再赘。

【原文】逐句释明金部金锁银匙歌诀。

阴阳俱用二千祖——此一句，假如八字是壬申、己酉、戊申、庚申，不论阴阳男女，虚将二千之数，先加于算盘千位上为祖，故曰“阴阳俱用二千祖”是也。

日至生时百中数——此句只就日时地支说，如前戊申日、庚申时，只将日支申字数至时支申字，申、酉、戌、亥、子、丑、寅、卯、辰、巳、午、未、申，隔十三个字，一个字准一百数，十三个字作一千三百数算；将此一千三百加于算盘千位百位上，所谓“日至生时百中数”也；连前虚加二千祖，再加一千三百，共三千三百数也。

时日皆从子上轮，十零本位月休睹——此二句亦只就日时地支说，如前戊申日，除天干不用，日支是申，从子字轮起至日支申字，子、丑、寅、卯、辰、巳、午、未、申，隔九个字，一字准一数算，九个字记九数；再以庚申时，除天干不用，时支亦是申，从子字轮至时支申字，子、丑、寅、卯、辰、巳、午、未、申，亦隔九个字，一字准一数，九个字记九数，故曰“时日皆从子上轮”也。以前日支九数，后时支九数，共得十八数，以十数加于算盘十位上，以八数加于算盘零位上，故曰“十零本位”是也。连前三千三百数，再加一十八数，共得三千三百一十八数。其曰“月休睹”者，水部已详，兹不再赘。

岁君水火廿七加——详于水火纳音，兹不再赘。

木金虚度五十土——其曰“木金虚度”者，如前壬申年，纳音属金，便不加数，只虚度而过。木纳音者同此。“五十土”详于别部，兹不赘。

再将一二三四五，配却水火木金土——此句亦就年上纳音说，水纳音加一，火纳音加二，木纳音加三，金纳音加四，土纳音加五。如前数三千三百一十八，壬申生人，纳音属金，再加四数，共得三千三百二十二数是也。

得策寻纳看当生——此句谓八专算毕，看所得之数多少，如前三千三百二十二数，壬申生人，纳音属金，即于金部去寻三三二二，其诗曰“圭田如玉洁，一点不生尘”。此唐状元命也。

【注解】查宋代历朝状元，并无唐姓之人，明时却有三个唐姓状元，即正德九年甲戌科状元唐皋，嘉靖二十九年庚戌科状元唐汝揖，万历十四年丙戌科元唐文献。《三命通会》中所载唐汝揖八字年月日与本书同，惟时柱为辛酉，故原文“唐状元”当是指唐汝揖，再证该书为明人托名之伪作。

【原文】时日顺冲还共语——此一句详于别部，兹不再赘。

【原文】逐句释明土部金锁银匙歌诀。

阴阳俱用二千祖——假如八字是庚午、癸未、癸亥、乙卯，不论阴阳男女，虚将二千之数先加于算盘千位上为祖，故曰“阴阳俱用二千祖”也。

日至生时百中数——此句只就日时地支说，不用天干，如前八字是癸亥日、乙卯时，只将日支亥字数至时支卯字，亥、子、丑、寅、卯，隔五个字，一个字准一百数，五个字作五百数算，所谓日至生时百中数”也。将此五百数加于算盘百位上，连前虚加二千祖，再加五百，共二千五百数也。

时日皆从子上轮，十零本位月休睹——此二句亦只就日时地支说，如前癸亥日、乙卯时，除天干不用，日支是亥，从子字轮起至日支亥字，子、丑、寅、卯、辰、巳、午、未、申、酉、戌、亥，隔十二个字，一字准一数，十二个字记十二数；再以乙卯时除天干不用，时支是卯，从子字轮起至卯字，子、丑、寅、卯，隔四个字，一字准一数，四个字记四数；以日支十二数，时支四数，共得一十六数，以十数加于算盘十位上，以六数加于算盘零位上，故曰“十零本位”是也。连前二千五百，再加一十六数，共得二千五百一十六数也。其曰“月休睹”者，水部已详，兹不赘。

岁君水火廿七加——此句水火部已详，不多赘。

木金虚度五十土——“木金虚度”已详木金部；“五十土”，此乃就土部当生年纳音说。如前庚午生人，纳音属土，再加五十数，连前二千五百一十六，再加五十，共得二千五百六十六数。

再加一二三四五，配却水火木金土——此二句亦就当生年上纳音说，水纳音加一数，火纳音加二数，木纳音加三数，金纳音加四数，土纳音加五数；如前庚午生人，连前二千五百六十六，再加五数，共得二千五百七十一数也。

得策寻纳看当生——此句谓八字算毕，看所得之数多少；如前二千五百七十一数，庚午生人，纳音属土，即于土部去寻二五七一。其诗曰“嫦娥在月宫，镜照红颜改”，此赵尚书命也。

时日顺冲还共语——此一句因前“日至生时百中数”之语，尚欠详备，故再言此以发明之。假如人八字演出之数，其诗有两句者，有四句者，其故何也？盖由此数顺数有一个，逆数有一个；如前癸亥日、乙卯时，从日支数至时支，亥、子、丑、寅、卯，隔五个字，加五百数，是顺数也；再从时支卯字数至日支亥字，卯、辰、巳、午、未、申、酉、戌、亥，隔九个字，一个字准一百数，九个字作九百算，去前顺数五百，加后逆数九百，是此数，得二千九百七十一，亦于土部内寻二九七一，诗曰“阳春三月景，杜鹃花正开”是也。

逐句释明起大运金锁银匙歌诀

【原文】阴阳俱用二千同——此句谓起大运之法与起八字法一般，俱虚用二千于算盘上为祖。

只将大运替时轮——此句谓起大运无别方法，只将人八字时支弃去不用，以大运地支逐运对日地支算便是。

其余一一依前例，万命堪凭断吉凶——所谓一一依前例者，谓起运之法，句句照依金锁银匙歌打算，如起八字法一般，看得数多少，于水火木金土纳音运部寻之便是。

【注解】河洛理数起大运之法，本书卷一“小象阳爻九年运行例”“小象阴爻六年运行例”二节已说明，即大运阳爻九年一换，阴爻六年一换。本节所说之法，却与卷一所说之法不同，其法采用推八字取大运之法：甲丙戊庚壬年生男及乙丁己辛癸年生女，从月建干支顺数下排，十年换一运；乙丁己辛癸年生男，甲丙戊庚壬年生女，则从月建逆数上排。举例于下：

壬申、己酉、戊申、庚申，此前举唐状元命例，假定五岁起运，壬申年属阳，大运当是顺行，则五岁庚戌，十五岁换辛亥，二十五岁换壬子，三十五岁换癸丑，四十五岁换甲寅，五十五岁换乙卯，一直顺推。知道了大运，则从大运地支顺数至日支，得几数再往前所得之数上加几数，以所得之数在该部查其系数，就是大运吉凶之辞。如本例二十五岁换壬子大运，从子到日支申，历子、丑、寅、卯、辰、巳、午、未、申，共九数，加上前所得总数三千三百二十二，共得三千三百三十一数，则从金部寻三千三百三十一，即其大运吉凶也；阴女取大运之法同。

乙卯、戊子、壬戌、壬寅，此前例所举一武将八字，假定五岁起运，乙卯年属阴，大运则逆行，五岁辛酉，十五岁庚申，二十五岁己未，三十五岁戊午，四十五岁丁巳，五十五岁丙辰，一直逆推。知道了大运，则从大运地支顺数至日支，得几数再往前所得之数上加几数，以所得之数在该部查其条数，吉凶便知。如本例四十五岁换丁巳大运，从巳到日支戌，历巳、午、未、申、酉、戌，共六数，加上前所得二千五百四十二数，共得二千五百四十八数，则从水部寻二五四八条，即其大运吉凶也。阳女取大运之法同此例。

逐句释明推流年金锁银匙歌诀

【原文】流年之法是何如？千上同前自不殊——此二句亦只说与虚加二千祖之法一般。

只把日支对太岁，替却日时一例推——此二句谓不用日时地支打算，只将流年太岁地支与大运地支，句句依金锁银匙法推算，看得数多少，于水火木金土五部运内寻之便是。

【注解】此句注解与原文不同，原文云“只把日支对太岁”，是言从日支数至太岁，注释则为太岁地支对大运地支。若以义理论，似乎流年地支对大运地支较贴切，且与下文“替却日时一例推”之义合，故原文“日支”之日字应是运字之误。

新补河洛水部参评秘诀

【原文】	男命（竖看）	女命（竖看）	岁运（竖看）
二三三〇	洞门无锁钥	闺门深似海	半空明月稀
	便是一闲人	应不染红尘	一枕清风静
二三三一	月在清波底	年来十二月	酒醒何处去
	维舟向柳边	月长日西沉	柳岸晚风轻
二三三二	商山秦岭花	花果一时新	商山采药去

	开向三冬雪	回首四面隔	意望作神仙

【注解】商山：山名，在今陕西商县东，相传秦末汉初东园公、绮里季、夏黄公、甪里先生四人曾隐居商山，这里亦含隐士之意。

本节标题所谓"新补"者，原书既题"宋华山希夷先生陈抟著、康节尧夫先生邵雍述，明覃怀史应选念冲甫校订"，"新补"则当为明念翁所为；以下四部原标题均无"新补"二字，当为漏刻。

【原文】

二四三三	元霄好灯烛	紫燕语离情	将军欲断桥
	却向五更明	新巢重引子	谋为何计策
二五三四	三年不言道	牛女星方度	梅花开雪下
	梦传说旁求	谁家波浪生	已自压群芳
二六三五	观鼎取其象	花上莺声急	苍鹰与良犬
	稼穑下艰难	东风叹短长	须日渐从游
二七三六	结绳代书契	革故取鼎新	骏马已登途
	八卦未曾成	婚姻事非偶	阻防蹄暂住
二八三七	华渚星虹动	罗帐怕霜侵	凤鸣在高岗
	海棠云雨飞	云外衣裳冷	百鸟皆集视
二九三八	鸿毛飞白雪	惟愿日长好	用扇作飞帘
	羊角上清霄	旬西还自东	粪尘如风卷
三〇三九	鱼虾北海过	葛藟系樛木	凿井得逢泉
	海水变桑田	前程自有期	先劳而后畅
二一四〇	惟鱼与熊掌	清沟自澄彻	生义人所欲
	二者岂能兼	莫使决污泥	二者岂能兼
二二四一	虎皮包干戈	江天欲暮时	蝴蝶上天飞
	华山未归马	惆怅神仙侣	寻花去上苑
三三三二	自牖看天心	春风酒一壶	雪满芳郊外
	咫尺天颜近	明月人千里	此心惟是忧

二二三三	月出四更静	要知天不晓	定前须向日
	长天雁字横	月色转三更	何在更登楼
二三三四	海棠三月开	梅子坠金风	马过危桥上
	雨洗姻脂脸	不见钗头凤	提防脚下空
二四三五	白露结珠花	明珠生老蚌	□□□□□
	东边太阳上	莫戏绿杨津	□□□□□
二五三六	绣针为铁柱	铁磬与铜盆	得薪又无米
	江海暗中瀛	相刚方稳当	恍惚又忧惶
二六三七	二气包鳌极	天边问明月	夜深闻雷声
	五行犹未分	几度又还圆	疑有所思时
二七三八	花笺黑水染	仙曲何人和	扁舟兼得舫
	空有五云飞	玉箫吹夜寒	向后飞出常
二八三九	赤电闪红旗	月中丹桂子	蛇蟠当道上
	黑云拖铁骑	开处待秋风	进退自为忧
二九四〇	巫山千里远	郑北春风生	擒蟹晚云谷
	欲听鸟声音	霜雪摧蒲柳	振羽欲飞时
三〇四一	龙舟争胜负	东风蒲柳花	画舫过洪波
	欲定一时名	西风何太急	棹短难得渡
三一四二	樲棘共梧槚	鲍鱼混芝兰	桂林无雨露
	取养在场师	馨香依旧在	山泽有风云
三三三四	物均衡斗正	杨朱恶修身	闹吏听驻笛
	益寡以衰多	难遇天仙子	躁进恐无由

【注解】樲：音二，古指酸枣树。槚：音甲，古指茶树或楸树。

杨朱：战国时魏人，字子居，又称杨子，其说重在爱己，不以物累，不拔一毛以利天下，与墨子“兼爱”相反，被当时儒家斥为异端。著述不传，散见于孟子、庄子等书中。

【原文】

二二三五	龙蛇争一室	云开月色新	猛虎居林丛
	飞向百花丛	阴晴犹未保	笑吼自生风
二二三六	高下花飞处	木二府莲花	三月艳阳天
	莺声春昼闲	尘中留不住	融和生宇宙
二四三七	水入犀牛角	极目高楼上	野火自烧山
	龙蛇出海来	太阳天上天	禽飞并兔走
二五三八	坐井观天象	荷叶叠青钱	飞鹰思得兔
	明知八阵图	鸳鸯水面风	反获岂容嗟
二六三九	荆棘凯风吹	春光重首□	立地待行人
	枝头烟一抹	何人落少年	长江空渺渺
二七四〇	玉兔与金乌	芙蓉在秋江	江山千里外
	东西任来往	风露已高声	遇处可为家
二八四一	剥果见花开	雨余云半飞	腐草死为萤
	时人遑烂漫	□济自东出	难于分明白
二九四二	玉壶别无物	气情贞玉德	暗室偶逢灯
	赤蚁众蜂屯	丰薄奇佳人	自然分明白
三〇四三	红梅开雪下	对镜看青鸾	折梅逢驿使
	先报一枝春	光阴来不再	寄与陇头人
三三三六	红莲依绿水	□□□□□	枯鱼时得水
	摇影动龙鱼	□□□□□	喜跃自无穷
二二三七	龙行蛇穴去	一枝林下竹	春雷自收声
	飞雁遇春风	难脱锦棚儿	蜇虫从此振
二三三八	点火茂林头	日月两团圆	得亏无箭用
	猛风吹蔓草	天地应难晓	欲射不能为
二四三九	烛心作栋梁	日月愿长明	朝霜逢暖日
	不假斧斤成	天地先来祷	立便减寒威
二五四〇	射隼于高墉	室钗金镜里	浅水内藏鱼

	飞鸟已先散	重整旧家风	莫遂优游性
二六四一	九洲四海凶	若问好姻缘	鸦与人同群
	举目是我家	红丝牵傀儡	吉凶还自异
二七四二	草际飞萤出	春山与秋水	中秋月夜明
	火星流入西	几度捻东风	何方不照耀
二八四三	方寸木不揣	□□□□□	片片□云蝥
	可使高岑楼	□□□□□	难分始与终
二九四四	江山千里外	风损花枝折	清秋天宇阔
	草木放精神	医治待神仙	雁字写长空
三三三八	三月艳阳景	朱颜枝上花	二龙争一珠
	一襟风月闲	万里云空碧	一得还一失
二二三九	周流天地间	□□□□□	鹭鸳觉鱼钓
	还波水长性	□□□□□	昂头须观步
二三四〇	苍湘湖水上	可惜花开处	风云相会处
	应有洞庭人	天公叹不常	平步上青天
二四四一	雪浪震天鼓	雪浪震天鼓	塞花红日近
	扁舟在下行	扁舟水上行	迤逦有疏通
二五四二	掌中秋月扇	春风玉镜台	大鹏生六畜
	举动好风生	莫落他人手	其羽可为仪
二六四三	流转运元气	水上种仙花	秋露既成珠
	阴阳有准绳	花开根未稳	团圆多不久
二七四四	两羊排山崖	庭竹长尤孙	燕雀出巢来
	披烟看钩栈	岁寒风雪里	自有飞腾志
二八四五	登山延木设	嫣婉□宜求	蛇鼠正相触
	桃吐落阳花	难教霜点鬓	难道无两活
三三四〇	一点浮云翳	画堂人灾后	夜里望青天
	鸿羽逐风飞	烛影怕当风	悠悠生意绪

二二四一	舟放浪波翻	梅花迥出群	好礼富人家
	洞庭风送雁	清香自潇洒	未若贫而乐
二三四二	华亭鸣鹤唳	井畔听瑶琴	冬霖忽晴霁
	云月出西山	知音且如此	有炊尽欣颜
二四四三	琴上挂田租	姻女乘龙去	池畔抚琴声
	移人于河东	犹疑结子昌	游鱼已出听
二五四四	虎兕出于柙	好生横翠黛	战胜凯歌回
	征夫不能行	晓露滴方环	论功先后处
二六四五	轩辂飏清风	烟柳弄清风	庙廊重百器
	虚心皆自贯	垂丝系白日	宝鼎玉居先
二七四六	乘舟渡日月	鹦鹉在金笼	野渡自逢舟
	天表厌烟波	声娇得自由	先劳而后豫
三三四二	岩畔青松树	井上种仙花	凤箫无孔窍
	根盘石上生	子结玲珑蕊	何用奏韶音
二二四三	金波浸明月	芝兰谁种得	勿升被云大
	雷电捧天星	还羡满庭芳	时下暗光辉
二三四四	蜂酿百花酒	春归当断路	卞和献璞玉
	其甘与世殊	梅子酿酸时	先辱后荣恩

【注解】卞和：春秋时楚人。相传他发现了一块璞玉，先后献给楚厉王、楚武王，均被认为欺诈而截去双脚；后献给楚文王，楚文王使人加工，果得美玉，称为“和氏璧”。

【原文】

二四四五	竹花开石上	琵琶江上曲	大风多拔木
	结果不生笋	回首重堪悲	根本难两留
二五四六	点火入九渊	花开桃岸雨	良田种松竹
	匮中有龟玉	子结桂林霜	节操自盘根
二六四七	寸阴惟我惜	春园恣竹闲	风恬浪自静

	稼穑为君爱	士女竞光阴	过渡不为忧
三三四四	泰宇清明地	绳绳□在堂	夜雨正逢春
	无言独履霜	要接连天宇	宇宙生和气
二二四五	云电斗星见	齐大非吾偶	登楼眺望间
	石路马蹄轻	姻缘自己排	乘兴立千里
二三四六	北斗日中见	白璧一双好	□□□□□
	斯言传古今	留心手内擎	□□□□□
二四四七	初生嫩松柏	□□□□□	□□□□□
	栽向雪霜中	□□□□□	□□□□□
二五四八	惟我有用禾	秋月当空满	决水东西流
	一井供万灶	鸡鸣又向西	难定从彼势
三三四六	茅屋蒿供祭	蕙帐共兰房	笋生于林下
	百神皆享之	春风与明月	长养自萌芽
二二四七	烟霞朝日食	绿衣缘自部	惟鱼与熊罴
	吾道不雷同	何用假黄裳	二者岂能兼
二三四八	去敲天上鼓	晚风留芍药	背月登楼望
	跣足履冰霜	须避筑风台	风生星斗移
二四四九	红添绿减处	月娥留桂子	鸡儿方出壳
	鸟啼三月天	圆缺又同情	各自奔生成
三三四八	丘陵势自殊	为问女佳人	机事不密成
	井池分经界	春光能有几	反遭其悔吝
二二四九	太岁属木人	草羡螽斯好	□□□□□
	厥德从风掩	青天露不宜	□□□□□
二三五〇	天为蓬岛屋	迷失从前路	遥望海漫漫
	风云作锦屏	桃源尚可寻	不见蓬莱岛
三三五〇	邃屋密房间	好修清净缘	园林过风处
	凤凰在鼠穴	莫入风尘队	草木自修然

三三五一	提剑北方起	百花蜂恋采	蓬莱须日见
	飞金雪岭尘	勤苦为谁忙	遥望水漫漫
三三五二	雨涨长江急	天边有明月	古镜覆重磨
	烟波万顷潮	何处照人间	百金须有喜

河洛火部参评秘诀

【原文】	男命（竖看）	女命（竖看）	岁运（竖看）
三三三一	宇宙世三才	空中光焰出	食鼠有猴粮
	乾坤犹未足	调鼎事重新	大数皆前定
二二三二	却将三尺竿	喜鹊营巢久	急水补漏舟
	来作中流柱	鸠居忽变迁	狂波难砥柱
二三三三	天表霓虹见	莫报东风急	仓库鼠损处
	风吹向洌泉	好花春日开	小亏有大盈
二四三四	凤箫无一窍	虽无金锉刀	孤云才出岭
	不用奏韶音	解使琴弦断	□去便无回
二五三五	杯水成海河	青天雷一声	红尘百花处
	乾坤自我持	惊散梁间燕	蜂蝶两交加
二六三六	田既授以井	龟鹤期高寿	三足鼎分时
	心宁安厥常	风光恐暗移	缺一尚不可
二七三七	穴居而野处	鱼水百年间	扶梁凭短棹
	栋宇自清凉	锦鳞三十六	得渡过江东
二八三八	清波泛百川	出海珊瑚树	吕公遇钟离
	引出蓼浦泽	枝柯只自垂	得丹须变冠

【注解】吕公：指吕洞宾。相传为唐时京兆人，八仙之一。

【原文】

二九三九	闲锁芳亭月	身在宝瓶中	燕期秋社归
	门扃细柳春	莫行金井畔	遥遥看初路

二〇四〇	一虫生两翅	丽日正芬芳	黄蜂与粉蝶
	飞入百花丛	春风吹绿柳	撩亮百花丛
三一四一	拱把之桐梓	孤舟流水急	工师得大木
	斫为栋梁材	□向溪滩口	必去胜其任
三二四二	田猎在高山	春风花始开	良马羁其足
	迩麟弃麋鹿	枝头悭结子	百鞭亦难进
三三三三	秋天霖雨集	玉树好移根	轻舟将过浪
	平地水中行	东风终结子	一喜一忧惊
二一三四	独将一叶舟	丁香连豆蔻	灯光夜结花
	去向桃花浪	结果玉稍头	吉兆先期报
二三三五	金钱买松竹	□□□□□	道途皆平坦
	白云深处栽	□□□□□	涉履更何忧
二四三六	烛与月争光	宝瑟十三弦	舟行得水脉
	飞空天上絮	更张韵更清	波浪不为忧
二五三七	壁上画山水	春风应转蕙	过江反思饮
	四时维如一	秋水有明珠	临渡却思回
二六二八	铁船再江水	秋月来天上	老骥强伏枥
	船内有鱼游	清光照世间	志在远方游
二七三九	冬生秦岭上	金石兼盟好	捕禽与得兔
	兰蕙出蓬蒿	光阴自短长	凡事无心出
二八四〇	律己非绳尺	寝寐将何倚	百花开烂漫
	修身无斧斤	雌雄在河洲	蜂蝶戏春园
二九四一	九年禹洪水	亲亲人未久	铜壶并滴漏
	七载汤亢阳	重整旧家风	一定不由人
三〇四二	舟停绿水上	寒梅空自白	秋天净如洗
	雁字写长空	芳草为谁新	雁字写长空
三一四三	饭糗犹茹草	前生缘分定	深潭犹自跃

	被珍衣鼓琴	虚度几重山	变化得其时
三三三五	广寒深邃处	东君休叹老	神仙居洞府
	凛凛扇寒风	花谢又还生	欲括世荣枯

【注解】东君：司春之神。唐人成彦雄《柳枝词》："东君爱惜与先春，草泽无人处也新。"这里喻春去还复来之意。

【原文】

二二三六	昼间人秉烛	夫人神气定	入山去采木
	直入洞房中	绰有林下风	自可求良匠
二三三七	蓬莱隔弱水	□□□□□	风急水漫漫
	子女生舟中	□□□□□	不见蓬莱岛
二四三八	麦秋天气到	乌鹊架天桥	鼎中兼有物
	燕语画梁头	佳宾莫空负	济世自无亏
二五三九	鸿影泪秋塘	有鹿自衔花	宝剑试重磨
	月中星斗见	无猿谁献果	光芒须复现
二六四〇	椒花守岁除	涤器有长才	塞雁偶失群
	剥枣已先滥	玉容何惜整	难期排阵序
二七四一	天地我屋宇	莫夸鱼水乐	李下去弹冠
	坎离为户庭	提防泛柏舟	自可生疑虑
二八四二	影浸秋波下	花开春正好	呢喃双紫燕
	声传空谷中	人不在长安	春日自融和
二九四三	霓裳羽衣曲	红莲开水面	春燕日争巢
	不鼓缶而歌	青草怕飞霜	须分前后至
三〇四四	青天一轮月	长空月一钩	旱苗逢时雨
	却向五更出	却向五更出	秀实得其宜
二三三七	鲲浪上扁舟	瓜葛本相连	鸡虽将出声
	纵横随波动	荆棘何劳尔	五德有鸣期
二二三八	泥桥逢雨雪	玉容那改移	旱枯并水竭

	浅水钓金鳞	只恐花惊镜	鱼鳖岂容身
二三三九	连峰接云汉	秋风丽日中	负鼎去三场
	秋月照空山	蜂恨花须落	遂成汤天下

【注解】负鼎:《史记·孟子传》载“伊尹负鼎而勉汤以王”,后以“负鼎”喻干时以求进用。

【原文】

二四四〇	饮泉流脉干	江梅花正开	青天阔万里
	将见水中月	春色风中度	月皎鹊惊飞
二五四一	月宫吾欲往	无根却有根	□挂在高山
	摘草作天梯	结果难为果	大用须成器
二六四二	凤德幽深远	荠甘与苦荼	曲直自从绳
	驹阴过玉台	却在下场头	正直元须取
二七四三	巫山十二峰	天上神仙女	意欲构舟子
	不与凡人上	人间富豪家	□□□□济
二八四四	海棠花烂熳	父子聚嘻嘻	将薪去传火
	独立雨中看	风光保无恙	立便见烟成
二九四五	流水下高山	日月有阴晦	运筹帷幄中
	孰能相止遏	求贤难独难	决胜千里外
二三三九	燕下凤凰台	居柔却用刚	一虫生两翅
	江山活计中	刚柔能既济	飞入百花丛
二二四〇	烟焰逐浮云	凤凰飞去后	燥火助太阳
	月明金井池	明月见光辉	青天云敛尽
二三四一	开樽乘月夜	绮罗媚春风	对景邀明月
	曲水暗中流	好花容易过	杯中酒不空
二四四二	太白骑龙马	天边瑞气凝	狂风吹残烛
	禹门波浪干	牡丹花露湿	光阴诚难住
二五四三	日本众阳主	晓风残月影	田猎无一禽

	三更避斗牛	别为一枝香	徒劳费鸳鸯
二六四四	万里迢迢路	斜阳人嗔渡	九月去登高
	旁溪曲径通	流水泛天涯	福中还发福
二七四五	花发向波心	菡萏波中出	能任成大器
	天香施水面	鸳鸯水面游	负鼎去干汤
二八四六	秋色来天上	香兰终月满	风云三吐哺
	寒光到世间	桂子落秋风	尽礼诗书贤
三二四一	牡丹花树下	蜂蝶怕春寒	狂蛟来憾草
	蜂蝶结云屯	好花风里过	节操自然端
二二四二	春昼玉壶闲	海棠花正发	百花开似锦
	桃花芳草陌	惆怅五更风	春日自融和
二三四三	蚍蜉生两翅	海棠春正发	遗刀还得剑
	飞上九重天	夜雨湿胭脂	见喜有其年
二四四四	避害以趋利	出水珊瑚树	一雨过三千
	虹霓作渡桥	春风费力裁	青山峰色好
二五四五	太虚中大厦	花果修缘好	海水自生来
	鸳瓦接青霄	葫芦水上浮	优游星火炎
二六四六	躬行于万境	夫唱妇相随	如人初食蔗
	声色在吾为	永终在谋始	自尾及其头
二七四七	螟蛉入峰巢	失叶怕春风	莺雏初出谷
	得见蜂王面	吹破桃李萼	飞羽自欹斜
三三四三	春深花卉发	玉楼防失足	巨鱼跃龙门
	细柳为谁青	金菊暗伤情	须凭三尺浪
二二四四	榴花枝上火	风雨鸡鸣夜	百炼忘真金
	风动拟空烧	春风欲暮时	自然添火力
二三四五	南柯鸾凤立	蜂酿百花酒	青山才雨过
	天表景星行	其甘与世殊	清兴逸无穷

二四四六	御沟一红叶	二六巫山远	深山藏日久
	流水出深宫	朝云何处飞	威势自英雄
二五四七	浮舟上急水	河东狮子吼	云收兼雾散
	飞跃多鸢鱼	好事叹难完	万里见晴光
二六四八	八维内寒暑	一家人尽喜	草芦三顾间
	其端自我持	提防井上安	明良相济遇
三三四五	道是无形器	参昴正当天	鬼佛两同途
	四时万物生	江月半分破	善恶皆相惧
二二四六	背水相传信	黄花晚节香	有雷无雨下
	行看花影风	老圃见秋色	旱处可忧煎
二三四七	大海变桑田	西月正东上	美玉未分明
	宏开日月落	皎洁又西坠	逞光桃隋阴
二四四八	积雪待来年	飞雪上梅花	古镜又重磨
	云开逢暖日	沛云开暖日	终是颜先在
二五四九	持刀破鱼腹	双飞鸾凤曲	伯夷君子节
	珍异在其中	莫道怨知音	自不改初衷

【注解】伯夷：商孤竹君之子。因不愿继位而避西周；周武王伐纣时，曾叩马谏阻；武王灭纣后，耻食周粟饿死首阳山。

【原文】

三三四七	鸿毛草上风	天寒雁影孤	万里迢迢路
	阴阳互寒暑	月落销金帐	旁溪曲径通
二二四八	足踏云霄上	□□□□□	雀羽喜当生
	蓬人弱水流	□□□□□	摩空须有渐
三三四九	暴虎以冯河	瑶池人宴后	太公未遇时
	屹然为砥柱	明月夜空寒	日钓渭江边

【注解】暴虎冯河：空手搏虎，徒步涉河，喻冒险蛮干。

【原文】

二四五〇	渭水有肥鱼	花开难结实	停帆顺风后
	竿头无钓饵	策杖且扶身	躁进恐成忧
二三四九	纪纲吾掌上	夫征与妇育	孤舟如遇浪
	网漏吞舟鱼	天际一浮云	险阻谨提防
二二五〇	举足达紫薇	蟠桃花未实	为祥不为灾
	梅花随雪堕	不用怨东风	得名兼得利
二三五一	西风送行色	琴弹广陵散	长蛇自退皮
	斜日照丹墀	无语怨黄昏	劳神并改性

【注解】广陵散：琴曲名。三国魏嵇康临刑前奏此曲并叹曰“广陵散于今绝矣”，后称人事凋零或事成绝响为广陵散。

【原文】

三三五一	彤弓架朱箭	福星虽灿烂	花门逢杜萤
	用射石麒麟	孤星也照临	多不减芸香
二二五二	梁园花木绽	积木起高楼	药变损丹炉
	东苑御金风	风月事分破	神空已度设

【注解】梁园：园囿名，在河南开封东南，汉梁孝王筑，为游赏与宴宾之所，当时名士司马相如等皆为座上客。

【原文】

二三五三	御沟流不尽	琴弹山水曲	斜日欲流西
	水脉到甘泉	曲曲自知音	光辉已先散

河洛木部参评秘诀

【原文】	男部（竖看）	女部（竖看）	岁运（竖看）
二三〇五	云霞文发散	鱼向水中游	飞花自腾远
	舞动锦飞鸾	须防天降旱	不须风雨翻
二二〇六	洞庭风叶舞	鸥鹭泛江天	求之于规矩
	抚手上南山	不与蛟龙并	目可取方圆

二三〇七	身坐乾坤甑	休弹陌上筝	佯狂并设诈
	自知炎暑威	莫取桑间女	苟有见灾危

【注解】陌上：相和曲名，邯郸罗敷，乃千乘王仁之妻，采桑于陌上，赵王登台，见而悦之，置酒欲夺，罗敷弹筝作陌上歌以自明。桑间：即桑中，原为诗风，后喻私奔幽会。

【原文】

二四〇八	水银专铸鼎	鹦鹉尚声娇	织锦停机杼
	日月煮黄梁	佳人空自老	机边看锦花
二五〇九	微涨天河流	夕阳无限好	临井遇枯泉
	冬江雪浪起	争奈易黄昏	何由得济渴
二六一〇	金城千里地	春暮飞花急	梦魂千里远
	举目望征人	暗随流水边	空怨离恨多
二七一一	木牛出祁山	冬天暖似春	春兰与秋蕙
	流马入斜谷	江梅花正吐	各自及时香
二八一二	强澜既四倒	姻缘同比翼	雷声才出地
	地道有常经	风送上天去	远近自然惊
二九一二	秋月照寒水	风吹香梦醒	萧何定律法
	飞雁落沙汀	天暝子规啼	轻重自分明

【注解】木牛流马：诸葛亮制作的运输工具。

萧何：汉时沛县人，佐汉高祖刘邦建立汉王朝，汉之律令典制，多出于其手，世称“萧何定律”。

【原文】

三〇一四	鹊巢高树上	冷淡是生涯	桃花三月景
	风雨绝尘埃	何须花簇簇	百草一齐新
三一一五	赵人兼晋璧	活计水中萍	登高复临水
	欢时起利心	姻缘风裏絮	传命探梅花
三二一六	梭掷锦机中	天长地久时	浮云将蔽日

	花纹随后起	只怕多风雨	先暗后光明
三三〇七	椿松在槐棘	春闺人梦断	明镜自当台
	月色染云霓	明月又当前	何忧不照烛
二二〇八	木人逢此地	雨余天欲霁	蓝桥玉壶春
	平步上青云	江上好峰青	鸳鸯解鸣雨
二三〇九	漏水自天降	玉杯出清淡	凿井得甘泉
	八方皆可去	龙蛇多争室	源源自流出
二四一〇	牡丹花影中	池中多污泥	走马过危桥
	走马弓弦上	忽出莲花新	不道成惆怅
二五一一	东山有大麦	高木蝉声噪	举足路紫微
	生向雪霜中	安知红树秋	青云生平地
二六一二	蚕营簇上茧	神仙不用求	抱薪就火燃
	宛转吐丝纶	自有桃园路	谨当慎自主
二七一三	掌火焚山泽	白发喜相逢	莺笼才得出
	连天草木除	齐眉并举案	飞动有其时
二八一四	万籁清风裹	一声秋夜雷	双燕巢梁间
	吹箫秋月明	明月落谁家	呢喃自相语
二九一五	举目仰天人	红莲初出水	骊珠将照水
	用除三伏暑	春草怕飞霜	光耀自如然
三〇一六	水影照天文	井云天外飞	自牖看天心
	森罗成万象	方见云中月	咫尺天颜近
三二一七	子产畜生鱼	万里白云绕	守株而待兔
	校人得烹食	江南日暮春	空滞好光阴
三三〇九	牛溲马勃功	此木非寻常	喜生不测处
	不假金丹术	堪作高堂室	枯木再逢春
二二一〇	芳枝开月下	深园空月夜	流水与高山
	秋叶舞春风	琴调几知音	自有真佳趣

二三一一	当道雪中草	利器手中持	车无輗与軏
	青蛇用蔽身	消息长无苦	其可以行路
二四一二	玉盏凝丝竹	还解馨香祝	玉兔东方山
	蟾宫火上山	清虚度化生	夕阳留彩红
二五一三	花渠暗水流	风蒲美转定	海岸系孤舟
	出没世难识	能化青蛇剑	何须忧浪竭
二六一四	攘背取珊瑚	鸾凤引雏飞	泾渭分流处
	击破生铁柱	只缘多儿戏	一浊一清源
二七一五	假山生柳桂	种出无方药	风雨栽培处
	秋月散金花	方知造化神	可待长萌芽
二八一六	冰霜得令节	芳草正连天	倒把龙泉剑
	以候辨阴阳	那看黄梅雨	叉手空相伤
二九一七	江上一犁雨	月兔夜光圆	风生浪不静
	芳菲起淡烟	向晚金乌出	未可息忧怀
三〇二八	溪养浮萍草	鸡栖生凤子	欲求鱼与兔
	流芳自吐奇	回首隔尘埃	须用得荃蹄
三二一一	朔风从北起	芝兰出蓬蒿	金堂步紫微
	冰鉴照青天	莫染花间尘	玉殿生芳草
二二一二	分庆诞辰中	水边多绿草	举杯邀明月
	花下人相顾	翠竹喜相逢	花下人相觑
二三一三	禹门波浪急	日日任东风	□□□□□
	冬月井中鱼	女子贞不字	□□□□□
二四一四	瓦冷霜华重	岂料狂风恶	准定用权衡
	飞灰葭管中	花开落嫩红	轻重当自取
二五一五	骑牛逐麋鹿	木非凡水比	龙蛇争一室
	前程路不迷	可用作门楣	飞向百花丛
二六一六	斗秤皆均物	流莺语燕娇	风过大林中

	权衡有万殊	日暮花飞雨	草木皆回偃
二七一七	柳线系春光	传言桃李春	鹊噪喜白日
	暮天色已定	为惜桑树是	信通心更切
二八一八	掌上握风云	兰房花正开	闲人风送远
	前生已先定	门帐人如玉	正醒心自乐
二九一九	驾屋桥梁上	寒人下秋天	月白与风清
	依山又带河	莲芳湿五彩	因斯知有待
二三一三	景星移北陆	云雨归何处	昼行人秉烛
	荧惑出南宫	巫山十二峰	直入洞房中
二二一四	牡丹花影中	月之长大照	桂枝花下影
	灵清海棠湿	片云天外遮	秋月弄金风
二三一五	多少鱼虾出	红梅影苍竹	久晦遇晴明
	波流天日红	惟有岁寒情	已慰众人望
二四一六	金乌未出海	莫恨花飞急	金乌拜玉兔
	玉兔已先沉	枝头子渐垂	各自列东西
二五一七	金鱼沟内跃	玉云荷盘里	舟行望峰移
	风动纸鸢飞	琼珠碎碎圆	自生疑惑处
二六一八	身自携筐去	□□□□□	灯光夜结花
	忧勤等采薇	□□□□□	喜信必须得
二七一九	夜寝游仙梦	江水映秋风	穴居而野处
	通灵各有神	水落花去速	栋宇自接凉
二八二〇	清淡梧桐树	莺花三月景	陆行如推车
	风摇金井间	天气又重新	是以常自苦
三三一五	荏苒风霜至	上林花正发	自我来西郊
	竹梅花自开	只恐起东风	密云空不语
二二一六	万里桑麻地	春花太逼人	幸结残花实
	鱼龙相约侵	蝶向谁家宿	喜生枯树枝

二三一七	江漾南山影	姚黄并魏紫	鸳鸯宿池塘
	雁从云处飞	相遇五更风	姻缘自相守

【**注解**】姚黄：牡丹花的一种，为千叶黄花，出民间姚氏家，故名。魏紫：牡丹花的一种，为千叶肉红，出魏相家，故名。

【**原文**】

二四一八	地轴天轮转	采莲曲未终	红芳看满地
	壶中日月长	扁舟空荡漾	蜂蝶绕花丛
二五一九	能开顷刻花	要祝花宜寿	遇水得逢桥
	结果不能食	须求菊蕊仙	忧心俱什然
二六二〇	碧落出乌轮	难许自由身	□□□□□
	众星拱北斗	是心难飞走	□□□□□
二七二一	雷是震天鼓	金杯休覆水	行人立渡头
	青天无片云	琴瑟再调弦	待船空已久
三三一七	泉源并土脉	菱花空谷响	视形频把镜
	雨露作根基	桂子落重川	内外不相同
二二一八	采山堪茹美	斑扇重狂风	有矢恨无弓
	钓水鳄鱼藏	安知炎暑退	先阶后须放
二三一九	木笔写青天	杏花须自红	黄蜂采蜜成
	砚内龙蛇动	葑菲定不美	久后谁甘苦
二四二〇	仗剑断鳌足	枝头春玉李	箭射南山虎
	鸿飞荒野山	一朵绽先红	仗剑斩龙蛇
二五二一	把扇作飞廉	□□□□□	宝剑藏深匣
	粪尘咸席卷	□□□□□	光芒不等闲
二六二二	八荒惟我室	娥眉月圆缺	游鱼戏新荷
	变动体无常	桂子漫传香	在沼乐其乐
三三一九	万里有循环	锦绣霭春闺	红芳成艳色
	阴阳无久驻	梧桐在金井	俱起动花心

二二二〇	惟斯属木人	雪里出梅花	错节与盘根
	水清在阴地	犹待春风至	自然别利器
二三二一	寻钓梦春泽	暮去更朝来	花开向波心
	投身北海间	春花几芳馥	天香施红味
二四二二	东海植扶桑	天外雁声孤	万里迢迢路
	西海载弱水	唤醒佳人梦	径行不见踪
二五二三	蛇斗郑门中	把镜称月影	斛水用藏龙
	广陵盟亦载	朱颜浑未改	淹回其云气
三三二一	井上有绿李	花开向春晚	野猴啼夜月
	盐梅气味同	花谢果还稀	衰草更逢春
二二二二	红波推画舫	江上月清明	大厦与高堂
	绿棹逐蛇龙	金鞭何处去	燕雀生成就
二三二三	三月无根柳	梨花满院香	阳春三月景
	空中舞柳花	莫收春带雨	柳絮满天飞
二四二四	波中生日月	蜾蠃负螟蛉	杏花雨濛濛
	镜底见乾坤	新枝发旧花	喜苏人耜犁
三二二三	将灯入洞坐	水畔插垂杨	线断钓沉底
	洞里有轻风	孙阳黄金屋	深嗟不已情

【注解】孙阳：又名伯乐，古代善相马之人。

【原文】

二二二四	滹沱冰雪飞	凿池通流水	蓝关逢雪拥
	足踪履水迹	开辟天外风	骏马不能行

【注解】蓝关：即蓝田关，唐韩愈路过此关，适逢大雪马不能行，故有“云横秦岭家何在，雪拥蓝关马不前”之句。

【原文】

二三二五	莲花随步起	芳草碧连天	羝羊触其角
	风雨过池塘	尘襟临弦索	何苦自伤残

三三二五	斧柄在我手	水边佳会处	驾箭与弯弓
	山行随意行	休唱阿奴娇	偶射须百中
二二二六	四境风云起	四野风烟暝	斫轮将有就
	金乌照太空	飞花落燕泥	乘鸾在当时
三三二七	地形接霄汉	风烟欲暝天	□□□□□
	在下有星辰	日暮江南树	□□□□□

河洛金部参评秘诀

【原文】	男命（竖看）	女命（竖看）	岁运（竖看）
三三〇六	鹤在白云栖	花开花上花	鸿鹄丈夫志
	鸱鸮不翔举	风起风中絮	岂能知岁雀
二二〇七	白云随月出	李桃贪结子	日出自扶桑
	引领拜丹墀	莫恨五更风	众人皆仰视
二三〇八	大树蜉蝣撼	银烛照红妆	燕雀雨间飞
	精神百怪通	莫遣佳人睡	一生遇一死
二四〇九	花钿委地中	水面群鸥浴	枯木经春发
	沙暖见春云	风来浪拍天	忧老遇孤霜
二五一〇	梧桐金井上	生来在尘中	洞门无锁钥
	枝叶接松筠	不作尘中人	便是一闲人
二六一一	钟声彻万里	人间喜梦觉	琴瑟弦忽断
	食后上楼敲	孤月又当空	难便正音传
二七一二	下漏在军门	玉箫声未断	笼鹦虽巧语
	日中留客饮	重结好姻缘	犹自被羁縻
二八一三	井井浮阳气	夜雨滴梧桐	当逢千寻木
	新田禾黍繁	春风损桃李	折令遇其时
二九一四	上苑沟渠里	红叶有前缘	寒犬吠明月
	翩翩一点红	水流何太急	空自贯情怀

三〇一五	两曜循天地	黄菊有佳色	雷是震天鼓
	五星惟顺缠	秋光何太迟	青天无片云
三一一六	千驷马弗视	管弦醉春风	舟行帆自倦
	甘心惟步行	何如枯冷淡	欲进路无由
三二一七	桑麻天地产	奈有仙风骨	一箭射胸中
	不必问耕桑	壶中日月闲	万事能假从
三三〇八	草木年年改	枯杨生绿柳	铜镜未会人
	山河竟自如	雪里自阳春	暂时生尘垢
二二〇九	金命既如此	欲指神仙路	冒暑去投林
	天花桂影风	云山几万里	当途风少息
二三一〇	举箭射青天	春日种梅花	月明与星稀
	月淡星稀候	秋风生桂枝	乌鹊南飞起
二四一一	酒罢醉和风	福禄从天降	遨游成秀地
	峨眉山上色	不求保自生	不觉日平西
二五一二	丹崖万仞高	秋风动桂枝	停帆遇顺风
	中有蜉蝣上	桂子应难有	千里终须到
二六一三	麾盖样虚空	菟丝负女萝	虎落在阱中
	白云深处出	缠绵成一家	地偶难回避
二七一四	九河循故道	桑麻深雨露	渴时须饮水
	蚯蚓绕山行	桃李正芳菲	临井又无泉
二八一五	高枝投宿鸟	风月宴年年	晓日离云阵
	广厦上林燕	更阑人散后	寒威渐渐分
二九一六	扁舟过夏口	君子期偕老	子期逢伯牙
	赤壁火烧天	江山逝若川	正是好知音
三〇一七	桂林无雨露	双燕春风暖	月被乌云掩
	山泽有雷风	孤鸿落日斜	光明暂一时
三一一八	宝镜当空照	庭前有丹桂	匈奴降苏武

光明人自知　　肌肤带天香　　汉节不能屈

【注解】苏武：公元前140—前60年，西汉杜陵人，字子卿，武帝时出使匈奴，被留，迫其投降，不屈被徙北海，持节牧羊十九年，昭帝即位后与匈奴和亲方归。

【原文】

三三一〇	猫鼠祟墉上	青春花不发	忧辱无所怨
	安居备不虞	冬岭伴苍松	安居且虑危
二二一一	重重又重重	鸳鸯飞水面	琴瑟忽断弦
	好弹无弦琴	花落又花新	便不同音韵
二三一二	将火照明月	自有好姻缘	风吹水上萍
	浮云一点无	方识今日镜	东西任来去
二四一三	都门千余里	东园花易开	投身向弱水
	城阙烟生尘	西园果先熟	剖蚌取明珠
二五一四	蝴蝶在林中	吹箫人去后	上阵长枪遇
	探花为曲蘖	仙境又重登	前途须我约
二六一五	巍巍数仞墙	当生金不多	木生毫末间
	不得其门入	谁知来路难	从微须著至
二七一六	芝草穿珍珠	并蒂双莲出	织女未乘机
	玉堂高挂地	风光共一家	精神自频绪
二八一七	藻芹离泮水	着意栽桃李	和风吹折柳
	炉火爇明香	须防困蒺藜	光景与仙同
二九一八	日照雪中山	春花方竞秀	寒鸦终夜噪
	银河波自起	夏日又成阴	恍惚有惊疑
三〇一九	绮罗裁剪下	更深玉漏残	大匠欲斫轮
	一线逐针行	月里嫦娥去	劳费绳与尺
三三一二	孤军临大敌	寒梅空自白	和羹用盐梅
	剖竹可分符	芳草为谁青	苦旱用霖雨

二二一三	辰卯从革人	短长由自己	水映千江月
	玉殿生芳草	苦乐在他人	山含万木春
二三一四	山上水仙花	莲花绿水香	丹桂万仞高
	非是江河养	莫怨秋风早	中有蜉蝣上
二四一五	枫叶芦花岸	娇莺细柳中	急浪自呼舟
	满江秋月明	春暮多风雨	求济何时脱
二五一六	四方风一动	绿柳正摇风	东邻杀牛时
	古木自纵横	雪花飞天上	不如西禴祭
二六一七	衣裳藏在笥	红叶手中持	月内一蟾蜍
	锁钥不相投	春残花未开	影收光又散
二七一八	雨经风作纬	凤飞鸾亦飞	急浪回晚棹
	欲织一机罗	鸡鸣子正和	进退自徘徊
二八一九	粪土变城墙	明月逐人来	黄蜂作蜜后
	使人高数仞	风尘随马去	己苦别人甜
二九二〇	井给莫西井	青绳曾系足	问其造处士
	舟行载日光	何事又伐柯	取舍在人间
三三一四	棹舟过苍海	蕙兰花一处	蕙兰花一处
	风云生八荒	各自逞馨香	各自逞馨香
二二一五	青天江海流	断云残雨后	无根三月柳
	前定事如是	缺月又重辉	花絮满天飞
二三一六	月明春水满	饮泉风吹美	玄豹变成虚
	四面八方流	不觉浪花翻	喜意自非常
二四一七	金风疏落叶	万木怕秋风	□□□□□
	赵璧保珊瑚	桂独一枝花	□□□□□
二五一八	因赴武陵约	绣带绾春罗	吞钓鱼上钩
	桃花逐水流	尘满菱花镜	沉机大小渊
二六一九	壶口孟津间	镜里花颜改	祥日频晓日

	冀州先载水	枝头果未圆	轮转有祥光
二七二〇	夜寝游仙梦	莫讶今朝景	有舟无棹处
	通灵各有神	修缘好闲空	遇渡有忧疑
二八二一	挟山超北海	昔日青天上	电光烁秋月
	缘木以求鱼	风光再主持	方寸自生疑
三三一六	斗柄横云汉	东方才得意	竹笋已抽簪
	西山晓月浸	夜月改梨花	成林自有日
二二一七	细柳新蒲绿	兼织回纹锦	蜂蝶竞争雄
	夕阳流彩红	重圆月影花	可存芳树上
二三一八	斗牛星会处	紫穗吐奇芳	鱼潜水上藻
	兰麝自馨香	光阴逐流水	思跃有其时
二四一九	鱼凫在虎穴	嫩笋出阶前	镕金欲铸印
	鸾凤宿花丛	杨花飞满院	成用有其时
二五二〇	辍来不耕莘	前定四时春	旅食在他乡
	行车遇霖雨	只怕东风恶	何时归本地
二六二一	明堂空谷中	断桥流水急	苦求药用之
	不纳三伏暑	准拟上扁舟	于人又何咎
二七二二	舟下急流中	屏间金孔雀	刀箭既相怨
	山阴不可去	那个是前缘	此心怀一快
三三一八	织女机上梭	虽不是丁兰	高堂怀栋梁
	往来同日月	刻木也成形	架缘无所靳

【注解】丁兰：汉代人，相传少丧父母，及长，刻其母像，事之如生，朝夕致三牲。

【原文】

二二一九	神仙居洞府	玄霜谁捣就	斗牛星会处
	欲活烂柯棋	只恐又姻缘	兰麝自馨香
二三二〇	竹影连山影	芙蓉秋夜花	明月三杯酒

	松声问水声	莫怨东风错	清风一曲琴
二四二一	青天蜀道难	禄马度前桥	剑斩长桥蛟
	背剑跳云栈	须还跳井口	箭射白额虎
二五二二	青天如水净	水面宿鸳鸯	大旱望云霓
	旱魃化云霓	凤凰那时出	沛然天下雨
二六二三	心是无星秤	箕帚自相当	多禽见鹰鹯
	均同一气形	瓦璋犹未定	不测自刑伤
三三二〇	松柏悉兹漫	绿颜流水急	大冶可陶金
	丹青石上生	谁念百花新	必定成金器
二二二一	积雪遇和日	可惜花开处	临春花柳香
	池塘春草生	风光叹不常	好遂遨游兴
二三二二	扬竿钓渭水	种树于途旁	白头为钓叟
	忍耻向淮阴	行人受绿荫	晚节遇文王

【注解】淮阴：韩信被刘邦封为楚王，后获罪降为淮阴侯。

【原文】

二四二三	金风西岭月	天地无凭准	乌江不可渡
	光焰射杨花	空余燕子楼	患害岂非常
二五二四	草作擎天柱	望月伴嫦娥	淡云来掩日
	难当盛暑风	只作浮云翳	残云暂收光
三三二二	圭田如玉洁	自得操持手	于斯有美玉
	一点不生尘	何须男子为	求善价估诸
三二二三	天河玉浪起	天台刘阮遇	莫望红尘远
	争奋鸿雁飞	时景又云飞	出门天地宽

【注解】刘阮：相传东汉永平年间，浙江剡县人刘晨阮肇到天台山采药迷路，遇二仙女被邀至家中，半年后回家，子孙已过七代；后重入天台访女，踪迹渺然。

【原文】

二三二四	击柝重门外	佳人天上月	锦机梭过处
	机边看锦花	圆缺照谁家	随即起波纹
二四二五	假山中草木	天边有明月	春水初泮处
	鸟兽岂容藏	何处照人间	任便戏新鱼
三三二四	大道藏无极	金多必有伤	杀鸡须鼠约
	鸿蒙隐八维	及早修缘事	忠信自无疑
二二二五	月华透梅雪	残灯十空月	花渠暗水流
	水净见山阴	争奈五更长	出没世难测
二三二六	形画麒麟阁	孤猿枝上啼	阳气喜初生
	毫端争一茎	明月空中落	萌芽将复展

【注解】麒麟阁：汉阁名，在未央宫内。汉宣帝三年，画功臣霍光等十一人图像于阁；后赞誉可为国建大功业者。

【原文】

三三二六	牵牛过堂下	仙坛与佛塔	大旱望云霓
	问是梁惠王	功果好修为	青天空霹雳
二二二七	风行江上去	古称朱陈村	□□□□□
	松竹竞争春	只恐花难老	□□□□□
三三二八	吾身何践履	画堂春正浓	社燕自营巢
	天外有烟霞	杨柳轻飘絮	不安期得便

河洛土部参评秘诀

【原文】	男命（竖看）	女命（竖看）	岁运（竖看）
三三五七	蜘蛛结网罗	天边有彩鸾	临渊空羡鱼
	箭射空中雨	风举乘云路	取舍难为事
二二五八	蓬蒿栖凤凰	腊日消残雪	凉风井水阁
	瞻望随堤柳	红杏又着花	散发又披襟
二三五九	龙门舟未出	紫燕营新巢	梨园遇猴宿

	蚯蚓载坤舆	呢喃又无水	果熟不能存
二四六〇	桃李浮瓜景	孤帆太湖远	再磨龙剑用
	广寒宫似水	休上望夫山	锐气彻青空
二五六一	投身向弱水	柳絮舞春风	春柳发萌芽
	剖蚌取明珠	晴云审暮雨	浓阴堪待暑
二六六二	置邮符驿使	莫待尘缘结	旅怀千里远
	传命折梅花	皈依好向空	日暮急奔程
二七六二	广寒宫枕簟	藤罗引高松	弯弓兼得箭
	内有风雪生	阴阳调吕律	际遇莫踟蹰
二八六四	蝴蝶梦方回	玉女逢佳偶	筑坛来拜将
	寻花天上去	天风吹珮环	万世好名扬
二九六五	墙外生斑竹	换叶移根树	阳春三月景
	茎长接上苍	花开子未圆	桃李自芬芳
三〇六六	鱼盐版筑人	一匹红绫好	曲木转形影
	心志自先苦	春风几度求	运动影随身
二一六七	山径之蹊间	香草出河边	鹊巢鸠打破
	介然而成路	寂寞春归晚	有始却无终
二二六八	河洛出图书	春光拂管弦	笙歌频聒聒
	伏羲不再画	秋风换罗绮	自可乐欢颜
三三五九	万里长城去	香盟于山岳	梨园遇猴宿
	黄河犹旧流	未信晴云轻	果熟不能存
二二六〇	大旱望云霓	风烟隔明镜	万物源于天
	青霄隔风阻	膏沐为谁容	密云浑不雨
二三六一	风吹海水动	桃花人面去	寒光有重焰
	巨蟹四方游	黄菊又三秋	从此再回生
二四六二	四海尘埃起	花落东流水	□□□□□
	随风蔽九天	高堂望杏红	□□□□□

二五六三	对月登楼望	妙手连环解	日暮强奔程
	风生星斗移	姻缘事不由	狂走途还失
二六六四	壶顶山上鼓	气味芝兰美	龙吟深大泽
	终日伏波闻	光阴日月行	逸乐有其之
二七六五	独舞菖蒲剑	风山花零落	雄鸡齐唱晓
	三军不可当	春风趁马蹄	曙色未分明
二八六六	燕期秋社中	月中丹桂子	大寒将索裘
	遥指神仙路	开时待秋风	已失先期备
二九六七	身在青云里	天地春风里	春游时得喜
	天街我独行	江山夕照中	骏马自驰驱
三〇六八	旱天逢雨集	□□□□□	虎鹿图一雀
	沟浍自皆盈	□□□□□	一悲还一喜
三一六九	众逐虎负隅	重重天色晚	猛虎依平林
	攘臂下车搏	何处彩云飞	收威并失势
三三六一	江心秋月色	窃香人去后	猛虎居山崖
	鱼隐在心中	月色又黄昏	前凶而后吉
二二六二	竹丛蜂蝶聚	暴虎冯河妇	正当骏马时
	落叶露珠倾	如何柔济刚	情怀难自卷
二三六三	白日片云收	薰风吹石榴	田猎而获禽
	青天一点雪	秋风破酸子	自知得如愿
二四六四	蔓草与长松	姻缘竟若无	瑞云飞出洞
	远看同一色	浮云落流水	聚散不为常
二五六五	正当三伏暑	日断楚天空	杏花红十里
	昼寝复青毡	星河何处觅	归去马如飞
二六六六	豫州城似铁	汀兰井岸芷	大厦要扶持
	强弩不能穿	泛宅奉浮家	诚然非一木
二七六七	天汉彩云横	花开几度春	众棹若扶持

	斗牛星不动	日月应难光	一时须得渡
二八六八	南亩金城外	龙凤喜同巢	蜂蝶戏春深
	一鞭风月清	乾坤风景异	先益而后损
二九六九	三月清明节	黄莺出空谷	举足倾天河
	桃源不老春	燕采落花泥	用除三伏暑
三〇七〇	王事不敢废	桃花逐水流	春天喜胜游
	抽矢扣车轮	空锁武陵春	冬日真可爱
三三六三	九穗嘉禾起	南国有佳人	鱼龙在钓饵
	吴江风月清	花影空中雾	志乐在其中
二三六四	古道多芳草	芙蓉不怕霜	夜光流星落
	武陵花自红	霜里好开花	中心亦可忧
二三六五	虹霓射日光	一曲神仙引	青天当午日
	五彩空中散	风吹别调闻	迤逦有藏云
二四六六	身登竹叶舟	机锦织成花	子房遇黄石
	更不假篙楫	未许金刀剪	受履显光荣

【注解】子房遇黄石：子房即张良，黄石为秦时隐士，相传张良刺秦始皇不果，逃匿下邳，遇黄石公授太公兵法。

【原文】

二五六七	高山雨露深	赏花人散后	春游知得意
	一人骑虎至	金勒马嘶风	信步自忘劳
二六六八	白日晴天里	春光媚华堂	未雨时先雷
	东方出五星	秋月照穹空	阴云空密布
二七六九	桃浪江深处	霜雪似刀剑	田猎出无心
	蛇从螃蟹行	斫断飞鸳侣	捕禽而得兔
二八七〇	岁寒知松柏	□□□□□	初生新出月
	犹自蔼柔芽	□□□□□	皎白有明时
二九七一	嫦娥会月宫	绝代有佳人	琴瑟不调和

	镜照红颜改	青镜朱颜改	其弦急可整
三三六五	泰山添土壤	一曲醉金卮	方泽水溶溶
	春草自辉煌	野烟生碧树	鱼龙俱得势
二二六六	嫦娥伴玉兔	嫦娥在月窟	弯弓弦忽改
	醉倒桂花丛	三五圆又缺	怅望独咨嗟
二三六七	龙脱初生骨	篱菊绽金线	浮云迷皎月
	飞潜花苑中	玉露生秋草	暂时处朦胧
二四六八	山中有一道	绿蚁其佳人	病久遇良医
	不露神仙迹	巫山连楚梦	贵人相提挈
二五六九	珠履腾空去	要看枝上花	流水下高山
	一双凫上天	却看花稍月	谁能相止遏
二六七〇	英雄一上将	春草暗连山	珍珠俱已成
	来作负荆人	王孙应恨别	何须多草艾

【注解】负荆：赵国大将廉颇曾“肉袒负荆，因宾客至蔺相如门谢罪”，使赵国将相重新和好，后引伸为谢罪。

【原文】

二七七一	画屏堂半开	□□□□□	舜日得当空
	上有丹青笔	□□□□□	坚冰须尽水
二八七二	江汉源流水	月烟夜光圆	黄莺声百啭
	同来井路中	向晓金乌出	其可乐春迟
三三六七	庙堂知重器	春树发新条	旅况在穷途
	宝鼎玉居先	风光喜恋新	得薪又无火
二二六八	采薇除蔓草	鸾凤乘何远	荒田多野草
	蜂蝶在红尘	熊罴梦已回	空自负耕犁
二三六九	当途白日虎	好花临水畔	叶落为辞树
	草下现其身	风雨隔前林	正不为干枝
二四七〇	聚沙为五岳	自是闺门好	柏树长高岗

	一箦岂容亏	须防半疾殃	乔枝须出群
二五七一	阳春三月景	名园花果香	良画为归祝
	杜鹃花正开	春风皆吹瞑	志存杨柳间
二六七二	即墨得神仙	嫦娥在月宫	二将竞争功
	飞鸟悉翔舞	秋光共谁处	一得须一失
二七七三	松筠侵日月	芍药花开遍	水由地中行
	星斗见长天	清和转夏天	江淮朝宗汉
三三六九	飞云随水起	浮云蔽白日	风动水中萍
	燕雀语花阴	仿佛见参商	往来无定处
二二七〇	修行下蝼蚁	牡丹花半开	两两忽交锋
	衔泥叠泰山	春色无留意	自当宜谨慎
二三七一	横池龟曳尾	姻缘此日兼	痴心问人影
	入水散清波	只恐姻缘阻	否泰出何心
二四七二	白水对青山	春色天涯远	田欲成秀苗
	玉衡齐七政	燕归人亦归	必先除草芥
二五七三	柳岸春风处	宝镜画堂前	路遥频马往
	波纹漾碧天	莫遣青鸾舞	心困与神疲
二六七四	义兵不用诈	灼灼枝上花	乔松方出土
	背水战何因	春时天又雨	难得生嫩枝
三三七一	博浪沙中立	天生连理枝	有金无火炼
	海滨车驾行	莫遣风霜苦	作器恐无期
二二七二	随山刊古木	缘分宜娇客	明珠生蚌内
	鲜食奠山川	难教桂丁香	方寸自然光
二三七三	上阳宫里人	天外彩云飞	工师得大木
	相伴白云宿	化作白云去	以胜栋梁材
二四七四	庭月射花影	虽是好罗裙	广大置车轮
	散作五更怨	犹同纱帽里	行虽由正路

二五七五	马陵书大字	莺花春世界	春鱼方跳跃
	斗智有孙庞	咫尺近春逢	得势漫东流

【**注解**】马陵：地名，战国时齐将孙膑与魏将庞涓在此交战，孙膑用埋伏计，并在树上书“庞涓死于此地”，致庞涓在此自刎。

【**原文**】

三三七三	象取斗中气	楼上有神仙	鞭生庭下长
	无边柳絮飞	人间无去客	养竹自萌芽
二二七四	用缶纳自牖	冰骨玉肌肤	一刀还两断
	泥途中得兴	夏日当炎暑	过意即分明
二三七五	金灯对月华	红颜对明镜	男儿衣禄好
	燕垒画梁巢	几度插花新	女子命还危
二四七六	水由地中行	结发望齐眉	酩酊见衔杯
	江汉朝宗海	莫负恩与爱	性真正自在
三三七五	东山烟雾布	风动玉栏杆	战马得金声
	木棹入扁舟	惊醒花间梦	雄心期便振
二二七一	鸿鹄竟飞鸣	夏木黄鹂语	声传空谷中
	深居而简出	梧桐叶早秋	影浸清波下
二三七七	天涯一望中	一花双结子	石上磨玉簪
	燕雀任来往	惟恐到头难	不测中有折
三三七七	雷声震天地	昼夕掩重门	固垒深池处
	草木绝其根	虚空久寂寞	提防有不虞
二二七八	乘桴浮海上	骨肉前缘定	游舟入水中
	四面任风吹	修持好闲空	进退不由己
二三七九	八尺长灯檠	长檠照珠翠	塞翁须失马
	清光射白昼	烛影怕风吹	反祸又成福
内一数	二八六九	阴阳皆失位	流年如遇火
		无极自失宜	一死复何疑

【注解】读完此卷，尽管原书在“参评秘诀辨”一节中云：“庶几如着裘者之挈其领，举纲者之提其纲”；“如王良之驭马，庖丁之解牛，决无控闲折刃之患”。但细细思考其法，不合义理之处甚多，试析于下：

一、该法取数，以年柱纳音为主，不论金木水火土都以二千为祖，僵硬无变化。五行之数，水一、火二、木三、金四、土五，各有其属，若均为同一数，又分五行何用？是置五行于不顾矣。

二、术数之法甚多，但均以月令为重，因月令为四时五行旺衰之依据。故推八字以月令为运元，卜筮法以月令为月建，本书河洛之法以月令为化工，失却月令，则五行强弱难以分辨。如乙卯日，生在春冬为得旺气，若生于酉月则为死绝之气，却以弱论。本法弃月令于不顾，是五行生死无依，强弱无据。

三、既云以八字取数，就应八个字全用，或如推命术，以八个字五行生克制化推之；或如本书河洛之法，以干支洛书之数论之，或以五行真数取之，或以大衍数取之，或以八卦数取之，均不失一法。而本书弃日时天干与月令不用，八个字就去掉了四个字，若以此为法，是先天不足而致伤残疾病，岂能自立?!

至于各条之数，模棱两可，吉凶不分者居多，岂如前诸卷卦爻生动活泼？故吉凶难以圆说。举例说明：

例1　明嘉靖皇帝朱厚熜命造：丁卯、己酉、辛巳、己亥。

以本书之法计算：1、丁卯纳音属火，年柱为二千数。2、日支巳至亥共七数，一数准一百数，共七百数。3、子至巳为六数，子至亥为十二数，共十八数。4、纳音属火，加二十七数。5、五行属火，再配二数。共合二千七百四十七数。查火部二七四七条是“螟蛉入蜂巢，得见蜂王面”，岁运则是“莺雏初出谷，飞羽自敧斜”。螟蛉为蜂食之物，入蜂巢其凶可知。然此造则为在位四十五年的皇帝，吉凶有天渊之别。

例 2 宋著名才子苏东坡命造：丙子、辛丑、癸亥、乙卯。

以本书之法计算：1、丙子纳音属水，年柱为二千数。2、日支亥至卯共五位，一位准一百数，共五百数。3、子至亥为十二数，子至卯为四数，共得十六数。4、纳音属水，加二十七数。5、五行属水，再配一数。共合二千五四十四数。查水部二五四四条男命是“虎兕出于匣，征夫不能行”，亦为凶辞，然苏东坡虽屡遭贬谪，毕竟富贵中人也。

例 3 一生辛苦之造：丙戌、戊戌、戊寅、丙辰。

以本书之法计算：1、丙戌纳音属土，年柱为二千数。2、日支寅至辰共三位数，一位准一百数，共得三百数。3、子至寅为三数，子至辰为五数，共得八数。4、纳音土加五十数。5、五行属土，配五数。共合二千三百六十三数。查土部二三六三条，男命是“白日片云收，青天一点雪”；岁运是“田猎而获禽，自知得如愿”，与一生奔波劳苦之命不合。

例 4 夭亡之造：庚辰、乙酉、丁丑、乙巳。

以本书之法计算：1、庚辰年纳音属金，年柱为二千数。2、日支丑土至巳共五位数，一位准一百数，共得五百数。3、日支子至丑为二数，时支子至巳为六数，共得八数。4、纳音金配四数。共合得二千五百一十二数。查金部二五一二条，男命是“丹崖万仞高，中有蜉蝣上”；岁运是“停帆遇顺风，千里终须到”，然此造却中年夭折，亦不合矣。

人生八字千变万化，亿万条尚且不能言尽，本书数百条岂能括尽人生。所以以八字按该法计算，不合者居多，即便其中有合者亦为偶合，且未得其数者更多，故该法实无义理，不可执泥。

卷七

本卷说明

【原文】是卷所刻，皆推算八字提纲，虽非希夷著述，然以命合数，故于星学诸篇，尤属紧要。兹特附为末卷，以备学者便用。

【注解】此节标题“本卷说明”系整理者所加。另请读者注意，以上原文特申明本卷非希夷先生陈抟所著。

起八字法

【原文】年上起月。

甲已之年丙作首，乙庚之岁戊为头。

丙辛之年从庚上，丁壬壬位顺行流。

惟有戊癸何方觅，甲寅之上好追求。

【注解】

年上起月例表

年 月	甲己	乙庚	丙辛	丁壬	戊癸
正月	丙寅	戊寅	庚寅	壬寅	甲寅
二月	丁卯	己卯	辛卯	癸卯	乙卯
三月	戊辰	庚辰	壬辰	甲辰	丙辰
四月	己巳	辛巳	癸巳	乙巳	丁巳
五月	庚午	壬午	甲午	丙午	戊午
六月	辛未	癸未	乙未	丁未	己未
七月	壬申	甲申	丙申	戊申	庚申
八月	癸酉	乙酉	丁酉	己酉	辛酉
九月	甲戌	丙戌	戊戌	庚戌	壬戌
十月	乙亥	丁亥	己亥	辛亥	癸亥
十一月	丙子	戊子	庚子	壬子	甲子
十二月	丁丑	己丑	辛丑	癸丑	乙丑

上古历法，年月日时均开始于甲子，所以甲子年一定起甲子月。上古时期，以十一月为岁首，所以十一月就是甲子月。到了夏时，以正月建寅为岁首，从甲子月数至正月为丙寅，经过五年六十个月，正好是一花甲之数，该年天干为己，正月也正好是丙寅，故甲年和己年便以丙寅作首。如此周而复始，每年正月的天干就和上歌同。

【原文】日上起时。

甲己还加甲，乙庚丙作初，丙辛从戊起，

丁壬庚子居，戊癸何方发，壬子是真途。

【注解】

日上起时例表

日 / 时	甲己	乙庚	丙辛	丁壬	戊癸
子	甲子	丙子	戊子	庚子	壬子
丑	乙丑	丁丑	己丑	辛丑	癸丑
寅	丙寅	戊寅	庚寅	壬寅	甲寅
卯	丁卯	己卯	辛卯	癸卯	乙卯
辰	戊辰	庚辰	壬辰	甲辰	丙辰
巳	己巳	辛巳	癸巳	乙巳	丁巳
午	庚午	壬午	甲午	丙午	戊午
未	辛未	癸未	乙未	丁未	己未
申	壬申	甲申	丙申	戊申	庚申
酉	癸酉	乙酉	丁酉	己酉	辛酉
戌	甲戌	丙戌	戊戌	庚戌	壬戌
亥	乙亥	丁亥	己亥	辛亥	癸亥

古历法以甲子日起甲子时，一直顺数到第二日子时，得干支为丙子，所以乙丑日起丙子。从甲日到己日共经过五天六十个时辰，合一花甲之数，所以子时也起甲子，与上歌同。

起大小运诀

【原文】起大运诀。行运专在月下论，甲、丙、戊、庚、壬生人属阳，乙、丁、己、辛、癸生人属阴。其法，阳男阴女，顺数月下未来，谓之顺运；阴男阳女，逆月下已往，谓之逆运。但以三日为一岁，多一日除一日，少一日借一日也。

【注解】本节标题“起大小运诀”为注者所加。

行运之法，前节已注。何以要三日折一岁？万育吾在《三命通会》中说：“月之中，晦朔周而有三十日，一日之中，昼夜周而有十二时，总十年之运气，凡三日有三十六时，乃见三百六十为一岁之数。”由此可以算出，一个时辰为十天，一天十二个时辰，乃一百二十天，三天三十六个时辰为三百六十天，所以三天则是三百六十个时辰，故三天折合一年。须要注意的是，折合之数，并非以每月初一为准，而是以每月的节气为准，即：

正月以立春节为准，二月以惊蛰节为准，

三月以清明节为准，四月以立夏节为准，

五月以芒种节为准，六月以小暑节为准，

七月以立秋节为准，八月以白露节为准，

九月以寒露节为准，十月以立冬节为准，

十一月以大雪节为准，十二月以小寒节为准。

【原文】起小运诀。小运逆顺由时，如阳男阴女，则从生时逐一顺数去；阳女阴男，则从生时逆数是也。

河洛数内只以阳爻九年，阴爻六年为大运，不用子平之运，今载此者，后学兼而行之，则益精且详，而百发百中耳。

【注解】小运之法，是以出生时辰为准，阳男阴女顺行，阳女阴男逆行。

六十花甲顺行顺序是：

甲子、乙丑、丙寅、丁卯、戊辰、己巳、庚午、辛未、壬申、癸酉，
甲戌、乙亥、丙子、丁丑、戊寅、己卯、庚辰、辛巳、壬午、癸未，
甲申、乙酉、丙戌、丁亥、戊子、己丑、庚寅、辛卯、壬辰、癸巳，
甲午、乙未、丙申、丁酉、戊戌、己亥、庚子、辛丑、壬寅、癸卯，
甲辰、乙巳、丙午、丁未、戊申、己酉、庚戌、辛亥、壬子、癸丑，
甲寅、乙卯、丙辰、丁巳，戊午、己未、庚申、辛酉、壬戌、癸亥。

六十花甲逆行顺序是：

癸亥、壬戌、辛酉、庚申、己未、戊午、丁巳、丙辰、乙卯、甲寅，
癸丑、壬子、辛亥、庚戌、己酉、戊申、丁未、丙午、乙巳、甲辰，
癸卯、壬寅、辛丑、庚子、己亥、戊戌、丁酉、丙申、乙未、甲午，
癸巳、壬辰、辛卯、庚寅、己丑、戊子、丁亥、丙戌、乙酉、甲申，
癸未、壬午、辛巳、庚辰、己卯、戊寅、丁丑、丙子、乙亥、甲戌，
癸酉、壬申、辛未、庚午、己巳、戊辰、丁卯、丙寅、乙丑、甲子。

定时刻诀

【原文】定太阳出没。

正九出乙入申方，二八出兔入鸡肠。
三七出癸入申地，四六生人入犬藏。
五月出艮入乾上，仲冬出巽没坤方。
惟有十与十二月，出辰入申仔细详。

【注解】此段口诀，讹误较多，今据《象吉通书》介绍如下：

正九出乙入庚方，二八出兔入鸡场。
三七发甲入辛地，四六生寅入戌乡。
五月生艮入乾上，仲冬出巽没坤方。
惟有十与十二月，出辰入申仔细详。

古人把一周三百六十度按一年二十四节气分为二十四部分，每分占十五度，分别以甲乙丙丁庚辛壬癸八天干，子丑寅卯辰

巳午未申酉戌亥十二地支及乾坤艮巽四卦，共合二十四字立方，其图见右。

所谓太阳出没，是言每月太阳所出之方及所没之方，即正月、九月太阳从乙方出，庚方没；二月、八月，太阳从卯方出，酉方没；三月、七月，太阳从甲方出，辛方没；四月、六月，太阳从辰方出，申方没。古时没有钟表，不能准确知道出生时间，只有凭太阳出没来判断，知道此歌，其误差就会大大缩小，故古人非常重视此诀。

【原文】定寅时诀。

正九五更二点彻，二八五更四点歇。
三七平光是寅时，四六日出寅无别。
五月日高三丈地，十与十二四更二。
仲冬才到四更初，便是寅时为君记。

【注解】寅时：凌晨三至五时。此是以每个月日出高低来判断寅时，知道了寅时，则能准确地确定一天的十二个时辰。

【原文】定小儿生时诀。

子午卯酉面仰天，寅申巳亥侧身眠，
辰戌丑未覆生下，千金君子不轻传。
亥子丑时面向北，寅卯辰人脚向西，
巳午未时头向南，申酉戌人头持西。
辰戌丑未背太阳，父虽在家不在旁，
一个时辰分八刻，妙诀推究理无疆。

子午卯酉为中顶，主：人性急，声高细小，仰身出世，向父而生也。寅申巳亥双脑顶，若单顶必斜也，主：人面大口阔，声高发粗，侧身出世向父。辰戌丑未顶戴斜，主：人沉性，顶次歪斜，啼慢，背父生；父若在旁，覆身出世。

【注解】此是以小儿出生时的面、头朝向之方及头顶之斜正定小儿出生时间，有兴趣者，可以验证。

知人形体论

【原文】难产夜啼克应。

子午号为黄泉路，卯酉呼为二八门。

难产易胎多疾厄，夜啼惊恐不堪闻。

生人顶发稀疏，细瘦，易产难养。

【原文】知人论。

乾：面圆，为人正大，好生恶杀，豁达大度。

坎：为人性情不定，大宽小急，善于陷人。

艮：背圆腰阔，眉秀眼长，为人性慢稳重，如山不动。

震：长大，美须髯，为人不怒而威，见者震恐。

巽：其形上长下短，面尖身瘦，为人颜色清减，言语柔顺，有仁慈之心。

离：面上尖下阔，精神闪烁，为人聪明性慧，语言辩给，乃文章之士。

坤：重厚肥胖，鼻大口方，为人行事沉重。

兑：破相也。缺唇疏齿，面或麻，声高清响，为人喜淫，好而无能。

【注解】此论取形于八卦本义，尚有义理可以参考。

详论合婚吉凶数

【原文】

乾：坎艮震巽离坤兑，游福天五绝绝生，魂德医鬼命体气。

坤：兑乾坎艮震巽离，福绝绝生五天游，德体命气鬼医魂。

坎：艮震巽离坤兑乾，天福生绝绝五游，医德气体命鬼魂。

兑：乾坎艮震巽离坤，生五绝绝游天福，气鬼体命魂医德。

艮：震巽离坤兑乾坎，游绝五生福绝天，魂命鬼气德体医。

震：巽离坤兑乾坎艮，绝生五绝天福游，体气鬼命医德魂。

巽：离坤兑乾坎艮震，福天游五生绝绝，德医魂鬼气命体。

离：坤兑乾坎艮震巽，游天绝绝五福生，魂医命体鬼德气。

上以八卦相合看之，则天医、福德、游魂、绝体、五鬼、绝命、生气，该属何卦，则吉凶自定矣。凡检婚姻，细看男子得何卦，坐在何爻；若男子得乾卦，女子得坎卦，演而为讼，合之则为游魂；男子得乾，女子得艮，演而为遁，合之则为福德。余以此推。

又将男子得何卦在外，女子得何卦在内，合成一卦。男子若得卦辞皆吉者，则无刑克之患；若男坐爻辞凶，决被妻克；女坐爻辞凶，必为夫克矣。大抵天医、福德为上，绝体、游魂为次，生气又次之，五鬼为下，而绝命凶斯极矣。

诀曰：一鬼二德三绝体，四医五鬼游魂命，
生天福上五为下，魂体为次绝命凶。

【注解】本章所谓合婚之法，来源于小游年变卦。其法以贪狼为生气，属木。巨门为天医，禄存为绝体，均属土。文曲为游魂，属水。廉贞为五鬼，属火。武曲为福德，破军为绝命，均属金。皆以上一爻变为生气，上二爻变为天医，下一爻变为五鬼，下二爻变为福德，上下二爻变为游魂，中爻变为绝命，三爻变为绝体，三爻俱不变为本卦伏位。关于小游年变卦，我社已出版的同类书《阴阳五要奇书》上册第 28 面和第 66 面已作详细介绍，有兴趣者，可参阅。

婚配之说，据传出自唐吕才，至于其真伪吉凶，详见后“合婚法”一节注。

推八卦二诀

【原文】推八卦所生游魂归魂诀。乾宫一世姤，二世遁，三世否，四世观，五世剥，游魂晋，归魂大有。余仿此。

【注解】所谓游魂卦者，即本卦第六变；所谓归魂卦者，即本卦第七变。以乾卦为例。第一变初爻为天风姤，第二变二爻为天山遁，第三变三爻为天地否，第四变四爻为风地观，第五变五爻为山地剥，第六变复四爻为火地晋。因其变仍在外卦，如人游走不归，故曰游魂。第七变下三爻均复为乾卦，为火天大有；因坤复变为乾，如游人归家，故曰归魂卦。其余坎艮震巽离坤兑皆仿此。即：

乾宫	天风姤为游魂卦，	火天大有为归魂卦。
坎宫	地火明夷为游魂卦，	地水师为归魂卦。
艮宫	风泽中孚为游魂卦，	风山渐为归魂卦。
震宫	泽风大过为游魂卦，	泽雷随为归魂卦。
巽宫	山雷颐为游魂卦，	山风蛊为归魂卦。
离宫	天水讼为游魂赴，	天火同人为归魂卦。
坤宫	水天需为游魂卦，	水地比为归魂卦。
兑宫	雷山小过为游魂卦，	雷泽归妹为归魂卦。

【原文】推八卦世应所在法。一世卦应在四,二世卦应在五,三世卦应在六,四世卦应在初，五世卦应在二；游魂卦世在四,应在初；归魂卦世在三，应在六；八纯卦世在六，应在三。

【注解】所谓世者，除八纯卦世在六爻，归魂卦世在三爻外，其余何爻变即何爻持世，与世相隔二爻为应。下以乾宫八卦为例。

从此例可以看出，乾卦为纯卦，故世在六爻，应隔二位居三爻。天风姤变初爻，故世在一爻，应隔二位在四爻。天山遁

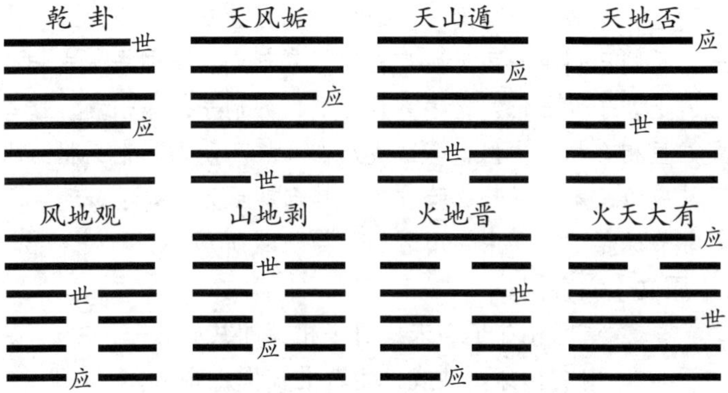

变二爻，故世在二爻，应隔二位在五爻。天地否变第三爻，故世在三爻，应隔二位在六爻。风地观变第四爻，故世在四爻，应隔二位居初爻。山地剥变第五爻，故世在五爻，应隔二位居二爻。火地晋复变第四爻，故世在第四爻，应居初爻。火天大有为归魂卦，故世在第三爻，应居六爻。余卦仿此推。

根据以上方法，八宫卦世应成以下规律，以便查找。

世爻：六一二三四五四三；应爻：三四五六一二一六。

本节标题“推八卦二诀”为注者所加。

八字中切用者例

【原文】八字三刑例。

寅刑巳上巳刑申，丑戌相刑未与辰。

子刑卯上卯刑子，辰午酉亥自相刑。

【注解】古人认为，寅刑巳，巳刑申，申刑寅为恃势之刑；丑刑戌，戌刑未，未刑丑为无恩之刑；子刑卯，卯刑子为无礼之刑；辰午酉亥为自刑。《阴符经》云：“恩生于害，害生于恩，三刑生于三合。”如申子辰相合化水，遇上寅卯辰三位，则申刑寅，子刑卯，辰遇辰是自刑。寅午戌三支相合化火，遇上巳午未三位，则寅刑巳，午遇午为自刑，戌刑未。巳酉丑三合化金，遇上申酉戌三位，则巳刑申，酉见酉是自刑，丑刑戌。亥卯未三支相合化木，遇上亥子丑三位，亥遇亥是自刑，卯刑子，未刑丑。这与人伦夫妇虽相合相得，但也会造成刑伤一样。所谓三刑，推命术中亦不甚应验，本书以卦爻验吉凶，其刑就更无用处了。

本节标题“八字中切用者例”为注者所加。

【原文】六害例。

寅巳相穿子与未，丑午相穿卯共辰。

申亥相穿酉共戌，犯者谁知损六亲。

【注解】六害之意出自破害六合。子丑相合，未来冲散，故子未相害；丑与子合，午来冲散，故午丑相害；寅与亥合，巳来冲散，故寅巳相害；亥与寅合，申来冲散，故申亥相害；卯与戌合，辰来冲散，故卯辰相害；戌与卯合，酉来冲散，故酉戌相害；辰与酉合，卯来冲散，故辰卯相害；酉与辰合，戌来冲散，故酉戌相害；巳与申合，寅来冲散，故巳寅相害；申与巳合，亥来冲散，故申亥相害。

民间有一首流传合婚大忌歌：“子鼠未羊头，午马怕青牛，蛇虎如刀刺，龙兔泪交流，鸡狗两相斗，猪猴不到头”，就是根据六害之意设立的。

细思六害之意，寅巳、申亥、酉戌、午丑皆相生，若言为害，实与义理不合。且本书注重卦爻吉凶，干支刑害无甚深意，故不必拘泥。

【原文】三垢五墓例。

三垢五墓得人愁，爹娘妻子尽无招。

春丑夏龙秋是未，三冬逢戌是三垢。

若依五墓（火局）对宫取，运限逢之必有忧。

【注解】三垢五墓是取五行之墓对冲之支。木墓在未，春季为木，丑冲未，故丑为春季之三垢。火墓在戌，夏季为火，辰冲戌，故辰为夏季之三埏。金墓在丑，秋季为金，未冲丑，故未为秋季之三埏。水墓在辰，冬季为水，戌冲辰，故戌为冬季之三埏。五行之墓被冲，冲则开，开则能容人，故凶。此论亦属妄造。我们知道，冲主散，凡遇冲克，其喜也散，其凶也散，墓被冲散，又何凶之有？故无义理。

【原文】女人地扫星。

金人午未与申乡，土木龙蛇兔月当。
水逢鸡犬并亥月，火嫌牛鼠虎儿郎。
遇着地扫语不祥，当是离夫嫁远乡。
不是贵人门下妾，也须叫唤两夫郎。

【注解】此杀不可信。地扫星以纳音而论，金命人见午火，土命人见卯木，水命人逢戌土，火命人见子水，言其受克，尚可通；然金命人见申，木命人见卯，水命人见亥，均属同一五行，都有助身之用，何能言凶？而金人见未，土人见巳，火人见寅，水人见酉，都是生身之印绶，术数中均以合吉论，此却为凶，更是无理。

【原文】天干相合例。

甲合己，乙合庚，丙合辛，丁合壬，戊合癸。

【注解】天干每隔五位相合，因为五天六十个时辰，正好是一花甲之数，第六天子时与第一天相同，所以有相合之情。《河图》中有一六共宗，二七为友，三八为朋，四九同道，五十同途之说，此即天干相合之意。十干中甲居一、己居六，甲与己合；乙居二，庚居七，乙与庚合；丙居三，辛居八，丙与辛合；丁居四，壬居九，丁与壬合；戊居五，癸居十，戊与癸合。

还有一种解释是以我克者为妻财，夫妇有相合之情。甲木以己土为正财，故甲与己合；庚金以乙木为正财，故乙与庚合；丙火以辛金为正财，故丙与辛合；壬水以丁火为正财，故丁与壬合；戊土以癸水为正财，故戊与癸合。

【原文】地支相合例。

子合丑，寅合亥，卯合戌，辰合酉，巳合申，午合未。

【注解】六合之理，来自太阳在天体的位置及北斗之杓所指之方。正月，太阳在寅位，斗杓指亥，故寅与亥合。二月太阳在戌位，斗杓指卯，故卯与戌合。三月太阳在酉位，斗杓指辰，故辰与酉合。四月太阳在申位，斗杓指巳，故申与巳合。五月太阳在未位，斗杓指午，故未与午合。六月太阳在午位，斗杓指未，故午与未合。其余之月，依此类推。

【原文】相冲例。

子午冲，寅申冲，卯酉冲，辰戌冲，巳亥冲，丑未冲。

【注解】相冲之说，古人有几种解释。

一是方向相对为冲。子居正北，午居正南，故子午冲；寅居东北，申居西南，故寅申冲；卯居正东，酉居正西，故卯酉冲；辰居东南，戌居西北，故辰戌冲；巳居东南，亥居西北，故巳亥冲；丑居东北，未居西南，故丑未冲。

二是从易经爻数得来。因易经每卦只有六爻而无七，七是天之尽数，阴阳极气，所以十干中每隔七位相克相杀，而地支则每隔七位相冲，如子午冲，子至午正好七位，余类推。

三是以支中暗藏之神克制为冲，如子中暗藏癸水，冲克午中暗藏丁火；卯中暗藏乙木，冲克酉中暗藏辛金。余类推。

【原文】会局例。

申子辰水局，亥卯未木局，寅午戌火局，巳酉丑金局，辰戌丑未土局。

以上皆八字中切用者，故并录之。

【注解】三合是取一种五行的长生、帝旺、归墓三者为合局。水长生于申，旺于子，墓于辰，故申子辰三合水局。木长生于亥，旺于卯，墓于未，故亥卯未三合木局。火长生于寅，旺于午，墓于戌，故寅午戌三合火局。金长生于巳，旺于酉，墓于丑，故巳酉丑三合金局。土旺四季月，故辰戌丑未为土局。

司天历正星平秘览

【原文】太阴合朔三变。

当闰之岁正朔虚，二危三奎四月胃。
五参六鬼七星宿，八翼九轸十房推。
十一箕初十二斗，术依此诀定为魁。
（此论太阴当闰之年，每月初一星宿。）
太阴背闰正朔室，二奎三胃四从觜。
五鬼六星七月翼，八亢九房十月尾。
十一逢斗十二虚，此是太阴背闰理。
（此论太阴背闰之年，每月初一日星宿。）
太阴向闰正朔危，二壁三娄四毕推。
五井六昴七张宿，八角九亢十心随。
十一月初斗上起，时逢十二女星回。
（此论太阴向闰之年，每月初一星宿。）

【原文】太阳气朔躔度。

立春虚一度，雨水危七求。惊蛰室七度，春分壁四游。
清明奎九度，谷雨娄七周。立夏胃十度，小满昴七流。
芒种毕十二，夏至参九邀。小暑井十四，大暑井廿九。
立秋柳十一，处暑张六游。白露翼三度，秋分翼十八。
寒露轸十四，霜降角十一。立冬氐三度，小雪尾六收。
大雪箕四度，冬至斗十一。小寒亢三度，大寒牛三走。
各从量天尺，逐度数至每月初一日月合度。

【注解】以上两段为太阳、月亮每月初一在二十八宿中的位置。二十八宿是二十八个星宿，古人为分辨天上星星之便，把天体分为三垣二十八宿，三垣主中，二十八宿则环绕三百六十五度，每宿所占度数并不相等，具体度数是：

东方苍龙七宿：

角宿十一度，亢宿十一度，氐宿十八度，房宿五度，心宿七度，尾宿十六度，箕宿十度。

北方玄武七宿：

斗宿二十三度，牛宿八度，女宿十二度，虚宿十度，危宿二十度，室宿十六度，壁宿十三度。

西方白虎七宿：

奎宿十二度，娄宿十三度，胃宿十三度，昴宿九度，毕宿十四度，觜宿二度，参宿十二度。

南方朱雀七宿：

井宿三十一度，鬼宿五度，柳宿十七度，星宿八度，张宿十八度，翼宿十七度，轸宿十三度

二十八宿配十二支，以子午卯酉四正，每宫纳三宿，余八支每支纳二宿。具体是：

子宫，女虚危三宿。亥宫，室壁二宿。戌宫，奎娄二宿。酉宫，胃昴毕三宿。申宫，觜参二宿。未宫，井鬼二宿。午宫，柳星张三宿。巳宫，翼轸二宿。辰宫，角亢二宿。卯宫，氐房心三宿。寅宫，尾箕二宿。丑宫，斗牛二宿。

十二宫以二十八宿度数分别是：

子宫，女二度至危十二度。　　丑宫，斗四度至女一度。

寅宫，尾三度至斗三度。　　卯宫，氐二度至尾二度。

辰宫，轸十一度至氐一度。　　巳宫，张十五度至轸九度。

午宫，柳四度至张十四度。　　未宫，井九度至柳三度。

申宫，毕七度至井八度。　　酉宫，胃四度至毕六度。

戌宫，奎二度至胃三度。　　亥宫，危十三度至奎一度。

清时，魏明远在《象吉通书》中有一首太阴行度过宫诗诀，特录于下：

欲识太阴行度时，正月初一起于危。
一日常行十三度，五日两宫次第移。
二奎三胃四从毕，五井六柳张居七。
八月翼宿以为初，辰宫角度季秋游。
十月房宿作元神，十一箕上细推寻。
十二牛女切须记，斗母所临百事吉。

把这首诗与“太阴合朔三变”相对照，除正月初起于危相同外，余再无同，何也？此地球磁偏差也。地球每年偏差约五十移二,七十二年偏差一度，而危宿则有二十度，从宋至清数百年，虽同起于危宿，但度数不一，故导致各月初一星宿不一。所以，以上二节只是古时方位，与现实不合，故现已不可用。

【原文】太阴晨昏。初一为昏度，从酉上起，申时至卯时逆宫逆度；戌亥时顺宫顺度。十五为晨度，从卯上起，辰时至酉时顺宫顺度，寅丑子逆宫逆度。指掌（见下图）

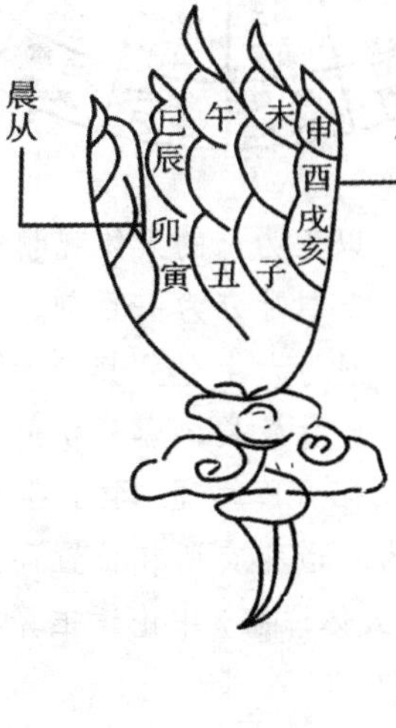

【原文】二十四气晨昏昼夜刻数长短日月交会之图

璇玑玉衡（见下圆图）

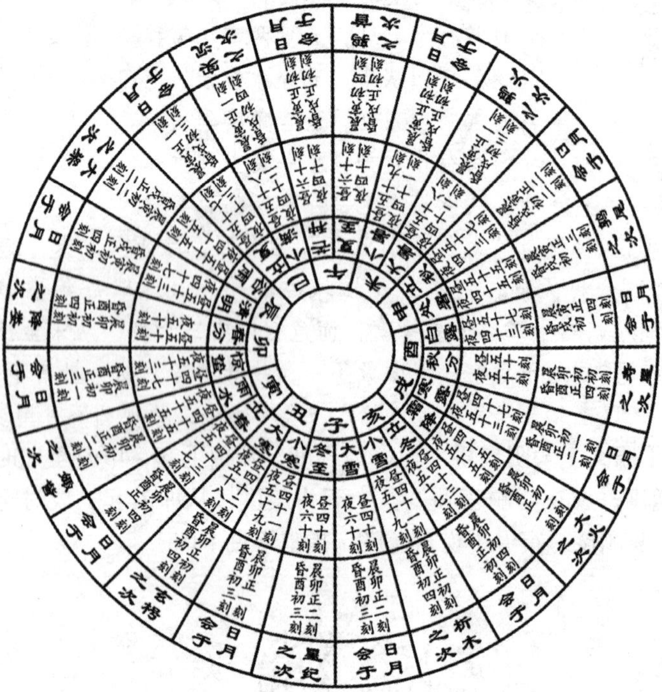

【注解】璇玑玉衡：以玉为饰的天体观测仪，即浑仪的前身。

古人把一昼夜二十四小时分为一百刻、十二个时辰，每个时辰有八刻二十分，每刻为六十分。其二十四气者，每气差一分半，冬至日最短，夏至时最长，春分秋分日均平；冬至后行盈，夏至后行缩，此即阴阳升降之理。至于各月每气的昼夜长短，则以地轴与环绕太阳的轨道相交所在位置而定，唐人瞿昙悉达在《开元占经·卷一·天体浑宗》中论述推算非常清晰，可参考。

诸吉星神煞例

【原文】吉则为星，凶则为煞。

直推横看	甲	乙	丙	丁	戊	己	庚	辛	壬	癸	解释
禄勋	火寅	孛卯	木巳	金午	土巳	月午	水申	气酉	计亥	罗子	右为禄，左为勋，人垣庙则为贵
玉堂	丑未	子申	亥酉	亥酉	丑未	子申	午寅	午寅	卯巳	卯巳	右为昼，生贵人 左为夜，生贵人
文魁	罗月	计日	金罗	火计	金火	气金	木木	土孛	日气	月木	右为文，左为魁，主文章冠天下
文昌	巳	午	申	酉	申	酉	亥	戌	寅	卯	此宫遇之归垣，文冠天人之贵
官印	气木	水日	罗火	计月	孛土	火罗	金金	木计	月水	土孛	右为官，左为印，全者真贵人也
催官	金	水	日	罗	水	气	孛	月	土	计	此星只利官任，到命限则进职
禄神	木孛	水	计	罗	土	火	金	气	日	月	此为食禄，遇之则食俸享禄矣
喜神	罗	计	气	水	月	土	金	木	孛	火	此星若到命限，主有喜事临勋
天厨	巳	午	子	巳	午	申	寅	午	酉	亥	主食天禄，入杀宫亦是
天嗣	月	水	气	计	罗	火	孛	木	金	土	此系子孙星，得生复生为上格
飞禄	巳	午	子	巳	午	申	寅	午	酉	寅	如丙生人逢子是，丙禄在巳，年遁癸巳，癸禄子
科名	木	木	火	火	土	土	金	金	水	水	此法以生年天干所属为此星，主名利也
天乙贵人	未丑	申子	酉亥	亥酉	丑未	子申	午寅	寅午	卯巳	巳卯	右为阴贵人，左为阳贵人，遇之乃吉
天官贵人	未	未	巳	寅	卯	酉戌	亥	申	酉戌	午	人命遇之，必作当朝之清贵也
天厨贵人	巳	午	巳	午	申	酉	巳亥	子	寅	卯	天厨禄若命限遇之，乃添爵也
天福贵人	酉	申	子	亥	卯	寅	午	巳	午	巳	此宿入命限者，谈笑觅封侯也
太极贵人	子午	子午	卯酉	卯酉	辰戌	丑未	亥寅	寅亥	巳申	申巳	人命遇之，加以贵格，合封万户三公之贵
文星贵人	巳	午	申	酉	申	酉	亥	戌	寅	卯	此是魁星，遇之主聪明豁达也
武星贵人	巳	未	巳	未	巳	未	亥	丑	亥	丑	又名山河节度，贵人遇之，权兼将相之人
学堂学馆	巳申	巳申	申亥	申亥	亥寅	亥寅	寅巳	寅巳	寅巳	寅巳	右以官星临官取 左以官星生官取

【注解】古人以金、木、水、火、土五星和日、月为七政，以紫气、月孛、罗睺、计都为四余，合称七政四余，用此来选择吉凶，著名的有《果老星宗》《星平会海》等书。但至清初，就已证明计都、罗睺为月之交点，紫气、月孛并无此星，因此四者均无实际意义，所以，本书中禄勋、文魁、官印等神杀均属伪杀。

天乙贵人：曹振圭认为，天乙贵人是紫微垣左枢旁一星，是万神的主宰。而天干有两位贵人，是因阴阳分治，内外有别之故。丑未是紫微垣前后门的位置，故阳贵以甲加未顺推，即甲遇未、乙遇申、丙遇酉、丁遇亥、己遇子、庚遇丑、辛遇寅、壬遇卯、癸遇巳。阴贵则以甲加丑逆推，即甲遇丑、乙遇子、丙遇亥、丁遇酉、己遇申、庚遇未、辛遇午、壬遇巳、癸遇卯。戊为阳土，随甲而论。辰戌为魁罡，贵人不临，故不计。

天官贵人：各书起例不同，《渊海子平》以甲见未、乙见辰、丙见巳、丁见酉、戊见戌、己见卯、庚见亥、辛见申、壬见寅是。《钦定协纪辨方书》以甲见酉、乙见申、丙见子、丁见亥、戊见卯、己见寅、庚见午、辛见巳、壬见丑未、癸见辰戌为天官贵人。细究三例，本书及《渊海子平》义理不明，《钦定协纪辨方书》以支中暗藏正官为是，义理极清，故为正。

天厨贵人：此以天干食神之禄而取。甲食丙，丙禄巳，故甲见巳是；乙食丁，丁禄午，故乙见午是；丙食戊，戊禄巳，故丙见巳是；丁食己，己禄午，故丁见午是；戊食庚，庚禄申，故戊见申是；己食辛，辛禄酉，故己见酉是；庚食壬，壬禄亥，故庚见亥是（本书以庚见巳亥是，见巳无理可推，必是流传之误）；辛食癸，癸禄子，故辛见子是；壬食甲，甲禄寅，故壬见寅是；癸食乙，乙禄卯、故癸见卯是。本书飞禄认为丙生人逢子，丙藏在巳，年遁癸巳，癸禄子之说有误。

天福贵人：本文天福贵人与《钦定协纪辨方书》中天官贵

人同，壬癸两干午巳，当是辰戌丑未之误。

太极贵人：《三命通会》：太极者，太初也，始也，物造于初为太极；成，收也，物有所归曰极；造化始终相保乃曰太极贵也。甲乙木先造乎子，坎水助而生；后终于午，离火焚而死；丙丁火先喜出乎震，卯也；后喜藏于兑，酉也；庚辛金得寅乃生乎艮，见亥乃金庙乎乾；壬癸水先得申而生，后得巳而纳。经曰地陷东南，四渎俱流巽位，皆有始有终之意；戊己，土也，喜生乎申，得辰戌丑未为正库。

【原文】

直推 横看	子	丑	寅	卯	辰	巳	午	未	申	酉	戌	亥	解释
岁驾	土子	土丑	木寅	火卯	金辰	水巳	日午	月未	水申	金酉	火戌	木亥	或岁星会其上，尤妙
爵星	土	水	木	气	孛	木	水	火	土	金	金	火	此乃进爵，余拜吉神
正庙	危木	土	罗箕 金	火	金	翼土	火罗	孛	气	毕日	火娄	计木	中有五救之神在内
垣庙	木罗 会	土斗	金土 会	火房 心	金亢	土气 会	水星 罗	木鬼 孛柳	气参	月昴	日水 奎	壁	四会皆是救神，主贵
乐旺	土孛 计水	水月 气	计水 孛月	土计 罗火	日罗 土火	曰金 月水	日土 水	木计	火水 月	金孛 水月	日火 计气	紫月 水金	命限逢之满用犹奇
红鸾	卯	寅	丑	子	亥	戌	酉	申	未	午	巳	辰	此主流年夫妻喜事
天喜	酉	申	未	午	巳	辰	卯	寅	丑	子	亥	戌	若逢此星有喜事动
天德	酉	戌	亥	子	丑	寅	卯	辰	巳	午	未	申	天月二德星，若坐命，主贵
月德	巳	午	未	申	酉	戌	亥	子	丑	寅	卯	辰	男女大贵，又名压杀星，吉
解神	戌未	酉未	申申	未申	午酉	巳酉	辰戌	卯戌	酉亥	丑亥	子午	亥午	此二例能化凶作吉
赦文	赦文乃命之母星也，假如土为命主，有飞来火星生我者是也。此星最喜入庙逢生，如土在巳上乃土星失位，得飞火来，则木生火，火生土者是矣。禀令则得父母之力。												
龙德	未	申	酉	戌	亥	子	丑	寅	卯	辰	巳	午	主一生近贵，大吉
福德	酉	戌	亥	子	丑	寅	卯	辰	巳	午	未	申	此星人命限，则主福禄丰厚也
岁合	丑	子	亥	戌	酉	申	未	午	巳	辰	卯	寅	此星合命，作事称意
太阳	丑	寅	卯	辰	巳	午	未	申	酉	戌	亥	子	太岁前一位是，若命限逢之能制凶杀

【注解】天喜:《钦定协纪辨方书》中收天喜与本书不同,即子月见申,丑月见酉,寅月见戌,卯月见亥,辰月见子,巳月见丑,午月见寅,未月见卯,申月见辰,酉月见巳,戌月见午,亥月见未。因与月令三合,故曰天喜。其意比本书有理。

天德:诸选择书中天德歌诀曰:“正丁二坤中,三壬四辛同,五乾六甲上,七癸八艮方,九丙十居乙,子巽丑庚中。”因天德代表天,所以不用地支,故取三合之天干。如寅午戌三合火局,寅为正月取丁;午为五月取乾,戌隶乾也;戌为九月取丙。正月火初生,故取丁火;午月火旺,故取戌库;戌月火入墓,故取丙火,以中和也。本书天德与下“福德”同,当误,详下。

月德:诸选择书中月德歌诀曰:“寅午戌月在丙,申子辰月在壬,亥卯未月在甲,巳酉丑月在庚。”因月阴无德,故以阳干为德。如寅午戌月,取阳干丙从为德是。本书取法,有悖月德之义。

解神:《历例》“正二月申,三四月戌,五六月子,七八月寅,九十月辰,十一、十二月午”为解神。从上例可知,解神是取六阳月的冲神,不用阴冲者,因阳为德,冲之即解。本书解神有二,上方子月取戌为误,下方子月丑之未与七月八月之亥亦误,特说明。

福德:选择书中福德与本书不同,其起例是子月寅、丑月卯、寅月辰、卯月巳、辰月午、巳月未,午月申、未月酉、申月戌、酉月亥、戌月子、亥月丑。曹振圭认为:“建前二辰者,是月所生之子,以其当相气,在前为引,与我能为福为德之神也。故易卦以子孙为福德,其义一也。大抵子能制鬼,使不害已,故为福德。”福德之义既明,本文之误亦明矣。

太阳:太岁前一位乃当年太阳之位,选择诸书均以此为最吉之位,若选择逢之,又属白天有太阳之时,可除一切恶煞,但与本书卦爻断吉凶并无干涉。

诸凶神煞例

【原文】

岁干竖看	甲	乙	丙	丁	戊	己	庚	辛	壬	癸	解释
羊刃	卯	辰	午	未	午	未	酉	戌	子	丑	此煞在天为紫暗星，在地为羊刃命凶星
红艳	午	申	寅	未	辰	辰	戌	酉	子	丑	此煞乃色欲之星也，任是宦家之女亦有私期
流霞	酉	戌	未	申	巳	辰	辰	卯	亥	寅	此煞犯之，男主他乡，女主产厄
飞刃	酉	戌	子	丑	子	丑	卯	辰	午	未	乃羊刃对宫是，女命忌逢，产厄

【注解】羊刃：羊刃是取五阳干帝旺之处。古人认为，阴阳万物皆忌极盛，盛极必衰、日中则昃、月满则亏即此理。其凶险就如把羊按在刀刃上，所以叫羊刃。其说在八字中多用，且有吉凶之分，如身旺忌刃，身弱则喜刃助等，但与卦义毫无干涉。

飞刃：羊刃对冲之方，并无实际意义。如甲见酉，丙见子，均为正官；乙见戌、戊见子、庚见卯、壬见午等，均为正财；若以推八字论，都是吉神，何以言凶？故不必拘泥。

【原文】

岁支竖看	子	丑	寅	卯	辰	巳	午	未	申	酉	戌	亥	解释
天空	丑	寅	卯	辰	巳	午	未	申	酉	戌	亥	子	驾前一位是也，吉星强宫忌之，杀星弱宫喜之
天厄	未	申	酉	戌	亥	子	丑	寅	卯	辰	巳	午	若然值此，决主厄难矣
血刃	戌	酉	申	未	午	巳	辰	卯	寅	丑	子	亥	主血光灾，女命逢之，有崩血疾
勾绞	卯酉	辰戌	巳亥	午子	未丑	申寅	酉卯	戌辰	亥巳	子午	丑未	寅申	一星乃三刑，定主恶死囚刑也
白虎	申	酉	戌	亥	子	丑	寅	卯	辰	巳	午	未	主有官讼损财，女命逢之则有六畜血财损

岁支 竖看	子	丑	寅	卯	辰	巳	午	未	申	酉	戌	亥	解释
丧门	寅	卯	辰	巳	午	未	申	酉	戌	亥	子	丑	此主哭泣，则有丧服之论也
驿马	寅	亥	申	巳	寅	亥	申	巳	寅	亥	申	巳	此星到命限，利远行，百事俱吉
六害	卯	子	酉	午	卯	子	酉	午	卯	子	酉	午	人命犯之，刑害六亲，朋友无情
华盖	辰	丑	戌	未	辰	丑	戌	未	辰	丑	戌	未	此乃孤克之星也，逢空值妻子宫僧道也
劫杀	巳	寅	亥	申	巳	寅	亥	申	巳	寅	亥	申	连后杀二名，名为二杀，如命限冲合生灾
灾煞	午	卯	子	酉	午	卯	子	酉	午	卯	子	酉	此星值之，更加太岁逼临，必主官非丧孝
天煞	未	辰	丑	戌	未	辰	丑	戌	未	辰	丑	戌	主有孝服灾疾，如命宫遇之，主形貌不完
地煞	申	巳	寅	亥	申	巳	寅	亥	申	巳	寅	亥	此星主有门户争竞，若遇空亡无害
年煞	酉	午	卯	子	酉	午	卯	子	酉	午	卯	子	此即岁煞也，乃阴阳毒害之辰，皆在岁死之地
月煞	戌	未	辰	丑	戌	未	辰	丑	戌	未	辰	丑	主有非灾，若贵命遇之则吉矣
亡神	亥	申	巳	寅	亥	申	巳	寅	亥	申	巳	寅	一名破军，亦名七杀，人命逢之，有凶横之挠也
将星	子	酉	午	卯	子	酉	午	卯	子	酉	午	卯	前有驿马板鞍，更遇天德天乙，则主大贵
攀鞍	丑	戌	未	辰	丑	戌	未	辰	丑	戌	未	辰	此乃吉星，读者得之，加以天马，主利考也
大耗	午	酉	申	亥	未	戌	丑	子	卯	寅	巳	辰	一名元神煞，若人命遇之，则财散食乏也
指背	申	巳	寅	亥	申	巳	寅	亥	申	巳	寅	亥	名是非煞，命犯之，惹人嫉妒也
阴煞	丑	戌	未	辰	丑	戌	未	辰	丑	戌	未	辰	一名琴堂月煞，生人啾唧暗耗
卒暴	卯	辰	巳	午	未	申	酉	戌	亥	子	丑	寅	此星主人陡然之灾，立减光阴

<table>
<tr><th>岁支
竖看</th><th>子</th><th>丑</th><th>寅</th><th>卯</th><th>辰</th><th>巳</th><th>午</th><th>未</th><th>申</th><th>酉</th><th>戌</th><th>亥</th><th>解释</th></tr>
<tr><td>吞陷</td><td>戌</td><td>寅</td><td>丑</td><td>戌</td><td>辰</td><td>卯</td><td>寅</td><td>寅</td><td>戌</td><td>戌</td><td>寅</td><td>寅</td><td>人命日时值之，兼大限三刑，主骨肉刑也</td></tr>
<tr><td>天刑</td><td>未</td><td>申</td><td>酉</td><td>戌</td><td>亥</td><td>子</td><td>丑</td><td>寅</td><td>卯</td><td>辰</td><td>巳</td><td>午</td><td>主六亲骨肉之刑争</td></tr>
<tr><td>催命
大煞</td><td>寅</td><td>亥</td><td>辰</td><td>巳</td><td>戌</td><td>子</td><td>亥</td><td>寅</td><td>丑</td><td>卯</td><td>申</td><td>酉</td><td>若见红鸾天喜，亦云此杀，决主寿尽者矣</td></tr>
<tr><td>破碎</td><td>巳</td><td>丑</td><td>酉</td><td>巳</td><td>丑</td><td>酉</td><td>巳</td><td>丑</td><td>酉</td><td>巳</td><td>丑</td><td>酉</td><td>一名白衣杀，合此主破财刑并也</td></tr>
<tr><td>囚狱</td><td>午</td><td>卯</td><td>子</td><td>酉</td><td>午</td><td>卯</td><td>子</td><td>酉</td><td>午</td><td>卯</td><td>子</td><td>酉</td><td>此星若犯，必有牢狱刑责之苦</td></tr>
<tr><td rowspan="2">八煞</td><td colspan="4">甲子旬
申　寅</td><td colspan="4">甲戌旬
辰　戌</td><td colspan="4">甲寅旬
子　午</td><td rowspan="2">此星与吉星同，主福非常；与凶星同宫，为灾不小也</td></tr>
<tr><td colspan="4">甲午旬
申　寅</td><td colspan="4">甲辰旬
辰　戌</td><td colspan="4">甲申旬
子　午</td></tr>
<tr><td rowspan="2">空亡</td><td colspan="4">甲子旬
戌　亥</td><td colspan="4">甲戌旬
申　酉</td><td colspan="4">甲申旬
午　未</td><td rowspan="2">煞逢空，凶可化；神逢空，则无用</td></tr>
<tr><td colspan="4">甲午旬
辰　巳</td><td colspan="4">甲辰旬
寅　卯</td><td colspan="4">甲寅旬
子　丑</td></tr>
<tr><td>天哭</td><td>午</td><td>巳</td><td>辰</td><td>卯</td><td>寅</td><td>丑</td><td>子</td><td>亥</td><td>戌</td><td>酉</td><td>申</td><td>未</td><td>此星主有孝服之凶</td></tr>
<tr><td>天狗</td><td>戌</td><td>亥</td><td>子</td><td>丑</td><td>寅</td><td>卯</td><td>辰</td><td>巳</td><td>午</td><td>未</td><td>申</td><td>酉</td><td>此星主无子息</td></tr>
<tr><td>披头</td><td>辰</td><td>卯</td><td>寅</td><td>丑</td><td>子</td><td>亥</td><td>戌</td><td>酉</td><td>申</td><td>未</td><td>午</td><td>巳</td><td>若逢恶星太岁，亦主刑并制服</td></tr>
<tr><td>吊客</td><td>戌</td><td>亥</td><td>子</td><td>丑</td><td>寅</td><td>卯</td><td>辰</td><td>巳</td><td>午</td><td>未</td><td>申</td><td>酉</td><td>若有解神到，则不妨也</td></tr>
<tr><td>飞符</td><td>辰</td><td>巳</td><td>午</td><td>未</td><td>申</td><td>酉</td><td>戌</td><td>亥</td><td>子</td><td>丑</td><td>寅</td><td>卯</td><td>此星主有祸，官事也</td></tr>
<tr><td>病符</td><td>亥</td><td>子</td><td>丑</td><td>寅</td><td>卯</td><td>辰</td><td>巳</td><td>午</td><td>未</td><td>申</td><td>酉</td><td>戌</td><td>此星主有争讼疾病之患也</td></tr>
<tr><td>剑锋</td><td>子癸</td><td>丑戊</td><td>寅甲</td><td>卯乙</td><td>辰己</td><td>巳丙</td><td>午丁</td><td>未己</td><td>申庚</td><td>酉辛</td><td>戌戊</td><td>亥壬</td><td>身命值之加以羊刃，主恶亡，限遇尤不美</td></tr>
<tr><td>伏尸</td><td>子虚
三</td><td>丑女
二</td><td>寅尾
十四</td><td>卯尾
一</td><td>辰角
一</td><td>巳轸
十</td><td>午星
三</td><td>未柳
四</td><td>申井
一</td><td>酉毕
四</td><td>戌娄
二</td><td>亥壁
三</td><td>此星男主脓血，女主落胎，失星脉矣</td></tr>
<tr><td>栏干</td><td>午张
四</td><td>未柳
二</td><td>申参
四</td><td>酉毕
五</td><td>戌奎
九</td><td>亥奎
一</td><td>子危
二</td><td>丑女
二</td><td>寅箕
二</td><td>卯尾
初</td><td>辰亢
二</td><td>巳翼
二</td><td>主见伤残自缢之命也</td></tr>
<tr><td>贯索</td><td>卯氐
九</td><td>辰亢
七</td><td>巳翼
二</td><td>午张
七</td><td>未井
十九</td><td>申井
四</td><td>酉昴
一</td><td>戌娄
十</td><td>亥室
九</td><td>子危
五</td><td>丑牛
四</td><td>寅箕
初</td><td>主有官讼徒流杖责之刑也</td></tr>
<tr><td>孤神
寡宿</td><td>寅戌</td><td>寅戌</td><td>巳丑</td><td>巳丑</td><td>巳丑</td><td>申辰</td><td>申辰</td><td>申辰</td><td>亥未</td><td>亥未</td><td>亥未</td><td>寅戌</td><td>若值此星，乃孤寡寡克之命也</td></tr>
<tr><td>咸池</td><td>酉</td><td>午</td><td>卯</td><td>子</td><td>酉</td><td>午</td><td>卯</td><td>子</td><td>酉</td><td>午</td><td>卯</td><td>子</td><td>一名桃花杀，带贵合主多淫欲</td></tr>
</table>

【**注解**】勾绞：太岁前三辰为勾，后三辰为绞，合名勾绞，取隔三而刑之义。

丧门、吊客：岁前二辰为丧门，岁后二辰为吊客，又合称丧吊。因太岁前后二辰为三合，正冲太岁之三合，故为凶。如子年丧门在寅，吊客在戌，寅午戌三合，冲申子辰三合是。

驿马：取三合首字对冲，如寅午戌三合，寅冲申，冲则动，故名驿马。驿马有吉有凶，宜冲去忌神，冲来喜神，贵在通变。

六害：六害前已注。此杀以子午卯酉四沐浴为法，申子辰水局见卯，卯沐浴于子；巳酉丑金局见子，子沐浴于酉；寅午戌火局见酉，酉沐浴于午；亥卯未木局见午，午沐浴于卯，并无新义。

华盖：华盖取见三合墓辰者是。《五行精纪》曰："华盖为庇荫之清神，主人旷颖神清，性灵恬淡，不较是非，好仙道伎巧事。……日犯克妻，时犯克子，孤介之神也。"《命理新论》说："人命带华盖，必聪明勤学，清静寡欲，但不免较为孤僻。"因华盖为本命墓神，故有此说。

劫杀、灾煞、天煞：合称三煞。劫杀取三合五行的绝位；灾煞取三合五行的胎位，即对冲之位；天煞取三合的养位。如申子辰三合水局，水绝于巳，故劫杀在巳；水胎于午，正是三合对冲之位，故灾煞在午；水养于未，故天煞在未。

地煞、年煞、月煞：此三煞不合五行生旺死绝之理。地煞是取三合五行长生之处，如申子辰水局在申，寅午戌火局在寅等。年煞是取三合五行沐浴之方，与桃花咸池同，取三合五行沐浴之地。月煞则取三合五行冠带之方，如申子辰三合水局，冠带在戌；巳酉丑三合金局，冠带在未等是。长生乃三合五行最吉之方，沐浴也是三合五行生方，冠带则是五行之气将盛，言其为凶，实有悖五行生旺死绝之理。

亡神：取三合五行临官之方，其义是旺极而衰。如申子辰三合水局，临官在亥；寅午戌三合火局，临官在巳等是。

将星：以三合中位为将星，取如将制中军之义。凡取将星宜吉神相扶，贵杀加临。《理愚歌》曰“将星若用亡神临，为国栋梁臣”，本书将其编入凶煞之中，实与义理不合。

大耗：选择诸书中均以岁破为大耗，即子年午、丑年未、寅年申、卯年酉、辰年戌、巳年亥、午年子、未年丑、申年寅、酉年卯、戌年辰、亥年巳。曹振圭曰：“大耗者，太岁击冲破散之神也，物击则破，冲则散，破散则耗也。”本书取法有误，特说明。

吞陷：《三命通会》收有此杀，曰：猪犬羊逢兔必伤，猴蛇相会树头亡。犬逢鸡子遭徒配，兔赶蛇歌走远乡。鼠见犬来须恶死，马牛遇虎定相残。兔猴逢犬难回避，龙来龙上水中殃。凡人若临值时日，三合为灾仔细详。二者虽略有不同，但均无深意。如亥见寅，卯见戌、午见寅、戌见寅等，非六合即三合局，乃命中至吉，若言为凶灾，与五行冲合制化之义不合。

天刑：《三命通会》曰：此煞取子丑人乙时，寅人庚时，卯辰人辛时，巳人壬时，午未人癸时，申人丙时，酉戌人丁时，亥人戊时。义取天干，故名天刑。本书取地支，其义不如《三命通会》，且义理不深。

囚狱：取三合之对冲，与灾煞同，属蛇足。

破碎：寅申巳亥四孟月在巳，子午卯酉四仲月在酉，辰戌丑未四季月在丑。因巳酉丑三合为金局，有破之力，故曰破碎。

空亡：取每旬中天干不临之支。如甲子旬中无戌亥，故戌亥是甲子旬中空亡；甲戌旬中无申酉，申酉就是甲午旬中空亡。余旬同。因天干只有十个，而地支却有十二个，干支相配，每旬均有两个地支不能与天干相配故。因其支为空，故吉凶不验。

天狗：《钦定协纪辨方书·辨伪·天狗》一节中说：嫁娶最忌月厌，月厌正月从戌起，戌为狗，术士遂以天狗命之。又云：

术士苦心悔弄乡愚，良可悲叹。由此可知所谓天狗，亦属伪杀。

病符：取岁后一辰，即旧岁。因新岁将旺，旧岁必衰，衰则病，故名之。

剑锋：以月分论，正月见甲，二月见乙，三月见戊，四月见丙等是。此说不可信。不论推命还是选择，均以临官为最美，今甲寅、乙卯、丙巳、丁午、壬亥、癸子、庚申、辛酉皆互为临官，言其为恶杀，实与五行生旺之义不符，故亦为伪杀。

孤神寡宿：选择书中以会方前一神为孤神，后一神为寡宿。如亥子丑会北方水，前一辰寅为孤神，后一辰戌为寡宿。《大六壬神煞指南》云："孤辰寡宿忌联姻，春夏秋冬仔细寻。"

咸池：淮南子曰"日出扶桑，入于咸池"，故五行以沐浴之地为咸池，即桃花也。

以上诸杀，可详参本社已出版的《阴阳五要奇书》。

附天罡小儿关煞

【原文】

竖推横看	甲	乙	丙	丁	戊	己	庚	辛	壬	癸	解释
天关	日	日	木	木	水	水	金	金	土	土	此星乃天马之关也，如取举，遇之则吉也
天帑	月	土	气	水	罗	计	孛	火	金	木	此星乃财库，人称财星主为富室之命也
鸡飞关	巳酉丑	子时	子时	子时	子时	丑巳酉	卯未亥	卯未亥	寅午戌	寅午戌	童命犯之难养，夜生不妨，命限遇之亦凶
落井关	巳	子	申	戌	卯	巳	子	申	戌	卯	若流年浮沉命之少壮命，皆有水厄之灾，切宜慎之
阎王关	申子辰	申子辰	申子辰	申子辰	亥卯未	亥卯未	亥卯未	寅午戌	寅午戌	寅午戌	无别凶杀相并，单逢此主病；有杀相并，日干弱主死
雷公关	丑	午	子	子	戌	戌	寅	寅	酉	亥	限遇此，而流年天厄卒暴羊刃值之，主雷火之厄也
千日关	午	午	申	申	巳	巳	寅	寅	丑亥	亥丑	此若犯之，有惊风吐乳之灾也

竖推横看	子	丑	寅	卯	辰	巳	午	未	申	酉	戌	亥	解释
夜啼关	未	酉	寅未	未	酉	寅未	未	酉	寅未	未	酉	寅未	利害难治，只是两样起例不同
撞命关	巳	未	巳	子	午	午	丑	丑	午	亥	未	亥	小儿相离祖，不然难养，寿夭也
短命关	巳	寅	辰	未	巳	寅	辰	未	巳	寅	辰	未	此时上带生，时主惊叫，夜难养
鬼门关	酉午未	酉午未	酉午未	申亥戌	申亥戌	申亥戌	丑寅卯	丑寅卯	丑寅卯	子辰巳	子辰巳	子辰巳	时辰论小儿，时上并童限逢之，不可远行
汤火杀	午	未	寅	午	未	寅	午	未	寅	午	未	寅	犯此频招火汤之厄，壮老亦忌
五鬼关	辰	卯	寅	丑	子	亥	戌	酉	申	未	午	巳	此只是死气也，四柱多见，难养
休庵关	辰戌丑未	子午卯酉	寅申巳亥	辰戌丑未	子午卯酉	寅申巳亥	辰戌丑未	子午卯酉	寅申巳亥	辰戌丑未	子午卯酉	寅申巳亥	此关忌日时全见，凶，单犯，有太阳贵人压之，吉
天吊关	巳午	卯子	辰午	午申	巳午	卯子	辰午	午申	巳午	卯子	辰午	午申	要重拜父母，过房抚育则可
天狗关	戌	亥	子	丑	寅	卯	辰	巳	午	未	申	酉	小儿童限值之，有惊怖血光疾

竖推横看	正	二	三	四	五	六	七	八	九	十	十一	十二	解释
百日关	辰戌丑未	寅申巳亥	子午卯酉	辰戌丑未	寅申巳亥	子午卯酉	辰戌丑未	寅申巳亥	子午卯酉	辰戌丑未	寅申巳亥	子午卯酉	童限犯之，月内百日，必有灾厄
断桥关	寅	卯	申	丑	戌	酉	辰	巳	午	未	亥	子	此关以日建遇十二时支论，小儿值之难养
金锁关	申	酉	戌	亥	子	丑	申	酉	戌	亥	子	丑	惟犯则不可佩金银钱镯之物
四柱关	巳亥	辰戌	卯酉	寅申	丑未	子午	巳亥	辰戌	卯酉	寅申	丑未	子午	俗云忌坐轿子，大抵亦无甚凶
将军箭	春 辰酉戌			夏 子卯未			秋 丑寅午			冬 丑寅亥			酉戌辰时春生，带箭相冲，则为箭，全不吉
浴盆杀	春辰			夏未			秋戌			冬丑			此杀主下池之时节不可用脚盆，先用铁锅大盆洗之，无忌也
四季关	春 丑巳			夏 辰申			秋 未亥			冬 寅戌			此关人命逢日，有始先终，苗而不秀，亦难养也
急脚关	春 亥子			夏 卯未			秋 寅戌			冬 丑辰			此是八座杀也，惟忌动土，修造犯之则凶也

<table>
<tr><td>竖推
横看</td><td>正</td><td>二</td><td>三</td><td>四</td><td>五</td><td>六</td><td>七</td><td>八</td><td>九</td><td>十</td><td>十一</td><td>十二</td><td>解释</td></tr>
<tr><td>深水关</td><td colspan="3">春
寅申</td><td colspan="3">夏未</td><td colspan="3">秋西</td><td colspan="3">冬丑</td><td>此关名作建破杀，犯者主多忧破财，脱童限无妨之</td></tr>
<tr><td>水火厄</td><td colspan="3">春
戌未</td><td colspan="3">夏
丑辰</td><td colspan="3">秋
丑戌</td><td colspan="3">冬
辰未</td><td>此关时日犯之，有水火之难，少壮忌</td></tr>
<tr><td>下精关</td><td colspan="3">春
寅西子</td><td colspan="3">夏
戌亥巳</td><td colspan="3">秋
申丑</td><td colspan="3">冬
西午</td><td>此关日时忌犯，值之小儿难养</td></tr>
<tr><td>白虎关</td><td colspan="3">金卯</td><td colspan="2">木西</td><td colspan="3">水午</td><td colspan="2">火子</td><td colspan="2">土午</td><td>此主时时见惊风之症，忌出痘时带，难养</td></tr>
<tr><td>铁蛇关</td><td colspan="3">金戌</td><td colspan="2">木辰</td><td colspan="3">水
丑寅</td><td colspan="2">火
未申</td><td colspan="2">土
丑寅</td><td>此关时日忌犯，少时行限值之，立有凶灾</td></tr>
</table>

【注解】以上小儿诸关杀，皆不可信。

一、排列混乱。大凡神煞，或取刑克，或取冲破，或取墓绝，均排列整齐；或每月占一字，如死气，正月起午顺行等是；或每干占两字，如天乙贵人，以阴阳分取等是，皆无驳杂。小儿关煞中同一神煞忽而每干占一字，忽而占两字，如千日关，前八干每干占一字，后二干却占两字；又如铁蛇关，金木各占一字，水火土却有二字；又如深水关，春季占两字，夏秋冬却各占一字。忽而每季占两字，又忽而每季占三字，如下精关，春夏各占三字，秋冬却各占二字等。诸如此类，毫无规律，随意妄设，岂能为法。

二、有悖义理。如甲乙木见午为千日关，木死于午，其义尚通；然见申子辰却为阎王关，申子辰三合水局有生木之德，以神杀论，申子为乙木天乙贵人，皆为最吉，又何为凶？又如亥见巳为鬼门关，五鬼关，亥绝于巳，且相冲克，其理亦通；然亥见寅为六合，何以为汤火杀？亥见申为长生，又何以为休庵关、天吊关？至吉反为至凶矣。又如正月见申为月破，言其为金锁关，其理通；但寅见亥为六合，长生，又何以为四柱关，反主甚凶？再如申酉临春季为绝，言其为深水关、下精关亦通；然巳临春季为长生，寅临春为旺，又何能言凶？诸如此类，皆不合义理，误深矣。

三、无吉可择。以上诸关，盘根错节，纵横交错，若以此为据，则世无壮年矣。以寅木论，见子为天狗关，见寅为五鬼关，见辰为短命关，见巳为撞命关，见午为天吊关，见未为鬼门关，见申为休庵关，见酉为鬼门关，见亥为休庵关；又如正月，见辰戌丑未为百日关，见寅为断桥关，见申为金锁关，见巳亥四柱关；再如春季，见辰酉戌为将军箭，且辰为浴盆杀，见丑巳为四季关，见亥子为急脚关，见寅申为深水关，见戌未为水火厄。若以此推验，则年年见煞，月月有关，日日遭厄，小儿何以能长成大人？世上没有了大人，又何来小儿？种种荒唐，不辨自明，故无一可信。

合婚法

【原文】

三元男女合婚总法								上元	中元	下元
男女生命	甲子	癸酉	壬午	辛卯	庚子	己酉	戊午	男七女五	男一女二	男四女八
	乙丑	甲戌	癸未	壬辰	辛丑	庚戌	己未	男六女六	男九女三	男三女九
	丙寅	乙亥	甲申	癸巳	壬寅	辛亥	庚申	男五女七	男八女四	男二女一
	丁卯	丙子	乙酉	甲午	癸卯	壬子	辛酉	男四女八	男七女五	男一女二
	戊辰	丁丑	丙戌	乙未	甲辰	癸丑	壬戌	男三女九	男六女六	男九女三
	己巳	戊寅	丁亥	丙申	乙巳	甲寅	癸亥	男二女一	男五女七	男八女四
	庚午	己卯	戊子	丁酉	丙午	乙卯		男一女二	男四女八	男七女五
	辛未	庚辰	己丑	戊戌	丁未	丙辰		男九女三	男三女九	男六女六
	壬申	辛巳	庚寅	己亥	戊申	丁巳		男八女四	男二女一	男五女七

生上 气吉	一四 四一	二八 八二	三九 九三	六七 七六	福上 德吉	一三 三一	二七 七二	八六 六八	九四 四九
天上 医吉	一八 八一	三四 四三	三六 六三	九七 七九	五中 鬼吉	一七 七一	二三 三二	六四 四六	九八 八九
游中 魂吉	一六 六一	二九 九二	三八 八三	七四 四七	绝下 体凶	一九 九一	二六 六二	三四 四三	八七 七八
归中 魂吉	一一 六六	二二 七七	三三 八八	四四 九九	绝下 命凶	二一 一二	七三 三七	八四 四八	六九 九六

【注解】本节“合婚法”即“吕才合婚法”，第575面上图是以三元九宫配婚，即上元男七赤命配女五黄命，男六白命配女六白命，男五黄命配女七赤命，男四绿命配女八白命，男三碧命配女九紫命，男二黑命配女一白命，男一白命配女二黑命，男九紫命配女三碧命，男八白命配女四绿命。中、下元例同。所谓命者，即当生年九星入中宫之星。第575面下表为“八宅合婚法”，即前小游年变卦之理。坎一卦和巽四卦上爻互换为生气，坤二卦与艮八卦上爻互换为生气，震三卦与离九卦上爻互换为生气，乾六卦与兑七卦上爻互换为生气。余福德、五鬼等变换参前注。

《通书》曰：“吕才云：合得生气、天医、福德为上吉，子孙昌盛，不避胞胎月内诸凶。如遇绝体、游魂、五鬼为中等，可以轻重较量言之。如命卦通和，月中少忌，可以成婚。但婚姻之事理无十全，中平亦吉。若遇五鬼，则主男女口舌。惟遇绝命则于男女各有忧，虽命卦和悦，亦不宜也。”

《钦定协纪辨方书·辨伪》曰：“观《唐书·吕才传》，其于阴阳术数辨驳甚详，则其为术士之伪托无疑也。今取其说而论之。三元九宫者，乃年九星入中宫之一星，非谓其年之生命即在是宫也。由年而衍之于人，已属展转支离，而又以地理家游年变卦之法两宫相配以定吉凶，无论比拟非论，且地理专论净阴净阳，而婚姻则取阴阳配偶，是葬之所谓吉正婚之所谓凶，更属显然背谬。又恐世传九星，误以上元为中元，则宫已非其宫，而卦亦非其卦，然则世之惘惘焉据以为拘忌者，诚不啻谬以千里也。”由此可知，所谓“三元九宫”配星及游年变卦配官、配方之法，均属伪法，不必拘忌。

关于“吕才合婚法”，有兴趣的读者可详参我社已出版的《阴阳五要奇书》下册《八宅明镜》。

【原文】

男女生命		子	丑	寅	卯	辰	巳	午	未	申	酉	戌	亥
骨髓破	男破女家	二	三	十	五	十二	正	八	五	四	十	六	七
	女破男家	六	四	三	正	六	四	三	正	六	四	三	正
铁扫帚	男扫妇家	正	六	四	二	正	六	四	二	正	六	四	二
	女扫男家	十二	九	七	八	十二	九	七	八	十二	九	七	八
六害	六亲不和	六	五	四	三	二	正	十二	十一	十	九	八	七
大败	大败大发	四	七	十	十	四	四	十	正	七	七	正	正
八败	男女俱忌	六	九	十二	十二	六	六	十二	三	九	九	三	三
狼籍	男女亦忌	五	八	十一	十一	五	五	十一	二	八	八	二	二
小狼藉	男女损衣	四九	八十	十二	四九	四九	十二	二六	八十	八十	二六	二六	十二
飞天狼籍	又名八败	二三	正七	五六	五六	三二	三二	五六	十一	正七	正七	十一	十一

男命	金	木	水	火	土
益财	七月至十二月益女家十七年	七月至十二月益女家四十年	正月至六月益女家四十年	四月至九月益女家三十年	五月至十月益女家三十年
退财	正月至六月退女家九年	正月至六月退女家九年	七月至十二月退女家五十年	十月至三月退女家十九年	十一月至四月退女家廿九年
望门守鳏	七月	四月	十月	正月	四月
妻多厄	五月六月	二月三月	八月九月	十二月二月	二月三月
死墓绝妨妻	五六七月	二三四月	八九十月	十十正一二月	二三四月

女命	金	木	水	火	土
益财	十二月至五月益夫家二十九年	三月至八月益夫家廿九年	七月至十二月益夫家三十七年	六月至十一月益夫家三十九年	十月至三月益夫家五十年
退财	六月至十一月退夫家十九年	九月至二月退夫家廿五年	正月至六月退夫家十九年	十二月至五月退夫家三十九年	四月至九月退夫家三十五年
望门守寡	十月	正月	四月	四月	七月
夫多厄	八月九月	十一十二月	二月三月	二月三月	五月六月
死墓绝妨夫	五六七月	二三四月	八九十月	十十正一二月	二三四月

【注解】本书“大败”“狼籍”“飞天狼籍”“八败”与《通书》不尽合，因其为伪煞，无关重要，故不更正。《钦定协纪辨方书·辨伪》一节，对以上诸煞一一作了辨解，甚合义理，特介绍如下：

胞胎相冲者，寅申年忌巳亥月，卯酉年忌子午月，盖术家以隔三为破，犹建除之平收也。夫隔三之义，月日则然，而亦非尽以为忌，况男年与女月，女年与男月，了不相干，何破之有？俗术因产厄之畏而捏此名目吓人，诚可恶也。骨髓破取本生年月与胞胎同，而或平或收又非魁罡之义。铁扫帚既取三合，而水局取衰病月，金局取冠带与衰月，火局取临官及死月，木局取帝旺于胎月，参差不伦，又必传写之误，无端而加以扫破之名，当亦不能自为之说也。年月六害，禄命不忌，且年月非夫妇，何以遂为不和之占？假令年月相冲，又当作何论耶？此不待辨而知甚非也。四败生命，既非本于五行，又无取于三合，其月分更无例可推，而谓男女生月犯之多啾唧，殊无谓也。至于男命取干克者为妻，女命以干克者为夫，乃禄命之法，论日干非论纳音也。术士从而衍之，以男女生命纳音为主，男取音之所克为妻，女取克音者为夫，自长生至衰为益财，自病到养为退财，绝为鳏寡，死墓为多厄，死墓绝为妨妻妨夫。如水命男以火为妻，火生于寅而衰于未，故正月至六月为益财；病于申而养于丑，故七月至十二月生为退财；绝于亥，故十月生为望门鳏；死于酉，墓于戌，故八九月生为妻多厄；而八九十月生又为死墓绝妨妻。又如水命女以土为夫，土长生于申而衰于丑，故七月至十二月生为益财；病于寅而养于未，故正月至六月生为退财；绝于巳，故四月生为望门寡；死于卯，墓于辰，故二三月生为夫多厄；而二三四月生又为死墓绝妨夫。夫五音之命各十二年，三月之中计二万五千九百二十命，六月之中计五万一千八百四十命，无论何日何时，而谓生此三月之内皆妨妻妨夫，生此六月之内皆退财，固万万无是理也。至于男之益财，金命十月误起七月，土命七月误起五月；女子益财，火木金命皆差早一月。死墓绝妨夫误于男命同，则传写之伪更不足辨。世人不察其所以然之故，惟听术士之说，一一求其悉合，多至逾时不得婚嫁。嘻！俗术之害人何至此极耶！

具此，知上述之神杀不足畏也。

阴错阳差歌

【原文】阴错阳差是如何？辛卯壬辰癸巳多。
丙午丁未戊申位，辛酉壬戌癸亥过。
丙子丁丑戊寅日，十二宫中仔细歌。

女子逢之公姑寡，男子逢之退外家，与妻家是非少合。其杀不论男女，月日时两重或三重犯之极重，只月家犯之稍轻。纵有妻财，亦成虚花，向后与妻家如仇绝也。

【注解】阴错 《堪舆经》曰：以阴建之支配当方之干，阴阳自相配为日，以值所冲之宿为阴错。如正月阴建于戌，近于庚，支干相配为庚戌日。戌冲辰，故正月庚戌之日月在辰为阴错。二月阴建于酉，近于辛，支干相配为辛酉日，酉冲卯，故二月辛酉之日月宿在卯为阴错。三月阴建在申，近于庚，支干相配为庚申日，申冲寅，故三月庚申之日月宿在寅为阴错。余月仿此。唯五月和十一月阴阳二建会于子午，故无阴错，阳错。

阳差 《堪舆经》曰：以阳建之支配当方之干，阴阳自相配为日，以值所冲之宿为阳差。如正月阳建在寅，近于甲，支干相配为甲寅日，寅冲于申，故正月甲寅之日月宿在申为阳差。二月阳建在卯，近于乙，支干相配为乙卯日，卯冲于酉，故二月乙卯之日月宿在酉为阳差。三月阳建在辰，近于甲，支干相配为甲辰日，辰冲于戌，故三月甲辰之日月宿在戌为阳差也。余月仿此。

新增辨论合婚

【原文】夫婚姻之礼，万化之原，男女之配，前定之数，岂细故哉。予尝阅古命书，未有合婚之理。至西汉时，帝因凶奴和亲，帝以家人子名公主娶之，因此单于往来中国，求亲不已。至大唐，吕才设此术以愚惑之，前何有是言哉？

以至今时之人，数以此书神煞计较畏避，以致求婚将成，而惑信斯煞，反有以退悔而辜愿者多矣。愚尝检每合婚，有合得绝命、五鬼及退财、望门等煞，而反有名位福庆，育子偕老。又有合得生气、天医及退财、妨害等煞，俱已避之，宜乎福寿，及至数年，已有鳏寡长短，再醮重婚。

由此观之，其宫八神煞果何如哉？若实究其婚，如古指腹割襟，自奔合成者，皆得子孙昌盛，永寿齐眉，又何如哉？当以先儒言曰："凡议婚姻，当先察其婿与妇之性行及家法何如。"又曰："娶于异姓，所附远厚别也。"是以择婚者，须当论阀阅相对，名望相符，不可拘泥于神煞也。世之知命者，但当论其五行生旺得失，八字纯粹剥杂，次及人品高下，情性喜恶，其余神煞，不必全信也。姑辨其概著此，以俟知者察之。

【注解】此节最为精彩，古来神煞数百，合五行生克制化之理者少，不合五行生克制化之理者多；妄诞荒唐者多，切实可验者少，故先贤认神煞多为惑世诬民，不必拘忌。是篇议论，甚为精当。

用《河洛理数》推衍一生命运，古来甚少，至今更为鲜见，为使大家参考有据，特将纪大奎《参考河洛理数便览》中收录的二十二条古格介绍如下。

古格第一条：

六	甲午	二 七	天数三十五 地数三十
九	己巳	二 七	小满 化工巽
六	壬辰	五 十	天元乾 地元离
二	乙巳	二 七	纳音金

六阳之候，天数盛，地数无余，为合时。元堂先“震”东，后“离”南，得巳月春夏间生长之气，与太岁甲午相生，正卦之辞，四德皆备。变卦之象，坎离互交，调合塑理之命。六三为元堂，除两六三外，上下五爻皆正对；以六三联二四除之，得山泽通气；以六三联四五除之，得雷风相薄；以六三联初二除之，得水火不相射，而未济则乾、坤混合之体象，此得先天相错之全局者。

震巽交则变卦得巽，坎离交则变卦得离，乾坤合则元堂得乾，此化工元气之自无而有者。

古格第二条：

六冬五阴之候，地数有余，天数不足，为合时。正卦乾，兑纯金，得本命纳音之气。变卦乾在震中，乾元出震之象，卯命合之，得生气之纯。正卦大象上天下泽，辨上下，定民志；变卦卦象，春统四时，卦辞元统四德，宰相之命。

二	**癸卯**	三 八	天数十七 地数三十六
二	**癸亥**	一 六	立冬 化工乾
七	**丁卯**	三 八	天元坤 地元震
二	**癸卯**	三 八	纳音金

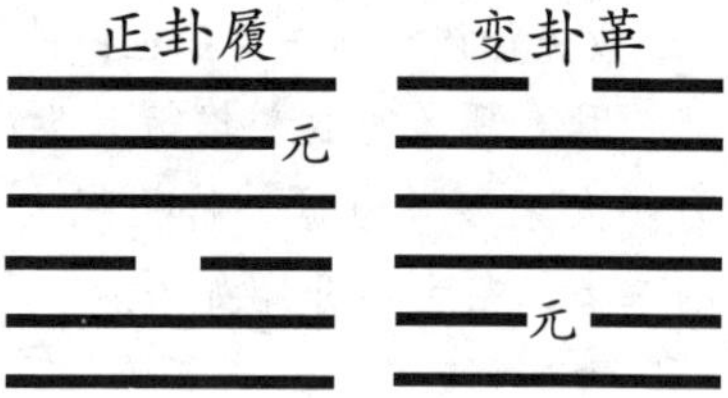

古格第三条：

六	**壬戌**	五 十	天数二十 地数六十
六	**甲辰**	五 十	清明 化工震
六	**甲戌**	五 十	天元乾 地元兑
二	**乙丑**	五 十	纳音水

天地二数以弱敌强，于阳令似为大局。不知四天干皆乾、坤纳甲之气，四地支皆《河图》中宫之气，天地数皆合中宫五十之积，而得坤体之卦。正卦一阳乾复，元堂众宗，为震、兑、乾化工元气浑然直达之机。变卦小象六年一周，归于纯乾，为化工元气循环不息之机，此奇格也。

古格第四条：

阴长之候，地数有余而不过为宜。卦体纯金，得纳音生气，辛酉月生人尤宜之。变卦元堂众宗，得化工元气之纯乾，此与前壬戌一造，为辛丑同科鼎甲。一得纯坤，一得纯乾，造化自然之数如此，孰谓科名可强求乎！

辛丑小象，“包无鱼，起凶”，与大象“或跃在渊”断章相应。或者疑词，至是则跃而起矣。无鱼者，登龙之谓也。

二	**癸亥**	一 六	天数十六 地数三十六
四	**辛酉**	四 九	白露 化工兑
二	**癸丑**	五 十	天元坤 地元乾
二	**癸亥**	一 六	纳音水

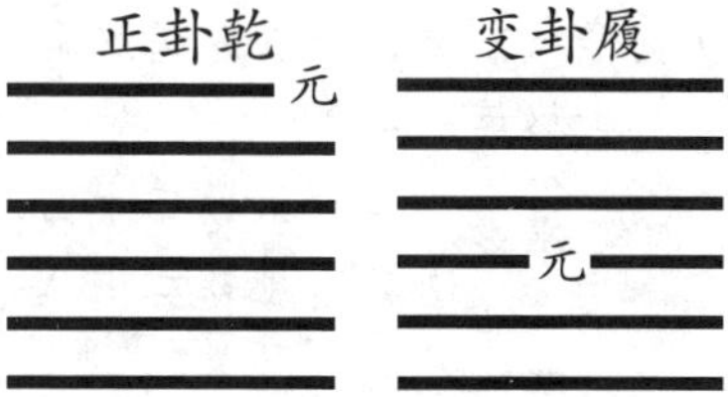

古格第五条：

三	**庚戌**	五 十	天数二十七 地数三十二
七	**丁亥**	一 六	小雪 化工乾
一	**戊午**	二 七	天元震 地元乾
六	**甲寅**	三 八	纳音金

纯阴候，得坤复之卦，震为天元，似应富贵。然卦根于数，坤复微阳，利在安静，乃天地二数，俱以有余而争，致坤复微阳，不得安静，与“括囊不远复”之占大相反，元气败矣，贫贱劳役之命。

古格第六条：

二	**癸丑**	五 十	天数二十七 地数三十二
二	**癸亥**	一 六	立冬 化工乾
七	**丁巳**	二 七	天元坤 地元艮
八	**丙午**	二 七	纳音木

此亦亥月得坤，天地余数与上庚戌造同。然坤艮为天地元

气，变卦山附于地，元气敦厚。年月纳甲于正卦四、五爻之位，故卦数虽同，而气局大异，科甲富贵之命。但剥阳之候，究不免为争气所累，是以忽起忽踬也。

古格第七条：

四	辛亥	一	天数二十四
		六	地数三十八
二	癸巳	二	立夏
		七	化工巽
六	甲辰	五	天元巽
		十	地元乾
二	乙亥	一	纳音金
		六	

立夏五阳之候，而天数不足，却喜山风变重巽，为化工，为先天元气。春夏得此，乃宣布命令长养万物之风，所以，助阳数之不足者至矣，真功名富贵之局。

古格第八条：

二	乙亥	一	天数二十四
		六	地数三十六
三	庚辰	五	清明后十四日
		十	化工震
六	壬午	二	天元坤
		七	地元乾
三	庚戌	五	纳音火
		十	

此将交候谷雨五阳之春，亦天数不足，然非化工元气，既不足以助阳数之不足，又得阴生消阳之姤卦，非惟无助，而且欲清之，非所宜矣。但本命春生，得变巽卦，亦当为勤力丰裕之命。

古格第九条：

纯阴之候，地数不足，天数反多，当主夭折。此阴阳逆时，以众宗之卦，反成其众疾之凶者。

三	庚申	四 九	天数三十五 地数二十
七	丁亥	一 六	小雪 化工兑
二	乙巳	二 七	天元震 地元兑
七	丁亥	一 六	纳音木

古格第十条：

七	丁卯	三 八	天数五十二 地数三十
七	丁未	五 十	大暑 化工坤
九	己丑	五 十	天元兑 地元震
九	己巳	二 七	纳音火

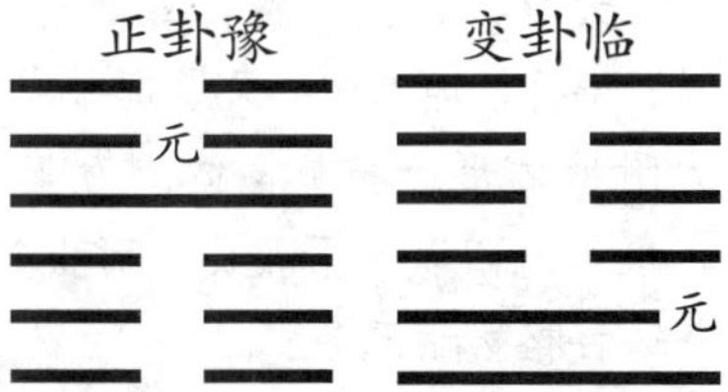

卯命得豫变临，化工元气有力，以科名得官，但地数无余，天数过多，时当大暑，孤阳太盛，元堂乘刚，贵而不寿。

古格第十一条：

二	癸未	五 十	天数三十六 地数三十八
九	己未	五 十	小暑 化工离
二	乙酉	四 九	天元坤 地元坤
三	庚辰	五 十	纳音木

小暑，一阴之候，二数皆多，阴与阳争，卦除元堂初六外，

五爻皆相对，正卦中互复，上互剥；变卦中互姤，上互夬，一阳复而阴即剥之，一阴遇而阳即决之，此乖戾不和以成其数之争者。

古格第十二条：

六	**甲寅**	三 八	天数三十 地数四十二
四	**辛未**	五 十	大暑 化工坤
七	**丁丑**	五 十	天元乾 地元兑
一	**戊申**	四 九	纳音水

正卦剥　　变卦艮

大暑，二阴之候，二数皆多，而有争意。卦当中央秉令之时，得艮、坤二体，又属寅命，化工元气，敦厚凝固。正卦剥体，为附地之形；变卦艮体，为兼山之卦。方岳崇隆，有抚绥节制之象，此阳以厚下敦艮，而止其防之争者。

古格第十三条：

三阳之候，天地交通，阴阳俱盛，不得谓之战。卦得涣，变习坎，春风水面，自然文章，木水清华，风流学士，真绝秀之局。

九	**己酉**	四 九	天数三十六 地数四十四
八	**丙寅**	三 八	雨水 化工艮
九	**己卯**	三 八	天元离 地元兑
八	**丙寅**	三 八	纳音土

正卦涣　　变卦坎

古格第十四条：

此亦三阳之候，天地交通，二数俱盛，不得谓之战争。乃得阴阳不通之否卦，以成其争。否卦天地闭塞，是当春而得冬气者。否爻七月卦，变需，兑中包兑，是当春而得秋气者。

六	**甲申**	四 九	天数三十一 地数四十二
七	**丁卯**	三 八	惊蛰 化工震
六	**甲午**	二 七	天元乾 地元坤
六	**甲戌**	五 十	纳音水

古格第十五条：

三	**庚辰**	五 十	天数三十七 地数三十六
七	**丁亥**	一 六	立冬 化工乾
八	**丙子**	一 六	天元震 地元巽
九	**己亥**	一 六	纳音金

立冬五阴之候，二数皆余，阳不安于剥而有争意，得泰卦，二气交通以解之。正卦元堂、化工、天元气交应，变得其巽，地元深厚，科甲富贵之局。与上甲申造二数皆余，而得否者异矣。

古格第十六条：

二	**癸巳**	二 七	天数二十 地数二十六
一	**戊午**	二 七	芒种 化工离
三	**庚子**	一 六	天元坤 地元巽
八	**丙子**	一 六	纳音水

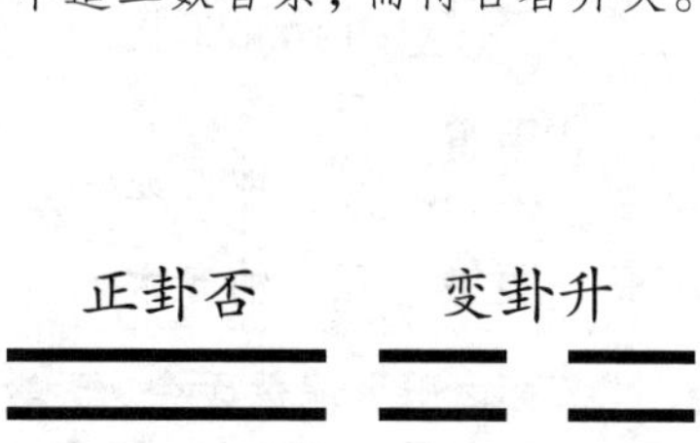

此二数皆不足而得否者。芒种六阳之候，二数不足，又得否卦，阴阳愈隔绝，无复相交之理，贫苦孤独之命。虽有天地元气，仅可延其年岁耳。

古格第十七条：

四	**辛未**	五	天数二十九
		十	地数三十
三	**庚子**	一	大雪
		六	化工坎
三	**庚申**	四	天元巽
		九	地元坤
七	**丁亥**	一	纳音土
		六	

正卦恒

变卦家人

大雪，六阴之候，地数无余，天数不宜于多，心志不免于亢。正卦亢乾，积于太岁未坤之中；变卦亢乾，浮于月令子坎之外，虽有元气，亦为亢乾所破矣。爻除九三过刚之外，余五爻皆相对，此以亢而成其冲者。

古格第十八条：

三	**庚申**	四	天数三十九
		九	地数三十
九	**己丑**	五	大寒
		十	化工艮
六	**甲寅**	三	天元震
		八	地元兑
三	**庚午**	二	纳音木
		七	

正卦益

变卦大过

二阳之候，地数无余，天数过盛，亢非其时。卦得乾体包坤，阳来就阴，虚中以化其亢，得震、艮化工元气交互之机，为富贵之局。变得大过，则阴气积中，冲坤以成其亢，九五枯杨生华，贵而不寿。行至变卦次年，大过益以小过，本命、流年两太岁纳二五两爻，过甚而终，正当化工应元气，官运大显之时也。

古格第十九条：

四	辛未	五	天数十七
		十	地数五十二
一	戊戌	五	寒露
		十	化工兑
六	甲子	一	天元巽
		六	地元坤
六	甲戌	五 十	纳音土

女，土命，得坤体，阴多之卦为得宜。但正卦坤包巽，变卦坤包震，秋风萧瑟，叶落归根，贤而不寿。

古格第二十条：

四	辛酉	四	天数三十四
		九	地数三十六
一	戊戌	五	寒露中
		十	化工兑
七	丁巳	二	天元巽
		七	地元兑
六	甲辰	五 十	纳音木

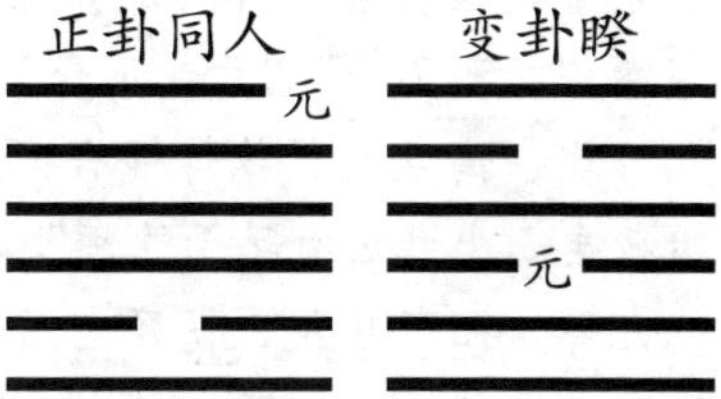

辛酉木命，得乾体之卦，而正卦乾包巽，变卦乾包坎，文德在中，秋水时至，学行渊深之象。乾变兑为化工，泽及于民之象。但四阴之候，二数皆余，阳不服阴而有争意，又得同人变睽之卦，喜睽互既济，坎离交而争端化，故曰天地睽而其事同。丁酉得重艮以通兑，止其所而争息；癸丑得山天以互兑，止其健而争愈息，此两年科甲之应。大畜六四，小象童牛为癸丑之应。己卯得剥六四，阳不胜争而至于剥，是年七十九而寿终。

古格第二十一条：

八	丙辰	五 十	天数二十七 地数四十四
四	辛丑	五 十	寒露三日上 化工艮
四	辛巳	二 七	天元艮 地元巽
九	己亥	一 六	纳音土

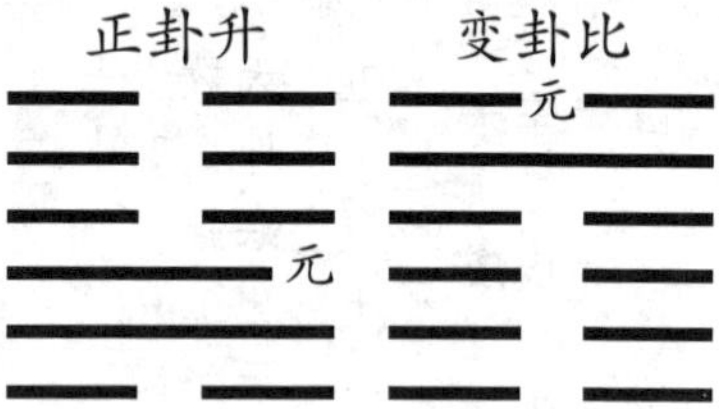

五月辰命，多得坤体。正卦坤，下遇巽，变卦坤内藏艮，化工元气蕴藏深厚，功名富贵之局。但二阳之候，两数皆余，不免争意。卦中二阳自临进于阴为升，而爻居三位，过刚以临坤，二岁变坤为艮，艮巽相反，早孤之应。乙亥益卦，乾包坤，阴顺阳而争气息，入学成婚。乙酉复卦，阳潜阴而争气又息，得拔贡。庚寅蹇九五，坎离交于化工之上，而争气愈息，本命丙辰，纳来誉之位，登乡荐。辛卯井九二，升得井，上反而下，岁干兼纳“井泥不食”“井渫不食”之位，为内艰之应。乙未未济上九，坎、离互交，乾坤混合，争气尽消，和气盎然，成进士入翰苑矣。上九“有孚于饮酒”，离火通明，琼林佳宴之应。壬寅乾九四，阳气已纯，阴不与争，太岁纳九二利见之位，京察一等矣。癸卯大有六五，一阴众宗，出守黄堂。丙午需九三，坎离欲交于上，而九三下合乾体，交道不成，居过刚三位，“需于泥，致寇至”，爻为兑中之兑，为巽之反对，艮之正对，化工元气不免乖戾，争战复起，尽三阳之候而终。

大抵卦成战争之象者，游年得九三而有乾体，必当慎之。此局辛丑得小畜九三，以其五阳畜阴，不战而和，故不惟无咎而子登翰林。又接庚子，中孚九二，“鹤鸣子和”之后，此气所以和，而子得联捷之应。此外皆未逢九三，直至丙午之九三，而争气遂作也。

古格第二十二条：

九	**己卯**	三 八	天数三十七 地数三十二
六	**壬申**	四 九	处暑十一日下 化工坤
二	**乙巳**	二 七	天元离 地元震
六	**甲申**	四 九	纳音土

二阴之候，地数有余，天数太过而与之争。喜纯坤协纳音之气，柔顺足以息争，变豫为和，一阳众宗，争瑞化矣。己酉、庚戌、得剥、颐二卦，艮、坤、震化工元气敦厚有力，颐为大离，天元焕发，此乡会联捷登翰苑之应。二十七交变卦豫四，大象为雷出地奋之，众宗一阳，是年乙卯，变坤四，“括囊”之占，纳六三“含章”之位，为典试囊括人才，包含文章之应。次年丙辰，复初阳动众宗，出任黄堂之应。戊辰乾，九三，过刚不中，与正卦坤对，而本数争战之气作矣，此罢官之应。

癸酉大有九三，亦阳盛而过刚不中，争战致伤，此丁忧之应。丙子震初九，元气发动，补官之应。癸未恒九三，坤中包乾，坤虽化工，而天数太过之，乾在其中，为生中藏杀。九三以乾之中阳居过刚之位，战极而寿终，此数正卦纯坤，能息争战，故四历乾体之九三而不害。变卦阳气奋出之后，得乾体九三者五，而失职死丧居其二，故阳数过而争者，九三之爻宜惧也。

甲申、年十一月初七亥时初稿

乙酉年四月初六未时定稿

整理者后记

不管对术数如何看待，不管对术数在我国传统文化中的地位怎么评价，仅以出土的甲骨文几乎全部是卜辞这一事实，就足以证明术数对我国传统文化的影响之大、之深远。因此，只要不采取历史虚无主义态度，不管怎么说，术数都是我国传统文化的一个重要组成部分，整理我国传统文化也就不能不整理术数。我想，海南出版社也正是基于这个出发点，才安排这类图书的出版的。

术数类古籍不好整理，因为术数本身就有神秘的一面，更加之有些著作托言天机不可泄露，故弄玄虚，半吐半露；还有些著作则试图以其昏昏，使人昭昭，甚至随意曲解增删，伪托名师大家；诸如此类的问题都使我们今天要搞清楚历史上各种术数活动的细节和本来面目，变得十分困难了。

针对这种情况，此次整理力求遵循一条原则，即尽量做到能正本清源，还各种术数以本来面目，并尽可能搞清楚历史上各种术数的来龙去脉，及原本的运用方法。如：古代阴阳宅到底是根据什么原则来确定的？六壬是如何利用天地盘取四课三传论吉凶的？择吉、推命到底是怎么进行的？等等。

为了做到这一点，本套书在整理方式上均根据各种古籍的具体情况进行了不同的选择。通常整理古籍，除了最基本的添加标点外，大体上还有几种方式：注释难字的音形义；直译成白话并加解说；意译成白话并加解说；有些特别艰深的古籍还要进行各种考证工作，等等。由于术数类古籍不是古汉语范文，人们阅读他并不是为了提高自己的古汉语水平，也由于我们此次整理的目的旨在搞清楚古人的本意，因此，本套丛书的整理采取了灵活变通的方式：凡原文晦涩难解处，多采取意译并加解说的方式，有时还举例予以说明，并与别的版本或观点进行比较；凡原文语义比较清楚者，则仅略加注解，而不予意译，更不解说；有些甚至只是添加标点。总之，一切以能搞清古人本意为原则。

搞清古人的本意，无疑是对整理古籍最基本的要求。整理者力图做到这一点，但不敢说已经做到了。限于整理者的学力，加上时间又紧，处理不当，甚至误解之处在所难免，还望方家不吝赐教。

关于本书的整理，还有几个具体问题应当说明。

本书为《故宫珍本丛刊》中之一种，原书系明崇祯年刻本。原书中明显的错讹字，均径改；漏段等重要之误，则多另找其他版本补全并注明。

在本书的整理过程中，一洪、袁大川、苏斌、成无功、李升召、殷曰序、康健、瑞民、辛强、李晓光、冯建文、秦钢、刘德军、王清、陈小丽、陈光霞等同志从各方面予以大力支持，谨表示诚挚的谢意，他们的无量功德与此书同存。

2006 年 3 月 1 日于海口

参考书目

周易本义	宋　朱　熹　著
皇极经世	宋　邵　雍　著
渊海子平	宋　徐　升　著
易象图说	元　张　理　著
三命通会	明　万育吾　著
河洛精蕴	清　江　永　著
钦定协纪辨方书	清　乾　隆　钦定
象吉通书	清　魏明远　著
周易译著	黄寿祖　张善文　著
易图探秘	张其成　著
考订河洛理数便览	清　纪大奎　著
河洛数释	民国　徐　昂　著

六十四卦卦名注音表

乾　音 qián	坤　音 kūn	屯　音 zhūn
蒙　音 méng	需　音 xū	讼　音 sòng
师　音 shī	比　音 bǐ	小畜 音 xiǎoxù
履　音 lǚ	泰　音 tài	否　音 pǐ
同人 音 tóngrén	大有 音 dàyǒu	谦　音 qiān
豫　音 yù	随　音 suí	蛊　音 gǔ
临　音 lín	观　音 guān	噬嗑 音 shìhé
贲　音 bì	剥　音 bō	复　音 fù
无妄 音 wúwàng	大畜 音 dàxù	颐　音 yí
大过 音 dàguò	坎　音 kǎn	离　音 lí
咸　音 xián	恒　音 héng	遁　音 dùn
大壮 音 dàzhuàng	晋　音 jìn	明夷 音 míngyì
家人 音 jiārén	睽　音 kuí	蹇　音 jiǎn
解　音 jiě	损　音 sǔn	益　音 yì
夬　音 guài	姤　音 gòu	萃　音 cuì
升　音 shēng	困　音 kùn	井　音 jǐng
革　音 gé	鼎　音 dǐng	震　音 zhèn
艮　音 gèn	渐　音 jiàn	归妹 音 guīmèi
丰　音 fēng	旅　音 lǚ	巽　音 xùn
兑　音 duì	涣　音 huàn	节　音 jié
中孚 音 zhōngfú	小过 音 xiǎoguò	既济 音 jìjì
未济 音 wèijì		

六十花甲干支次序表

1. 甲子	11. 甲戌	21. 甲申	31. 甲午	41. 甲辰	51. 甲寅
2. 乙丑	12. 乙亥	22. 乙酉	32. 乙未	42. 乙巳	52. 乙卯
3. 丙寅	13. 丙子	23. 丙戌	33. 丙申	43. 丙午	53. 丙辰
4. 丁卯	14. 丁丑	24. 丁亥	34. 丁酉	44. 丁未	54. 丁巳
5. 戊辰	15. 戊寅	25. 戊子	35. 戊戌	45. 戊申	55. 戊午
6. 己巳	16. 己卯	26. 己丑	36. 己亥	46. 己酉	56. 己未
7. 庚午	17. 庚辰	27. 庚寅	37. 庚子	47. 庚戌	57. 庚申
8. 辛未	18. 辛巳	28. 辛卯	38. 辛丑	48. 辛亥	58. 辛酉
9. 壬申	19. 壬午	29. 壬辰	39. 壬寅	49. 壬子	59. 壬戌
10. 癸酉	20. 癸未	30. 癸巳	40. 癸卯	50. 癸丑	60. 癸亥

说明：上表由本书整理者编制，《现代汉语词典》称此表为“干支次序表”，本书整理者认为称作“六十花甲干支次序表”更准确、严格。

上表是按六旬来排列的（《现代汉语词典》则没有分旬），竖着看，是每一旬的干支次序；横着看，则分别是六甲、六乙……六癸的干支配合。

此外，在上表中还能清楚地看出每一旬是哪两个地支空亡，例如，甲申旬最后一个干支配合是“癸巳”，“巳”后接着是“午、未”，于是甲申旬“午、未”空亡。

相信上表的这种排列方式能给读者的使用带来很多方便。

《河洛理数》原书序书影（一）

河洛理數 序

易逆數也數盡之矣註易家紛紛此謂數此謂理此謂理先於數此謂理數合一何舛乎夫當期之數凡天理之數

當萬物之數不聞又有期之理天地之理萬物之理反對也天一地二天三地四天五地六天七地八天九地十如是而已矣不聞又有自天一

《河洛理数》原书序书影（二）

至地十之理爲成變化行鬼神之樞紐也數起天地天地之數起參兩參兩之人極起易易者何即元堂元氣云故圖書中五五即數也建用皇

序二

極建之者人耳然則數何爲而逆理何爲而順極數知來不逆惡乎順也不數惡乎理也今天下非無理之患而無數之患何也天尊地卑丙健

外順理如故也數非其數矣奉無數之理則不尊陽畏其有理陰欺其無數亂是用長理者數而已矣奚遁焉

史大夫佘翁爲刻希夷書出

序三

堯夫詆希夷二程心折矣程言理邵言數得無分道角乎惜未有以數合併之者雖然相見在午正難求在子中惟反復道乎道有變動故曰爻

《河洛理数》原书序书影（三）

列貴賤齊小大變易之妙推
移卽大數乾元之爲上中下
元也陽爻陰爻之定於有生
也諸卦之隨時更换也可定
理孰耶歲月日時爻各稟承
序四
可私智殽亂耶所貴乎先天
者爲其超然屈伸之外惟變
所適也此天地之數異於讖
緯之數也是故得中數當爻
位應時合節吉莫大焉數與

時偕行不以意益損而有援
得勢必因之矣黄龍晦堂曰
人托陰陽以生豈有逃其數
者子雖學出世法能免形累
乎富鄭公書本身卦戒子弟
序五
曰予今年爻象不吉汝等切
勿生事夫世外之人异世法
同其謹畏士大夫之身异士
大夫子弟同其修省庶幾无
咎哉范文正公得大有之九

《河洛理数》原书序书影（四）

二以天下爲己任溫公曰圖
南此數大有益於吾輩可謂
存心養性之書知言哉僉翁
清貞持己教訓正俗思异吳
民共臻寡過而約以儉以柔

序六

以彖三言三著數而已矣易
以定吉凶而大書以衍忒而
信乾坤以易簡而貞一皇極
以好德而錫福生天下生萬
世生我吳中父老子弟不出

此書以卜筮小吾易者誰敢
哉
皇明崇禎壬申季春朔日
通家治生陳仁錫書于
介石居

《〈故宫珍本丛刊〉精选整理本丛书·术数》
出版信息

御定六壬直指 分上下册共二册，每套 138 元 (平装)。清内府刻本，不著撰者。六壬是我国最古老的预测吉凶的方法之一，与 (奇门) 遁甲、太乙 (神数) 合称“三式”，并被尊为“三式”之首；其法以占时加地盘取四课，以四课克贼发三传，以三传与干支的生克论吉凶。本书卷上为直指，即介绍六壬的基本理论和具体操作方法；卷下为析义，即对六壬的每一课 (共 720 课) 的课体、课义进行分析解释并给出断辞。

渊海子平 每册 68 元 (平装)。本书是我国古代最经典、最有代表性的命书 (俗称算八字)；命术相传始于先秦鬼谷子，至唐李虚中系统化，至宋徐子平即完善，故命术又称子平术，本书即为徐子平撰；子平以生人之年月日时四柱论命，以日为主，形成了一个非常完善自洽的理论系统。

平砂玉尺经 每册 58 元 (平装)。元刘秉忠述，明刘基解，赖从谦发挥。我国古代看风水有三合理论一派，本书即是该派理论的经典著作；其法以二十四山分属水木火金，且以龙脉入首时左旋右旋分属阳阴，并配合五行十二支来论二十四山的龙脉、坐山、立向及水之来去的生旺墓绝；消砂拨水则以四大水口是否合法判断阴阳宅的吉凶。

水龙经 每册 45 元 (平装)。晋郭景纯著，清蒋平阶编辑，清抄本。本书是专论水龙的经典著作；该书论述了水形有屈曲、回顾、绕抱、斜飞、直冲、反跳及来去分合的区别，又从理气天星、方位及喝形呼穴方面进行了探源，并说明其吉凶。

鲁班经 每册 45 元 (平装)。本书包括三种古籍:《鲁班经》《择日全纪》《秘诀仙机》。《鲁班经》，明午荣汇编，该书认为，建筑中常用的只砖片瓦、尺地寸木都与吉凶紧密相联，建筑物中的前后左右、高低尺寸也与祸福息息相关；《择日全纪》，明胡文焕德父校正，该书介绍古人怎样选择吉日；《秘诀仙机》，未另著撰者，该书则介绍古代禳解各种灾祸时常用的一些符咒。

阴阳五要奇书 分上中下共三册，每套 168 元 (平装)。本书包括五种古籍:《郭氏元经》《璇玑经》《阳明按索》《佐元直指》《三白宝海》，另附录《八宅明镜》。分别为晋郭璞、晋赵载、明陈复心、明刘伯温、元幕讲禅师、宋杨筠松著。前五种古籍实为明代选编的“选择 (择吉) 学”丛书，其中特别介绍了各种吉凶神煞及其趋避方法；附录《八宅明镜》，该书则介绍了东四命、西四命人配东四宅、西四宅的理论和方法，为“风水 (地理) 学”的一个流派。

河洛理数 每册 58 元 (平装)。宋陈抟著，宋邵康节述。本书以易经和河图洛书为本，以易之卦爻配合生人的年月日时八字，来判断人或事的吉凶。

梅花易数 每册 35 元 (平装)。宋邵雍撰。本书或以年月日时起卦、或以字的笔画数起卦、或以某物的数目起卦，即所谓随物起数、随数起卦，然后利用易经、易理进行分析，以判断人或事的吉凶；此外，本书还详细介绍了我国传统“拆字术”的理论和方法。

御定六壬金口合占 分上中下共三册，每套共 138 元 (平装)。原书将六壬 720 课每课都分列“天时、射覆、行人、田宅、谒见、捕猎、疾病、出行、文信、来意、婚姻、迁移、孕产、失物”等 14 项古人常欲占断的事项并逐项给出了断辞；这些断辞都是根据六壬和金口诀两种方法的原理联合做出的。为了方便读者比较，我们将根据六壬做出的断辞 (《御定六壬直指析义》720 课的全部内容) 分别排在“合占”每一课的后面。由于原书没有关于六壬和金口诀的基本知识的介绍，为了方便初学者学习，本书将《故宫珍本丛刊》中的《御定六壬直指》和《官板大六壬神课金口诀》二书改成了简体横排并加注释，作为本书的一部分，一并出版。